부산광역시
공무직 통합채용

기출문제 + 최신상식 + 일반상식

SD에듀
(주)시대고시기획

2024 SD에듀 부산광역시 공무직 통합채용
기출문제 + 최신상식 + 일반상식

Always **with you**

사람의 인연은 길에서 우연하게 만나거나 함께 살아가는 것만을 의미하지는 않습니다.
책을 펴내는 출판사와 그 책을 읽는 독자의 만남도 소중한 인연입니다.
SD에듀는 항상 독자의 마음을 헤아리기 위해 노력하고 있습니다. 늘 독자와 함께하겠습니다.

부산광역시 공무직 통합채용, 합격의 길을 열어드립니다!

시민이 행복한 동북아 해양수도 부산광역시에서 2024년도 채용예정자 선발을 위해 공무직 근로자 통합채용을 시행합니다. 공무직은 지방공무원법 제2조에 따르면 공무원에 해당하지 않는 민간인으로서 기간의 정함이 없는 노동계약을 체결한 사람을 말합니다.

공고일 이전일부터 최종시험일까지 계속하여 부산광역시에 주민등록상 주소지를 두고 있는 자여야 하며, 취업지원 대상자, 저소득층, 고령자에게는 가점을 줍니다. 필기시험 과목은 부산광역시의 역사 · 문화 · 인물 등을 포함한 부산시정과 사회(정치 · 경제 · 시사 · 법), 한국사, 윤리 등 일반상식입니다.

일반상식, 합격에 필요한 내용만 선별하여 공부해야 합니다!

이에 본서는 부산광역시 공무직 근로자 통합채용을 준비하는 수험생 분들이 확실하게 필기시험을 대비할 수 있도록 공기업 · 공공기관 최신기출 복원문제와 최신상식, 일반상식을 엮어 한 권의 책으로 출간하게 되었습니다.

도서의 특징

❶ 일반상식의 광범위한 출제 범위를 시험에 꼭 나오는 분야로 정리했습니다. 핵심 키워드를 통한 용어설명을 통해 낯선 시사분야도 쉽게 학습할 수 있습니다.

❷ 일반상식, 한국사 분야는 최신 공공기관 기출문제를 통해서 유형을 파악할 수 있도록 했습니다. 장황한 이론보다는 문제 중심 풀이로 단기간 합격을 노릴 수 있습니다.

❸ 부산의 역사와 문화, 시정현황을 한눈에 파악할 수 있도록 정리해두었습니다. 빠른 시간 안에 필요한 내용을 찾아볼 수 있도록 본 도서 안에 포함시켰습니다.

부산광역시 공무직 통합채용을 준비하는 수험생 여러분들이 본서를 통해 합격의 길로 나아가시길 바랍니다.

시사상식연구소 씀

PART 1 최신기출복원문제

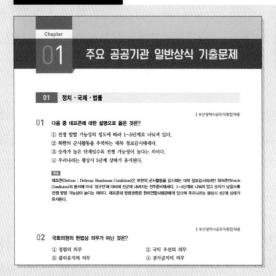

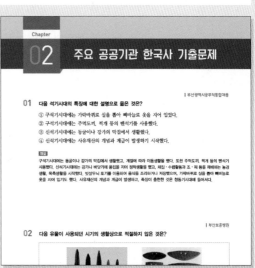

주요 공공기관 일반상식/한국사 기출문제

부산광역시 공무직 통합채용을 비롯한 공공기관에서 가장 최근에 출제된 각 분야별 기출문제를 선별 수록하여 최신 출제경향을 한눈에 파악할 수 있도록 하였습니다. 또한 일반상식 출제분야 중 가장 출제가 많이 되는 한국사 기출문제는 별도로 수록하여 빈틈없이 시험에 대비할 수 있도록 하였습니다.

PART 2 최신상식

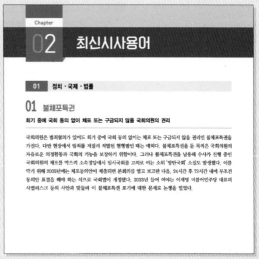

주요 국제 Awards/최신시사용어

공공기관의 상식문제들은 일반상식은 물론이고 최신시사상식의 출제빈도도 높습니다. 하지만 매일 쏟아져 나오는 많은 이슈들을 다 공부할 수는 없기 때문에 단기간에 빠르게 학습할 수 있도록 꼭 필요한 최신상식만을 선별하여 정리하였습니다.

PART 3 일반상식

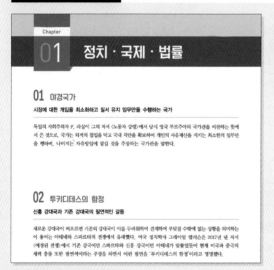

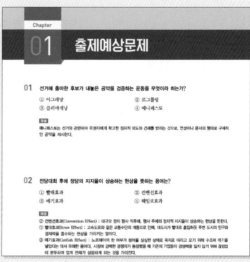

분야별 일반상식/출제예상문제

공공기관 일반상식 시험에 자주 나오는 키워드만을 선별하여 시험에 나오는 분야별로 정리하였습니다. 또한 출제예상문제를 통해 공부한 키워드를 다시 한 번 확인하고, 더 다양한 일반상식 문제도 함께 접할 수 있도록 구성하였습니다.

PART 4 부산광역시 역사 · 문화 · 시정현황

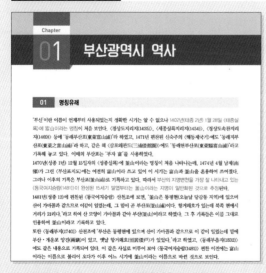

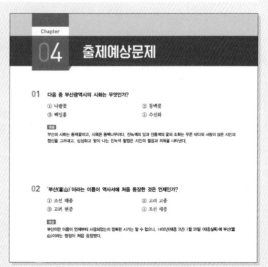

부산광역시 역사 · 문화 · 시정현황/출제예상문제

부산광역시 공무직 통합채용 시험에서는 부산광역시 역사 · 문화 · 시정현황에 대한 내용도 출제됩니다. 따라서 이와 관련된 내용을 정리하여 한눈에 파악할 수 있도록 하였습니다.

시험 안내 INTRODUCE

❖ 2023 부산광역시 공무직원 통합채용 공고 기준

🔄 선발인원

구 분	내 용
직종	실무사무원(조경 · 미화 · 시설 · 경비 · 취사 · 검침 · 단속 · 주차 · 상담 · 사무 · 산림 · 수영장 · 안내 등 분야), 환경미화원, 도로관리원 등
인 원	총 ○○명 예정

🔄 시험과목

❶ 제1차 시험 : 필기시험(4지택1형)

시험명	필기시험과목	문항수	비 고
2024년도 부산광역시 공무직 채용시험	일반상식(1과목)	40문제	부산광역시 역사 · 문화 · 시정 포함

※ 합격기준 : 100점 만점의 40점 이상 득점한 경우, 고득점자 순으로 채용예정인원의 5배수 선발

❷ 제2차 시험 : 필기 및 서류심사
- 2차 시험 합격자 결정 : 필기시험 합격자 전원(※ 서류 미제출 시 불합격 처리)은 서류를 제출해야 하며, 서류 제출자에 한하여 1차 시험 성적(필기 60%, 서류 40%)의 고득점자순으로, 채용예정인원의 4배수 이내 선발(동점자 있을 경우 동점자 포함)
  ※ 단, 채용예정인원이 3명 이상인 채용 단위의 경우 4배수 이내 선발, 10명 이상인 경우 3배수 이내 선발

❸ 제3차 시험 : 실기 및 면접시험
- 시험대상 : 2차 시험 합격자
- 평정요소 : ⑥ 실기능력 평가는 해당하는 직종에 한함

  ① 공무직으로서의 정신자세 　　　　　② 직무관련 지식 및 응용능력
  ③ 의사표현의 정확성 · 논리성 　　　　④ 예의 · 품행 및 성실성
  ⑤ 창의력 · 의지력 및 기타 발전 가능성 　⑥ 실기능력 평가

- 평정방법
  – 실기 미실시 직종 : 5개 평정 요소(① ~ ⑤의 평정 성적이 우수한 자 순)
  – 실기 실시 직종 : 면접시험(① ~ ⑤), 실기시험(⑥의 평정 성적이 우수한 자 순)

🔄 시험일정(상반기 채용 기준)

구 분		응시원서 등 접수기간		시험장소 공고일	시험일	합격자 발표일
1 · 2차 시험	필기시험	원서접수	2 ~ 3월 중	3월 중	3월 중	3월 중
	필기+서류심사	서류접수	4월 중	해당없음		4월 중
3차 시험	면접 및 실기시험	해당없음		4월 중	4월 중	5월 중

⟳ 응시접수

구 분	접수방법 및 응시수수료
접수처	부산시 공무직 채용 홈페이지(busan1.saramin.co.kr)
응시수수료	없음(무료)

⟳ 응시자격

❶ 응시자격 : 최종시험일(면접시험일) 현재를 기준으로 「부산광역시 공무직 및 기간제노동자 인사관리 규정」 제17조(결격사유)에 해당하지 아니한 자로, 기타 법령에 의하여 응시자격이 정지되지 아니한 자

> ### 부산광역시 공무직 및 기간제노동자 인사관리 규정
>
> **제17조(결격사유)** 다음 각 호의 어느 하나에 해당되는 사람은 공무직이 될 수 없다.
> 1. 「지방공무원법」 제31조 각 호의 어느 하나에 해당하는 사람
> 2. 이 규정에 따른 징계로 해고처분을 받은 때부터 3년이 지나지 아니한 사람
> 3. 「아동복지법」, 「아동·청소년의 성보호에 관한 법률」, 「노인복지법」, 「장애인복지법」, 「영유아보육법」 등 개별 법령에 따른 취업제한 기간 내에 있거나 결격사유에 해당하는 사람

❷ 응시연령 : 18세 이상, 60세 미만(출생일이 1965. 1. 1.~2006. 12. 31.인 사람)

❸ 성별·학력 : 제한없음

❹ 거주지 제한 : ①과 ②의 요건 중 하나를 충족하여야 함(주민등록표 기준)

　① 2024년 1월 1일 이전부터 해당 시험의 최종시험 시행예정일(면접시험 최종일)까지 계속하여 부산광역시에 주민등록상 거주하는 사람
　　※ 같은 기간 중 주민등록의 말소 및 거주 불명으로 등록된 사실이 없어야 함

　② 2024년 1월 1일 이전까지 부산광역시에 주민등록상 주소지를 두고 있었던 기간을 모두 합산하여 3년 이상인 사람

⟳ 응시자 유의사항

❶ 응시원서접수 상의 기재 착오 또는 누락, 연락불능, 자격미비자의 응시, 거주지제한 미확인, 합격자발표 미확인 등은 응시자의 책임이므로 이를 확인하지 않았을 경우 본인에게 불이익이 될 수 있으며, 공고문을 통해 시험일정과 합격여부 등을 응시자 본인이 반드시 확인하시기 바랍니다.

❷ 필기시험 합격자는 반드시 필기시험 합격자 발표일에 안내하는 서류제출기간에 서류를 제출하여야 하며, 제출하지 않을 경우 면접시험에 응시할 수 없습니다.

　※ 제출서류 : 이력서, 자기소개서, 경력 및 자격증명서(사본), 자격요건 검증을 위한 동의서, 기타 증빙자료 등(필기시험 합격자 공고 시 첨부된 서식 활용)

❖ 본 시험안내는 2023 부산광역시 공무직 통합채용 공고를 바탕으로 정리한 것입니다. 2024년 채용 상세일정 등이 발표될 수 있으니 반드시 부산광역시 홈페이지 채용정보(busan.go.kr/nbincruit)에서 전체 공고문을 확인하시기 바랍니다.

이 책의 차례 CONTENTS

PART1

최신기출
복원문제

남에게 이기는 방법의 하나는 예의범절로 이기는 것이다.

– 조쉬 빌링스 –

01 정치·국제·법률

┃ 부산광역시공무직통합채용

01 다음 중 데프콘에 대한 설명으로 옳은 것은?

① 전쟁 발발 가능성의 정도에 따라 1~5단계로 나눠져 있다.
② 북한의 군사활동을 추적하는 대북 정보감시태세다.
③ 숫자가 높은 단계일수록 전쟁 가능성이 높다는 의미다.
④ 우리나라는 평상시 5단계 상태가 유지된다.

> **해설**
>
> 데프콘(Defcon ; Defense Readiness Condition)은 북한의 군사활동을 감시하는 대북 정보감시태세인 워치콘(Watch Condition)의 분석에 따라 '정규전'에 대비해 전군에 내려지는 전투준비태세다. 1~5단계로 나눠져 있고 숫자가 낮을수록 전쟁 발발 가능성이 높다는 의미다. 데프콘의 발령권한은 한미연합사령관에게 있으며 우리나라는 평상시 4단계 상태가 유지된다.

┃ 부산광역시공무직통합채용

02 국회의원의 헌법상 의무가 아닌 것은?

① 청렴의 의무
② 국익 우선의 의무
③ 품위유지의 의무
④ 겸직금지의 의무

> **해설**
>
> 국회의원의 헌법상 의무에는 재물에 욕심을 내거나 부정을 해서는 안 된다는 청렴의 의무, 개인의 이익보다 나라의 이익을 먼저 생각하는 국익 우선의 의무, 국회의원의 신분을 함부로 남용하면 안 된다는 지위 남용금지의 의무, 법에서 금지하는 직업을 가져서는 안 되는 겸직금지의 의무 등이 있다. 품위유지의 임무는 국회법상 국회의원의 의무에 해당한다.

┃ 부산광역시공무직통합채용

03 다음 중 죄형법정주의와 관련이 없는 것은?

① 절대적 부정기형 금지의 원칙
② 유추해석 금지의 원칙
③ 관습형법 배제의 원칙
④ 부당결부의 원칙

해설

죄형법정주의(罪刑法定主義)는 어떤 행위가 범죄가 되고, 어떤 처벌을 할 것인가는 미리 성문 법률에 규정되어 있어야 한다는 원칙이다. 죄형법정주의의 원칙에 해당하는 것에는 관습형법 배제의 원칙, 명확성의 원칙, 유추해석 금지의 원칙, 소급효 금지의 원칙, 절대적 부정기형 금지의 원칙이 있다.

04 다음 중 법의 체계가 올바르게 나열된 것은?

① 법률 – 헌법 – 명령 – 조례 – 규칙
② 헌법 – 명령 – 법률 – 규칙 – 조례
③ 헌법 – 법률 – 명령 – 조례 – 규칙
④ 헌법 – 법률 – 조례 – 명령 – 규칙

해설

법의 올바른 체계는 헌법 – 법률 – 명령 – 지방자치법규(조례·규칙)다. 헌법은 모든 법령의 근본이 되며 다른 법률이나 명령으로는 변경할 수 없는 국가의 최상위 규범이다. 법률은 헌법이 정하는 절차에 따라 국회에서 제정하며 일반적으로 국민의 권리와 의무사항을 규정한다. 명령은 법률을 시행하기 위해 필요한 사항에 관해 대통령이 발하는 명령인 대통령령과 국무총리 또는 각부 장관이 법률이나 대통령의 위임에 의거해 발하는 명령인 총리령으로 나뉜다. 조례는 지방자치단체가 지방의회의 의결에 의해 법령 범위 내에서 자기의 사무에 관해 규정한 것이고, 규칙은 지방자치단체의 장이 법령 또는 조례에서 위임한 범위 내에서 그 권한에 속하는 사무에 관해 규정한 것이다.

05 다음 중 국제기구인 APEC에 대한 설명으로 옳은 것은?

① 아시아·태평양 지역 12개국 간의 자유무역협정이다.
② 우리나라는 가입돼 있지 않다.
③ 1989년 출범했고, 총 21개국이 가입돼 있다.
④ 동남아시아 국가를 중심으로 한 정치·경제·문화 공동체다.

해설

아시아태평양경제협력체(APEC)는 태평양 주변국들의 정치·경제적 결속을 다지는 기구로 지속적인 경제성장과 공동의 번영을 위해 1989년 호주 캔버라에서 12개국 간의 각료회의로 출범했다. APEC은 세계인구의 40%, GDP의 52%, 교역량의 45%를 차지하는 최대의 지역협력체로 총 회원국은 한국, 미국, 일본, 호주, 뉴질랜드, 캐나다, ASEAN 6개국(말레이시아, 인도네시아, 태국, 싱가포르, 필리핀, 브루나이) 등 총 21개국이 가입해 있다. ①은 CPTPP, ④는 ASEAN에 대한 설명이다.

06 대통령의 법률안 거부권에 대한 설명으로 맞는 것은?

① 법률안재의요구권이라고도 한다.
② 대통령이 국회가 의결한 법률안에 의의가 있을 때 7일 내에 국회에 돌려보낸다.
③ 거부된 법률안을 재의결해 재적의원 과반수 출석과 과반수 찬성하면 법률이 확정된다.
④ 법률안 외에도 예산안 또한 대통령이 거부권을 행사할 수 있다.

해설

법률안 거부권은 법률안재의요구권이라고도 불리며, 대통령이 국회에서 의결한 법률안을 거부할 수 있는 권리를 말한다. 법률안에 대해 국회와 정부 간 대립이 있을 때 정부가 대응할 수 있는 강력한 수단이다. 대통령은 15일 내에 법률안에 이의서를 붙여 국회로 돌려보내야 한다. 국회로 돌아온 법률안은 재의결해 재적의원 과반수 출석과 3분의 2 이상이 찬성해야 확정된다. 그러나 대통령은 이 거부권을 법률안이 아닌 예산안에는 행사할 수 없다.

07 우리나라의 기소유예 제도에 대한 설명으로 맞는 것은?

① 재판을 받지 않아도 범죄혐의는 명백하므로 유죄가 된다.
② 피의자의 반성사실, 피해자와의 합의여부 등을 고려해 결정한다.
③ 제1심 법원이 검사의 요청에 따라 결정한다.
④ 일단 결정되면 일정기간 동안에는 검사가 공소를 다시 제기할 수 없다.

해설

기소란 검사가 어떤 형사사건에 대해 법원에 심판해 달라 요청하는 것을 말한다. 기소유예란 범죄혐의는 명백히 인정되나 피의자의 전과기록, 피해사실과 정도, 피해자와의 합의·반성여부 등을 고려하여 검사가 기소하지 않는 것을 말한다. 피의자에게 전과기록을 남기지 않고, 삶을 재고할 기회를 주려는 목적이다. 기소유예가 될 경우 전과기록은 남지 않으나, 검사는 언제든 공소를 제기해 피의자를 재판에 넘길 수 있다.

08 미국의 비정부기구 프리덤하우스가 조사·발표하는 전 세계 국가의 자유지수의 명칭은?

① 세계자유지수
② 세계민주주의지표
③ 세계인권지수
④ 국제권리지수

해설

세계자유지수(Freedom in the World)는 미국의 인권관련 비정부기구인 '프리덤하우스'가 매년 전 세계 국가를 대상으로 조사·발표하는 자유지수다. 프리덤하우스는 '세계자유보고서'를 매해 발표하며 각국에서 시민의 자유와 정치적 권리가 얼마나 보장되고 있는지 조사하고 분석하는 활동을 한다.

09 유권자가 직접 헌법개정안이나 법률안 등을 제출할 수 있는 제도는?

① 국민발안제
② 국민제안제
③ 국민소환제
④ 직접제안제

해설

국민발안제는 일정수의 유권자(국민)가 직접 헌법개정안이나 중요한 법률안 또는 그 밖의 의안을 제출할 수 있는 제도를 말한다. 직접민주주의의 한 형태로서, 국민창안제라고도 한다. 국민발안은 제안이 곧바로 국민투표에 부의되는 직접발안과 의회의 의결 후에 국민투표에 부의되는 간접발안으로 구분된다. 현재 스위스에서 실시하고 있다.

10 다음 중 고위공직자범죄수사처의 수사대상이 아닌 공직자는?

① 장성급 장교
② 국회의원
③ 구청장
④ 검찰총장

해설

고위공직자범죄수사처는 고위 공직자의 범죄사실을 수사하는 독립된 기관이다. 기존 사법 기구로부터 독립되어 공직자의 비리를 고발한다. 흔히 '공수처'라고 불린다. 공수처의 수사대상에는 대통령, 국회의장·국회의원, 대법원장·대법관, 헌재소장·재판관, 검찰총장, 국무총리, 중앙행정기관·중앙선관위·국회·사법부 소속 정무직 공무원, 대통령비서실·국가안보실·대통령경호처·국정원 소속 3급 이상 공무원, 광역자치단체장·교육감, 판사·검사, 경무관급 이상 경찰, 군장성 등이 있다.

11 우리나라의 심급제도에 대한 설명으로 틀린 것은?

① 우리나라는 3심제를 원칙으로 하고 있다.
② 제1심 판결에 불복해 상급법원에 신청하는 것은 항소다.
③ 재판의 공정성과 개인의 권리를 보장하기 위함이다.
④ 모든 재판은 대법원의 판결로 종결된다.

해설

심급제도는 재판의 공정성과 정확성을 확보하여 국민의 기본권을 보장하기 위한 제도로 우리나라는 3심제를 원칙으로 한다. 3심급 중 제1심과 제2심은 사실심, 제3심은 법률심이다. 1심 재판(지방법원)의 재판에 불복하여 2심(고등법원)에 상소하는 것은 '항소'라고 하고, 2심 재판의 항소 재판에 불복해 3심(대법원)에 상소하는 것은 '상고'라고 한다. 그러나 판결에 불복해 항소나 상고하여도 상급법원이 이를 기각하면 상급법원의 심판을 받지 못하게 될 수도 있다. 또 재판의 종류에 따라서는 2심제나 단심제를 채택하는 경우도 있다.

12 우리나라의 현행 헌법이 마지막으로 개정된 연도는?

① 1952년   ② 1960년
③ 1987년   ④ 1993년

해설

헌법은 우리나라의 최고 기본법이다. 1987년 10월 29일에 마지막으로 개정된 현행 헌법은 전문과 총강, 국민의 권리와 의무, 국회, 정부, 법원, 헌법재판소, 선거관리, 지방자치, 경제, 헌법 개정 등 본문 130개조, 부칙 6개조로 구성되어 있는 민정(民定)·경성(硬性)·성문(成文)의 단일법전이다. 인적으로는 대한민국의 국민에게 적용되고, 장소적으로는 대한민국의 영역 내에서 적용된다.

13 다음 중 안보협의체인 쿼드 플러스에 해당하는 국가가 아닌 것은?

① 한 국   ② 말레이시아
③ 뉴질랜드   ④ 베트남

해설

쿼드(Quad)는 미국, 일본, 인도, 호주로 구성된 안보협의체다. 2007년 아베 신조 당시 일본 총리의 주도로 시작됐으며 2020년 8월 미국의 제안 아래 공식적인 국제기구로 출범했다. 중국의 일대일로를 견제하기 위한 목적도 갖고 있다. 한편 쿼드는 한국, 뉴질랜드, 베트남이 추가로 참가하는 '쿼드 플러스'로 기구를 확대하려는 의지를 내비치기도 했다.

14 스위스의 휴양도시에서 열리는 세계경제포럼은?

① 보아오포럼   ② 취리히포럼
③ 제네바포럼   ④ 다보스포럼

해설

다보스포럼의 정확한 명칭은 세계경제포럼(WEF ; World Economic Forum)이다. 본부는 스위스 제네바에 있다. 1971년 비영리 재단으로 창설되어 '유럽인 경영 심포지엄'으로 출발했으나, 1973년에 전 세계로 넓혀져 정치인으로까지 확대됐다. 독립된 비영리 단체로 세계 각국의 정상과 장관, 재계 및 금융계 최고 경영자들이 모여 각종 정보를 교환하고, 세계경제 발전방안 등에 대해 논의한다.

15 국제연합의 안전보장이사회의 상임이사국에 해당하지 않는 국가는?

① 영 국
② 독 일
③ 러시아
④ 중 국

해설
국제연합(UN) 회원국의 평화와 안보를 담당하는 안전보장이사회(UNSC)는 미국·영국·프랑스·러시아·중국 등 5개의 상임이사국과 10개의 비상임이사국으로 구성된다. 우리나라는 2024~2025년을 임기로 하는 안보리의 비상임이사국으로 선출됐다.

16 제2차 세계대전 당시 물리학자 오펜하이머가 주축이 돼 극비로 진행된 미국의 원자폭탄 개발계획은?

① 우란프로젝트
② 맨해튼 계획
③ 바루흐 계획
④ 아마다 계획

해설
미국은 제2차 세계대전 당시 독일 나치가 핵무기 개발을 계획하고 있다는 첩보를 입수하고, 1941년 이론 물리학자인 로버트 오펜하이머를 수장으로 세워 맨해튼 계획을 극비리에 진행했다.

17 무력과 엄격한 법으로 국가를 통치하는 정치사상을 뜻하는 것은?

① 세도정치
② 왕도정치
③ 패도정치
④ 척신정치

해설
왕도정치와 패도정치 논쟁은 중국 춘추전국시대부터 발생해 이어진 정치사상에 관한 논쟁이다. 왕도정치는 맹자와 순자를 필두로 한 유가(儒家)의 정신을 바탕으로 인(仁)과 의(義)로 백성을 교화하며 평화롭게 다스리는 것을 말한다. 반면 패도정치는 상앙과 한비자가 중심이 된 법가(法家)가 주장하는 정치사상으로 무력과 엄정한 법률로 국가를 강력하게 통치하는 것이다.

18 다음 중 입헌군주제 국가에 해당하는 나라가 아닌 것은?

① 네덜란드
② 덴마크
③ 태 국
④ 네 팔

해설
현대의 입헌군주제는 '군림하되 통치하지 않는다'는 것을 기조로 국왕과 왕실은 상징적인 존재로 남고 헌법에 따르며, 실질적인 통치는 주로 내각의 수반인 총리가 맡는 정부 형태를 말한다. 현존하는 입헌군주국에는 네덜란드와 덴마크, 노르웨이, 영국, 스페인, 일본, 태국, 캄보디아 등이 있다. 네팔은 1990년에 입헌군주정을 수립했으며 2008년 다시 절대왕정으로 회귀하려다 왕정을 폐지하고 민주공화국을 수립했다.

┃ 부산광역시공무직통합채용

19 소비기한 표시제에 대한 설명으로 옳은 것은?

① 우리나라에서는 2023년 1월부터 전면 시행됐다.
② 소비기한은 통상 유통기한보다 짧다.
③ 식품이 무분별하게 폐기되는 것을 줄일 수 있다.
④ 우유의 경우 2024년부터 적용된다.

해설

소비기한은 식품의 보관기간과 방법을 준수했을 경우, 식품을 먹었을 때 안전에 이상이 없다고 판단되는 기간으로, 통상 유통기한보다 길다. 그래서 무분별하게 폐기되는 식품의 양을 줄이는 효과가 있으리라 전망된다. 2024년 1월부터 전면 시행됐다.

┃ 부산광역시공무직통합채용

20 2023년 8월 고시된 2024년 최저임금은 시간당 얼마인가?

① 9,860원
② 9,620원
③ 9,460원
④ 9,260원

해설

최저임금위원회의 심의·의결 결과 2024년도에 적용되는 최저임금은 시간급 9,860원으로 정해졌다.

┃ 원주문화재단

21 제품의 가격을 인하하면 수요가 줄어들고 오히려 가격이 비싼 제품의 수요가 늘어나는 현상을 무엇이라고 하는가?

① 세이의 법칙
② 파레토최적의 법칙
③ 쿠즈네츠의 U자 가설
④ 기펜의 역설

해설

기펜의 역설(Giffen's Paradox)은 한 재화의 가격 하락(상승)이 도리어 그 수요의 감퇴(증가)를 가져오는 현상이다. 예를 들어 쌀과 보리는 서로 대체적인 관계에 있는데, 소비자가 빈곤할 때는 보리를 많이 소비하나, 부유해짐에 따라 보리의 수요를 줄이고 쌀을 더 많이 소비하는 경향이 있다.

22 GDP와 GNP에 대한 설명으로 옳은 것은?

① GDP : 감가상각액을 제하면 국민순생산이 된다.
② GDP : 교역조건 변동을 감안한다.
③ GNP : 원자재와 중간재를 계산에 포함한다.
④ GNP : 외국인 노동자들의 본국 송금액이 많은 경제체계에서 중요해진다.

> **해설**
> GDP(국내총생산)는 한 국가의 국경 안에서 만들어진 최종 생산물의 가치를 합한 것이다. 원자재와 중간재는 고려하지 않는다. 외국에서 벌어서 외국에서 소진하는 소비자의 글로벌화가 진행되면서 유용해졌다. 한편 GNP(국민총생산)는 한 국가의 국민이 만들어낸 총생산으로 외국에 있는 국민이 만든 것 또한 포함한다. 중간생산물의 가치를 제한 수치이며, 감가상각액을 빼면 NNP(국민순생산)가 된다. 교역조건 변동에 따른 손익을 감안한 수치는 GNI(국민총소득)라 한다.

23 다음 중 추가된 소득 중 소비되는 금액의 비율을 뜻하는 용어는?

① 가치의 역설
② 한계소비성향
③ 한계효용
④ 역선택

> **해설**
> 한계소비성향은 추가로 벌어들인 소득에서 소비하는 금액의 비율을 말한다. 1에서 추가 소득 중 저축한 금액의 비율인 한계저축성향을 제한 값이다. 개인의 소득 수준에 따라서 한계소비성향은 달라질 수 있는데, 일반적으로 저소득층이 고소득층보다 한계소비성향이 크다고 알려졌다. 고소득층의 경우 소득이 늘어난다 해도 필수적인 소비는 이미 이뤄지고 있기 때문에 지출이 크게 늘지 않지만, 저소득층은 소득이 늘어난 만큼 소비도 상승하는 경향이 있기 때문이다.

24 다음 중 희소성의 원칙에 대한 설명으로 옳지 않은 것은?

① 인간의 욕망과 관련이 있다.
② 스웨덴의 경제학자 '카셀'이 처음 사용한 용어다.
③ 희소성이 있어 대가 없이는 얻을 수 없는 재화를 경제재라고 한다.
④ 공기와 같이 무한한 재화에 적용되는 원칙이다.

> **해설**
> 희소성의 원칙이란 인간의 욕망 때문에 자원은 유한성을 보일 수밖에 없다는 원칙이다. 인간의 욕망은 무한한 데 비해 이 욕망을 충족시킬 수 있는 재화는 유한해 항상 부족한 상태를 이르는 말로 스웨덴의 경제학자 카셀(Cassel)이 처음 사용하였다. 즉, 원하는 사람은 많고 그 수는 한정적일 때 희소성을 가진다고 말할 수 있다. 희소성이 있어 대가를 지불하지 않고는 얻을 수 없는 경제적 가치가 있는 재화를 경제재라고 한다.

25 경제지표평가 시 기준·비교시점의 상대적 차이에 따라 결과가 왜곡돼 보이는 현상은?

① 분수효과   ② 백로효과

③ 낙수효과   ④ 기저효과

해설

기저효과는 어떤 지표를 평가하는 과정에서 기준시점과 비교시점의 상대적 수치에 따라 그 결과가 실제보다 왜곡돼 나타나는 현상을 말한다. 가령 호황기의 경제상황을 기준으로 현재의 경제상황을 비교할 경우, 경제지표는 실제보다 상당히 위축된 모습을 보인다. 반면 불황기가 기준시점이 되면, 현재의 경제지표는 실제보다 부풀려져 개선된 것처럼 보이는 일종의 착시현상이 일어난다. 때문에 수치나 통계작성 주체에 의해 의도된 착시라는 특징을 갖는다.

26 상대방의 행동을 변화시키는 유연한 방식의 전략을 의미하는 경제이론은?

① 낙인 이론   ② 넛지 이론

③ 비행하위문화 이론   ④ 깨진 유리창 이론

해설

넛지 이론은 2017년 노벨경제학상을 받은 행동경제학자 리처드 탈러와 하버드대학교의 캐스 선스타인 교수가 공동 집필한 〈넛지〉라는 책에서 소개되며 화제가 된 행동경제학 이론이다. 'Nudge(넛지)'는 '쿡 찌르다, 환기시키다'를 뜻하는데, 상대방의 행동을 변화시키는 유연한 방식의 전략을 의미한다. 선택은 상대방에게 맡기되 그의 행동을 특정한 방향으로 유도할 수 있는 효과적인 방식을 제안하는 것이다.

27 국가와 국가 혹은 국가와 세계의 경기가 같은 흐름을 띠지 않는 현상을 뜻하는 말은?

① 디커플링   ② 리커플링

③ 테이퍼링   ④ 양적완화

해설

디커플링(Decoupling)은 일명 '탈동조화 현상'으로 한 국가의 경제가 주변국이나 세계경제와 같은 흐름을 보이지 않고 독자적인 경제로 움직이는 현상을 말한다. 세계경제는 미국이나 유럽 등 선진국에서 발생한 수요 또는 공급 충격에 큰 영향을 받는 동조화(Coupling) 현상, 점차 다른 나라의 경제상황과 성장에 미치는 영향이 약화되는 디커플링 현상, 동조화 재발생(Recoupling) 현상이 반복된다.

28 다음 중 재화가격이 하락할 때 수요량이 오히려 감소하는 재화는?

① 경제재 ② 자유재
③ 기펜재 ④ 보완재

해설

기펜재는 열등재의 한 종류로, 재화가격이 하락할 때 수요량이 오히려 감소하는 재화를 말한다.

29 다음 중 경제학자 콜린 클라크가 분류한 2차 산업에 해당하지 않는 것은?

① 공 업 ② 광 업
③ 건설업 ④ 유통업

해설

영국의 경제학자 콜린 클라크는 자신의 저서에서 산업을 분류하며 이를 단계별로 나누었다. 1차 산업은 농업과 축산업, 어업, 임업과 같이 자연과 직접 상호작용하는 기초산업이다. 2차 산업은 1차를 제외한 생산업을 말하며 공업, 광업, 건설업이 이에 해당한다. 물류업의 하위인 유통업의 경우 서비스업, 연구개발(R&D) 등과 함께 3차 산업에 속한다.

30 금융시장이 극도로 불안할 때 은행에 돈을 맡긴 사람들이 대규모로 예금을 인출하는 사태는?

① 더블딥 ② 디폴트
③ 뱅크런 ④ 모라토리엄

해설

뱅크런은 대규모 예금 인출사태를 의미한다. 금융시장이 불안정하거나 거래은행의 재정상태가 좋지 않다고 판단할 때, 많은 사람들이 한꺼번에 예금을 인출하려고 하면서 은행은 위기를 맞게 된다. 한편, 펀드 투자자들이 펀드에 투자한 돈을 회수하려는 사태가 잇따르는 것은 펀드런이라 한다.

31 국제결제나 금융거래의 중심이 되는 특정국의 통화를 무엇이라 하는가?

① 결제통화   ② 준비통화

③ 기축통화   ④ 기준통화

해설

기축통화는 국제결제나 금융거래의 기축이 되는 특정국의 통화를 말한다. 국제통화라고도 하며 보통 미국 달러를 가리키기 때문에 미국을 기축통화국이라고도 부른다. 영국의 파운드화가 오랫동안 기축통화로서의 자격을 확보해왔으나 제2차 세계대전 이후, 미국이 각국 중앙은행에 달러의 금태환을 약속함에 따라 달러가 기축통화로서 중심적 지위를 차지하게 됐다.

32 펀드매니저가 운용전략을 적극적으로 펴 시장수익률을 초과하는 수익을 노리는 펀드는?

① 액티브펀드   ② 인덱스펀드

③ 사모펀드   ④ 헤지펀드

해설

액티브펀드는 펀드매니저가 시장 전망에 따라 과감하게 종목을 선정하고 공격적·적극적인 운용전략을 수립해, 시장수익률을 상회하는 수익을 노리는 펀드다. 공격적으로 투자하는 만큼 수익률은 높을 수 있으나 위험성이 크고, 장기보다는 단기투자의 수익률이 높은 편이다.

33 다음 중 '네 마녀의 날'에 대한 설명으로 틀린 것은?

① 쿼드러플 위칭 데이라고도 불린다.

② 네 가지 파생상품의 만기일이 겹치는 날이다.

③ 우리나라는 2008년에 처음 맞았다.

④ 이 날에는 주가의 움직임이 안정을 띠게 된다.

해설

네 마녀의 날은 쿼드러플 위칭 데이(Quadruple Witching Day)라고도 하며 우리나라의 경우 매년 3, 6, 9, 12월 둘째 주 목요일은 주가지수 선물·옵션과 주식 선물·옵션 만기일이 겹쳐 '네 마녀의 날'로 불린다. 막판에 주가가 요동칠 때가 많아 '마녀(파생상품)가 심술을 부린다'는 의미다. 네 마녀의 날에는 파생상품과 관련된 숨어 있었던 현물주식 매매가 정리매물로 시장에 쏟아져 나오며 예상하기 어려운 주가의 움직임을 보인다. 우리나라는 2008년 개별주식선물이 도입돼 그해 6월 12일에 첫 번째 네 마녀의 날을 맞았다.

34 다음 중 유니콘 기업으로 분류되는 기업가치의 기준은?

① 5억달러
② 10억달러
③ 15억달러
④ 20억달러

해설

유니콘 기업은 2013년 카우보이 벤처스를 창업한 에일린 리가 처음 사용한 용어로 '혜성처럼 나타난 기업'을 말한다. 유니콘 기업의 판단 기준은 생겨난 지 10년이 되지 않고, 주식을 상장시키지 않았지만 기업가치가 10억달러(1조원)를 넘는 기업을 가리킨다.

35 다음 중 한국은행의 기능이 아닌 것은?

① 화폐를 시중에 발행하고 다시 환수한다.
② 통화량 조절을 위해 정책금리인 기준금리를 결정한다.
③ 외화보유액을 적정한 수준으로 유지한다.
④ 금융기관에 대한 감사와 감독업무를 수행한다.

해설

한국은행의 주요 기능
• 화폐를 발행하고 환수한다.
• 기준금리 등 통화신용정책을 수립하고 진행한다.
• 은행 등 금융기관을 상대로 예금을 받고 대출을 해준다.
• 국가를 상대로 국고금을 수납하고 지급한다.
• 외환건전성 제고를 통해 금융안정에 기여하며, 외화자산을 보유·운용한다.
• 국내외 경제에 관한 조사연구 및 통계업무를 수행한다.

36 절약·저축이 개인에게는 바람직하나, 장기적으로는 국가 전체의 불황을 일으키는 현상은?

① 역부의 효과
② 부의 효과
③ 절약의 역설
④ 소프트 랜딩

해설

절약의 역설(Paradox of Thrift)이란 개인의 입장에서는 저축과 절약이 부를 증가시키는 데 도움이 되나, 장기적으로 봤을 때는 소비·지출을 줄여 기업의 수익을 감소시키고 더 나아가 사회의 전체소득까지 떨어뜨리는 현상이다. 특히 경기불황일 때 저축한 돈을 투자하지 않거나, 마땅한 투자처가 없을 때 여실히 일어난다.

▍부산광역시공무직통합채용

37 트렌드를 놓치거나 소외되는 것에서 불안감을 느끼는 증후군은?

① 라마증후군　　　　　　　　② 오셀로증후군
③ 아스퍼거증후군　　　　　　④ 포모증후군

해설

포모증후군은 마케팅 용어이자 사람들의 불안심리를 표현하는 심리용어다. 세상의 흐름에 제외되거나 소외받는 것을 두려워하고 불안해하는 심리상태를 뜻한다. 인터넷과 SNS의 발달로 트렌드와 타인의 일상을 관찰하기 쉬워지면서, 포모증후군에 빠진 사람들이 늘어나고 있다.

▍부산광역시공무직통합채용

38 디지털기기 이용자가 화면을 조작하면서 엄지를 반복 사용해 붓고 통증을 느끼는 현상은?

① 블랙베리 증후군　　　　　　② 타임 슬라이스
③ 팝콘 브레인　　　　　　　　④ 에펠탑 효과

해설

블랙베리 증후군은 스마트폰 같은 디지털기기를 이용하는 사람들이 화면 터치 등 기기를 조작할 때 반복적으로 엄지손가락을 사용하게 되면서 손가락이 붓고 통증을 느끼게 되는 현상을 말한다. 미국의 전자기기 기업인 '블랙베리'가 스마트폰을 출시하고 이러한 증상을 느끼는 이용자가 늘어나면서 등장하게 된 용어다.

▍부산광역시공무직통합채용

39 다음 중 영국의 베버리지 보고서에서 정의한 5대 사회악에 해당하지 않는 것은?

① 불 결　　　　　　　　　　　② 태 만
③ 불 신　　　　　　　　　　　④ 궁 핍

해설

베버리지 보고서는 영국의 경제학자인 윌리엄 베버리지(William Henry Beveridge)가 사회보장에 관한 문제를 조사·연구한 보고서다. 이 보고서는 국민의 최저생활보장을 목적으로 5대 사회악의 퇴치를 주장하였으며 사회보장제도의 원칙을 제시했다. 베버리지는 궁핍(Want), 질병(Disease), 무지(Ignorance), 불결(Squalor), 태만(Idleness) 등 다섯 가지가 인간생활의 안정을 위협하는 사회악이라고 정의했다.

40 다음 중 국제연합에서 정한 세계인권선언기념일은 언제인가?

① 12월 1일   ② 12월 5일
③ 12월 10일   ④ 12월 15일

> **해설**
> 세계인권선언기념일 즉, 세계 인권의 날은 12월 10일이다. 이 날은 1948년 12월 10일 프랑스 파리에서 열렸던 제3회 국제연합(UN)총회에서 세계인권선언(UDHR)을 채택한 것을 기념하여 지정되었다. 1950년 제5차 국제연합총회에서 선포되었으며, 세계인권선언은 제2차 세계대전을 치르며 전 세계가 겪었던 인권 유린과 침해를 반성하고 인간의 기본적 권리를 존중할 것이라는 국제연합의 설립취지를 담고 있다.

41 우리 정부에서 지정한 일본군 위안부 피해자를 기리는 날은?

① 2월 14일   ② 5월 14일
③ 8월 14일   ④ 10월 14일

> **해설**
> 지난 2017년 12월 12일에 '일제하 일본군위안부 피해자에 대한 보호·지원 및 기념사업 등에 관한 법률' 일부개정안이 통과되면서 2018년부터 매년 8월 14일이 '일본군 위안부 피해자 기림의 날'로써 정부 지정 국가기념일이 되었다.

42 다음 중 파리협정에 대한 설명으로 옳지 않은 것은?

① 2015 기후변화협약에서 채택됐다.
② 2020년에 만료됐다.
③ 교토의정서를 대체한다.
④ 지구 평균기온을 산업화 이전보다 2도 이상 오르지 않게 하자는 내용이다.

> **해설**
> 파리기후변화협약은 일명 '파리협정'으로, 2015년 프랑스 파리에서 열린 제21차 유엔기후변화협약에서 195개 협약 당사국이 지구온난화 방지를 위해 채택했다. 지구 평균기온이 산업화 이전보다 2도 이상 상승하지 않도록 온실가스를 단계적으로 감축하는 방안으로서, 2020년에 만료된 교토의정서(1997)를 대신하여 2021년부터 적용됐다.

43 국제연합의 기준으로 고령사회를 구분하는 65세 이상 노인의 비율은?

① 14%

② 12%

③ 10%

④ 7%

해설

대한민국은 현재 고령사회에 접어들었다. 국제연합(UN)의 기준에 따르면 65세 이상 노인이 전체 인구의 7% 이상을 차지하면 고령화사회(Aging Society), 14% 이상을 차지하면 고령사회(Aged Society), 20% 이상을 차지하면 초고령사회(Super-aged Socity)로 구분한다.

44 2010년 이후 태어나 첨단기술을 경험하며 자란 이들을 지칭하는 용어는?

① 알파세대

② N세대

③ 베타세대

④ MZ세대

해설

알파세대는 2010년 이후에 태어난 이들을 지칭하는 용어로 다른 세대와 달리 순수하게 디지털 환경에서 나고 자란 최초의 세대로 분류된다. 어릴 때부터 기술적 진보를 경험했기 때문에 스마트폰이나 인공지능(AI), 로봇 등을 사용하는 것에 익숙하다. 그러나 사람과의 소통보다 기계와의 일방적 소통에 익숙해 정서나 사회성 발달에 부정적인 영향이 나타날 수 있다는 우려도 있다. 알파세대는 2025년 약 22억명에 달할 것으로 예측되고 있으며, 소비시장에서도 영향력을 확대하는 추세다.

45 음식물쓰레기를 줄여 환경을 보호하고 기아인구를 돕기 위해 세계식량계획이 진행한 캠페인은?

① SAS

② ZWZH

③ Breath Life

④ The Cost

해설

유엔세계식량계획(WFP)의 ZWZH(Zero Waste Zero Hunger) 캠페인은 버려지는 음식물쓰레기를 줄여 기후위기에 대처하고 기아인구를 돕는다는 내용이다. WFP에 따르면 매년 전 세계 식량의 3분의 1은 버려지는데, 이는 기아를 악화시키고 탄소를 배출해 기후위기를 심화시키고 있다. 음식물 낭비를 줄여 탄소배출을 저감하고, 여기서 발생한 비용을 기아인구가 식량을 구하도록 기부하는 것이 캠페인의 주된 내용이다.

46 환자의 부정적 감정이나 기대가 의학적 치료효과를 나타나지 않게 하는 현상은?

① 스티그마 효과   ② 피그말리온 효과
③ 노시보 효과   ④ 플라시보 효과

해설
노시보 효과(Nocebo Effect)는 의사의 말이 환자에게 부정적인 감정이나 기대를 유발하여 환자에게 해를 입히는 현상이다. 또는 의사의 올바른 처방에도 환자가 의심을 품어 효과가 나타나지 않는 것을 뜻하기도 한다. '나는 상처를 입을 것이다'라는 뜻의 라틴어에서 유래한 노시보는 마찬가지로 라틴어에서 기원한 플라시보(Placebo Effect) 효과와 대조적인 개념이다.

47 상황조작을 통해 상대방의 판단력을 잃게 하고 지배하는 심리적 학대방식은?

① 중상모략   ② 그루밍
③ 프레이밍   ④ 가스라이팅

해설
타인의 심리나 상황을 조작해 그 사람이 스스로를 의심하게 만들어 자존감과 판단력을 약화시킴으로써 타인을 지배하는 행위를 가스라이팅이라고 한다.

48 이산화탄소를 배출량 이상으로 흡수하는 것을 뜻하는 용어는?

① 탄소 네거티브   ② 넷제로
③ 탄소중립   ④ 탄소발자국

해설
탄소 네거티브는 적극적인 탄소감축·친환경 정책으로 이산화탄소를 배출량 이상으로 흡수해, 실질적인 배출량을 마이너스로 만드는 것을 뜻한다. 배출량 상쇄를 뜻하는 탄소중립을 넘어 이미 배출된 이산화탄소를 제거할 수 있어야 달성된다.

49 다음 중 사회적 기업에 대한 설명으로 틀린 것은?

① 취약계층에게 일자리나 서비스를 제공한다.
② 수익은 창출하지 않는 비영리적인 기업형태를 갖는다.
③ 노숙자를 판매원으로 고용하는 잡지 '빅이슈' 등이 있다.
④ 국가에서 인증된 사회적 기업은 세제·경영지원 등 혜택을 받는다.

해설

사회적 기업은 취약계층에게 일자리나 복지서비스를 제공하는 회사를 말하며, 비영리와 영리의 중간형태를 갖는다. 노숙자를 판매원으로 고용해 도움을 주는 '빅이슈' 잡지가 대표적인 사회적 기업이다. 사회적 기업은 국가의 인증을 받아 4대보험, 소득세·법인세 감면 등 세제혜택과 경영지원을 받을 수 있다.

50 영국작가 코난 도일의 소설에서 처음 등장한 말로 사건의 결정적인 단서를 뜻하는 말은?

① 마타도어　　　　　　　　② 스모킹 건
③ 포렌식　　　　　　　　　④ 주홍글씨

해설

스모킹 건(Smoking Gun)은 사건을 해결하는 데 있어서 결정적인 단서를 뜻하는 말이다. 아서 코난 도일의 소설 〈글로리아 스콧〉에서 처음 사용한 말로, '연기 나는 총'이란 뜻이다. 사건·범죄·현상 등을 해결하는 데 사용되는 결정적이고 확실한 증거를 말하는데, 가설을 증명해주는 과학적 근거도 스모킹 건이라고 한다.

51 혐오시설이 자기가 사는 지역에 들어오는 것을 반대하는 지역이기주의 현상을 뜻하는 말은?

① 핌비현상　　　　　　　　② 님비현상
③ 젠트리피케이션　　　　　④ 사일로효과

해설

님비(NIMBY)는 'Not In My Back Yard(나의 뒷마당에서는 안 된다)'의 약어로, 폐기물 처리장, 장애인 시설, 교도소 등 혐오시설이나 수익성이 없는 시설이 자기 지역으로 들어오는 것을 반대하는 현상이다. 지역이기주의의 또 다른 형태이다.

52 다음 중 교육학의 하위 학문인 안드라고지에 대한 설명으로 잘못된 것은?

① 미국 교육학자 '노울즈'에 의해 이론으로 정립됐다.

② 아동에 대한 교육기법 등을 연구한다.

③ 패다고지와 대비되는 관점의 학문이다.

④ 학습자의 자발적인 학습참여를 전제로 한다.

해설

안드라고지(Andragogy)는 '성인교육론'이라고 번역되며, 성인에 대한 학습방법, 이론, 기법 등을 연구하는 교육학의 하위학문이다. 아동교육을 뜻하는 '패다고지(Pedagogy)'와 대비되는 개념이며, 아동과는 차별화된 성인을 대상으로 한 교육방법을 연구한다. 성인인 학습자의 자발적인 학습참여를 전제로 하고 있다. 1980년대 이후 미국의 교육학자 '노울즈'에 의해 이론으로 정립되기 시작했다.

53 하지 말라고 하면 더 하고 싶어지는 심리적 저항현상을 뜻하는 말은?

① 칵테일파티 효과

② 햄릿 효과

③ 칼리굴라 효과

④ 서브리미널 효과

해설

칼리굴라 효과는 하지 말라고 하면 더 하고 싶어지는, 즉 금지된 것에 끌리는 심리현상을 말한다. 1979년 로마 황제였던 폭군 칼리굴라의 일대기를 그린 영화 〈칼리굴라〉가 개봉했는데, 미국 보스턴에서 이 영화의 선정성과 폭력성을 이유로 들어 상영을 금지하자 외려 더 큰 관심을 불러일으킨 데서 유래했다.

54 SNS를 통해 비슷한 성향을 가진 사람들끼리 모여 식사를 하는 문화는?

① 다이닝 룸   ② 서스펜디드 커피

③ 디너랩   ④ 소셜다이닝

해설

소셜다이닝(Social Dining)은 SNS로 비슷한 성향과 관심사를 공유하는 사람들이 직접 만나 식사를 하고 인간관계를 쌓는 문화를 말한다. 1인 가구의 증가로 혼자 식사를 하는 사람들이 늘어나면서, 이러한 문화를 통해 사람들과 소통하고 인간관계를 넓혀가려는 시도로서 해석된다.

55 다음 문장에서 밑줄 친 외래어의 표기가 옳은 것은?

① 오늘 저녁식사는 <u>뷔페</u>로 제공됩니다.

② 잠시라도 좋으니 <u>앙케이트</u>에 참여해주세요.

③ 상점에는 다양한 <u>악세사리</u>가 진열돼 있었다.

④ 그는 처음 참가한 <u>콩쿨</u>에서 우승을 거뒀다.

해설

• 앙케이트 → 앙케트(enquête)

• 악세사리 → 액세서리(accessory)

• 콩쿨 → 콩쿠르(concours)

56 다음 중 뱃사람들이 쓰는 말로 '서남풍'을 뜻하는 말은?

① 된바람   ② 샛바람

③ 하늬바람   ④ 갈마바람

해설

갈마바람은 서풍인 갈바람과 남풍인 마파람이 합쳐진 말로 뱃사람들이 '서남풍'을 이를 때 쓰는 말이다. 이외에도 북쪽에서 부는 바람은 높바람(된바람), 동쪽에서 부는 바람은 샛바람, 남쪽에서 부는 바람은 마파람, 서쪽에서 부는 바람은 하늬바람이라 한다. 북동쪽에서 부는 높새바람은 늦은 봄에서 초여름에 걸쳐 동해로부터 태백산맥을 넘어 불어오는 고온건조한 바람을 뜻한다.

57 수사법 중 끝을 의문형으로 종결해 청자에게 생각할 여지를 남기는 방법은 무엇인가?

① 영탄법   ② 활유법

③ 도치법   ④ 설의법

해설

설의법(設疑法)은 국어의 수사법 중 '변화주기'의 일종이다. 필자 혹은 화자가 단정해도 좋을 것을 일부러 질문의 형식을 취하여 독자 혹은 청자에게 생각할 여유를 준다. 가령 '흔들리지 않고 피는 꽃이 어디 있으랴'처럼 누구나 알고 있는 사실을 질문하는 형식을 통해 상대방이 이에 대해 결론을 내릴 수 있도록 한다.

58 다음 중 밑줄 친 단어가 옳게 사용된 문장은?

① 나라를 위해 목숨을 <u>받혔다</u>.
② 아이들이 나란히 우산을 <u>받치고</u> 간다.
③ 그는 그대로 성난 소에게 <u>밭치고</u> 말았다.
④ 정성스레 술을 체에 <u>바쳤다</u>.

해설

②의 '받치다'는 '물건의 밑이나 옆에 다른 물체를 대다'라는 의미로서 문장에 옳게 쓰였다. '받다'의 사동사로 쓰인 '받히다'는 '한꺼번에 많은 양의 물품을 사게 하다'라는 뜻이며, 피동사로 쓰인 '받히다'는 '머리나 뿔 따위에 세게 부딪히다'라는 뜻으로 쓰인다. '밭치다'는 '채 같은 구멍 뚫린 물건에 국수 따위를 올려 물기를 뺀다'는 의미를 갖는다. '바치다'는 '신이나 웃어른에게 정중히 물건을 드리다', '반드시 내야 할 돈을 가져다주다'라는 의미이다.

59 속담과 비슷한 의미의 한자성어로 묶이지 않은 것은?

① 낫 놓고 기억자도 모른다 – 목불식정
② 소 잃고 외양간 고친다 – 망우보뢰
③ 고래 싸움에 새우등 터진다 – 경전하사
④ 호랑이에게 물려가도 정신만 차리면 산다 – 담호호지

해설

담호호지(談虎虎至)는 '호랑이도 제 말하면 온다'는 속담과 의미가 통하는 한자성어로, 대화의 주제가 된 사람이 마침 그 자리에 등장한다는 의미를 담고 있다. 목불식정(目不識丁)은 고무래를 보고도 정(丁)자를 알지 못한다는 뜻이고, 망우보뢰(亡牛補牢)는 소를 잃고서야 외양간을 고친다는 의미, 경전하사(鯨戰蝦死)는 고래의 싸움에 애꿎은 새우의 등이 터진다는 뜻의 한자성어다.

60 다음 음운현상의 설명을 참고할 때, 보기의 단어 발음이 적절하지 않은 것은?

> 유음화란 자음 'ㄴ'이 유음 'ㄹ'의 앞이나 뒤에서 유음의 영향을 받아 'ㄹ'로 발음되는 현상이다.

① 칼날[칼랄]
② 찰나[찰라]
③ 닳는지[달른지]
④ 공권력[공꿜력]

해설

주로 'ㄴ'으로 끝나는 2음절 한자어의 뒤에 붙는 한자어 초성 'ㄹ'은 ㄴ으로 발음한다. 따라서 '공권[공꿘]' 뒤에 한자어 '력'이 결합된 '공권-력'은 [공꿘녁]으로 발음한다.

61 다음 시조의 내용과 가장 관련 깊은 사자성어는?

> 까마귀가 싸우는 골짜기에 백로야 가지 마라
> 성낸 까마귀가 흰 빛을 샘낼세라
> 맑은 물에 기껏 씻은 몸을 더럽힐까 하노라

① 거안사위(居安思危)
② 근묵자흑(近墨者黑)
③ 낭중지추(囊中之錐)
④ 이전투구(泥田鬪狗)

해설

근묵자흑(近墨者黑)은 '먹을 가까이하는 사람은 검게 된다'는 뜻으로, 나쁜 사람을 가까이하면 그 버릇에 물들기 쉽다는 말이다. 문제에 제시된 시조는 고려의 충신인 정몽주의 어머니가 아들에게 나쁜 이를 경계하라는 뜻에서 지었다고 알려진 〈백로가〉다.

62 가사를 쓴 송강 정철과 함께 조선시대 시가의 양대산맥으로 손꼽히는 시조 시인은?

① 김수장
② 김천택
③ 윤선도
④ 박인로

해설

조선 중기의 문신인 윤선도는 유명한 가사(歌辭)를 다수 지은 송강 정철과 함께 조선 시가 양대산맥으로 평가되는 인물이다. 등용과 파직, 유배로 다사다난한 삶을 산 인물로 뛰어난 시조를 많이 지었으며, 특히 벼슬에 뜻을 버리고 보길도에서 지내며 지은 〈어부사시사〉가 유명하다.

63 다음 문장 중 밑줄 친 부분의 띄어쓰기가 바르게 쓰인 것은?

① 사람들에게 <u>보란듯이</u> 성공할 것이다.

② 그에게 불가능하다고 <u>몇번</u>이고 말했다.

③ <u>운전중</u>에는 전화를 받을 수 없습니다.

④ 사장님은 현재 <u>부재중</u>이십니다.

> **해설**
>
> ④에서 부재중은 한 단어이므로 '부재중'으로 붙여 쓰는 것이 옳다. ①에서 '듯이'는 의존명사로 쓰였으므로 '보란 듯이'로 띄어 써야 하고, ②에서 단위를 나타내는 명사 '몇' 또한 '몇 명'으로 띄어 써야 한다. ③의 '중' 또한 의존명사로서 '운전 중'으로 띄어 써야 한다.

64 다음 문장의 밑줄 친 단어 중 잘못 표기된 것은?

① 할머니 <u>제삿날</u>이라 일가친척이 모두 모였다.

② 집이 <u>싯가</u>보다 비싸게 팔렸다.

③ 밤을 새는 것은 이제 <u>예삿일</u>이 되어 버렸다.

④ 고기를 <u>깻잎</u>에 싸서 먹었다.

> **해설**
>
> ②에서 '싯가'가 아닌 '시가(市價)'로 적어야 옳다. 사이시옷은 명사와 명사의 합성어일 경우 쓰이고, 앞 명사가 모음으로 끝나고 뒷말은 예사소리로 시작해야 한다. 또한 앞뒤 명사 중 하나는 우리말이어야 하는데, 다만, 습관적으로 굳어진 한자어인 찻간, 곳간, 툇간, 셋방, 숫자, 횟수는 예외로 한다.

65 우리나라 최초의 한문소설집은?

① 지봉유설 ② 구운몽

③ 금오신화 ④ 백운소설

> **해설**
>
> 금오신화(金鰲新話)는 김시습이 지은 우리나라 최초의 한문 단편소설집이다. 〈만복사저포기〉, 〈이생규장전〉, 〈취유부벽정기〉, 〈용궁부연록〉, 〈남염부주지〉 등 5편이 수록되어 있다. 명나라 구우의 〈전등신화〉의 영향을 받았으며, 귀신・선녀・용왕・저승 등 비현실적이고 기이한 '전기적 요소'가 나타나는 것이 특징이다.

66 다음 문장의 밑줄 친 단어의 쓰임이 올바른 것은?

① 손을 꼭 <u>깨끗히</u> 닦아야 합니다.
② 세심하게 모든 과정을 <u>일일이</u> 챙겼다.
③ <u>오랫만에</u> 친구를 만나 반가웠다.
④ 그는 <u>희안한</u> 버릇을 갖고 있었다.

> **해설**
> ①은 '깨끗이', ③은 '오랜만에', ④는 '희한한'으로 적는 것이 올바르다. '일일이'의 경우 관련 표준어규정에서는 '일일이'는 끝소리가 분명히 '-이'로 나는 경우이므로 '일일이'로 적는다고 명시돼 있다.

67 다음 중 30세를 한자로 이르는 말은?

① 이립(而立)   ② 종심(從心)
③ 약관(弱冠)   ④ 지학(志學)

> **해설**
> 30세는 한자어로 이립(而立)으로 지칭하며, 모든 기초를 세우는 나이라는 의미이다. 종심(從心)은 70세, 약관(弱冠)은 20세, 지학(志學)은 15세를 가리킨다.

68 다음 고사의 내용과 상통하는 의미의 한자성어로 가장 적합한 것은?

> 중국 북산에 살던 우공(愚公)이라는 노인이 높은 산에 가로막혀 주민들이 왕래하는 불편을 겪자 이를 해소하기 위해 산을 옮기기로 했다. 그의 친구가 만류하자 우공은 "나와 자식은 대를 이어나가도 산은 불어나지 않을 것"이라며 대를 이어 묵묵히 산을 옮기겠다고 했다.

① 격화소양   ② 호연지기
③ 마부작침   ④ 물심양면

> **해설**
> 위 고사는 〈열자(列子)〉 '탕문편(湯問篇)'에 등장하며, '어리석은 영감이 산을 옮긴다'는 뜻의 한자성어 '우공이산(愚公移山)'의 바탕이 되는 이야기다. 쉬지 않고 꾸준히 한 가지 일을 하면 대업을 이룰 수 있다는 뜻으로 보기에서 이와 가장 상통하는 한자성어는 ③ '마부작침(磨斧作針)'이다. '도끼의 날을 갈아 바늘을 만든다'는 의미다.

┃부산광역시공무직통합채용

69 다음 중 미륵사지 석탑에 대한 설명으로 잘못된 것은?

① 전북 익산시에 위치한다.
② 국내에 존재하는 최대의 석탑이다.
③ 백제 무왕 때 건립됐다.
④ 1962년에 보물로 지정됐다.

해설

미륵사지 석탑은 전라북도 익산시 금마면 미륵사지에 있는 백제시대 석탑이다. 현존하는 석탑 중 가장 규모가 크고 백제 석탑 중 가장 오래됐다. 백제 무왕 때에 건립되었으며 1962년에는 국보로 지정됐다. 2001년부터 보수 작업이 진행되어 2018년 6월 복원된 석탑이 일반에 공개됐다.

┃부산광역시공무직통합채용

70 다음 작품의 제목으로 맞는 것은?

① 몽유도원도   ② 금강전도
③ 고사관수도   ④ 인왕제색도

해설

문제에 제시된 작품은 조선 후기의 화가 '겸재 정선'이 그린 〈인왕제색도〉다. 인왕산의 진경산수화(眞景山水畵)로 1984년 국보로 지정되었다. 1751년에 정선이 여름철 소나기가 지나간 인왕산의 절경을 수묵화로 옮긴 작품으로, 한 차례 비를 맞은 산의 모습을 감각적으로 포착해 표현한 걸작이다.

71 우리나라의 국가무형문화재 1호로 지정된 것은?

① 판소리   ② 남사당놀이

③ 종묘제례악   ④ 양주 별산대놀이

> **해설**
> 국가무형문화재는 보존가치가 높다고 인정되는 문화적 소산 가운데 국가가 문화재로 지정한 것이다. 1호는 종묘제례악, 2호는 양주 별산대놀이, 3호 남사당놀이, 4호 갓일, 5호 판소리 등 2024년 2월 기준 총 160가지의 무형문화재가 지정되어 있다.

72 다음 중 4대 남자 메이저 골프대회에 해당하지 않는 것은?

① 프레지던츠컵   ② US 오픈

③ PGA 챔피언십   ④ 브리티시 오픈

> **해설**
> 4대 남자 메이저 골프대회로 꼽히는 것은 PGA 챔피언십(PGA Championship, 1916), US 오픈(US Open, 1895), 브리티시 오픈(British Open, 1860), 마스터스(Masters, 1930)다. 프레지던츠컵은 미국과 유럽을 제외한 인터내셔널팀 사이의 남자 프로골프 대항전이다. 2년마다 열리는 유럽 남자 골프 대항전인 라이더컵이 개최되지 않는 해에 열린다.

73 맹자가 주장한 사단 중에서 '예의와 존경을 아는 마음'을 뜻하는 것은?

① 사양지심(辭讓之心)   ② 측은지심(惻隱之心)

③ 수오지심(羞惡之心)   ④ 시비지심(是非之心)

> **해설**
> 맹자는 모든 인간이 가진 선한 본성을 네 가지의 도덕적 실마리로 나누어 보았으며 이를 사단(四端)이라고 했다. 사단에는 '다른 사람을 불쌍히 여기고 안타까워하는 마음(인(仁))'을 뜻하는 측은지심(惻隱之心)이 있고, '부끄러움과 수치를 아는 마음(의(義))'을 의미하는 수오지심(羞惡之心)이 있다. 더불어 '예의와 존경을 아는 마음(예(禮))'인 사양지심(辭讓之心)과 '옳고 그름을 판단하는 마음(지(智))'을 뜻하는 시비지심(是非之心)이 있다.

74 다음 작품을 그린 인물에 대한 설명으로 옳은 것은?

① 프랑스 출신의 화가다.
② 초기에는 밝은 색채를 이용해 삶의 환희를 표현한 작품을 그렸다.
③ 생전에 화가로서 대단한 성공을 거뒀다.
④ 20세기 초 야수파에 지대한 영향을 끼쳤다.

해설

빈센트 반 고흐는 1853년 네덜란드에서 출생한 후기 인상주의 화가다. 초기에는 어두운 색채로 비참한 삶을 그린 작품을 주로 선보였다. 이후 프랑스에서 자신만의 화려한 색 대조와 강렬한 붓 터치를 완성해 후대의 야수파와 표현주의에 지대한 영향을 끼쳤다. 생전에는 화가로서 성공을 거두지 못했지만 사후에는 대단한 명성을 누렸다. 문제에 제시된 작품은 그의 초기작인 〈감자를 먹는 사람들〉(1885년)이다.

75 문학에서 진부하고 판에 박힌 표현을 가리키는 용어는?

① 그로테스크 ② 플 롯
③ 골 계 ④ 클리셰

해설

클리셰(Cliche)는 인쇄에서 '연판'을 뜻하는 프랑스어에서 기원했으며, 현재는 문학·영화에 등장하는 진부하고 상투적인 표현을 뜻하는 용어로 쓰인다. 지나친 클리셰는 극의 전개를 정형화하고 예측가능하게 만들어 독자와 관객의 흥미를 반감시킨다. 가령 전쟁터에서 수세에 몰린 병사들이 지휘관의 장엄한 연설에 힘을 얻어 승부를 뒤집는다든지, 범죄현장에서 모든 상황이 끝난 뒤에야 경찰이 도착하는 등의 다양한 클리셰가 존재한다.

76 다음 중 부산국제영화제에 대한 설명으로 옳지 않은 것은?

① 아시아 최대 규모의 국제영화제다.

② 아시아에서 유일한 경쟁 영화제다.

③ 1996년부터 개막됐다.

④ 매년 10월 첫째 주 목요일에 열린다.

> **해설**
>
> 1996년 시작된 부산국제영화제는 도쿄국제영화제, 홍콩국제영화제와 더불어 아시아 최대 규모의 국제영화제다. 매년 10월 첫째 주 목요일부터 10일간 진행되며, 부분경쟁을 포함한 비경쟁 영화제다. 국제영화제작자연맹의 공인을 받았다.

77 다음 중 조선왕조실록에 대한 설명으로 틀린 것은?

① 기전체로 주로 작성됐다.

② 유네스코 세계기록유산으로 등록됐다.

③ 태조부터 제25대 왕인 철종까지의 기록을 담고 있다.

④ 소실을 막기 위해 여러 사본을 만들어 보관했다.

> **해설**
>
> 조선왕조실록은 조선시대 제1대 왕 태조로부터 제25대 왕 철종에 이르기까지 25대 472년간의 역사를 편년체로 기록한 역사서다. 편년체란 역사의 기록을 연·월·일순으로 정리하는 체계를 말한다. 국보 제151호이며 1997년에는 훈민정음과 함께 유네스코 세계기록유산으로 등재되었다. 전란 등으로 인한 소실을 방지하기 위해 여러 사본이 만들어 졌으며 오대산, 태백산 등 다양한 곳에 보관되었다.

78 다음 중 공리주의에 대한 설명으로 옳지 않은 것은?

① 18세기 말부터 영국에서 유행하기 시작한 철학사상이다.

② 인간의 본성이 선한가, 악한가에 대해 주목한다.

③ 사회적 효용을 가치판단의 기준에 둔다.

④ 대표적인 철학자로는 벤담과 밀이 있다.

> **해설**
>
> 공리주의는 사회적 공리성(효용 ; Utility)을 가치판단의 기준으로 하는 사상이다. 18세기 말부터 19세기 전반에 걸쳐 영국에서 유행한 철학사상으로, 가치판단의 기준을 인간의 이익과 행복의 증진에 둔다. 대표적인 철학자로는 쾌락을 계산할 수 있는 것으로 보고 '최대 다수의 최대 행복'을 주장하며 쾌락의 양적 측면에 중점을 둔 'J. 벤담'이 있다. 아울러 쾌락의 질적 차이를 주장하면서 '배부른 돼지보다 배고픈 인간이 낫고, 만족스런 바보보다 불만족스런 소크라테스가 낫다'고 하며 정신적·고차원적 쾌락을 중요시한 'J. S. 밀'이 있다.

79 덴마크 출신의 철학자로 실존주의 철학의 문을 연 인물은?

① 쇠렌 키에르케고르
② 마르틴 하이데거
③ 블레즈 파스칼
④ 닉 보스트롬

> **해설**
>
> 쇠렌 키에르케고르(Soören Kierkegaard)는 덴마크 출신의 종교 사상가이자 철학자다. 19세기 실존주의 철학의 선구자 중 한 명으로 평가된다. 그는 실존의 측면에 비춰 인간의 삶을 3단계로 구분했다. 아직 실존의 의의를 의식하지 못하는 미적 실존, 윤리적인 사명에 따라 삶을 이어가는 윤리적 실존, 종교에 의지해 삶의 불안감을 극복하는 종교적 실존이 그것이다.

80 다음 작품을 그린 화가에 대한 설명으로 옳은 것은?

① 일제강점기 시절 군국주의에 찬동하는 등 친일활동을 벌였다.
② 청각장애를 딛고 한국화의 거장이 됐다.
③ 소를 소재로 하는 작품을 많이 그렸다.
④ 화강암의 질감을 연상케 하는 작품을 그렸다.

> **해설**
>
> 이중섭은 우리나라 근대미술사를 대표하는 서양화가다. 일본으로 유학해 서양화를 공부했고 귀국 후 활발한 작품활동을 했으나, 해방과 6·25전쟁을 겪으며 다사다난한 삶을 살기도 했다. 대담하고 거친 묘사로 내면을 폭발적으로 드러낸 화가로, 소를 소재로 한 작품도 많이 그렸다. 문제에 제시된 작품은 그의 대표작 〈흰 소〉(1954년경)다.

81 다음 중 가장 늦은 시기에 활동한 음악가는?

① 볼프강 아마데우스 모차르트   ② 프레데리크 쇼팽

③ 프란츠 요제프 하이든   ④ 안토니오 비발디

> **해설**
> 1810년 폴란드에서 출생한 프레데리크 쇼팽은 피아노의 시인이라고 불리며, 200곡에 이르는 수많은 피아노곡을 작곡했다. 독자적인 피아노 연주 테크닉을 완성했고, 후대 피아니스트들에게도 그의 연주법은 지대한 영향을 끼쳤다. 한편 18세기 빈고전파를 대표하는 모차르트와 하이든은 각각 1756년, 1732년 태어났다. 바로크 시대의 이탈리아 출신 음악가 비발디는 더 이전인 1678년 출생했다.

82 다음 중 흔히 음악의 성인이라고 불리는 음악가는?

① 브람스   ② 하이든

③ 모차르트   ④ 베토벤

> **해설**
> 음악의 성인(聖人)이라 불리는 음악가는 독일 출신의 루트비히 판 베토벤(Ludwig van Beethoven)이다. 〈영웅교향곡〉과 〈월광소나타〉의 작곡자로도 유명한 그는 귓병으로 청력을 잃은 가운데서도 왕성한 창작활동과 음악에 대한 열정을 보여주어, 음악에 자신의 영혼을 녹여낸 음악의 성인으로 칭송받고 있다.

83 중국의 춘추전국시대 당시 겸애를 강조하고 만민평등주의를 주창한 사상은 무엇인가?

① 법 가   ② 도 가

③ 유 가   ④ 묵 가

> **해설**
> 묵가는 중국 춘추전국시대의 사상가였던 묵자를 계승하는 사상으로 실리주의를 지향하고 중앙집권적인 체제를 지향하는 등 유가와 여러모로 대립적인 사상이었다. 또한 '겸애'를 강조하며 만민평등주의와 박애주의를 실천하는 것을 독려했다.

84 다음 중 사단칠정론 논쟁으로 유명한 두 성리학자는 누구인가?

① 이황과 서경덕   ② 이황과 기대승

③ 이황과 이이   ④ 이황과 성혼

> **해설**
> 사단칠정론 논쟁은 사단과 칠정을 둘러싼 이기론적(理氣論的) 논쟁으로, 이황과 기대승의 논쟁이 대표적이다.

┃ 보훈교육연구원

85 통신장치를 일정 시간 내에 오가는 데이터 전송량을 뜻하는 용어는?

① 핑   ② 패 킷

③ 트래픽   ④ 트랜잭션

> **해설**
>
> 트래픽(Traffic)은 서버 등 통신장치를 일정 시간 동안 오가는 데이터의 양을 말하는 것으로 통신장치와 시스템에 걸리는 부하를 뜻한다. 트래픽양의 단위는 얼랑(ERL)이다. 트래픽 전송량이 많으면 네트워크와 서버에 과부하가 걸려 데이터 송수신 장애를 일으킬 수 있다.

┃ 폴리텍

86 동물의 중추신경계 등에 존재하며, 행복을 느끼게 하고 우울이나 불안감을 줄여주는 신경전달물질은?

① 옥시토신   ② 히스타민

③ 트립토판   ④ 세로토닌

> **해설**
>
> 신경전달물질 중 하나인 세로토닌(Serotonin)은 아미노산인 트립토판을 통해 생성된다. 세로토닌은 동물의 뇌와 중추신경계에 존재하며, 감정에 관여해 행복감을 느끼게 하고, 우울감과 불안감을 줄여주는 역할을 한다. 세로토닌이 결핍되면 기분장애를 유발할 수 있다.

┃ 전라남도공무직통합채용

87 보일의 법칙은 일정한 온도에서 무엇을 증가시키면 부피가 줄어든다는 법칙인가?

① 압 력   ② 고 도

③ 습 도   ④ 질 량

> **해설**
>
> 1662년 아일랜드의 물리학자 R. 보일이 발견한 '보일의 법칙'은 일정한 온도에서 기체의 압력과 그 부피는 서로 반비례한다는 법칙이다. 온도를 일정하게 유지하는 상태에서 압력을 높이게 되면 물체의 부피는 줄어든다는 것을 실험을 통해 밝혀냈다.

88 다음 중 용연향에 대한 설명으로 틀린 것은?

① 신선한 상태에서는 좋은 향기가 난다.
② 바다를 부유하다가 해안가에 밀려들어 발견되곤 한다.
③ 향유고래의 창자 속에서 생성되는 물질이다.
④ 매우 비싸게 팔리는 것으로 유명하다.

> **해설**
>
> 용연향은 수컷 향유고래가 주식인 오징어를 섭취하고 창자에 남은 이물질이 쌓여 배설되는 것으로 알려져 있다. 막 배설된 용연향은 부드럽고 악취가 심하나, 바다에 오래 부유하면서 햇볕에 마르고 검게 변해 악취도 점차 사라진다. 바다를 부유하다가 해안가에 떠밀려 종종 발견되곤 하는데 알코올에 녹여 고급향수의 원료로 사용한다. 그 가치가 매우 높은 것으로 유명한데, 바다에 오래 떠다닐수록 향이 좋아 고가에 거래된다.

89 온라인 플랫폼이 자주 채용하는 애플리케이션 형태로, 다양한 서비스가 종합적으로 제공되는 방식의 애플리케이션은?

① 섭테크   ② 레그테크
③ 행동인터넷   ④ 슈퍼앱

> **해설**
>
> 슈퍼앱은 최근 온라인 플랫폼들이 자주 채용하는 애플리케이션(앱)의 형태다. 하나의 앱에서 쇼핑·송금·예매 등 다양한 서비스를 제공하는 것을 말한다. 여러 가지 앱을 각각 설치할 필요 없이 슈퍼앱 하나만으로도 여러 기능을 사용할 수 있다는 것이 강점이다.

90 토마토에 함유된 붉은 색소로 항암작용을 하는 물질은?

① 안토시아닌   ② 카로틴
③ 라이코펜   ④ 루테인

> **해설**
>
> 라이코펜(Lycopene)은 잘 익은 토마토, 수박, 감, 당근 등 붉은색의 과일·채소에 함유된 카로티노이드 색소의 일종이다. 항산화작용과 항암작용을 하는 것으로 유명하며, 산화물질을 효과적으로 제거할 수 있는 중화제로도 알려져 있다.

91 제임스 웹 우주망원경에 대한 설명으로 틀린 것은?

① 허블우주망원경을 대체하는 망원경이다.
② 허블우주망원경보다 크기는 작으면서도 성능은 개선됐다.
③ 미항공우주국 국장의 이름을 땄다.
④ 차세대 우주망원경으로도 불린다.

> **해설**
> 제임스 웹 우주망원경은 허블우주망원경을 대체하는 우주 관측용 망원경이다. 미항공우주국(NASA)의 제2대 국장인 제임스 웹의 업적을 기리기 위해 이러한 이름이 붙여졌다. 차세대 우주망원경이라고도 한다. 허블우주망원경보다 반사경의 크기가 더 커지고 무게는 더 가벼워지는 등 한 단계 발전했다. 사상 최대 크기의 우주망원경으로 망원경의 감도와 직결되는 주경의 크기가 6.5m에 달한다. NASA와 유럽우주국, 캐나다우주국이 함께 제작했다. 허블우주망원경과 달리 적외선 영역만 관측할 수 있지만, 더 먼 우주까지 관측할 수 있도록 제작됐다.

92 다음 중 도심형 항공 교통체계를 의미하는 용어의 약자는?

① UTM
② UAM
③ PAV
④ eVTOL

> **해설**
> UAM은 'Urban Air Mobility'의 약자로서 도심형 항공 교통체계를 의미한다. 도시의 항공에서 사람과 화물이 오가는 교통운행 서비스를 운영하는 것으로 드론 등 소형 수직 이착륙기가 발전하면서 가시화되고 있다. UTM은 드론의 교통관리체계, PAV는 개인용 비행체를 의미한다.

93 다음 중 감기 바이러스에 해당하는 것은?

① 리노 바이러스
② 지카 바이러스
③ 로타 바이러스
④ 노로 바이러스

> **해설**
> 리노 바이러스는 급성호흡기감염증을 일으키는 바이러스로, 콧물·인후통·기침 등의 감기증상을 일으킨다. 지카 바이러스는 주로 모기에 의해 전파되어 태아의 소두증을 유발하고, 로타 바이러스와 노로 바이러스는 모두 장염이나 식중독을 일으키는 바이러스다.

94 개방형 클라우드와 폐쇄형 클라우드가 조합된 클라우드 컴퓨팅 방식은?

① 온 프레미스 클라우드
② 퍼블릭 클라우드
③ 프라이빗 클라우드
④ 하이브리드 클라우드

하이브리드 클라우드는 공공에게 개방된 개방형(퍼블릭) 클라우드와 개인이나 기업 자체에서 활용하는 폐쇄형(프라이빗) 클라우드가 조합되었거나, 개방형 클라우드와 서버에 직접 설치된 온 프레미스(On-premise)를 조합한 방식의 클라우드 컴퓨팅을 말한다. 기업·개인이 보유한 IT 인프라와 데이터, 보안시스템을 한 곳에 몰아넣지 않고 그 특성과 중요도에 따라 분산하여 배치해, 업무효율성과 안전성을 획득할 수 있다.

┃ 보훈교육연구원

95 다음 중 스마트폰의 문자메시지를 이용한 휴대폰 해킹을 뜻하는 용어는?

① 메모리피싱   ② 스피어피싱

③ 파 밍   ④ 스미싱

해설

스미싱은 문자메시지(SMS)와 피싱(Phishing)의 합성어로, 인터넷 접속이 가능한 스마트폰의 문자메시지를 이용한 휴대폰 해킹을 뜻한다.

┃ 부산광역시공무직통합채용

96 다음 중 무기질에 대한 설명으로 옳지 않은 것은?

① 필요 정도에 따라 다량 무기질과 미량 무기질로 나뉜다.

② 인체는 무기질을 합성할 수 있다.

③ 주로 골격과 조직, 체액에 포함되어 있다.

④ 영어로는 'Mineral'이라고 적는다.

해설

무기질(Mineral)은 무기화합물의 성질이나 그 성질을 가진 물질을 말한다. 생명체의 골격과 조직, 체액에 포함되어 있는 칼슘, 인, 철, 아이오딘 등이 있다. 생명유지에 필수적으로 있어야 하는 영양소로, 필요한 정도에 따라 다량무기질과 미량무기질로 구분된다. 사람을 비롯한 생명체는 무기질을 체내에서 합성할 수 없어 반드시 외부로부터 섭취하여 얻어야 한다.

┃ 서울시복지재단

97 해안에서 바다로 돌출되어 나온 뾰족한 모양의 지형을 일컫는 말은?

① 해식애   ② 시스택

③ 반 도   ④ 곶

해설

곶은 해안에서 육지지형이 바다의 방향으로 비교적 뾰족하게 돌출되어 나간 부분을 말한다. 육지의 침강이나 산줄기였던 곳이 해수면이 상승하여 잠기게 되면서 형성된다. 또는 파랑이나 연안류의 오랜 침식으로 육지 쪽으로 움푹 들어간 지형인 만과 함께 만들어지기도 한다.

98 네트워크의 보안 취약점이 공표되기도 전에 이뤄지는 보안 공격을 뜻하는 용어는?

① 스피어 피싱 ② APT 공격
③ 제로데이 공격 ④ 디도스 공격

해설

제로데이 공격(Zero Day Attack)은 네트워크나 시스템 운영체제의 보안 취약점이 발견돼 이를 보완하기 위한 조치가 이뤄지기도 전에, 그 취약점을 이용해 네트워크에 침입하여 공격을 가하는 것을 말한다. 취약점을 뚫리지 않게 하기 위한 보안 패치가 배포되기도 전에 공격을 감행해 네트워크는 속수무책으로 당할 수밖에 없다.

99 우리의 몸을 구성하는 주요원소에 해당하지 않는 것은?

① 산 소 ② 탄 소
③ 규 소 ④ 질 소

해설

우리 몸의 질량의 약 96%는 산소(65%), 탄소(18%), 수소(9.5%), 질소(3.2%)로 이루어져 있다. 나머지 4%는 칼슘과 인, 칼륨, 마그네슘 등의 무기질과 전체질량의 0.3%에 해당하는 미량원소로 구성되어 있다.

100 다음 중 챗GPT에 대한 설명으로 옳은 것은?

① 구글이 개발한 대화형 인공지능이다.
② 인공지능 모델 GPT-1.0 기술을 바탕에 둔다.
③ 이미지 창작과 생성이 주요 기능이다.
④ 사용자와의 초반 대화내용을 기억해 질문에 답변할 수 있다.

해설

챗GPT(ChatGPT)는 인공지능 연구재단 오픈AI(Open AI)가 개발한 대화 전문 인공지능 챗봇이다. 사용자가 대화창에 텍스트를 입력하면 그에 맞춰 대화를 나누는 서비스로 오픈AI에서 개발한 대규모 인공지능 모델 'GPT-3.5' 언어기술을 기반으로 한다. 챗GPT는 인간과 자연스럽게 대화를 나누기 위해 수백만개의 웹페이지로 구성된 방대한 데이터베이스에서 사전 훈련된 대량생성 변환기를 사용하고 있으며, 사용자가 대화 초반에 말한 내용을 기억해 답변하기도 한다.

┃ 부산광역시공무직통합채용

01 다음 석기시대의 특징에 대한 설명으로 옳은 것은?

① 구석기시대에는 가락바퀴로 실을 뽑아 뼈바늘로 옷을 지어 입었다.

② 구석기시대에는 주먹도끼, 찍개 등의 뗀석기를 사용했다.

③ 신석기시대에는 동굴이나 강가의 막집에서 생활했다.

④ 신석기시대에는 사유재산의 개념과 계급이 발생하기 시작했다.

해설

구석기시대에는 동굴이나 강가의 막집에서 생활했고, 계절에 따라 이동생활을 했다. 또한 주먹도끼, 찍개 등의 뗀석기
사용했다. 신석기시대에는 강가나 바닷가에 움집을 지어 정착생활을 했고, 채집·수렵활동과 조·피 등을 재배하는 농경
생활, 목축생활을 시작했다. 빗살무늬 토기를 이용하여 음식을 조리하거나 저장했으며, 가락바퀴로 실을 뽑아 뼈바늘로
옷을 지어 입기도 했다. 사유재산의 개념과 계급이 발생하고, 족장이 출현한 것은 청동기시대에 들어서다.

┃ 부산보훈병원

02 다음 유물이 사용되던 시기의 생활상으로 적절하지 않은 것은?

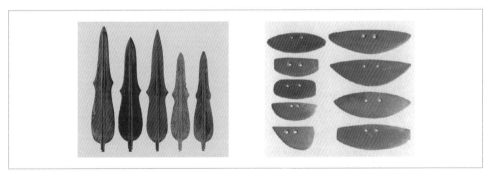

① 사유재산과 계급이 발생했다.

② 풍요를 기원하는 주술적 의미의 청동제 의기 등을 만들었다.

③ 조·피 등을 재배하는 농경이 시작되고 목축업이 활성화됐다.

④ 움집이 지상 가옥화되고 배산임수의 취락이 형성됐다.

해설

사진은 비파형동검과 반달돌칼로 청동기 시대의 대표적 유물이다. 조·피 등을 재배하는 농경이 시작되고 목축업이 활성
화된 시기는 신석기 시대이다. 청동기 시대에는 밭농사 중심의 농경생활이 주를 이뤘고 벼농사가 시작됐다.

03 다음과 같은 규범으로 사회질서를 유지한 국가는?

> • 사람을 죽인 자는 사형에 처한다.
> • 남에게 상해를 입힌 자는 곡식으로 갚아야 한다.
> • 도둑질한 자는 노비로 삼되, 용서받고자 할 때에는 50만전을 내야 한다.

① 고조선   ② 부 여
③ 금관가야   ④ 동 예

해설

고조선은 사회질서를 유지하기 위해 8개 조항으로 이뤄진 범금8조를 만들었으며, 현재는 3개 조항만 전해진다. 범금8조의 내용을 통해 인간의 생명 중시, 사유재산 보호 등을 확인할 수 있다.

04 삼한에 대한 설명으로 옳지 않은 것은?

① 신성 지역인 소도에는 군장의 세력이 미치지 못하였다.
② 천군은 농경과 종교에 대한 의례를 주관하였다.
③ 세력이 큰 지배자를 읍차, 세력이 작은 지배자를 신지라 불렀다.
④ 철기 문화를 바탕으로 하는 농경 사회였다.

해설

삼한의 지배자 중에서 세력이 큰 경우는 신지, 작은 경우는 읍차로 불렸다.

05 다음은 어느 나라에 대한 설명인가?

> • 특산물로 단궁이라는 활과 과하마, 반어피 등이 유명하였다.
> • 매년 10월에 무천이라는 제천 행사를 열었다.
> • 동해안에 위치하여 해산물이 풍부하였다.

① 가 야   ② 마 한
③ 옥 저   ④ 동 예

해설

동예는 강원도 북부 동해안 중심에 형성된 나라로 읍군과 삼로라는 군장이 통치하였다. 방직기술이 발달하였고 족외혼과 책화라는 풍속이 있었다.

06 〈보기〉에 제시된 시기의 백제의 왕은?

> **보기**
>
> 태화 4년 5월 16일 병오일의 한낮에 백 번이나 단련한 철로 된 칠지도를 ○○○○가 만들었다. 온
> 갖 적병을 물리칠 수 있으니 제후국의 왕(侯王)에게 주기에 알맞다. 지금까지 이런 칼이 없었는데
> 백제 왕세자 기생성음이 일부러 왜왕을 위하여 정교하게 만들었으니 후세에 전하여 보이라.
>
> – 칠지도 명문 –

① 고국원왕　　　　　　　　　② 고이왕
③ 침류왕　　　　　　　　　　④ 근초고왕

해설

근초고왕(346년 ~ 375년)은 백제 제13대 왕으로 활발한 정복활동을 펼쳐, 남쪽으로는 마한 세력을 통합하고 가야 지역까지 진출해 백제 역사상 최대 영토를 자랑하며 전성기를 이룩했다. 북쪽으로는 낙랑의 일부 지역을 확보했고, 평양성까지 진출해서 고구려 고국원왕을 전사시켰다. 그리고 요서지역과 왜에도 진출하여 왜에 칠지도를 하사하는 등 활발히 국제교류했다.

07 다음 중 고구려 장수왕의 업적이 아닌 것은?

① 고구려 역사상 가장 넓은 영토를 다스렸다.
② 수도를 국내성에서 평양성으로 옮겼다.
③ 북진정책을 펼쳐 중국의 북위와의 전쟁에서 여러 차례 승리했다.
④ 충주에 중원 고구려비를 건립했다.

해설

고구려 제20대 왕인 장수왕은 중국과의 적극적인 외교활동을 펼쳐 당시 중국을 제패한 북위에 사절을 파견해 외교 관계를 맺고 대체로 긴밀한 사이를 유지했다. 북위뿐 아니라 유연 등 다른 중국 민족·국가와도 다각적으로 외교하며 서방의 안정을 꾀했다. 한편 장수왕은 427년 수도를 국내성에서 평양성으로 옮겨 백제와 신라를 향한 남진정책을 펼쳤고, 백제의 위례성을 함락시키고 개로왕을 사살하는 등 전공을 올리는 데 성공한다. 그는 고구려 역사상 가장 넓은 영토를 다스린 왕이며 충주에 중원 고구려비를 건립하기도 했다.

08 다음 중 신라 김헌창의 난에 대한 설명으로 옳지 않은 것은?

① 유력한 왕위 계승 후보였던 아버지 김주원이 왕위에 오르지 못한 것을 구실로 일으켰다.
② 귀족들 간의 왕위계승전이 치열하게 벌어졌던 시기에 일어났다.
③ 무열왕계 귀족의 세력이 더욱 강화되는 계기가 되었다.
④ 난을 일으킨 지 한 달이 못 되어 진압되었다.

> **해설**
> 통일 신라 헌덕왕 때 무열왕계였던 김주원이 원성왕계 귀족들과의 왕위 쟁탈전에서 패배하자 아들인 웅천주(현재 충남 공주) 도독 김헌창이 반란을 일으켰다. 그러나 한 달이 못 되어 관군에 진압되어 실패하였다. 당시는 귀족들 간의 왕위계승 전이 치열하게 벌어지던 시기였는데, 김헌창의 난으로 무열왕계 귀족들은 크게 몰락했다.

09 다음 중 실직주 군주인 이사부를 보내 우산국을 점령한 신라의 왕은?

① 지증왕
② 진흥왕
③ 법흥왕
④ 무열왕

> **해설**
> 삼국시대 신라의 제22대 왕인 지증왕은 농사에 소를 활용하는 우경을 실시해 생산력을 향상시켰고, 국명을 신라로 확정했다. 전국에 주·군·현을 설치하는 행정제도인 군현제를 실시했고, 이때 지금의 강원도 삼척 지역에 실직주가 탄생하였다. 지증왕은 실직주의 군주로 임명된 이사부를 우산국으로 보내 점령케 했다.

10 다음 중 통일 신라의 지방통치거점이었던 서원경에 대한 설명으로 옳지 않은 것은?

① 지금의 충청북도 청주 지역으로 추정된다.
② 지방 행정구역인 5소경과는 별도로 계획된 도시였다.
③ 신라가 백제를 멸망시키고 삼국을 통일한 후 신문왕 5년에 설치되었다.
④ 서원경 인근 촌락의 정보를 기록한 문서가 일본에서 발견되었다.

> **해설**
> 서원경은 신라의 지방행정구역인 5소경의 하나로서 현재의 충청북도 청주 인근에 설치되었던 것으로 추정된다. 당시 호남과 영남을 통하는 교통의 요충지였기 때문에 지방통치의 거점으로 삼았다. 신라가 백제를 멸망시키고 삼국 통일을 이룩한 후 신문왕 5년인 685년에 설치되었다. 이 서원경 인근 촌락의 인구와 토지 등 각종 정보를 기록한 신라촌락문서가 1933년 일본 나라현의 동대사에서 발견되었다.

11 다음 중 발해 무왕의 업적으로 맞는 것은?

① 대흥이라는 독자적 연호를 사용했다.

② 고구려의 옛 땅을 대부분 회복했다.

③ 수도를 중경에서 상경으로 옮겼다.

④ 장문휴를 보내어 당의 산둥반도를 공격하도록 했다.

해설

남북국시대 발해의 제2대 왕인 무왕은 독자적 연호인 인안을 사용했고, 장군이었던 장문휴로 하여금 당의 산둥반도를 공격하게 했다. 또한 돌궐과 일본을 연결하는 외교 관계를 수립하는 데에도 힘썼다. ①, ③은 제3대 왕인 문왕, ②는 제4대 왕인 선왕에 대한 내용이다.

12 다음에서 말하는 인물에 대한 설명으로 옳은 것은?

> 이 인물은 신라 왕족 출신으로 알려졌으며, 통일신라 말에 반란을 일으킨 양길의 부하가 되어 세력을 키웠다. 이후에는 송악을 도읍으로 삼아 새로운 국가를 세웠는데 스스로를 미륵불이라 칭했다.

① 영락이라는 독자적 연호를 사용했다.

② 국호를 태봉으로 고쳤다.

③ 백제를 계승함을 내세웠다.

④ 청해진을 설치했다.

해설

신라의 왕족 출신인 궁예는 북원에서 반란을 일으킨 양길의 휘하로 들어가 세력을 키워 송악에 도읍을 정하고 후고구려를 세웠다(901). 궁예는 건국 후 영토를 확장해 철원으로 천도하고 국호를 마진으로 바꿨다가 다시 태봉으로 바꿨다. 그는 광평성을 중심으로 한 정치기구를 새롭게 마련했으나 미륵신앙을 바탕으로 한 전제정치로 인해 백성과 신하들의 원성을 사면서 왕건에 의해 축출됐다.

13 다음 고려의 왕과 업적이 올바르게 연결된 것은?

① 광종 – 전국을 5도와 양계, 경기로 나눠 지방행정제도를 확립했다.

② 성종 – 당의 제도를 모방해 2성 6부의 중앙관제를 완성했다.

③ 숙종 – 쌍성총관부를 공격해 철령 이북의 땅을 수복했다.

④ 예종 – 삼한통보, 해동통보 등의 동전과 활구를 발행했다.

해설

고려 성종은 최승로의 시무 28조를 받아들여 12목을 설치하고 지방관을 파견해 지방세력을 견제했다. 또한 유교국가의 기틀을 마련했으며 당의 제도를 모방해 2성 6부의 중앙관제를 완성했다. 또 성종 때에는 개경(개성)과 서경(평양)에 물가를 조절하는 기구인 상평창이 설치되기도 했다.

14 고려시대의 향 · 부곡 · 소에 대한 설명으로 틀린 것은?

① 향 · 부곡은 신라 때부터 있었고 고려 때 소가 신설됐다.
② 향 · 부곡에는 농업종사자가 거주했다.
③ 소에 거주하는 주민은 수공업에 종사했다.
④ 조세의 의무가 면제됐다.

해설

향 · 부곡 · 소는 고려시대의 지방에 있는 특수행정구역이었다. 향 · 부곡(농업 종사) · 소(수공업 종사)에 거주하는 주민이 살았으며 신분은 일반 양민과 달리 노비 · 천민과 유사한 특수 열등계급이었다. 이곳 주민들이 다른 지역으로 이주하는 것은 원칙적으로 금지됐고, 과중한 세금도 부담됐다.

15 고려 태조 왕건이 왕실자손들에게 훈계하기 위해 남겼다고 전하는 항목은?

① 시무28조
② 훈요10조
③ 12목
④ 봉사10조

해설

고려 태조 왕건은 왕권강화를 위해 〈정계〉와 〈계백료서〉를 통해 임금에 대한 신하들의 도리를 강조했고, 후대의 왕들에게도 지켜야 할 정책방향을 훈요10조을 통해 제시했다. 또 사심관제도와 기인제도를 활용하여 지방호족을 견제하고 지방통치를 보완하려 했다.

16 고려시대 군사조직인 별무반에 대한 설명으로 틀린 것은?

① 숙종 때 윤관의 건의에 따라 설치됐다.
② 예종 때 별무반은 여진을 물리치고 강동 6주를 획득했다.
③ 신기군, 신보군, 항마군으로 구성됐다.
④ 2군 6위에 속하지 않는 별도의 임시군사조직이었다.

해설

고려 숙종 때 부족을 통일한 여진이 고려의 국경을 자주 침입하자 윤관이 왕에게 건의하여 신기군, 신보군, 항마군으로 구성된 별무반을 조직했다(1104). 예종 때 윤관은 별무반을 이끌고 여진을 물리쳐 동북 9성을 설치하기도 했다(1107). 별무반은 고려의 정규 군사조직인 2군 6위와는 별도로 편제된 임시군사조직이었다.

17 다음 대화의 (가)의 인물에 대한 설명으로 옳은 것은?

> 거란 소손녕 : 고려는 우리 거란과 국경을 접하고 있는데 왜 바다 건너 송을 섬기는가?
> 고려 (가) : 여진이 압록강 안팎을 막고 있기 때문에 귀국과 왕래하지 못하는 것이다. 여진을 내쫓고 우리 옛 땅을 돌려준다면 어찌 교류하지 않겠는가?

① 강동 6주를 확보했다.
② 동북 9성을 축조했다.
③ 화통도감을 설치했다.
④ 4군과 6진을 개척했다.

해설
거란은 송과의 대결에서 우위를 차지하기 위해 여러 번 고려를 침략했다. 고려 성종 때 1차 침입한 거란은 고려가 차지하고 있는 옛 고구려 땅을 내놓고 송과 교류를 끊을 것을 요구했다. 고려에서 외교관으로 나선 서희는 소손녕과의 외교담판을 통해 거란과 교류할 것을 약속하는 대신, 고려가 고구려를 계승하였음을 인정받고 압록강 동쪽의 강동 6주를 획득하는 성과를 거두었다.

18 고려시대에 실시된 전시과에 대한 설명으로 옳은 것은?

① 고려 말 공양왕 때 신진사대부의 건의로 실시됐다.
② 관직과 직역의 대가로 토지를 나눠 주는 제도였다.
③ 관등에는 상관없이 균등하게 토지를 나눴다.
④ 처음 시행 이후 지급기준이 3차례 개정·정비됐다.

해설
고려 경종 때 처음 시행된 시정 전시과는 관직 복무와 직역의 대가로 토지를 나눠 주는 제도였다. 관리부터 군인, 한인까지 인품과 총 18등급으로 나눈 관등에 따라 곡물을 수취할 수 있는 전지와 땔감을 얻을 수 있는 시지를 주었고, 수급자들은 지급된 토지에 대해 수조권만 가졌다. 이후 목종 때의 개정 전시과 제도는 인품에 관계없이 관등을 기준으로 지급하였고, 문종 때의 경정 전시과는 현직 관리에게만 지급하는 등 지급기준이 점차 정비됐다.

19 다음 활동을 한 인물에 대한 설명으로 옳은 것은?

- 위화도회군으로 권력을 장악함
- 정도전 등과 함께 개혁을 추진함
- 조선을 건국함

① 〈조선경국전〉을 편찬했다.
② 황산에서 왜구를 격퇴했다.
③ 우산국을 정벌했다.
④ 전민변정도감을 설치했다.

해설

고려 말 우왕 때 요동정벌을 추진했으나, 이성계는 4불가론을 제시하며 반대했다. 그러나 왕명에 따라 출병하게 됐는데, 결국 의주 부근의 위화도에서 군사를 돌려 개경으로 회군하면서 최영 등 반대파를 제거하고 권력을 장악했다. 이후 정도전, 남은 등 신진사대부들과 함께 유교사상을 바탕으로 개혁을 단행했으며 마침내 1392년 공양왕을 쫓아내고 조선을 건국했다.

20 조선시대 세종이 실시한 것으로 남쪽백성들을 함길도·평안도 등 북방으로 이주시킨 정책은?

① 은본위제   ② 13도제
③ 기인제도   ④ 사민정책

해설

세종은 한반도 북방의 여진족을 몰아내고 압록강과 두만강 일대의 4군6진을 개척했다. 이후 1433년에 세종은 조선 백성이 살지 않는 함길도와 평안도 지역에 남쪽백성들을 이주시키는 사민정책을 실시했다. 또한 해당 지역을 관리할 지방관을 배치하기 위해, 이주한 지방백성들과 같은 지방출신인 관리를 지방관으로 임명하는 토관제도를 실시했다.

21 조선시대에 당대 시정을 기록하는 일을 맡아보던 관청은?

① 춘추관   ② 예문관
③ 홍문관   ④ 승정원

해설

② 예문관 : 국왕의 말이나 명령을 담은 문서의 작성을 담당하기 위해 설치한 관서
③ 홍문관 : 궁중의 경서·사적 관리와 문한의 처리, 왕의 각종 자문을 관장하던 관서
④ 승정원 : 왕명의 출납을 관장하던 관청

22 다음 밑줄 친 전쟁 이후 동아시아의 정세에 대한 설명으로 틀린 것은?

> 적선이 바다를 덮어오니 부산 첨사 정발은 마침 절영도에서 사냥을 하다가, 조공하러 오는 왜라 여기고 대비하지 않았는데 미처 진에 돌아오기도 전에 적이 이미 성에 올랐다. 정발은 난병 중에 전사했다. 이튿날 동래부가 함락되고 부사 송상현이 죽었으며, 그의 첩도 죽었다. 적은 드디어 두 갈래로 나누어 진격하여 김해·밀양 등 부(府)를 함락하였는데 병사 이각은 군사를 거느리고 먼저 달아났다. 2백년 동안 <u>전쟁</u>을 모르고 지낸 백성들이라 각 군현(郡縣)들이 풍문만 듣고도 놀라 무너졌다.

① 명나라는 국력 소모를 크게 하여 국가재정이 문란해졌다.
② 조선에서는 비변사의 역할이 크게 축소되고 의정부의 권한이 강화되었다.
③ 만주의 여진이 세력을 확대하는 계기가 되었다.
④ 일본 내의 봉건 세력이 약화되었고 도쿠가와 이에야스가 정권을 장악하였다.

해설

동아시아 3국이 참전한 국제전이었던 7년간의 임진왜란 이후 명나라는 원군 출정으로 인한 국력 소모로 국가재정이 문란해졌다. 때문에 만주 지역의 여진이 세력을 확장하는 계기가 되었고, 이후 명나라는 무너지고 청나라가 들어서게 된다. 일본에서는 봉건 제후 세력이 약화되어 도쿠가와 이에야스가 정권을 쉽게 장악할 수 있게 되었다. 조선에서는 전쟁 중 기능이 확대된 비변사의 역할과 권한이 그대로 유지되고, 의정부의 역할이 축소되었다.

23 다음 중 조선의 중앙 군사 편제인 5군영에 해당하지 않는 것은?

① 훈련도감　　　　　　　　　　② 어영청
③ 금위영　　　　　　　　　　　④ 속오군

해설

5군영은 조선 후기 서울과 그 외곽지역을 방어하기 위해 편제된 군사제도로 훈련도감·어영청·총융청·수어청·금위영이 있다. 이 중 총융청은 경기도 일대를, 수어청은 남한산성을 수비하기 위해 설치되었다. 속오군은 지방군으로서 속오법에 따라 편성되었고, 각 지방의 주민이 대부분 편입되어 평상시 농사와 군사훈련을 병행했다.

24 다음 인물의 업적으로 옳은 것은?

 조선 후기의 대표적 중상주의 실학자인 이 인물은 상공업의 진흥과 수레·선박의 이용 및 화폐 유통의 필요성을 강조하였다. 또한, 〈양반전〉, 〈허생전〉, 〈호질〉 등을 통해 양반의 무능과 허례를 풍자하고 비판했다. 홍대용, 박제가 등과 함께 북학론을 전개하기도 했다.

① 청나라에 다녀온 뒤 〈열하일기〉를 저술했다.
② 신분에 따라 토지를 차등 분배하는 균전론을 주장했다.
③ 단군조선과 고려 말까지를 다룬 역사서 〈동사강목〉을 저술했다.
④ 신유박해로 탄압을 받아 유배를 갔다.

해설

조선 후기 중상주의 실학자였던 연암 박지원은 상공업의 진흥과 수레·선박의 이용 및 화폐 유통의 필요성을 강조했다. 또한, 〈양반전〉, 〈허생전〉, 〈호질〉 등을 저술해 양반의 무능과 허례를 풍자하고 비판했다. 그는 청나라에 다녀온 뒤 〈열하일기〉를 저술해 상공업과 화폐의 중요성에 대해 주장하기도 했다.

25 다음 중 조선 정조의 업적에 해당하는 것은?

① 통일법전인 대전회통을 편찬했다.
② 의정부서사제를 도입했다.
③ 직전법을 실시해 토지부족문제를 해결하려 했다.
④ 규장각을 설치하고 인재를 등용했다.

해설

조선의 제22대 왕인 정조는 선왕인 영조의 탕평책을 이어 받아 각종 개혁정치를 펼쳤다. 왕의 친위부대인 장용영을 설치해 왕권을 강화했으며, 규장각을 설치하고 초계문신제를 시행해 훌륭한 인재를 등용하려 힘썼다. 또한 수원에 화성을 건설하고, 시전 상인들의 금난전권을 폐지하는 신해통공을 단행했다.

26 '대동법'에 관한 설명으로 틀린 것은?

① 세금을 쌀로 통일한 납세제도이다.

② 광해군이 최초로 시행하여 전국적으로 확산시켰다.

③ 농민에게 과중하게 부과되던 세금이 어느 정도 경감되었다.

④ 전국적으로 확산되면서 쌀뿐만 아니라 옷감·동전으로도 납부할 수 있었다.

> **해설**
> 대동법은 광해군 때 최초로 경기도에 한해서 시행되다가 인조가 등극한 후 강원도, 충청도, 전라도까지 확대되었고, 17세기 후반이 되어서 전국적으로 확산되었다.

27 조선시대에 발생한 다음 네 사화 중 가장 시기가 늦은 것은?

① 기묘사화   ② 을사사화

③ 갑자사화   ④ 무오사화

> **해설**
> 사화는 조선시대 사림파와 훈구파 사이의 대립으로 사림파가 큰 피해를 입은 4가지 사건을 말한다. 1498년 무오사화, 1504년 갑자사화, 1519년 기묘사화, 1545년 을사사화로 이어진다. 을사사화는 명종 재임 당시 일어났으며 인종의 외척이던 윤임과 명종의 외척이던 윤원형 세력의 대립으로 벌어졌다.

28 다음에서 밑줄 친 전쟁 이후 발생한 사건으로 옳은 것은?

> 의정부 참정 심상훈이 아뢰기를, "지금 일본과 러시아 간에 <u>전쟁</u>이 시작된 이후 일본군사들이 용맹을 떨쳐 육지와 해상에서 연전연승한다는 소식이 세상에 퍼져 각기 나라 사람들과 더불어 가서 관전하는 일이 많습니다. 원수부에서 장령(將領)과 위관(尉官)을 해당 싸움터에 적절히 파견하여 관전하게 하는 것이 어떻겠습니까?"하니, 윤허하였다.

① 독립협회가 관민공동회를 개최했다.

② 평민 의병장 출신 신돌석이 을사의병을 주도했다.

③ 고종이 러시아 공사관으로 피신했다.

④ 서양국가와의 최초의 조약인 조미수호통상조약이 체결됐다.

> **해설**
> 만주와 조선의 지배권을 두고 러시아와 일본이 1904~1905년에 러일전쟁을 벌였다. 전쟁에서 승리한 일본이 사실상 열강들로부터 한국에 대한 지배를 인정받자 일본은 을사늑약을 체결하여 대한제국의 외교권을 박탈하고 한국을 식민지로 만들려는 계획을 진행했다(1905). 을사늑약 체결 이듬해 서울에 통감부가 설치됐고, 이토 히로부미가 초대통감으로 부임하여 외교뿐만 아니라 내정에도 간섭하였다. 을사늑약 체결 이후 유생 출신의 민종식, 최익현과 평민 의병장 출신 신돌석 등이 을사의병을 주도했다(1906).

29 다음 중 흥선대원군에 대한 설명으로 틀린 것은?

① 국가운영에 대한 법을 새로 규정하기 위해 〈속대전〉을 편찬했다.
② 왕실의 권위회복을 위해 임진왜란 때 불탔던 경복궁을 중건했다.
③ 군정의 문란을 해결하기 위해 호포제를 실시했다.
④ 서양과의 통상수교 반대의지를 알리기 위해 전국 각지에 척화비를 세웠다.

해설

흥선대원군은 국가의 재정을 확보하기 위해 양반에게도 군포를 부과하는 호포제를 시행했으며, 사창제를 시행하여 환곡의
폐단을 해결하고자 했다. 또한 임진왜란 때 불에 타서 방치된 경복궁을 중건했고, 비변사를 폐지한 후 의정부와 삼군부를
부활시켜 왕권을 강화했다. 대외적으로는 전국에 척화비를 세우고, 외세 열강과의 통상수교 거부정책을 확고히 했다.
〈속대전〉은 조선 영조 때 국가운영에 대한 법을 새로 규정하기 위해 〈경국대전〉을 바탕으로 새롭게 변화된 조항을 담아
편찬됐다.

30 다음 중 조선 말 흥선대원군의 정책 하에 발행한 화폐의 이름은?

① 상평통보
② 당백전
③ 건원중보
④ 유엽전

해설

조선 말엽 흥선대원군은 왕실의 위엄을 되살리기 위해 경복궁을 중건하였는데, 이 때의 막대한 공사비를 충당하기 위해
원납전이라는 성금을 걷고 당백전을 발행했다. 당백전은 당시 1전 동전의 가치를 100배로 부풀려 발행한 것으로, 이로
인해 극심한 인플레이션과 경제적 혼란이 유발되었다.

31 다음 중 일제가 대한제국의 외교권을 강탈한 불평등조약은?

① 을사조약   ② 시모노세키조약
③ 강화도조약   ④ 한일신협약

해설

을사조약은 1905년 일제가 대한제국의 외교권을 강탈하고 통감부 설치를 강행한 강압적인 불평등조약이다. 제1차 한일협약이라고도 하며, 일제는 대한제국을 보호국으로 명시했지만 사실상 식민지로 삼으려 했던 신호탄이라고 볼 수 있다. 이 조약에 찬성한 대한제국의 대신들을 을사오적이라고 한다. 을사조약 체결 후 이에 반발한 의병활동이 일어났으며, 고종황제는 조약의 부당함을 알리기 위해 헤이그 특사를 파견했다.

32 다음 중 을미개혁에 대한 내용으로 옳은 것은?

① 지석영이 소개한 종두법 실시를 위해 종두소를 설치하였다.
② 고종이 대한제국을 선포하며 시작되었다.
③ 청의 연호를 폐지하고 개국 연호를 사용했으며 또한 과거제를 폐지하였다.
④ 을미사변이 발생하기 전 일제에 의해 강제로 시행되었다.

해설

을미사변 이후 일제가 내세운 김홍집 내각에 의해 을미개혁(1895)이 추진되었다. 이 때 지석영이 소개한 천연두를 예방하는 종두법을 실시하기 위해 종두소를 설치하였고, 건양 연호와 태양력을 사용하게 되었으며 단발령이 시행되었다. 단발령은 을미사변으로 격해진 반일 감정의 기폭제가 되어 의병 운동으로 이어지게 되었다. 고종이 대한제국을 선포한 것은 광무개혁(1899)이며 개국 연호를 사용하고 과거제를 폐지한 것은 갑오개혁(1894)이다.

33 다음 중 김구의 주도로 중국 상해에서 조직된 독립운동단체의 이름은?

① 한인애국단   ② 의열단
③ 신간회   ④ 신민회

해설

한인애국단은 1920년대 중반 이후 대한민국 임시정부의 활동침체를 극복하고, 1931년 만보산사건과 만주사변 등으로 인하여 침체된 항일독립운동의 활로를 모색하려는 목적에서 결성되었다. 김구의 주도로 중국 상해에 조직된 대한민국 임시정부의 특무활동기관이자 1930년대 중국 관내의 대표적인 의열투쟁단체였다.

34 의열단에 대한 설명으로 옳지 않은 것은?

① 1919년 11월 만주 지린성에서 조직되었다.

② 부산경찰서 폭파사건을 주도했다.

③ 대한민국 임시정부 산하의 의열투쟁단체였다.

④ 〈조선혁명선언〉을 활동 지침으로 삼았다.

해설

의열단은 1919년 11월 만주 지린성에서 조직된 항일 무력독립운동 단체이다. 신채호의 〈조선혁명선언〉을 활동지침으로 삼았으며, 부산경찰서 폭파사건, 조선총독부 폭탄투척 의거 등의 활동을 했다. 대한민국 임시정부 산하의 의열투쟁단체는 한인애국단이다.

35 독립협회에 대한 설명으로 틀린 것은?

① 갑신정변 이후 서재필 등이 창립했다.

② 만민공동회와 관민공동회를 개최했다.

③ 독립문을 건립했다.

④ 중추원 폐지를 통해 서구식 입헌군주제 실현을 목표로 했다.

해설

갑신정변 이후 미국에서 돌아온 서재필은 남궁억, 이상재, 윤치호 등과 함께 독립협회를 창립하고 만민공동회와 관민공동회를 개최하여 국권·민권신장운동을 전개했다. 또한 중추원 개편을 통한 의회설립과 서구식 입헌군주제 실현을 목표로 활동했다. 아울러 청의 사신을 맞던 영은문을 헐고 그 자리 부근에 독립문을 건립하기도 했다.

36 1898년 남궁억과 나수연이 국민계몽을 목적으로 발간한 신문의 명칭은?

① 독립신문   ② 매일신문

③ 한성순보   ④ 황성신문

해설

황성신문은 1898년 창간된 국한문 혼용 일간지다. 남궁억과 나수연이 이미 발간 중이었던 '대한황성신문'의 판권을 인수해 창간했다. 외세침입에 대해 국민을 계몽하고 일제를 비판하기 위한 목적으로 창간했는데, 당시 신문의 주필이었던 장지연의 사설 '시일야 방성대곡'이 실리기도 했다.

37 구한말 고종황제의 퇴위 반대운동을 벌인 민중계몽단체는?

① 근우회   ② 보안회

③ 대한자강회   ④ 신민회

해설

1906년 4월 설립된 대한자강회는 민중계몽단체로 국민 교육을 강화하고 그로 하여금 국력을 키워 독립의 기초를 닦기 위한 사명을 띠고 있었다. 윤효정, 장지연, 나수연 등이 설립했으며 교육기관을 세울 것을 주장하고 고종황제의 퇴위 반대운동을 펼치기도 했다.

38 다음 중 가장 나중에 일어난 항일독립운동은?

① 조천만세운동   ② 6·10만세운동

③ 봉오동전투   ④ 2·8독립선언

해설

1919년 2·8독립선언은 한국의 독립에 관심을 갖게 된 일본 도쿄의 유학생들이 발표한 독립선언으로 3·1운동에 직접적인 영향을 끼쳤다. 같은 해 일어난 조천만세운동은 4차에 걸쳐 진행되었으며 제주도에서 일어난 대표적 독립운동 중 하나다. 또 이듬해 6월에 시작된 봉오동전투는 홍범도 장군이 이끄는 한국독립군 부대가 중국 지린성의 봉오동에서 일본군을 크게 격파한 전투다. 6·10만세운동은 1926년 순종황제의 장례식 날 일어난 대규모 만세운동이다.

39 대한민국 임시정부가 주도한 일이 아닌 것은?

① 독립운동자금 모금   ② 건국강령 발표

③ 한국광복군 창설   ④ 물산장려운동 주도

해설

물산장려운동은 일제의 수탈정책에 맞선 운동으로서, 조선물산장려회에서 주도하였다.

40 일제강점기 당시 독립운동가로 1932년 일왕의 생일날 거사를 일으킨 인물은?

① 김원봉

② 이봉창

③ 윤봉길

④ 조소앙

해설

일제강점기 독립운동가인 윤봉길 의사는 임시정부의 김구가 창설한 한인애국단에 가입해, 1932년 중국 상하이 홍커우공원에서 열린 일왕의 생일기념식에 폭탄을 던져 의거했다. 일왕을 사살하지는 못했으나, 일본군 대장과 일본인 거류민단장이 그 자리에서 사망했다. 현장에서 체포된 윤봉길 의사는 사형선고를 받아 1932년 12월 19일 순국했다.

41 다음 시정 방침의 발표 계기로 옳은 것은?

> 정부는 관제를 개혁하여 총독 임용의 범위를 확장하고 경찰제도를 개정하며, 또는 일반 관리나 교원 등의 복제를 폐지함으로써 시대의 흐름에 순응한다.

① 청산리 대첩

② 3·1운동

③ 안중근 의거

④ 6·10만세운동

해설

일제는 1919년 3·1운동을 계기로 1910년대 무단통치정책을 1920년대는 문화통치정책으로 전환한다.

42 일제강점기에 식민사관을 바탕으로 우리나라 역사를 연구한 어용학술단체는?

① 경학사

② 진단학회

③ 청구학회

④ 일진회

해설

청구학회는 경성제국대학과 조선총독부의 조선사편수회가 1930년 조직한 어용학술연구단체다. 식민사관을 바탕으로 우리나라와 만주 등의 역사·문화를 연구하였다. 이들이 연구한 식민주의 역사관은 일제의 침략행위를 정당화하는 데 일조했다.

43 다음 중 1970년대에 일어난 사건이 아닌 것은?

① 민청학련사건

② 5 · 16군사정변

③ YH무역사건

④ 인민혁명단 재건위 사건

해설

전국민주청년학생총연맹(민청학련)의 학생 180명이 내란 혐의를 받아 구속된 민청학련사건과 북한의 지령을 받아 국가변란을 획책했다는 혐의로 1964년 구속됐던 지하조직 인민혁명당이 이 민청학련의 배후라고 규정한 인민혁명단 재건위 사건(제2차 인혁당사건)은 모두 1974년에 일어났다. 또한 YH무역의 여성노동자 170여 명이 근로자의 생존권 보장을 요구하며 신민당사에서 농성을 벌인 YH무역사건은 1979년에 일어난 사건이다. 박정희의 군부세력이 정변을 일으켜 정권을 장악한 5 · 16군사정변은 1961년 일어났다.

44 다음 사건과 관련된 인물은?

> 1970년 11월 13일 서울 청계천 평화시장 재단사였던 그는 열악한 노동환경에 항거해 "근로기준법을 준수하라", "우리는 기계가 아니다"라고 외치며 분신했다.

① 전태일

② 이소선

③ 김진숙

④ 김주열

해설

전태일 열사는 한국의 노동운동을 상징하는 인물로 청계천 평화시장 재단사로 일하면서 열악한 노동조건의 개선을 위해 노력했다. 1970년 11월 노동자는 기계가 아니라고 외치며 분신하였다. 그의 죽음은 장기간 저임금노동에 시달렸던 당시의 노동환경을 고발하는 역할을 했으며, 한국 노동운동발전에 중요한 계기가 되었다.

45 전두환 정부 때 있었던 일에 해당하는 것은?

① 남북 이산가족 최초 상봉

② 남북기본합의서 채택

③ 남북정상회담 최초 개최

④ 민족 공동체 통일 방안 제안

해설

전두환 정부 때 남북 이산가족 상봉(1985)이 최초로 이루어졌다.

② 남북기본합의서 채택(1991) : 노태우 정부

③ 남북정상회담 최초 개최(2000) : 김대중 정부

④ 민족 공동체 통일 방안 제안(1994) : 김영삼 정부

46 다음 ㉠~㉣을 일어난 순서대로 옳게 나열한 것은?

> ㉠ 6월민주항쟁 ㉡ 4·19혁명
> ㉢ 부마민주항쟁 ㉣ 5·18민주화운동

① ㉠ - ㉡ - ㉢ - ㉣ ② ㉠ - ㉢ - ㉣ - ㉡

③ ㉡ - ㉢ - ㉣ - ㉠ ④ ㉡ - ㉢ - ㉠ - ㉣

해설

㉡ 4·19혁명 : 1960년 4월, 이승만 정권의 부정선거를 규탄하며 일어난 시민혁명이다.

㉢ 부마민주항쟁 : 1979년 10월 16일~20일, 박정희 유신체제에 대항하여 부산과 마산에서 일어난 항쟁이다.

㉣ 5·18민주화운동 : 1980년 5월 18일~27일, 당시 최규하 대통령 아래 전두환 군부세력 퇴진과 계엄령 철폐를 요구하며 광주시민을 중심으로 일어난 민주화운동이다.

㉠ 6월민주항쟁 : 1987년 6월, 전두환 군부독재에 맞서 일어난 민주화운동이다.

47 밑줄 친 '이 사건'에 대한 설명으로 옳지 않은 것은?

> 이 사건은 1987년 6월에 전국에서 일어난 반독재 민주화 시위로 군사정권의 장기집권을 막기 위한 범국민적 민주화 운동이다.

① 제5공화국이 출범하며 촉발되었다.

② 이한열이 최루탄에 맞은 사건이 계기가 되었다.

③ 4·13호헌조치에 반대하였다.

④ 이 사건의 결과 대통령 직선제로 개헌되었다.

해설

제시된 사건은 6월민주항쟁이다. 1980년 5월 광주 민주화운동의 비극 이후 전두환이 같은 해 9월 제11대 대통령에 취임하면서 독재의 서막을 알렸고, 이듬해 1981년 3월 간접선거로 다시 제12대 대통령으로 취임하면서 제5공화국이 정식 출범하였다. 제5공화국은 1987년 6월항쟁 이후 대통령 직선제 개헌을 명시한 6·29선언이 발표되며 종지부를 찍었다.

48 다음 중 우리나라의 9차 헌법개정으로 이루어진 것은 무엇인가?

① 대통령 4년 중임 중심제

② 대통령 3선 연임 제한 철폐

③ 대통령 7년 단임 간선제

④ 대통령 5년 단임 직선제

해설

우리나라의 9차 헌법개정은 1987년에 이루어졌으며 10월 29일에 공포되었다. 이는 전두환정부의 호헌선언과 강압적인 독재정치, 서울대생 박종철군의 고문치사 사건 등으로 촉발한 6월항쟁의 결실이라 할 수 있다. 이 개헌으로 대통령의 임기와 선출은 5년 단임의 직선제로 시행하게 됐다.

49 다음 중 김영삼 정권 때 일어난 일은?

① 제4공화국　　　　　　　　② 베트남 파병

③ 4·13호헌조치　　　　　　④ 금융실명제

해설

1993년 8월, 김영삼 정권은 '금융실명거래 및 비밀 보장에 관한 긴급재정경제명령'을 발표하면서 금융실명제를 실시했다.
①·②는 박정희 정권과 관련된 것이다.
③ 1987년 4월 13일, 전두환 정권은 '헌법 개정 논의를 금지한다'라는 특별담화를 발표했다.

50 다음 중 남북한 정상이 최초로 한 정상회담과 관련 있는 사건은?

① 판문점선언

② 6·15남북공동선언

③ 7·4남북공동성명

④ 10·4남북공동선언

해설

남북한의 정상이 최초로 만나 정상회담을 가진 것은 김대중정부 때다. 2000년 6월 15일 김대중 대통령이 평양을 방문해 북한의 김정일 국방위원장과 만나 첫 회담을 가졌다. 이 회담에서 남북한의 통일에 관한 각자의 견해를 공유하고 통일에 힘을 모으기로 하며 경제협력 등을 약속한 6·15남북공동선언을 발표했다.

우리 인생의 가장 큰 영광은
결코 넘어지지 않는 데 있는 것이 아니라
넘어질 때마다 일어서는 데 있다

– 넬슨 만델라 –

PART2

최신상식

행운이란 100%의 노력 뒤에 남는 것이다.

– 랭스턴 콜먼 –

주요 국제 Awards

01 노벨상

수상 부문		생리의학, 물리학, 화학, 경제학, 문학, 평화
주 최		스웨덴 왕립과학아카데미, 노르웨이 노벨위원회
시작연도		1901년
시상식 장소		스웨덴 스톡홀름(단, 평화상은 노르웨이 오슬로)
시상식 일정		매년 12월 10일
심 사	생리의학	카롤린스카 의학연구소
	물리학, 화학, 경제학	스웨덴 왕립과학아카데미
	문 학	스웨덴 아카데미(한림원)
	평 화	노르웨이 노벨위원회

01 노벨생리의학상

커틸린 커리코　　　　　드루 와이스먼

생리의학상은 코로나19 백신 개발에 기여한 헝가리 출신의 커틸린 커리코 헝가리 세게드대학 교수와 드루 와이스먼 미국 펜실베이니아 대학 페렐만 의대 교수에게 돌아갔다. 이들은 코로나19 메신저리보핵산 (mRNA) 백신 개발 공로를 인정받아 수상의 영예를 안았다. 두 사람은 바이러스 표면에 있는 단백질 정보 가 담긴 mRNA 정보를 일부 변형해 인체 세포에 넣어주면 인체 면역체계를 자극해서 면역반응을 일으킬 수 있다는 사실을 밝혀냈고, 이는 화이자와 바이오엔테크, 모더나의 코로나19 mRNA 백신 개발의 토대가 됐다.

02 노벨물리학상

피에르 아고스티니   페렌츠 크러우스   안 륄리에

노벨물리학상은 원자 내부에 있는 전자의 움직임을 잡아낼 정도로 파장이 짧은 '찰나의 빛'을 만들어내는 새 실험방법을 고안해 낸 피에르 아고스티니 미국 오하이오주립대 명예교수, 페렌츠 크러우스 독일 막스플랑크 양자광학연구소 교수, 안 륄리에 스웨덴 룬드대학 교수에게 돌아갔다. 이들은 인류에게 원자와 분자 안에 있는 전자의 세계를 탐사할 새로운 도구를 건네준 실험들을 한 공로를 인정받았다.

03 노벨화학상

문지 바웬디   루이스 브루스   알렉세이 예키모프

노벨화학상은 문지 바웬디 미국 매사추세츠공대 교수와 루이스 브루스 미국 컬럼비아대 교수, 알렉세이 예키모프 미국 나노크리스틸 테크놀로지사 전 수석과학자가 수상했다. 이들은 양자점(퀀텀 도트) 발견과 합성에 기여한 점이 인정되어 영예를 안았다. 양자점은 크기가 수~수십 나노미터인 반도체 결정으로 원자를 수백~수천개 정도 뭉친 물질이다. 학계에서는 양자점이 향후 휠 수 있는 전자기기, 초소형 센서, 초박형 태양전지, 양자 암호통신 등 여러 분야에 사용될 수 있을 것으로 전망하고 있다.

04 노벨경제학상

클로디아 골딘

노벨경제학상은 여성과 남성의 노동시장 참여도와 임금수준이 차이 나는 이유를 규명한 미국의 노동경제학자 클로디아 골딘 하버드대 교수에게 돌아갔다. 노벨위원회는 "수세기에 걸친 여성 소득과 노동시장 참여에 대한 포괄적 설명을 사상 처음으로 제공했다"며 수상의 이유를 설명했다. 골딘은 200년이 넘는 기간 동안 축적된 미국의 노동시장 관련자료를 분석해 시간의 흐름에 따라 성별에 따른 소득과 고용률 격차가 어떻게 변화하는 지를 살피고 이러한 차이가 나타나는 원인을 규명해냈다.

05 노벨문학상

욘 포세

노벨문학상은 노르웨이 작가 욘 포세가 수상했다. 그는 소설가로 데뷔했으나 극작을 시작한 이후에는 현대 연극의 최전선을 이끄는 동시대 최고 극작가의 반열에 올랐다. 이외에도 에세이와 시에 이어 아동문학까지 장르를 넘어 종횡무진하는 글쓰기로 유명하다. 현재는 주로 희곡에 집중해 작품활동을 이어오고 있으며, 그의 희곡들은 전 세계 무대에 900회 이상 오른 것으로 알려졌다. 스웨덴 한림원은 "그의 혁신적인 희곡과 산문은 이루 말로 다 할 수 없는 것들을 말로 표현했다"고 평가했다.

06 노벨평화상

나르게스 모하마디

노벨평화상은 이란의 대표 여성 인권운동가이자 반정부인사인 나르게스 모하마디에게 돌아갔다. 그는 이란 여성에 대한 압제와 차별에 저항하고 인권과 자유를 위한 투쟁에 앞장선 인물이다. 2003년 노벨평화상 수상자 시린 에바디가 이끄는 인권수호자 센터의 부회장을 맡으면서 여성의 인권을 비롯해 20여 년간 이란의 민주주의화와 사형제 반대운동을 이끌었다.

01 베니스 영화제

개최 장소	이탈리아 베네치아
개최 시기	매년 8월 말~9월 초
시작 연도	1932년

〈2023 제80회 수상내역〉

• 황금사자상

〈가여운 것들〉　　요르고스 란티모스

그리스가 낳은 세계적인 거장 요르고스 란티모스 감독의 영화 〈가여운 것들〉이 최고 영예인 황금사자상을 수상했다. 〈가여운 것들〉은 스코틀랜드 작가 앨러스데어 그레이가 1992년 출간한 동명소설을 란티모스 감독의 시선으로 재해석한 작품이다. 프랑켄슈타인으로 되살아난 한 여인이 바깥 세상에 대한 호기심을 견디지 못하고 방탕한 변호사와 함께 떠난 모험에서 겪는 일들을 그렸다.

• 심사위원대상/감독상

〈악은 존재하지
않는다〉　　마테오 가로네

심사위원대상은 일본의 하마구치 류스케 감독이 연출한 〈악은 존재하지 않는다〉가 수상했고, 감독상은 〈이오 캐피타노〉를 감독한 마테오 가로네에게 돌아갔다. 〈악은 존재하지 않는다〉는 작은 시골마을에 사는 한 남자와 그의 딸이 마을의 개발을 두고 겪게 되는 일들을 다룬 작품이다. 〈이오 캐피타노〉는 세네갈의 두 청년이 수도 다카르를 떠나 유럽으로 향하는 여정을 그린 현대판 오디세이다.

• 남우주연상/여우주연상

피터 사스가드　　케일리 스페이니

남우주연상은 〈메모리〉의 피터 사스가드가, 여우주연상은 〈프리실라〉의 케일리 스페이니가 수상했다. 〈메모리〉는 치매를 앓는 남자와 사회복지사로 일하고 있는 여자가 고등학교 동창회에서 만나게 되면서 큰 변화를 겪게 되는 내용을 다룬 작품이다. 〈프리실라〉는 1950년대 최고의 스타였던 엘비스 프레슬리의 아내 프리실라의 삶을 다룬 전기영화다.

02 칸 영화제

개최 장소	프랑스 남부의 도시 칸
개최 시기	매년 5월
시작 연도	1946년

〈2023 제76회 수상내역〉

• 황금종려상

〈추락의 해부학〉　　쥐스틴 트리에

최고 영예의 황금종려상은 프랑스 출신의 영화감독 쥐스틴 트리에가 감독한 〈추락의 해부학〉이 수상했다. 여성감독이 황금종려상을 받은 것은 칸 영화제 역대 세 번째다. 〈추락의 해부학〉은 남편을 살해한 혐의를 받아 법정에 선 여성의 누명을 벗기 위한 사투를 그리고 있으며, 시각장애를 가진 아들이 이 재판에 참석하면서 발생하는 서스펜스를 그린다.

• 심사위원대상/감독상

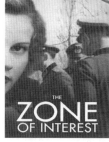

〈더 존 오브 인터레스트〉　　쩐아인훙

심사위원대상은 조나단 글레이저 감독의 〈더 존 오브 인터레스트〉가 수상했고, 감독상은 〈더 포토푀〉를 감독한 쩐아인훙에게 돌아갔다. 〈더 존 오브 인터레스트〉는 2014년 출간한 마틴 아미스의 동명소설을 원작으로 한 작품으로 제2차 세계대전 당시 아우슈비츠 절멸수용소 사령관이었던 루돌프 회스 부부의 이야기를 다루고 있다. 1885년 프랑스를 배경으로 하는 〈더 포토푀〉는 요리사와 미식가의 관계를 그린 시대극이자 멜로드라마다.

• 남우주연상/여우주연상

야쿠쇼 코지　　메르베 디즈다르

남우주연상은 일본의 거장 고레에다 히로카즈 감독의 〈퍼펙트 데이즈〉에 출연한 야쿠쇼 코지가 수상했다. 여우주연상은 〈어바웃 드라이 그라시즈〉에서 열연한 튀르키예 출신 배우 메르베 디즈다르가 받았다.

03 베를린 영화제

개최 장소	독일 베를린
개최 시기	매년 2월 중순
시작 연도	1951년

〈2023 제73회 수상내역〉

• 황금곰상

〈아다망에서〉   니콜라 필리베르

프랑스 출신의 니콜라 필리베르 감독의 다큐멘터리 영화 〈아다망에서〉가 황금곰상을 수상했다. 이 작품은 세느강 위를 부유하는 주간보호시설의 정신질환자와 이들을 돌보는 보호사들을 관찰하고 있다. 이들은 함께 그림을 그리고, 노래를 부르고, 바느질 하면서 서로 새로운 인생의 가능성을 여는 모습을 보여준다.

• 심사위원대상/감독상

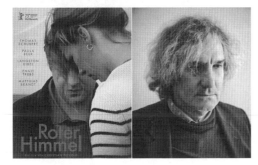

〈붉은하늘〉   필립 가렐

심사위원대상은 독일 크리스티안 페촐트 감독의 〈붉은하늘〉에 돌아갔다. 이 영화는 독일 발트해 연안으로 여행을 떠난 청년 4명의 이야기를 다룬다. 감독상은 프랑스 필립 가렐 감독의 〈르 그랑 샤리오〉가 수상했다. 이 작품은 순회 인형극장을 운영하는 아버지가 공연 도중 갑작스레 사망하자 남겨진 가족이 아버지의 인형극을 이어가기 위해 노력하는 내용을 담았다.

• 주연상/조연상

소피아 오테로   테아 에레

에스타발리즈 솔라구렌 감독의 〈2만종의 벌들〉에서 양봉장을 배경으로 성정체성을 고민하는 8살 트랜스 소녀를 연기한 소피아 오테로에게 주연상이 돌아갔다. 오테로는 실제로 8살인 아역배우이며 베를린 영화제 사상 최연소 수상자라는 기록을 남겼다. 조연상은 독일 크리스티안 호흐호이즐러 감독의 범죄영화 〈밤의 끝까지〉에 출연한 테아 에레가 받았다. 마약범죄 현장에 경찰과 함께 투입된 트랜스젠더 여성을 연기했다.

01 불체포특권

회기 중에 국회 동의 없이 체포 또는 구금되지 않을 국회의원의 권리

국회의원은 범죄혐의가 있어도 회기 중에 국회 동의 없이는 체포 또는 구금되지 않을 권리인 불체포특권을 가진다. 다만 현장에서 범죄를 저질러 적발된 현행범인 때는 예외다. 불체포특권을 둔 목적은 국회의원의 자유로운 의정활동과 국회의 기능을 보장하기 위함이다. 그러나 불체포특권을 남용해 수사가 진행 중인 국회의원의 체포를 막으려 소속정당에서 임시국회를 고의로 여는 소위 '방탄국회' 소집도 발생했다. 이를 막기 위해 2005년에는 체포동의안이 제출되면 본회의를 열고 보고한 다음, 24시간 후 72시간 내에 무조건 동의안 표결을 해야 하는 식으로 국회법이 개정됐다. 2023년 들어 여야는 이재명 더불어민주당 대표의 사법리스크 등의 사안과 맞물려 이 불체포특권 포기에 대한 문제로 논쟁을 벌였다.

02 법률안 재의요구권

대통령이 국회에서 의결한 법률안을 거부할 수 있는 권리

대통령의 고유권한으로 법률안 거부권이라고도 불린다. 대통령이 국회에서 의결한 법률안을 거부할 수 있는 권리다. 즉, "국회가 의결한 이 법률안에는 문제가 있으니 다시 논의하라"는 의미다. 법률안에 대해 국회와 정부 간 대립이 있을 때 정부가 대응할 수 있는 강력한 수단이다. 대통령은 15일 내에 법률안에 이의서를 붙여 국회로 돌려보내야 하는데, 국회로 돌아온 법률안은 재의결해서 재적의원 과반수 출석과 3분의 2 이상이 찬성해야 확정된다. 엄격한 조건 때문에 국회로 돌아온 법안은 결국 폐기되기 쉽다. 다만 대통령은 이 거부권을 법률안이 아닌 예산안에는 행사할 수 없다.

03 출생통보제

의료기관이 아이 출생사실을 의무적으로 지방자치단체에 통보하도록 하는 제도

출생통보제는 부모가 고의로 출생신고를 누락해 '유령아동'이 생기지 않도록 의료기관이 출생정보를 건강보험심사평가원(심평원)을 통해 지방자치단체에 통보하고, 지자체가 출생신고를 하는 제도다. 2024년 6월 30일부터 시행되며, 의료기관은 모친의 이름과 주민등록번호, 아이의 성별과 출생연월일시 등을 진료기록부에 기재해야 한다. 의료기관장은 출생일로부터 14일 안에 심평원에 출생정보를 통보하고, 심평원은 곧바로 모친의 주소지 시·읍·면장에 이를 전달해야 한다. 한편 정부·국회는 미혼모나 미성년 임산부 등 사회·경제적 위기에 놓인 산모가 신원을 숨기고 출산해도 정부가 출생신고를 할 수 있는 '보호출산제'를 함께 도입했다.

04 김용균법

산업재해 방지를 위해 산업현장안전과 기업의 책임을 대폭 강화하는 법안

2018년에 태안화력발전소 비정규직 노동자였던 고 김용균 씨 사망사건 이후 입법 논의가 시작되어 고인의 이름을 따서 발의된 법안이다. 고 김용균 씨 사망은 원청관리자가 하청노동자에게 직접 업무지시를 내린 불법파견 때문에 발생한 것으로 밝혀져 '죽음의 외주화' 논란을 일으켰다. 이 사건의 원인이 안전관련법안의 한계에서 비롯되었다는 사회적 합의에 따라 산업안전규제 강화를 골자로 하는 산업안전보건법이 2020년에 개정되었고, 이후 산업재해를 발생시킨 기업에 징벌적 책임을 부과하는 중대재해 기업처벌법이 2021년에 입법됐다.

산업안전보건법 개정안(산업안전법)
산업현장의 안전규제를 대폭 강화하는 방안을 골자로 발의된 법안으로 2020년 1월 16일부터 시행됐다. 주요 내용은 노동자 안전보건 조치 의무 위반 시 사업주에 대한 처벌을 강화하고 하청 가능한 사업의 종류를 축소시키는 등이다. 특히 도급인 산재 예방 조치 의무가 확대되고 사업장이 이를 위반할 경우 3년 이하의 징역 또는 3,000만원 이하의 벌금에 처하도록 처벌 수준을 강화해 위험의 외주화를 방지했다.

중대재해 기업처벌법(중대재해법)
산업안전법이 산업현장의 안전규제를 대폭 강화했다면 중대재해법은 더 나아가 경영책임자와 기업에 징벌적 손해배상책임을 부과한다. 중대한 인명피해를 주는 산업재해가 발생했을 경우 경영책임자 등 사업주에 대한 형사처벌을 강화하는 내용이 핵심이다. 노동자가 사망하는 산업재해가 발생했을 때 안전조치 의무를 미흡하게 이행한 경영책임자에게 징역 1년 이상, 벌금 10억원 이하의 처벌을 받도록 했다. 법인이나 기관도 50억원 이하의 벌금형에 처하도록 했다. 2022년부터 시행됐으며 50인 미만 사업장에는 공포된 지 3년 후부터 시행된다.

05 9·19남북군사합의

남북이 일체의 군사적 적대행위를 전면 중지하기로 한 합의

2018년 9월 평양 남북정상회담에서 남북이 일체의 군사적 적대행위를 전면 중지하기로 한 합의다. 같은 해 4월 판문점 정상회담에서 발표한 '판문점 선언'의 내용을 이행하기로 한 것이다. 지상과 해상, 공중을 비롯한 모든 공간에서 군사적 긴장과 충돌의 근원이 되는 상대방에 대한 일체의 적대행위를 전면 중지하기로 했다. 그러나 윤석열정부 들어 북한이 NLL 이남에 탄도미사일을 발사하는 등 도발수위를 높이고, 우리나라도 이에 군사적으로 맞대응하면서 합의가 무용지물이 되었다는 평가가 나오기 시작했다. 결국 북한이 2023년 11월 합의 전면폐기를 선언했다.

06 법인차 전용번호판 제도

법인차에 연두색 전용번호판을 부착하도록 한 제도

국토교통부가 법인승용차 전용번호판 도입을 위한 '자동차 등록번호판 등의 기준에 관한 고시' 개정안을 행정예고함에 따라 2024년부터 시행된 제도다. 이에 따라 공공·민간법인이 신규·변경 등록하는 '8,000만원 이상의 업무용 승용차'는 2024년부터 연두색 전용번호판을 부착해야 한다. 신차는 출고가, 중고차는 취득가를 기준으로 한다. 전용번호판은 법인차에 일반번호판과 구별되는 색상번호판을 배정해 법인들이 스스로 업무용 차량을 용도에 맞게 운영하도록 유도하기 위해 추진된 것으로 세제혜택 등을 위해 법인명의로 고가의 차량을 구입 또는 리스한 뒤 사적으로 이용하는 문제를 막기 위해 도입됐다.

07 머그샷

범죄자의 현재 인상착의를 기록한 사진

피의자를 식별하기 위해 구치소, 교도소에 구금될 때 촬영하는 얼굴사진이다. '머그(Mug)'는 정식법률용어는 아니며, 영어에서 얼굴을 속되게 이르는 말이기도 해 이러한 명칭이 생겼다. 미국은 머그샷을 일반에 공개하는 것이 합법이나 우리나라에서는 불법이다. 피의자의 정면과 측면을 촬영하며, 재판에서 최종무죄 판결이 나더라도 폐기되지 않고 보존된다. 한편 우리나라에서는 2023년 들어 '부산 돌려차기 사건'과 '또래 살인사건' 등 강력범죄가 불거지면서, 중대 범죄자에 대한 신상공개제도의 실효성이 도마에 올랐다. 이에 따라 정부와 여당은 머그샷을 공개하는 내용을 포함한 특별법 제정을 추진해 통과시켰다.

08 만 나이 통일법

우리나라 나이 계산을 만 나이로 통일하는 내용을 담은 법률 개정안

2022년 12월 8일 민법 일부개정법률안과 행정기본법 일부개정법률안이 국회 본회의를 통과했다. 민법 개정 안에는 '만 나이' 표현을 명시하고, 출생일을 포함해 나이를 계산하되 출생 후 만 1년이 지나기 전에만 개월 수로 표시하도록 했다. 행정기본법 개정안에도 행정 관련 나이계산을 만 나이로 통일하는 내용이 담겼다. 이로써 개정안 시행 시기인 2023년 6월 28일부터 태어나자마자 먹었던 나이만큼 1~2살 젊어지게 됐다. 그러나 만 나이 통일법 시행에도 취학연령, 주류·담배 구매, 병역 의무, 공무원 시험응시 등에는 계속 연 나이를 적용한다.

09 노란봉투법

노조의 파업으로 발생한 손실에 대한 사측의 손해배상을 제한하는 내용 등을 담은 법안

기업이 노조의 파업으로 발생한 손실에 대해 무분별한 손해배상소송 제기와 가압류 집행을 제한하는 등의 내용을 담은 법안이다. 사용자(기업)가 불법파업으로 인한 손해배상을 청구할 때 사용자의 입증책임과 더 엄격한 기준을 두었다. 또 사용자의 범위를 '근로조건에 실질적 지배력 또는 영향력이 있는 자'로 확대했는 데, 이로써 대기업과 하청업체 같은 간접고용관계에서도 교섭과 노동쟁의가 가능해질 것으로 전망됐다. 노란봉투법은 21대 국회에서 정부·여당·재계와 야당·노동계의 첨예한 대립 끝에 국회를 통과했으나, 윤석열 대통령이 거부권을 행사하며 국회로 돌아왔고 결국 재심의 끝에 폐기됐다.

10 칩4 Chip4

미국이 한국, 일본, 대만에 제안한 반도체동맹

2022년 3월 미국이 한국, 일본, 대만과 함께 안정적인 반도체 생산·공급망 형성을 목표로 제안한 반도체동 맹으로 미국에서는 팹4(Fab4)라고 표기한다. '칩'은 반도체를, '4'는 총 동맹국의 수를 의미한다. 이는 미국 이 추진하고 있는 프렌드쇼어링 전략에 따른 것으로 중국을 배제한 채 반도체 공급망을 구축하겠다는 의도 로 풀이되고 있다. 미국은 반도체 제조공정 중 설계가 전문화된 인텔, 퀄컴, 엔비디아 등 대표적인 팹리스업 체들이 있고, 대만과 한국은 각각 TSMC, 삼성전자가 팹리스업체가 설계한 반도체를 생산·공급하는 파운 드리 분야에서 1, 2위를 다투고 있다. 일본 역시 반도체 소재시장에서 큰 비중을 차지한다.

11 디리스킹 De-risking

중국에 대한 외교적·경제적 의존도를 낮춰 위험요소를 줄이겠다는 서방의 전략

종래까지 미국을 비롯한 서방국가들은 대체로 중국과 거리를 두고 공급망에서 배제하는 '디커플링 (De-coupling, 탈동조화)' 전략을 택해왔다. 그러나 2023년에 들어서는 중국과의 긴장을 완화하고 조금 더 유연한 관계로 전환하는 디리스킹 전략을 취하려는 움직임을 보였다. 디리스킹은 '위험제거'를 뜻하는 말로, 지난 2023년 3월 폰데어라이엔 유럽연합 집행위원장이 "세계시장에서 '탈(脫)중국'이란 불가능하고 유럽의 이익에도 부합하지 않는다"면서, "디리스킹으로 전환해야 한다"고 말해 주목받았다. 이는 중국과 경제적 협력관계를 유지하면서도 중국에 대한 과도한 외교·경제적 의존도를 낮춰 위험을 관리하겠다는 의도로 풀이됐다.

12 제시카법

성범죄자를 강력처벌하고 출소 이후에도 주거에 제한을 두는 미국의 법률

미국에서 2005년 성폭행 후 살해된 9살 소녀의 이름을 따 제정된 법이다. 12세 미만의 아동에 성범죄를 저지른 범죄자에게 25년 이상의 징역형과 출소 후에는 종신토록 위치추적장치를 채우는 강력한 처벌내용을 담고 있다. 또 출소 후에도 범죄자가 아동이 많은 곳으로부터 일정거리 이내 살지 못하도록 하는 것이 골자다. 우리나라에서도 법원이 고위험 성폭력 범죄자에게 거주지 제한명령을 부과할 수 있도록 하는 것을 골자로 하는 '한국형 제시카법' 입법을 추진했다. 고위험 성범죄자는 출소 후 거주지를 자유롭게 선택할 수 없고, 국가 등이 운영하는 시설에서 살게 된다.

13 강제동원해법

일제 강제징용 피해자에 대한 배상을 국내 재단이 대신 하는 것을 골자로 하는 해법

2018년 대법원으로부터 배상 확정판결을 받은 일제 강제동원 피해자들에게 국내의 재단이 대신 판결금을 지급한다는 내용의 해법으로 정부가 2023년 3월 발표했다. 그러나 일본 피고기업의 배상 참여가 없는 해법이어서 '반쪽'이라는 비판이 이어졌고 피해자들도 강하게 반발했다. 정부는 강제동원 피해자의 고령화와 한일·한미일 간 전략적 공조강화의 필요성을 명분으로 내세우며 '대승적 결단'을 했다는 입장이지만, 미완의 해결안이라는 점에서 정부가 추진하는 일본과의 미래지향적 관계에도 계속 부담으로 작용할 가능성이 크다.

14 아이언 돔 Iron Dome

이스라엘군이 개발한 이동식 전천후 방공시스템

이스라엘이 개발하여 2011년부터 운용 중인 이동식 전천후 방공시스템이다. 단거리 로켓포나 155mm 포탄, 다연장 로켓포 등을 요격한다. 우크라이나가 지난 2022년 6월 이스라엘에 이 아이언 돔 미사일 지원을 요청한 것으로 보도됐다. 이전에도 지원을 요청한 적이 있었으나, 공개적으로 이스라엘 당국에 이를 타전한 것은 처음인데 이스라엘은 러시아와의 이해관계 때문에 선뜻 응하지 않았다고 전했다. 또 2023년에는 팔레스타인의 무장정파 하마스가 이스라엘을 대규모 '카삼로켓'으로 공격했을 때, 아이언 돔이 발동했으나 허점을 드러내기도 했다.

15 워싱턴선언

2023년 4월 한미정상회담에서 채택한 대북억제 조치에 대한 선언

2023년 4월 26일 한미정상회담에서 채택된 선언으로 더욱 확장된 대북억제 조치에 대한 내용을 골자로 한다. 한미간 핵운용 관련 공동기획과 실행 등을 논의하기 위한 '핵협의그룹(NCG)' 창설 등이 주요 내용이다. 윤석열 대통령은 조 바이든 대통령과의 공동기자회견에서 한미 양국이 북한의 위협에 대응해 핵과 전략무기 운영계획에 대한 정보를 공유하고, 한국의 첨단 재래식 전력과 미국의 핵전략을 결합한 공동작전을 실행하기 위한 방안을 논의할 것이라 밝혔다. 특히 미국의 핵 자산에 대한 정보를 공유하는 것을 두고 김태효 국가안보실 1차장은 '사실상 미국과의 핵공유'라고 강조했다. 그러나 이후 미국 측에서는 "핵공유라고 보지 않는다"고 반박하면서 "한반도에 핵무기를 다시 들여오는 게 아니라는 점을 매우 분명히 하고 싶다"고 덧붙였다.

16 브릭스 BRICS

브라질 · 러시아 · 인도 · 중국 · 남아공의 신흥경제 5국을 하나의 경제권으로 묶은 용어

브라질(Brazil), 러시아(Russia), 인도(India), 중국(China), 남아공(South Africa) 등 5국의 영문 머리글자를 딴 것이다. 90년대 말부터 떠오른 신흥경제국으로 매년 정상회의를 개최하고 있다. 2011년에 남아공이 공식회원국으로 가입하면서, 기존 'BRICs'에서 'BRICS'로 의미가 확대됐다. 또한 2023년에는 사우디아라비아와 이란, 아랍에미리트(UAE), 아르헨티나, 이집트, 에티오피아를 새 회원국으로 품으면서, 정식회원국은 11개국으로 늘어났다. 중국과 러시아가 브릭스의 규모를 키워 서방 선진국 모임인 G7의 대항마로 세우려 한다는 분석이 나왔다.

17 SLBM(잠수함발사탄도미사일)

잠수함에서 발사되는 탄도미사일

잠수함에 탑재되어 잠항하면서 발사되는 미사일 무기로, 대륙간탄도미사일(ICBM), 다탄두미사일(MIRV), 전략 핵폭격기 등과 함께 어느 곳이든 핵탄두 공격을 감행할 능력을 갖췄는지를 판단하는 기준 중 하나다. 잠수함에서 발사할 수 있기 때문에 목표물이 본국보다 해안에서 더 가까울 때에는 잠수함을 해안에 근접시켜 발사할 수 있으며, 조기에 모든 미사일을 탐지하기가 어렵다는 장점이 있다. 북한은 2021년 초 미국 바이든 행정부 출범을 앞두고 신형 잠수함발사탄도미사일(SLBM) '북극성-5형'을 공개했다. 우리나라는 지난 2021년 9월 15일 독자개발한 SLBM 발사시험에 성공하면서 세계 7번째 SLBM 운용국이 됐다.

> **대륙간탄도미사일(ICBM)**
> 대륙간탄도미사일은 대륙간탄도탄이라고도 한다. 미국보다 러시아가 먼저 1957년 8월에 개발하였고, 미국은 1959년에 실용화하였다. 일반적으로 5,000km 이상의 사정거리를 가진 탄도미사일을 말하며, 보통 메가톤급의 핵탄두를 장착하고 있다.

18 하마스 HAMAS

팔레스타인의 민족주의 정당이자 준군사조직

하마스는 팔레스타인의 무장단체이자 정당이다. 'HAMAS'라는 명칭은 '이슬람 저항운동'의 아랍어 첫 글자를 따서 지어졌다. '아마드 야신'이 1987년 창설한 이 단체는 이슬람 수니파 원리주의를 표방하고 있으며, 이스라엘에 저항하고 팔레스타인의 독립을 목표로 무장 저항활동을 펼치고 있다. 이들은 팔레스타인 가자지구와 요르단강 서쪽 지역을 실질 지배하고 있다. 하마스는 이스라엘과의 '팔레스타인 분쟁'의 중심에 서 있는 조직으로 2023년 10월에는 이스라엘을 무력으로 침공하면서 전면전이 시작됐다. 이스라엘정부가 곧 '하마스 섬멸'을 천명하고 가자지구를 공격하면서 수많은 팔레스타인 국민들이 희생됐다.

19 지역의사제

별도로 선발된 의료인이 의대 졸업 후 10년간 공공·필수의료분야에서 근무하도록 한 제도

지역의대에서 전액 장학금을 받고 졸업한 의료인이 10년간 대학 소재 병원급 이상 의료기관의 공공·필수의료분야에서 의무적으로 근무하도록 한 제도다. 의사인력이 부족한 지역·필수의료를 살리기 위해 도입이 논의됐다. 그러나 의협을 비롯한 의료계는 직업선택의 자유 등 기본권을 침해할 수 있으며, 지역 의료문제 해결에도 도움이 되지 않는다며 제도시행 반대에 나섰다.

20 국가자원안보 특별법

에너지 · 자원 공급망의 안정적 관리를 위해 제정된 법률

국가 차원의 자원안보 체계를 구축하기 위해 제정된 법률로 2024년 1월 9일 국회를 통과했다. 우리나라의 경우 에너지의 90% 이상을 수입에 의존하고 있는데, 주요국의 자원무기화 추세가 심화하는 상황에서 러시아-우크라이나 전쟁, 이스라엘-하마스 사태 등으로 지정학적 위기가 연이어 발생함에 따라 에너지 · 자원 공급망의 안정적 관리가 중요하다는 인식하에 마련된 법안이다. 석유, 천연가스, 석탄, 우라늄, 수소, 핵심광물, 신재생에너지 설비 소재 · 부품 등을 핵심자원으로 지정하고, 정부가 해외 개발자원의 비상반입 명령, 비축자원 방출, 주요 자원의 할당 · 배급, 수출 제한 등을 할 수 있도록 하는 내용이 담겨 있다.

21 반도체 칩과 과학법 CHIPS and Science Act

미국이 자국의 반도체산업 육성을 위해 제정한 법률

미국이 중국과의 반도체산업 · 기술 패권에서 승리하기 위한 법률로 2022년 8월 시행됐다. 이 법률에 따라 미국 내 반도체 공장 등 관련시설을 건립하는 데 보조금과 세액공제를 지원한다. 그런데 이 부분과 관련된 세부기준이 한국기업에게 매우 불리해 논란이 됐다. 미국은 보조금 심사기준으로 경제 · 국가안보, 재무건전성 등 6가지를 공개했는데, 특히 재무건전성 기준을 충족하기 위한 조건으로 이를 검증할 수 있는 수익성 지표와 예상 현금흐름 전망치를 제출해야 한다. 또 일정 이상의 지원금을 받은 기업의 경우, 현금흐름과 수익이 미국이 제시하는 전망치를 초과하면 초과이익을 미국정부와 공유해야 한다는 내용이 담겼다. 더 나아가 향후 10년간 중국을 비롯한 우려대상국에 첨단기술 투자를 해서는 안 된다는 '가드레일 조항'도 내세웠다. 여기에 보조금을 받는 기업들은 군사용 반도체를 미국에 안정적으로 공급해야 하며, 미국의 안보이익을 증진시켜야 할 뿐 아니라 첨단 반도체시설에의 접근권도 허용해야 한다는 조항이 담겨 논란을 일으켰다.

22 인플레이션 감축법 IRA

미국의 전기차 세제혜택 등의 내용을 담은 기후변화 대응 법률

2022년 8월 미국에서 통과된 기후변화 대응과 대기업 증세 등을 담은 법률이다. 전기차 보급확대를 위해 세액공제를 해주는 내용이 포함됐다. 오는 2030년까지 온실가스를 40% 감축하기 위해 에너지안보 및 기후변화 대응에 3,750억달러를 투자하는 내용을 골자로 하는데, 북미산 전기차 가운데 북미에서 제조 · 조립된 배터리 부품의 비율과 북미나 미국과 자유무역협정을 체결한 국가에서 채굴된 핵심 광물의 사용비율에 따라 차등해 세액을 공제해준다. 그러나 이 법으로 보조금 혜택에서 한국산 전기차는 빠지게 되면서 국내 자동차업계에는 비상이 걸렸다.

23 소비기한

식품을 섭취해도 이상이 없을 것으로 판단되는 소비의 최종기한

소비자가 식품을 섭취해도 건강이나 안전에 이상이 없을 것으로 판단되는 소비의 최종기한을 말한다. 식품이 제조된 후 유통과정과 소비자에게 전달되는 기간을 포함한다. 단, 식품의 유통과정에서 문제가 없고 보관방법이 철저하게 지켜졌을 경우에 해당하며, 통상 유통기한보다 길다. 2023년부터 우리나라도 식품에 소비기한을 표시하는 '소비기한 표시제'가 도입됐고, 1년간의 계도기간을 거쳐 2024년 전면 시행됐다. '식품 등의 표시 · 광고에 관한 법률' 개정으로 식품업체는 식품의 날짜표시 부분에 소비기한을 적어야 한다. 단, 우유의 경우 2031년부터 적용된다.

24 중립금리 Neutral Rate

인플레이션이나 디플레이션 없이 잠재성장률을 회복할 수 있는 이론적 금리수준

경제 분야에서 인플레이션이나 디플레이션을 유발하지 않고 잠재성장률 수준을 회복할 수 있도록 하는 금리를 의미한다. 여기서 잠재성장률이란 한 나라의 노동력, 자원, 자본 등 동원가능한 생산요소를 모두 투입해 부작용 없이 최대로 달성할 수 있는 성장률을 말하며, '자연금리(Natural Rate)'라고도 한다. 중립금리는 경제상황에 따라 달라지기 때문에 정확한 수치가 나오지 않고 이론상으로만 존재하는 개념이다. 다만 중립금리보다 실제 금리가 높을 경우 물가가 하락하면서 경기가 위축될 가능성이 높고, 중립금리보다 실제 금리가 낮으면 물가가 올라 경기도 함께 상승할 가능성이 높아진다.

25 뱅크런 Bank Run

금융시장이 극도로 불안할 때 은행에 돈을 맡긴 사람들이 대규모로 예금을 인출하는 사태

은행을 뜻하는 'bank'와 달린다는 의미의 'run'이라는 단어의 합성어로, 예금자들이 은행에서 예금을 인출하기 위해 몰려드는 현상을 일컫는 말이다. 예금을 맡긴 은행에 문제가 생겨 파산할지도 모른다고 생각하는 예금자들이 서로 먼저 돈을 찾으려고 은행으로 뛰어가는 모습에서 유래됐다. 우리나라에서는 프로젝트 파이낸싱(PF) 관련 대출을 늘려온 새마을금고의 연체율이 급상승하자, 2023년 재정부실과 건전성에 대한 불안감 때문에 예·적금을 해지하려는 고객들이 줄을 잇는 사태가 벌어졌다.

26 통화스와프

국가 간에 서로 다른 통화가 필요시 상호교환하는 외환거래

서로 다른 통화를 약정된 환율에 따라 한 측이 원할 때 상호교환(Swap)하는 외환거래를 말한다. 우리나라 통화를 맡겨놓고 다른 나라 통화를 빌려오는 것이다. 유동성 위기를 방지하기 위해 두 나라가 자국 통화를 상대국 통화와 맞교환하는 방식으로 이뤄진다. 맞교환 방식이기 때문에 차입비용이 절감되고, 자금관리의 효율성도 제고된다. 국제통화기금(IMF)에서 돈을 빌릴 경우에는 통제와 간섭이 따라 경제주권과 국가이미지가 훼손되지만, 통화스와프는 이를 피해 외화유동성을 확보하는 장점도 있다. 우리나라는 2023년 6월 일본과 8년 만에 100억달러 규모의 통화스와프를 복원했다.

27 슈링크플레이션

기업이 제품의 가격은 유지하는 대신 수량·무게를 줄여 가격을 사실상 올리는 것

기업들이 자사 제품의 가격은 유지하고, 대신 수량과 무게·용량만 줄여 사실상 가격을 올리는 전략을 말한다. 영국의 경제학자 '피파 맘그렌'이 제시한 용어로 '줄어들다'라는 뜻의 '슈링크(Shrink)'와 '지속적으로 물가가 상승하는 현상'을 나타내는 '인플레이션(Inflation)'의 합성어다. 한국소비자원의 조사에 따르면 2023년 우리나라 식품업계에서 9개 품목, 37개 상품에서 슈링크플레이션이 확인됐다. 이에 정부는 제품의 포장지에 용량이 변경된 사실을 의무적으로 표기하는 방안을 추진했다.

28 뉴 노멀 New Normal

시대 변화에 따라 새롭게 부상하는 기준이나 표준

뉴 노멀은 2008년 글로벌 경제 위기 이후 등장한 새로운 세계 경제질서를 의미한다. 2003년 벤처투자가인 로저 맥너미가 처음 제시하였고 2008년 세계 최대 채권운용회사 '핌코'의 경영자인 무하마드 앨 에리언이 다시 언급하면서 확산됐다. 주로 과거에 대한 반성과 새로운 질서를 모색하는 시점에 등장하는데 2008년 경제 위기 이후 나타난 저성장, 높은 실업률, 규제 강화, 미국 경제 역할 축소 등이 뉴 노멀로 지목된 바 있다. 최근에는 사회 전반적으로 새로운 기준이나 표준이 보편화되는 현상을 이르기도 하며 우리말로는 '새 일상', '새 기준'으로 대체할 수 있다.

29 그린플레이션 Greenflation

탄소규제 등의 친환경정책으로 원자재 가격이 상승하면서 물가가 오르는 현상

친환경을 뜻하는 '그린(green)'과 화폐가치 하락으로 인한 물가상승을 뜻하는 '인플레이션(Inflation)'의 합성어다. 친환경정책으로 탄소를 많이 배출하는 산업을 규제하면 필수원자재 생산이 어려워지고 이것이 생산감소로 이어져 가격이 상승하는 현상을 가리킨다. 인류가 기후변화에 대응하기 위해 노력할수록 사회 전반적인 비용이 상승하는 역설적인 상황을 일컫는 말이다. 대표적인 예로 재생에너지 발전 장려로 화석연료 발전설비보다 구리가 많이 들어가는 태양광·풍력 발전설비를 구축해야 하는 상황이 해당된다. 이로 인해 금속원자재 수요가 급증했으나 원자재 공급량이 줄어들면서 가격이 치솟았다.

30 에코플레이션 Ecoflation

자연재해나 환경파괴로 인한 원자재 가격 상승으로 물가가 오르는 현상

환경을 뜻하는 'Ecology'와 물가상승을 의미하는 '인플레이션(Inflation)'의 합성어다. 물가상승이 환경적인 요인에 의해 발생하는 것을 뜻한다. 지구 온난화와 환경파괴로 인한 가뭄과 홍수, 산불 같은 자연재해의 영향을 받아 상품의 원가가 상승하는 것이다. 지구촌에 이상기후가 빈번히 자연재해를 일으키면서 식료품을 중심으로 물가가 급등하는 에코플레이션이 발생하고 있다.

31 슬로플레이션 Slowflation

경기회복 속도가 느린 가운데 물가가 치솟는 현상

경기회복 속도가 둔화되는 상황 속에서도 물가상승이 나타나는 현상이다. 경기회복이 느려진다는 뜻의 'Slow'와 물가상승을 의미하는 '인플레이션(Inflation)'의 합성어다. 일반적으로 경기침체 속에서 나타나는 인플레이션인 '스태그플레이션(Stagfaltion)'보다는 경기침체의 강도가 약할 때 사용한다. 슬로플레이션에 대한 우려는 글로벌 공급망 대란에 따른 원자재가격 폭등에서 비롯된 것으로 스태그플레이션보다는 덜 심각한 상황이지만 경제 전반에는 이 역시 상당한 충격을 미친다.

32 디깅소비 Digging Consumption

소비자가 선호하는 것에 깊이 파고드는 행동이 관련 제품의 소비로 이어지는 현상

'파다'라는 뜻의 '디깅(digging)'과 '소비'를 합친 신조어로 청년층의 변화된 라이프스타일과 함께 나타난 새로운 소비패턴을 의미한다. 소비자가 선호하는 특정 품목이나 영역에 깊이 파고드는 행위가 소비로 이어짐에 따라 소비자들의 취향을 잘 반영한 제품들에서 나타나는 특별 수요현상을 설명할 때 주로 사용된다. 특히 가치가 있다고 생각하는 부분에는 비용지불을 망설이지 않는 MZ세대의 성향과 맞물려 청년층에서 두각을 드러내고 있다. 대표적인 예로 신발수집을 취미로 하는 일부 마니아들이 한정판 운동화 추첨에 당첨되기 위해 줄을 서서 기다리는 등 시간과 재화를 아끼지 않는 현상을 들 수 있다.

33 우주경제

항공우주산업에 민간기업의 참여를 독려해 경제활동을 촉진하는 것

국가 주도로 이뤄지던 항공우주산업이 민간으로 이전됨에 따라 기업의 참여를 독려해 경제활동을 촉진하는 것을 말한다. 우주탐사와 활용, 발사체 및 위성의 개발·제작·발사·운용 등 항공우주기술과 관련한 모든 분야에서 가치를 창출하는 활동을 총칭한다. 특히 '달'은 심우주 탐사의 기반이자 우주경제의 핵심으로 여겨지고 있으며, 향후 달에 매장된 것으로 추정되는 철, 티타늄, 희토류 등 자원에 대한 연구가 진행될 경우 많은 경제적 효과를 낼 수 있을 것으로 기대하고 있다. 과학기술정보통신부는 우주 스타트업에 투자하는 전용펀드 조성을 목표로 '뉴스페이스투자지원사업'을 발표하며 우주경제 시대로 나아가기 위한 신호탄을 쏘았다.

34 환율관찰대상국

국가가 환율에 개입해 미국과 교역조건을 유리하게 만드는지 모니터링해야 하는 국가

미국 재무부가 매년 4월과 10월에 발표하는 '거시경제 및 환율정책보고서'에 명시되는 내용으로 국가가 환율에 개입해 미국과의 교역조건을 유리하게 만드는지 지속적으로 모니터링해야 하는 국가를 지칭하는 용어다. 환율조작국으로 지정되는 경우 미국의 개발자금 지원 및 공공입찰에서 배제되고, 국제통화기금 (IMF)의 감시를 받게 된다. 또 환율관찰대상국으로 분류되면 미국 재무부의 모니터링대상이 된다. 우리나라의 경우 2016년 4월 이후 줄곧 환율관찰대상국에 이름이 오른 바 있다. 한편 미국 재무부는 2023년 11월에 환율관찰대상국에서 한국과 스위스를 제외하고 베트남을 새로 포함하는 것을 골자로 한 '2023년 하반기 환율보고서'를 발표한 바 있다.

35 기대 인플레이션

경제주체가 예측하는 미래의 물가상승률

기업, 가계 등의 경제주체가 예측하는 미래 물가상승률을 말한다. 기대 인플레이션은 임금, 투자 등에 영향을 미치는 중요한 지표로 사용되고 있다. 노동자는 임금을 결정할 때 기대 물가수준을 바탕으로 임금상승률을 협상한다. 또한 인플레이션이 돈의 가치가 떨어지는 것이기 때문에 기대 인플레이션이 높아질수록 화폐의 가치가 하락해 부동산, 주식과 같은 실물자산에 돈이 몰릴 확률이 높아진다. 우리나라의 경우 한국은행이 2002년 2월부터 매월 전국 56개 도시 2,200가구를 대상으로, 매 분기 첫째 달에는 약 50명의 경제전문가를 대상으로 소비자물가를 예측하고 있다.

36 체리슈머

전략적으로 계산해 소비하는 알뜰한 소비자

기업의 상품·서비스를 구매하지 않으면서 단물만 쏙쏙 빼먹는 사람들을 뜻하는 체리피커(Cherry Picker)에서 진일보한 개념이다. 체리피커에 소비자를 뜻하는 'Consumer'를 합한 말로 간단히 말하면 '알뜰한 소비자'를 뜻한다. 체리슈머는 남들에게 폐를 끼치지 않는 선에서 극한의 알뜰함을 추구한다는 점에서 체리피커에 비해 비교적 긍정적이다. 한정된 자원을 최대한으로 활용하는 합리적 소비형태를 띠고 있다. 예를 들어 OTT 계정에 가입하는 비용을 줄이기 위해, 비용을 나누고 계정을 공유할 사람들을 구하기도 하고, 물품을 살 때 번거롭더라도 필요한 만큼만 그때그때 구입하면서 낭비를 줄인다. 김난도 교수의 '2023 트렌드 코리아'에서 소개한 개념이다.

37 리오프닝

팬데믹으로 위축됐던 경제가 회복되는 현상

'경제활동 재개'라는 의미로 코로나19 사태로 위축됐던 경제활동이 회복되는 현상을 말한다. 높은 백신접종률과 코로나19 치료제가 개발되면서 리오프닝에 대한 기대감이 커졌다. 2023년 초 리오프닝에 대한 세계의 이목이 중국에 집중됐는데, 리오프닝이 원만하게 진행될 경우 5.8%까지 성장이 가능하다고 전망됐기 때문이다. 그러나 중국의 경기회복 속도가 늦어지면서 리오프닝 효과도 기대에 미치지 못했다. 리오프닝 이후 중국의 경기둔화 우려가 지속되고 있는 가운데 2023년 10월 수출입 동향에 따르면 대중국 최대 수출품목인 반도체 수출감소율은 크게 개선된 것으로 나타났다.

38 등대기업

3대 혁신 분야에서 뛰어난 성과를 거둔 중견기업

사업다각화, 해외시장 진출, 디지털전환 등 3대 혁신 분야에서 뛰어난 성과를 거둔 중견기업을 일컫는 말이다. 산업통상자원부는 2024년까지 100대 등대기업을 선정해 이들 기업을 지원하겠다고 밝혔다. 사업다각화 분야에서는 미래차, 차세대 디스플레이 등 유망업종을 중심으로 사업재편 수요를 선제적으로 발굴해 신사업 진출을 유도하고, 해외시장 진출 분야에서는 내수 중심 기업과 초기기업들이 수출기업으로 성장할 수 있도록 해외시장 발굴 및 마케팅 등을 전방위적으로 지원한다. 또 디지털전환 분야에서는 최고경영자와 임원 등을 대상으로 디지털전환의 중요성을 인식시키고 전문인력 등을 양성할 계획이다.

39 K-택소노미

한국형 산업 녹색분류체계

K-택소노미(K-Taxonomy)는 어떤 경제활동이 친환경적이고 탄소중립에 이바지하는지 규정한 한국형 녹색분류체계로 2021년 12월 환경부가 발표했다. 환경개선을 위한 재화·서비스를 생산하는 산업에 투자하는 녹색금융의 '투자기준'으로서 역할을 한다. 환경에 악영향을 끼치면서도 '친환경인 척'하는 위장행위를 막는데 도움이 된다. 녹색분류체계에 포함됐다는 것은 온실가스 감축, 기후변화 적응, 물의 지속가능한 보전, 자원순환, 오염방지 및 관리, 생물다양성 보전 등 '6대 환경목표'에 기여하는 경제활동이라는 의미다. 그런데 윤석열정부 들어 애초 제외됐던 원자력발전을 여기에 포함하게 되면서 원전에 대한 논쟁이 다시 불거지기도 했다.

40 ESG

기업의 비재무적인 요소인 환경과 사회적 책무, 지배구조

ESG는 'Environmental', 'Social', 'Governance'의 앞 글자를 딴 용어로 기업의 비재무적인 요소인 환경과 사회적 책무, 지배구조를 뜻한다. '지속가능한 경영방식'이라고도 하는데, 기업을 운영하면서 사회에 미칠 영향을 먼저 생각하는 것을 말한다. ESG는 지역사회 문제와 기후변화에 대처하며 지배구조의 윤리적 개선을 통해 지속적인 성과를 얻으려는 방식이다. 기업들은 자사의 상품을 개발하며 재활용 재료 등 친환경적 요소를 배합하거나, 환경 캠페인을 벌이는 식으로 기후변화 대처에 일조한다. 또한 이사회에서 대표이사와 이사회 의장을 분리하여 서로 견제하도록 해 지배구조 개선에 힘쓰기도 한다. 아울러 직원들의 복지를 강화하고, 지역사회에 보탬이 되는 봉사활동을 기획하는 등 사회와의 따뜻한 동행에도 노력하게 된다.

41 파운드리 Foundry

반도체 위탁 생산 시설

반도체 생산 기술과 설비를 보유해 반도체 상품을 위탁생산해주는 것을 말한다. 제조과정만 담당하며 외주 업체가 전달한 설계 디자인을 바탕으로 반도체를 생산한다. 주조 공장이라는 뜻을 가진 영단어 'Foundry(파운드리)'에서 유래했다. 대만 TMCZ가 대표적인 파운드리 기업이다. 팹리스(Fabless)는 파운드리와 달리 설계만 전문으로 한다. 반도체 설계 기술은 있지만 공정 비용에 부담을 느껴 위탁을 주거나 비메모리에 주력하는 기업으로 애플, 퀄컴이 대표적인 팹리스 기업이다.

42   엔데믹 Endemic

한정된 지역에서 주기적으로 발생하는 감염병

특정 지역의 주민들에게서 주기적으로 발생하는 풍토병을 말한다. '-demic'은 '사람 또는 사람들이 사는 지역' 등을 뜻하는 고대 그리스어의 남성형 명사 'demos'에서 유래한 말로 감염병이 특정 지역이나 사람에 한정된 경우를 가리킨다. 넓은 지역에서 강력한 피해를 유발하는 팬데믹과 달리 한정된 지역에서 주기적으로 발생하는 감염병이기 때문에 감염자 수가 어느 정도 예측이 가능하다. 말라리아, 뎅기열 등이 이에 속하고, 코로나19도 엔데믹으로 전환됐다.

43   인구절벽

생산가능인구(만 15 ~ 64세)의 비율이 급속도로 줄어드는 사회경제 현상

한 국가의 미래성장을 예측하게 하는 인구지표에서 생산가능인구인 만 15세 ~ 64세 비율이 줄어들어 경기가 둔화하는 현상을 가리킨다. 이는 경제 예측 전문가인 해리 덴트가 자신의 저서 〈인구절벽(Demographic Cliff)〉에서 사용한 용어로 청장년층의 인구 그래프가 절벽과 같이 떨어지는 것에 비유했다. 그에 따르면 한국 경제에도 이미 인구절벽이 시작돼 2024년부터 '취업자 마이너스 시대'가 도래할 전망이다. 취업자 감소는 저출산 · 고령화 현상으로 인한 인구구조의 변화 때문으로, 인구 데드크로스로 인해 중소기업은 물론 대기업까지 구인난을 겪게 된다.

인구 데드크로스
저출산 · 고령화 현상으로 출생자 수보다 사망자 수가 많아지며 인구가 자연 감소하는 현상이다. 우리나라는 2020년 출생자 수가 27만명, 사망자 수는 30만명으로 인구 데드크로스 현상이 인구통계상에서 처음 나타났다. 인구 데드크로스가 발생하면 의료 서비스와 연금에 대한 수요가 늘어나며 개인의 공공지출 부담이 증가하게 된다. 또한 국가 입장에서는 노동력 감소, 소비위축, 생산 감소 등의 현상이 동반되어 경제에 큰 타격을 받는다.

44 합계출산율

한 여성이 가임기간 동안 낳을 것으로 기대되는 평균 출생아 수

인구동향조사에서 15~49세의 가임여성 1명이 평생 동안 낳을 것으로 추정되는 출생아 명수를 통계화한 것이다. 한 나라의 인구증감과 출산수준을 비교하기 위해 대표적으로 활용되는 지표로서 일반적으로 연령별 출산율의 합으로 계산된다. 2023년 3분기 우리나라의 합계출산율은 0.7명으로 역대 최저를 기록했고, 4분기에는 0.6명까지 떨어질 것이라는 전망도 나왔다. 2023년 기준 경제협력개발기구(OECD) 회원국 중 합계출산율이 1.00명 미만인 국가는 우리나라가 유일하다.

45 촉법소년

범죄를 저지른 만 10세 이상 14세 미만 청소년

범죄를 저지른 만 10세 이상 14세 미만 청소년으로, 형사책임능력이 없어 형사처벌을 받지 않고, 가정법원의 처분에 따라 보호처분을 받거나 소년원에 송치된다. 최근 들어 아동과 청소년의 범죄가 심각해지고, 이 과정에서 촉법소년 제도를 악용하는 사례도 발생하면서 촉법소년의 연령을 낮추자는 의견이 정치권에서 제기됐다. 지난 2022년 11월 정부는 소년범죄 종합대책을 발표하면서 형법·소년법을 개정해 촉법소년 상한연령을 '만 14세 미만'에서 '만 13세 미만'으로 1살 내리겠다고 발표했다. 또 검찰청에 '소년부'를 설치하고 소년범죄 예방·교화를 위한 프로그램도 강화한다고 밝혔다.

46 그린워싱 Green Washing

친환경 제품이 아닌 것을 친환경 제품인 척 홍보하는 것

친환경 제품이 아닌 것을 친환경 제품으로 속여 홍보하는 것이다. 초록을 뜻하는 그린(Green)과 영화 등의 작품에서 백인 배우가 유색인종 캐릭터를 맡을 때 사용하는 화이트 워싱(White Washing)의 합성어로 위장 환경주의라고도 한다. 기업이 제품을 만드는 과정에서 환경오염을 유발하지만 친환경 재질을 이용한 제품 포장 등만을 부각해 마케팅하는 것이 그린워싱의 사례다. 2007년 미국 테라초이스가 발표한 그린워싱의 7가지 유형을 보면 ▲ 상충효과 감추기 ▲ 증거 불충분 ▲ 애매모호한 주장 ▲ 관련성 없는 주장 ▲ 거짓말 ▲ 유행상품 정당화 ▲ 부적절한 인증라벨이 있다.

47 킬러문항

대학수학능력시험의 변별력을 따지기 위해 의도적으로 출제하는 초고난도 문항

킬러문항은 대학수학능력시험(수능)의 변별력을 갖추기 위해 출제기관이 최상위권 수험생들을 겨냥해 의도적으로 출제하는 초고난도 문항을 말한다. 2023년 6월 윤석열 대통령이 이른바 '공정수능'을 언급하면서 2023년 6월 모의평가에 킬러문항이 사전 지시대로 배제되지 않았다고 해 파장이 일었다. 이에 서둘러 정부는 2024학년도 수능에서 사교육을 받아야만 풀 수 있는 킬러문항을 배제하겠다고 발표했고, 이 때문에 수능을 불과 5개월여 앞둔 학생과 학부모, 교육현장은 혼란에 빠졌다. 앞서 2022년 사교육비가 역대최대를 기록했고, 킬러문항 논란까지 터지면서 정부는 '사교육비 경감 종합대책'을 내놨다. 여기엔 킬러문항 배제와 함께 수능 출제위원들의 사교육 영리활동을 금지하고 유아를 대상으로 한 영어유치원 편법운영을 단속하겠다는 등의 방침이 담겼다. 그러나 킬러문항 배제 외에 수능의 변별력을 어떻게 갖출 것인가에 대한 구체적인 대안은 없었고, 사교육 문제는 교육열과 학벌주의·노동임금격차 등이 복합적으로 얽힌 문제라 정부의 대책이 근본적인 해결방안이 될 수 없다는 비판도 나왔다.

48 고교학점제

고등학생도 진로에 따라 과목을 골라 수강할 수 있는 제도

고등학생도 대학생처럼 진로와 적성에 맞는 과목을 골라 듣고 일정 수준 이상의 학점을 채우면 졸업할 수 있도록 한 제도다. 일부 공통과목은 필수로 이수해야 하고, 3년간 총 192학점을 이수하면 졸업할 수 있다. 교육부는 고교학점제를 2025년에 전면적으로 시행하기 위해, 2023년부터 부분적으로 도입했다. 고교학점제에서는 다양한 선택과목들을 개설함으로써 자율성을 살리고 진로를 감안하여 수업을 선택한다. 또한 2025학년도의 1학년은 제외한 2·3학년은 성취평가제를 실시할 방침이다. 기존처럼 상대평가로 내신 9등급을 산출하지 않고, 대학교처럼 각 과목이 요구하는 성취도에 따라 평가가 5단계로 나눠지는 절대평가의 성격을 띠게 된다.

49 워케이션 Worcation

휴가지에서 업무를 근무로 인정하는 형태

워케이션(Worcation)은 일(Work)과 휴가(Vacation)의 합성어로, 휴가지에서의 업무를 급여가 발생하는 일로 인정해주는 근무형태이다. 시간과 장소에 구애받지 않고 회사 이외 장소에서 근무하는 텔레워크(Telework) 이후에 새롭게 등장한 근무방식으로 재택근무의 확산과 함께 나타났다. 미국에서 시작됐으며 일본에서 노동력 부족과 장시간 노동을 해결하기 위한 방안으로 점차 확산되고 있다.

50 실업급여

고용보험에 가입한 근로자가 비자발적으로 실직 후 재취업 기간 동안 지급되는 지원금

고용보험에 가입한 근로자가 실직하고 재취업활동을 하는 동안 생계안정과 취업의지를 고양하기 위해 국가가 지급하는 지원금이다. 보통 실업급여라고 칭하는 '구직급여'와 '취직촉진수당'으로 나뉜다. 실업급여는 실직한 날을 기준으로 18개월 중 180일 이상 근무하다가, 직장이 문을 닫거나 구조조정(해고) 등 자의와는 상관없이 실직한 사람에게 지급된다. 2023년 정부·여당에서는 실업급여의 관대한 수급조건을 악용하거나, 받은 이후 재취업 노력을 제대로 하지 않는 사례가 많다며 수급조건을 강화하고 수급액을 줄이겠다는 계획을 내놨다.

51 MZ세대

디지털 환경에 익숙한 밀레니엄 세대와 Z세대를 부르는 말

1980년대 ~ 2000년대 초 출생해 디지털과 아날로그를 함께 경험한 밀레니얼 세대(Millennials)와 1990년 중반 이후 디지털 환경에서 태어난 Z세대(Generation Z)를 통칭하는 말이다. 이들은 일에 대한 희생보다 스포츠, 취미 활동, 여행 등에서 삶의 의미를 찾으며 여가와 문화생활에 관심이 많다. 경제활동인구에서 차지하는 비율이 점차 높아지고 있으며, 향후 15년간 기존 세대를 뛰어넘는 구매력을 가질 것으로 평가된다. 디지털 미디어에 익숙하며 스포츠, 게임 등 동영상 콘텐츠를 선호한다.

52 알파세대

2010년대 초 ~ 2020년대 중반에 출생한 세대

2010년 이후에 태어난 이들을 지칭하는 용어로 다른 세대와 달리 순수하게 디지털 세계에서 나고 자란 최초의 세대로도 분류된다. 어릴 때부터 기술적 진보를 경험했기 때문에 스마트폰이나 인공지능(AI), 로봇 등을 사용하는 것에 익숙하다. 그러나 사람과의 소통보다 기계와의 일방적 소통에 익숙해 정서나 사회성 발달에 부정적인 영향이 나타날 수 있다는 우려도 있다. 알파세대는 2025년 약 22억명에 달할 것으로 예측되고 있으며, 소비시장에서도 영향력을 확대하는 추세다.

53 넷제로 Net Zero

순 탄소배출량을 0으로 만드는 탄소중립 의제

배출하는 탄소량과 흡수·제거하는 탄소량을 같게 함으로써 실질적인 탄소배출량을 '0'으로 만드는 것을 말한다. 즉, 온실가스 배출량(+)과 흡수량(−)을 갖게 만들어 더 이상 온실가스가 늘지 않는 상태를 말한다. 기후학자들은 넷제로가 달성된다면 20년 안에 지구 표면온도가 더 상승하지 않을 것이라고 보고 있다. 지금까지 100개 이상의 국가가 2050년까지 넷제로에 도달하겠다고 약속했다. 미국의 조 바이든 대통령은 공약으로 넷제로를 선언했고 우리나라 역시 장기저탄소발전전략(LEDS)을 위한 '넷제로2050'을 발표하고 2050년까지 온실가스 순배출을 '0'으로 만드는 탄소중립 의제를 세웠다.

54 소득 크레바스

은퇴 후 국민연금을 받을 때까지 일정 소득이 없는 기간

크레바스(Crevasse)는 빙하가 흘러내리면서 얼음에 생기는 틈을 의미하는 것으로, 소득 크레바스는 은퇴 당시부터 국민연금을 수령하는 때까지 소득에 공백이 생기는 기간을 말한다. '생애 주된 직장'의 은퇴시기를 맞은 5060세대의 큰 고민거리라 할 수 있다. 소득 크레바스에 빠진 5060세대들은 소득 공백을 메우기 위해, 기본적인 생활비를 줄이고 창업이나 재취업, 맞벌이 같은 수익활동에 다시금 뛰어들고 있는 실정이다.

55 조용한 사직 Quiet Quitting

정해진 시간과 범위 내에서만 일하고 초과근무를 거부하는 노동방식

직장을 그만두지는 않지만 정해진 업무시간과 업무범위 내에서만 일하고 초과근무를 거부하는 노동방식을 뜻하는 신조어다. 'Quiet Quitting'을 직역하면 '직장을 그만두겠다'는 의미이지만 실제로는 '직장에서 최소한의 일만 하겠다'는 뜻이다. 미국 뉴욕에 거주하는 20대 엔지니어기사 자이드 플린이 자신의 틱톡 계정에 올린 동영상이 화제가 되면서 전 세계로 확산됐다. 워싱턴포스트는 이에 대해 직장인들이 개인의 생활보다 일을 중시하고 일에 열정적으로 임하는 '허슬 컬쳐(Hustle Culture)'를 포기하고 직장에서 주어진 것 이상을 하려는 생각을 중단하고 있다는 것을 보여주는 현상이라고 분석했다.

56 지방소멸

고령화·인구감소로 지방의 지역공동체가 기능하기 어려워져 소멸되는 상태

저출산과 고령화, 수도권의 인구집중이 초래하는 사회문제로 지방의 인구감소로 경제생활·인프라, 공동체가 소멸되는 현상을 말한다. 지방인구소멸은 더욱 가속화되고 있다. 2022년 3월을 기준으로 전국 228개 시·군·구 중 113곳이 인구소멸위험지역으로 분류됐다. 소멸위험지역은 소멸위험지수를 통해 한국고용정보원이 산출하게 된다. 소멸위험지수는 한 지역의 20~39세 여성 인구를 65세 이상 인구로 나눈 값이다. 이 지수값이 1.5 이상이면 저위험, 1.0~1.5인 경우 보통, 0.5~1.0인 경우 주의, 0.2~0.5는 위험, 0.2 미만은 고위험으로 분류된다. 2021년 8월 고위험지역으로 분류된 지역은 시·군·구 36개, 읍·면·동 1,067개다.

57 교권회복 4법

교사의 정당한 교육활동을 보호하기 위해 제정된 4개의 법률개정안

'교사의 정당한 생활지도는 아동학대로 보지 않는다'는 내용을 골자로 한 교원지위법, 초·중등교육법, 유아교육법, 교육기본법 등 4개 법률개정안을 말한다. 지난 2023년 7월 서울 서초구 서이초등학교 교사가 사망한 사건 이후 전국에서 교권침해로 인한 교사들의 사망이 잇따라 알려지자 대책마련을 요구하는 목소리가 높아지면서 추진됐다. 개정안에 따라 교원이 아동학대로 신고돼도 마땅한 사유가 없는 한 직위해제 처분을 금지하며, 교장은 교육활동 침해행위를 축소·은폐할 수 없다. 또한 교육지원청이 교권침해 조치업무를 전담한다는 내용과 부모 등 보호자가 학교의 정당한 교육활동에 협조하고 존중해야 한다는 점 등도 포함됐다.

58 플로깅 Plogging

조깅을 하면서 쓰레기를 줍는 운동

달리거나 산책을 하면서 쓰레기를 줍는 것을 말한다. '이삭을 줍는다'는 뜻인 스웨덴어 'plocka upp'과 천천히 달리는 운동을 뜻하는 영어단어 '조깅(jogging)'의 합성어다. 쓰레기를 줍기 위해 앉았다 일어나는 동작이 스쿼트 자세와 비슷하다는 데서 생겨났다. 2016년 스웨덴에서 처음 시작돼 북유럽을 중심으로 빠르게 확산했고 최근 기업이나 기관에서도 플로깅을 활용한 마케팅이 활발해지는 추세다. 쓰레기를 담은 봉투를 들고 뛰기 때문에 보통의 조깅보다 열량 소모가 많고 환경도 보호한다는 점에서 호응을 얻고 있다.

59 셰일오일 Shale Oil

미국에서 2010년대 들어서 개발되기 시작한 퇴적암 오일

퇴적암의 한 종류인 셰일층에서 채굴할 수 있는 '액체 탄화수소'를 가리키는 말이다. 이전에는 채굴 불가능하거나 시추 비용이 많이 들어 채산성이 없다고 여겨진 자원들이었다. 그런데 '수압파쇄', '수평시추' 등의 기술 개발로 셰일오일이 채산성을 갖춘 자원이 되면서 2010년 중반부터 생산량이 폭발적으로 늘어나 2018년에는 미국을 최대 산유국으로 만들었다. 현재 발견된 매장량은 향후 200년가량 사용할 것으로 추정된다. 미국은 셰일오일을 통해 에너지 자립을 이뤘고 중동산유국 등 유가에 대한 영향력이 축소됐다. 이를 '셰일혁명'이라고 부른다.

60 누리호 KSLA-Ⅱ

우리나라 최초의 저궤도 실용위성 발사용 로켓

누리호는 2021년 6월에 개발된 우리나라 최초의 저궤도 실용위성 발사용 로켓이다. 국내독자기술로 개발한 3단 액체로켓으로, 액체연료 엔진부터 발사체에 탑재된 위성을 보호하는 덮개인 페어링에 이르기까지 핵심 기술과 장비 모두 국내 연구진이 개발했다. 누리호에 실린 성능검증위성이 발사에 성공해 궤도에 안착하면서 우리나라는 세계 7번째로 1t 이상인 실용적 규모의 인공위성을 자체기술로 쏘아 올린 나라가 됐다. 또한 2023년 5월 25일에는 첫 실전발사에 성공하면서 처음으로 실용급 위성을 계획된 궤도에 안착시켰다.

61 다누리 KPLO

우리나라의 첫 달 탐사궤도선

다누리는 2022년 8월 발사된 우리나라의 첫 달 탐사궤도선으로 태양과 지구 등 천체의 중력을 이용해 항행하는 궤적에 따라 이동하도록 설계됐다. 달로 곧장 가지 않고 태양 쪽의 먼 우주로 가서 최대 156만km까지 거리를 벌렸다가 다시 지구 쪽으로 돌아와 달에 접근했다. 다누리는 145일 만에 달 상공의 임무궤도에 안착했으며, 약 2시간 주기로 달을 공전한다. 다누리의 고해상도카메라는 달 표면 관측영상을 찍어 달 착륙 후보지를 고르고, 광시야편광카메라 등은 달에 매장된 자원을 탐색하게 된다.

62 청정수소

전기를 발생하는 과정에서 이산화탄소를 적게 배출하는 수소

청정수소는 신재생에너지 가운데 하나로 전기를 생산할 때 이산화탄소를 적게 혹은 전혀 배출하지 않는 수소를 말한다. 수소발전은 보통 산소와 수소의 화학반응을 이용하는데 이 과정에서 이산화탄소가 발생하게 된다. 청정수소는 이산화탄소 대신 순수한 물만을 부산물로 배출하게 된다. 청정수소는 그 생산방식에 따라 그린수소, 천연가스를 이용해 생산하는 부생수소·추출수소 등의 그레이수소, 그레이수소 생산과정에서 발생하는 탄소를 포집해 저장·활용하는 블루수소, 원전을 활용한 핑크수소 등으로 분류된다.

63 챗GPT

대화 전문 인공지능 챗봇

인공지능 연구재단 오픈AI(Open AI)가 개발한 대화 전문 인공지능 챗봇이다. 사용자가 대화창에 텍스트를 입력하면 그에 맞춰 대화를 나누는 서비스로 오픈AI에서 개발한 대규모 인공지능 모델 'GPT-3.5' 언어기술을 기반으로 한다. 챗GPT는 인간과 자연스럽게 대화를 나누기 위해 수백만개의 웹페이지로 구성된 방대한 데이터베이스에서 사전 훈련된 대량생성 변환기를 사용하고 있으며, 사용자가 대화 초반에 말한 내용을 기억해 답변하기도 한다. 한편 오픈AI는 2023년 3월 더 향상된 AI 언어모델인 'GPT-4'를 공개했다. GPT-4의 가장 큰 특징은 텍스트만 입력 가능했던 기존 GPT-3.5와 달리 이미지를 인식하고 해석할 수 있는 '멀티모달(Multimodal)' 모델이라는 점이다.

64 사물배터리 BoT ; Battery of Things

배터리가 에너지원이 되어 모든 사물을 연결하는 것

모든 사물에 배터리가 동력원으로 활용돼 배터리가 미래 에너지산업의 핵심이 되는 것을 일컫는 말이다. '에너지 혁명 2030'의 저자인 미국 스탠퍼드 대학교의 토니 세바 교수가 "모든 사물이 배터리로 구동하는 시대가 올 것"이라고 말한 데서 유래했다. 인터넷을 통해 여러 기기를 연결하는 것을 '사물인터넷(IoT)'이라고 부르듯이 배터리를 중심으로 세상에 존재하는 모든 사물들이 연결돼 일상생활 곳곳에 배터리가 사용되는 환경을 말한다. 스마트폰, 태블릿PC, 각종 웨어러블 기기 등의 IT 제품들이 사물배터리 시대를 열었으며, 최근에는 Non-IT 기기인 전기자전거, 전동공구 등에도 배터리가 사용되고 있다.

65 다크 패턴 Dark Pattern

사람을 속이기 위해 디자인된 온라인 인터페이스

다크 패턴은 애플리케이션이나 웹사이트 등 온라인에서 사용자를 기만해 이득을 취하는 인터페이스를 말한다. 영국의 UX 전문가인 '해리 브링널'이 만든 용어로 온라인 업체들이 이용자의 심리나 행동패턴을 이용해 물건을 구매하거나 서비스에 가입하게 하는 것이다. 가령 웹사이트에서 프로그램을 다운받아 설치할 때 설치 인터페이스에 눈에 잘 띄지 않는 확인란을 숨겨 추가로 다른 프로그램이 설치되게 만든다든지, 서비스의 자동결제를 은근슬쩍 유도하기도 한다. 또 서비스에 가입하면서 이용자는 꼭 알아야 하고 업체에겐 불리한 조항을 숨기는 등의 사례가 있다. 우리나라에서는 이 같은 다크 패턴의 폐해를 방지하기 위해 전자상거래법, 개인정보보호법 등 관련 법률 개정안을 마련하고 있다.

66 엘니뇨 El Nino

평년보다 0.5℃ 이상 해수면 온도가 높은 상태가 5개월 이상 지속되는 현상

전 지구적으로 벌어지는 대양−대기 간의 기후현상으로, 해수면 온도가 평년보다 0.5℃ 이상 높은 상태가 5개월 이상 지속되는 이상해류 현상이다. 크리스마스 즈음에 발생하기 때문에 작은 예수 혹은 남자아이라는 뜻에서 이러한 이름이 붙었다. 엘니뇨가 발생하면 해수가 따뜻해져 증발량이 많아지고, 태평양 동부 쪽의 강수량이 증가한다. 엘니뇨가 강할 경우 지역에 따라 대규모의 홍수가 발생하기도 하고, 극심한 건조현상을 겪기도 한다. 미국 일간지 워싱턴포스트는 기후 전문가들을 인용해 강력한 엘리뇨의 영향으로 2024년 세계 기온이 이전 해보다 더 높을 수 있다고 보도했다.

67 NFT(대체불가토큰) Non Fungible Token

다른 토큰과 대체 · 교환될 수 없는 가상화폐

하나의 토큰을 다른 토큰과 대체하거나 서로 교환할 수 없는 가상화폐다. 2017년 처음 시장이 만들어진 이래 미술품과 게임아이템 거래를 중심으로 빠른 성장세를 보이고 있다. NFT가 폭발적으로 성장한 이유는 희소성 때문이다. 기존 토큰의 경우 같은 종류의 코인은 한 코인당 가치가 똑같았고, 종류가 달라도 똑같은 가치를 갖고 있다면 등가교환이 가능했다. 하지만 NFT는 토큰 하나마다 고유의 가치와 특성을 갖고 있어 가격이 천차만별이다. 또한 어디서, 언제, 누구에게 거래가 됐는지 모두 기록되어서 위조가 쉽지 않다는 것이 장점 중 하나다.

68 인터넷데이터센터 IDC

개인이나 기업 등으로부터 전산시설을 위탁받아 관리하는 곳

고객으로부터 인터넷서비스에 필요한 서버나 전용회선, 네트워크 관리 기능 등을 위탁받아 관리하는 시설을 말한다. 이는 대규모 인터넷 전산센터를 설립해 호텔처럼 기업의 서버를 입주시켜 대신 관리해주기 때문에 '서버호텔'이라고도 한다. 인터넷 서버는 습기, 온도, 전력 등 주변환경에 매우 민감한 전산장비이므로 24시간 무정전상태를 유지하는 안정성과 네트워크 확장성을 갖추고 있어야 한다. IDC는 이런 장비를 전문적으로 운영 관리하고 인터넷회선에 연결해준다.

69 클릭화학

서로 다른 분자를 군더더기 없이 효율적으로 결합시키는 방법

분자를 장난감 블록을 결합하듯 군더더기 없이 원하는 물질로 합성하는 기술이다. 미국의 '배리 K. 샤플리스' 교수와 덴마크의 '모르덴 멜달' 교수가 개발했다. 본래 천연분자를 결합시키다 보면 원하는 물질 외에도 부산물이 생성되는데, 부산물이 본래 원했던 생성물보다 더 큰 작용과 반응을 일으킬 수 있다. 클릭화학은 이러한 부산물 없이 분자들이 결합되었을 때 생성되리라 예측되는 물질을 정확히 만들어낸다. 클릭화학을 통해 생체에 주입해도 안전한 물질을 새롭게 만들 수 있게 됐다. 미국의 '캐럴린 버토지' 교수가 창안한 '생체직교화학'은 세포 안에서도 분자들을 특정한 생성물로 깔끔하게 합성시킬 수 있다. 그는 분자합성물질로 예상된 생체반응을 이끌어내야 하는 신약품의 개발에 공을 세웠다. 위 세 과학자는 이 같은 업적으로 2022년 노벨화학상을 수상했다.

70 아스파탐

설탕의 200배 단맛을 내는 인공감미료

인공감미료의 일종으로 열량은 설탕과 동일하지만 감미도는 약 200배 높아 소량으로도 단맛을 낼 수 있다. 2023년 7월 세계보건기구의 국제암연구소 식품첨가물합동전문가위원회가 아스파탐을 '발암가능물질 2B'로 분류하면서 식품산업, 보건계가 충격에 휩싸였다. 2B군은 '암을 유발할 가능성이 있다'는 의미이지만, 실험을 통해 그 가능성이 충분히 입증되지는 않은 경우에 해당한다. 아스파탐은 최근 유행하는 '제로슈거' 식품에 흔히 쓰였으나, 아스파탐이 발암물질로 분류된다는 소식이 들리면서 식품업계는 대체제를 찾아 나섰다.

71 패스워드리스 Passwordless

사용자의 계정보안 강화 및 편의성 향상을 위해 등장한 차세대 로그인 방식

사용자가 직접 비밀번호를 만들고 계정에 접속했던 방식이 아니라 일회용 비밀번호(ORP), 지문인식, 생체인식, 안면인식 등의 방식으로 로그인하는 것을 말한다. 기존의 로그인 방식은 비밀번호를 기억하기 쉽도록 문자를 단순 나열하거나 하나의 비밀번호를 여러 사이트에서 동시에 사용하는 경우가 많아 한 곳에서 유출된 정보를 다른 곳에 무작위로 대입하는 '크리덴셜 스터핑'의 표적이 되기가 쉬웠다. 이에 기존의 로그인 방식을 개선하고 보안성과 편의성을 향상시키기 위해 등장했다. 최근 애플, 구글, 마이크로소프트를 필두로 패스워드리스를 상용화하는 계획이 진행되고 있으며, 네이버는 안드로이드 애플리케이션에 한해 패스워드리스 로그인 방식을 도입하기도 했다.

72 하이퍼튜브 Hyper Tube

공기저항이 거의 없는 튜브 속에서 자기력으로 주행하는 미래형 교통수단

공기저항이 거의 없는 아진공(0.001 ~ 0.01 기압) 튜브 내에서 자기력으로 차량을 추진·부상하여 시속 1,000km 이상으로 주행하는 교통시스템을 말한다. 항공기와 유사한 속도로 달리면서 열차처럼 도심 접근성을 충족시킬 수 있다는 점에서 차세대 운송시스템으로 주목받고 있다. 하이퍼튜브를 실현하기 위해서는 아진공 환경이 제공되고 주행통로가 되는 아진공 튜브, 자기력으로 차량을 추진·부상하는 궤도, 아진공으로부터의 객실의 기밀을 유지하며 주행하는 차량 등 3가지 구성요소가 확보돼야 한다. 현재 많은 국가에서 기술선점을 위한 노력이 계속되고 있으며 국내에서도 핵심기술 연구가 진행되고 있다.

73 초전도체

반자성을 띠며 특정 임계온도에서 저항이 0이 되는 물질

특정 임계온도에서 저항이 0이 되는 물질로, 저항이 없기 때문에 이를 활용하면 전력의 손실을 없앨 수 있다. 또 외부의 자기장에 반대되는 자기장을 갖는 반자성을 띤다. 초전도 현상을 이용한 기술은 이미 상용화되었으나, 이 현상을 구현하기 위한 초저온의 환경을 조성하는 데 많은 비용이 들기 때문에 상온·상압에서 작용하는 초전도체를 찾는 것은 오랜 숙원이었다. 그런데 2023년 국내의 퀀텀에너지연구소가 'LK-99'라고 이름 붙인 초전도체를 개발해냈다며, 관련논문을 인터넷에 게시하면서 전 세계의 이목을 끌었다. 그러나 국내외 연구진들이 논문 검증결과에 부정적 의견을 잇달아 내놓으면서 기대감은 크게 수그러들었다.

74 데이터마이닝 Datamining

데이터에서 유용한 정보를 도출하는 기술

'데이터(Data)'와 채굴을 뜻하는 '마이닝(Mining)'이 합쳐진 단어로 방대한 양의 데이터로부터 유용한 정보를 추출하는 것을 말한다. 기업 활동 과정에서 축적된 대량의 데이터를 분석해 경영 활동에 필요한 다양한 의사결정에 활용하기 위해 사용된다. 데이터마이닝은 통계학의 분석방법론은 물론 기계학습, 인공지능, 컴퓨터과학 등을 결합해 사용한다. 데이터의 형태와 범위가 다양해지고 그 규모가 방대해지는 빅데이터의 등장으로 데이터마이닝의 중요성은 부각되고 있다.

75 소형모듈원전 SMR

발전용량 300MW급의 소형원전

소형모듈원전(Small Modular Reactor, SMR)은 발전용량 300MW급의 소형원전을 뜻하며, 현재 차세대 원전으로 떠오르고 있다. 기존 대형원전은 발전을 위해서 원자로와 증기발생장치, 냉각제 펌프 등 갖가지 장치가 각각의 설비로서 설치돼야 한다. 그러나 SMR는 이 장치들을 한 공간에 몰아넣어 원전의 크기를 대폭 줄일 수 있다. 대형원전에 비해 방사능유출 위험이 적다는 장점도 있는데, 배관을 쓰지 않는 SMR은 노심이 과열되면 아예 냉각수에 담가버려 식힐 수 있다. 과열될 만한 설비의 수 자체도 적고, 나아가 원전 크기가 작은 만큼 노심에서 발생하는 열도 낮아 대형원전에 비해 식히기도 쉽다. 또 냉각수로 쓸 강물이나 바닷물을 굳이 끌어올 필요가 없기 때문에 입지를 자유롭게 고를 수 있다.

76 ALPS

일본 후쿠시마 제1원전의 오염수에서 방사성물질을 걸러내는 장치

ALPS는 'Advanced Liquid Processing System'의 약자로 일본 후쿠시마 제1원전 오염수의 방사성물질을 제거하기 위해 운용하는 장치다. '다핵종제거설비'라고도 한다. 2011년 동일본대지진이 일어나 후쿠시마 제1원전이 폭발했고 원자로의 핵연료가 녹아내리면서 이를 식히기 위해 냉각수를 투입했다. 점차 시간이 흐를수록 지하수, 빗물 등이 유입되면서 방사성물질이 섞인 냉각수, 즉 오염수가 일본정부가 감당하기 어려울 만큼 늘어났다. 이에 일본정부는 ALPS로 오염수를 정화시켜 해양에 방류하기로 결정했다. ALPS로 세슘, 스트론튬 등을 배출기준 이하로 제거해 방류하는데, ALPS 처리과정을 거쳐도 삼중수소(트리튬)는 제거할 수 없어 안전성에 대한 우려를 낳았다. 그러나 세계 각국의 우려 표명에도 일본정부가 방류를 강행하기로 결정해 논란이 됐다.

77 제임스 웹 우주망원경

허블우주망원경을 대체할 우주 관측용 망원경

허블우주망원경을 대체할 망원경이다. 별칭인 NGST는 'Next Generation Space Telescope'의 약자로 차세대 우주망원경이라는 의미다. NASA의 제2대 국장인 제임스 웹의 업적을 기리기 위해 '제임스 웹 우주망원경'이라고 이름 지어졌다. 이 망원경은 허블우주망원경보다 반사경의 크기가 더 커지고 무게는 더 가벼워진 한 단계 발전된 우주망원경이다. NASA와 유럽우주국, 캐나다우주국이 함께 제작했다. 허블우주망원경과 달리 적외선 영역만 관측할 수 있지만, 더 먼 우주까지 관측할 수 있도록 제작됐다.

78 유전자가위

세포의 유전자를 절삭하는 데 사용하는 기술

동식물 유전자의 특정 DNA부위를 자른다고 하여 '가위'라는 표현을 사용하는데, 손상된 DNA를 잘라낸 후에 정상 DNA로 바꾸는 기술이라 할 수 있다. 1 · 2세대의 유전자가위가 존재하며 3세대 유전자가위인 '크리스퍼 Cas9'도 개발됐다. 크리스퍼는 세균이 천적인 바이러스를 물리치기 위해 관련 DNA를 잘게 잘라 기억해 두었다가 다시 침입했을 때 물리치는 면역체계를 부르는 용어인데, 이를 이용해 개발한 기술이 3세대 유전자가위인 것이다. 줄기세포 · 체세포 유전병의 원인이 되는 돌연변이 교정, 항암세포 치료제와 같이 다양하게 활용될 수 있다.

79 도심항공교통 UAM

전동 수직이착륙기를 활용한 도심교통시스템

기체, 운항, 서비스 등을 총칭하는 개념으로 전동 수직이착륙기(eVTOL)를 활용하여 지상에서 450m 정도의 저고도 공중에서 이동하는 도심교통시스템을 말한다. '도심항공모빌리티'라고도 부르는 도심항공교통(UAM ; Urban Air Mobility)은 도심의 교통체증이 한계에 다다르면서 이를 극복하기 위해 추진되고 있다. UAM의 핵심인 eVTOL은 옥상 등에서 수직이착륙이 가능해 활주로가 필요하지 않으며, 내장된 연료전지와 배터리로 전기모터를 구동해 탄소배출이 거의 없다. 또한 소음이 적고 자율주행도 수월한 편이라는 점 때문에 도심형 친환경 항공 교통수단으로 각광받고 있다.

80 부커상 Booker Prize

세계 3대 문학상 중 하나

1969년 영국의 부커사가 제정한 문학상이다. 노벨문학상, 프랑스의 공쿠르 문학상과 함께 세계 3대 문학상 중 하나로, 해마다 영국연방국가에서 출판된 영어소설들을 대상으로 시상해왔다. 그러다 2005년에 영어로 출간하거나 영어로 번역한 소설을 대상으로 상을 수여하는 인터내셔널 부문을 신설했다. 신설된 후 격년으로 진행되다가 2016년부터 영어번역 소설을 출간한 작가와 번역가에 대해 매년 시상하는 것으로 변경했다. 국내작품 중에서는 한강의 〈채식주의자〉가 2016년 인터내셔널 수상작으로 선정되면서 화제를 모았다. 2023년에는 천명관 작가가 〈고래〉로 인터내셔널 최종후보에 올랐으나 아쉽게도 수상에 이르지는 못했다.

81 KBS 수신료 분리징수

전기요금에 포함된 TV 수신료를 별도 징수하는 방안

공영방송 KBS와 EBS 수신료의 징수방식 변경에 대한 사안이다. 특히 KBS의 수신료 징수 문제가 도마에 올랐다. TV 수신료는 방송법에 따라 '텔레비전 수상기를 소지한 사람'에 대해 매달 2,500원을 의무적으로 내게 하는 것이다. 과거에는 KBS 징수원이 가정을 돌며 수신료를 걷었지만 1994년부터 전기요금에 수신료가 통합되면서 한국전력이 징수업무를 위탁받아 대행했다. KBS 수신료를 전기요금과 분리하는 문제는 윤석열정부가 출범하며 가열됐다. 윤석열 대통령은 "공영방송의 위상정립과 공적책무이행을 위해 경영평가, 지배구조, 수신료 등 관련 법·제도를 개선하겠다"고 했다. 이어 정부와 여당이 분리징수에 대한 분위기 조성에 나섰고, 방송통신위원회가 수신료 징수방식을 변경하는 방송법 시행령 개정을 추진했다. 수신료 분리징수는 윤 대통령이 개정안을 재가함에 따라 현실화됐다. KBS 측은 분리징수를 하게 되면 수입이 급감해 방송운영에 타격이 클 것이라 반발했고, 야권도 정부의 공영방송 장악 시도라며 반대하고 나섰다.

82 스텔스 럭셔리

브랜드 로고가 드러나지 않는 소박한 디자인의 명품

'살며시'라는 뜻의 'stealth'와 '명품'을 뜻하는 'luxury'의 합성어로 '조용한 명품'을 의미한다. 브랜드 로고가 없거나 매우 작게 표시돼 있고 디자인이 소박한 명품을 말한다. 눈에 띄는 디자인으로 브랜드의 존재감을 부각하고자 했던 기존의 트렌드에서 벗어나 단조로운 색상과 수수한 디자인으로 고전적인 감성을 살리는 것이 특징이다. 코로나19 이후 불확실한 경제상황과 혼란스러운 분위기가 지속되면서 패션업계에서는 본인의 경제력을 감추기 위해 스텔스 럭셔리가 유행하고 있다.

83 사도광산

일본 니가타현에 소재한 일제강점기 조선인 강제노역 현장

사도광산은 일본 니가타현에 있는 에도시대 금광으로 일제강점기 당시 조선인 강제노역이 자행된 곳이다. 일본은 현재 사도광산을 세계문화유산으로 등재하기 위해 애쓰고 있어 '제2의 군함도'가 될 수 있다는 우려가 나온다. 일본은 2022년 9월 사도광산을 세계유산으로 지정하기 위한 잠정 추천서를 유네스코에 다시 제출했다. 일본 정부는 사도광산 추천서에서 대상 기간을 16~19세기 중반으로 한정해 일제강점기 조선인 강제노동을 사실상 배제했다. 우리나라는 그간 사도광산의 등재 추진에 대한 문제점을 유네스코와 일본에 지속적으로 제기해왔다. 일본이 사도광산을 등재할 수 있을지는 확실치 않은데, 유네스코가 역사문제를 둘러싼 한일대립을 세계유산위원회로 끌어들이는 것에 대해 부담을 갖고 있기 때문이다.

84 버튜버

가상의 아바타를 대신 내세워 활동하는 유튜버

사람이 직접 출연하는 대신 표정과 행동을 따라 하는 가상의 아바타를 내세워 시청자와 소통하는 '버추얼 유튜버(버튜버)'가 콘텐츠 업계를 달구고 있다. 버튜버는 초창기에는 소수의 마니아층만 즐기던 콘텐츠였으나, 시청자 층이 코로나19를 계기로 대폭 늘어나면서 대기업은 물론 지방자치단체까지 관심을 가지고 뛰어드는 모양새다. 버튜버는 콘텐츠 제작자가 얼굴을 직접 드러내지 않아도 되기 때문에 부담 없이 다양한 시도를 해볼 수 있고, 시청자 입장에서도 사람이 아닌 캐릭터를 상대하는 느낌을 줘 더 편하게 받아들일 수 있다는 게 강점이다.

85 제로웨이스트 Zero Waste

일상생활에서 쓰레기를 줄이기 위한 환경운동

일상생활에서 쓰레기가 나오지 않도록 하는(Zero Waste) 생활습관을 이른다. 재활용 가능한 재료를 사용하거나 포장을 최소화해 쓰레기를 줄이거나 그것을 넘어 아예 썩지 않는 생활 쓰레기를 없애는 것을 의미한다. 비닐을 쓰지 않고 장을 보거나 포장 용기를 재활용하고, 대나무 칫솔과 천연 수세미를 사용하는 등의 방법으로 이뤄진다. 친환경 제품을 사는 것도 좋지만 무엇보다 소비를 줄이는 일이 중요하다는 의견도 공감을 얻고 있다. 환경보호가 중요시되면서 관련 캠페인이 벌어지고 있다.

86 구독경제 Subscription Economy

구독료를 내고 필요한 물건이나 서비스를 이용하는 것

일정 기간마다 비용(구독료)을 지불하고 필요한 물건이나 서비스를 이용하는 경제활동을 뜻한다. 영화나 드라마, 음악은 물론이고 책이나 게임에 이르기까지 다양한 품목에서 이뤄지고 있다. 이 분야는 스마트폰의 대중화로 빠르게 성장하고 있는 미래 유망 산업군에 속한다. 구독자에게 동영상 스트리밍 서비스를 제공하는 넷플릭스의 성공으로 탄력을 받았다. 특정 신문이나 잡지 구독과 달리 동종의 물품이나 서비스를 소비자의 취향에 맞춰 취사선택해 이용할 수 있다는 점에서 효율적이다.

87 밀프렙족

도시락을 직접 싸서 다니는 사람을 일컫는 신조어

'밀프렙(Meal Prep)을 하는 사람들'을 뜻하는 말로, 여기서 밀프렙이란 식사를 뜻하는 영단어 'Meal'과 준비를 뜻하는 'Preparation'이 합쳐진 용어다. 일정기간 동안 먹을 식사를 한번에 미리 준비해두고 끼니마다 먹는 사람을 일컫는 신조어다. 시중에서 사먹는 것보다 건강한 식단을 구성할 수 있고, 시간과 식비를 절감할 수 있다. 특히 최근 고물가시대가 지속되면서 1만원에 육박하는 점심비용을 아끼려는 직장인 등을 중심으로 밀프렙족이 증가하는 추세다.

88 크로스미디어렙 Cross Media Rep

방송사 광고 및 통신광고 판매를 허용하는 제도

방송사 광고영업을 대신 해주는 '미디어렙'에 인터넷, 모바일 등 통신광고 판매까지 허용하는 제도를 말한다. 기존에는 금지한 광고유형을 제외하고 모든 광고를 허용하는 네거티브 광고규제를 실시해왔으나, 온라인광고가 방송광고시장을 빠른 속도로 잠식하면서 크로스미디어렙에 대한 논의가 이뤄지기 시작했다. 이에 급변하는 미디어환경의 특성을 반영해 네거티브 광고규제를 완화하고 크로스미디어렙을 도입하는 법안이 추진됐다. 크로스미디어렙이 허용될 경우 통합 광고효과를 분석하고 전체 미디어에 대한 마케팅 역량 축적이 가능해져 유튜브 등 글로벌사업자 위주의 데이터 독점현상을 해소할 수 있다.

89 보편적 시청권

전 국민적 관심을 받는 스포츠를 시청할 수 있는 권리

전 국민적 관심을 받는 스포츠를 시청할 수 있는 권리다. 이 권리가 보장되기 위해서는 무료 지상파 채널이 우선으로 중계권을 소유해야 한다. 해당 제도는 유럽의 '보편적 접근권'을 원용한 것으로 2007년 방송법이 개정되면서 처음 도입됐다. 방송통신위원회는 모호한 의미였던 '국민적 관심이 매우 큰 체육경기대회'를 구체화하면서 2016년 방송수단을 확보해야 하는 시청범위를 90%와 75%를 기준으로 나눴다. 90%는 동·하계 올림픽과 월드컵, 75%는 WBC(월드 베이스볼 챔피언) 등이다.

90 거지방

절약을 유도할 목적으로 만들어진 카카오톡 오픈채팅방

익명의 사람들이 모여 지출내역을 공유하는 카카오톡 오픈채팅방이다. 채팅방별로 운영규칙이 조금씩 다르지만, 지출을 줄이고 절약을 공통목표로 정해 서로의 지출내역을 공개하고 의견을 주고받는 방식으로 운영된다. 불필요한 소비를 한 경우 따끔한 충고나 질책으로 충동구매를 막거나 잘못된 소비습관을 돌아보게 만든다는 점에서 화제가 됐다. 또 소비허락을 구하는 글에 재치와 풍자가 담긴 답변이 이어지는 등 극단적인 소비와 절약을 놀이문화로 재탄생시켰다는 평가를 받는다. MZ세대 사이에서 유행한 거지방은 고물가, 고금리 등으로 어려운 경제상황 속에서 극단적으로 소비를 줄이려는 2030세대의 상황이 반영된 것으로 '지출제로'를 실천하는 무지출챌린지와 비슷하다.

91 인포데믹 Infodemic

거짓정보, 가짜뉴스 등이 미디어, 인터넷 등을 통해 매우 빠르게 확산되는 현상

'정보'를 뜻하는 'Information'과 '유행병'을 뜻하는 'Epidemic'의 합성어로, 잘못된 정보나 악성루머 등이 미디어, 인터넷 등을 통해 무분별하게 퍼지면서 전염병처럼 매우 빠르게 확산되는 현상을 일컫는다. 미국의 전략분석기관 '인텔리브리지' 데이비드 로스코프 회장이 2003년 워싱턴포스트에 기고한 글에서 잘못된 정보가 경제위기, 금융시장 혼란을 불러올 수 있다는 의미로 처음 사용했다. 허위정보가 범람하면 신뢰성 있는 정보를 찾아내기 어려워지고, 이 때문에 사회 구성원 사이에 합리적인 대응이 어려워지게 된다. 인포데믹의 범람에 따라 정보방역이 중요성도 강조되고 있다.

92 멀티 페르소나 Multi-persona

상황에 따라 다양한 형태의 자아를 갖는 것

페르소나는 고대 그리스의 연극에서 배우들이 쓰던 가면을 의미하고, 멀티 페르소나는 '여러 개의 가면'으로 직역할 수 있다. 현대인들이 직장이나 학교, 가정이나 동호회, 친구들과 만나는 자리 등에서 각기 다른 성격을 보인다는 것을 뜻한다. 일과 후 여유와 취미를 즐기는 '워라밸'이 일상화되고, SNS에 감정과 일상, 흥미를 공유하는 사람들이 늘어나면서 때마다 자신의 정체성을 바꾸어 드러내는 경우가 많아지고 있다.

93 퍼블리시티권

유명인이 자신의 이름이나 초상을 상품 등의 선전에 이용하는 것을 허락하는 권리

배우, 가수 등 연예인이나 운동선수 등과 같은 유명인들이 자신의 이름이나 초상 등을 상업적으로 이용하거나 제3자에게 상업적 이용을 허락할 수 있도록 한 배타적 권리를 말한다. 초상사용권이라고도 하며, 당사자의 동의 없이는 이름이나 얼굴을 상업적으로 이용할 수 없다. 인격권에 기초한 권리지만 그 권리를 양도하거나 사고팔 수 있는 상업적 이용의 요소를 핵심으로 하기 때문에 인격권과는 구별되는 개념이다. 미국은 판례와 각 주의 성문법에 의거해 퍼블리시티권을 보호하고 있지만, 우리나라는 명확한 법적 규정이 없어 퍼블리시티권을 둘러싼 논란이 지속적으로 발생해왔다.

94 소프트파워

인간의 이성 및 감성적 능력을 포함하는 문화적 영향력

소프트파워(Soft Power)란 교육·학문·예술 등 인간의 이성 및 감성적 능력을 포함하는 문화적 영향력을 말한다. 21세기에 들어서며 세계가 군사력을 바탕으로 한 하드파워, 즉 경성국가의 시대에서 소프트파워를 중심으로 한 연성국가의 시대로 접어들었다는 의미로 대중문화의 전파, 특정 표준의 국제적 채택, 도덕적 우위의 확산 등을 통해 커지며 우리나라를 비롯한 세계 여러 나라에서 자국의 소프트파워를 키우고 활용하기 위한 노력을 계속하고 있다.

95 퍼스널 컬러

타고난 개인의 신체적 컬러

퍼스널 컬러는 타고난 개인의 신체적 컬러를 뜻하는 용어로 '봄웜톤', '여름쿨톤', '가을웜톤', '겨울쿨톤' 등 4가지가 있다. 퍼스널 컬러는 개인이 갖고 있는 고유한 피부, 머리카락, 눈동자의 명도과 채도로 결정된다. 이 퍼스널 컬러를 파악하여 잘 어울리는 의상이나 액세서리, 화장품을 선택할 수 있다. 최근 패션·미용 업계에서는 고객들의 퍼스널 컬러를 진단해주고, 이에 알맞은 상품을 추천하는 등 마케팅을 펼치고 있다.

96 사이버 렉카 Cyber Wrecker

온라인상에서 화제가 되는 이슈를 자극적으로 포장해 공론화하는 매체

온라인상에서 화제가 되는 이슈를 자극적으로 포장해 공론화하는 매체를 말한다. 빠르게 소식을 옮기는 모습이 마치 사고현장에 신속히 도착해 자동차를 옮기는 견인차의 모습과 닮았다고 해서 생겨난 신조어다. 이들은 유튜브와 인터넷 커뮤니티에서 활동하는데 유튜브의 경우 자극적인 섬네일로 조회수를 유도한다. 사이버 렉카의 가장 큰 문제점은 정보의 정확한 사실 확인을 거치지 않고 무분별하게 다른 사람에게 퍼트린다는 것이다.

97 디지털유산

개인이 생전 온라인상에 남긴 디지털 흔적

SNS, 블로그 등에 남아 있는 사진, 일기, 댓글 등 개인이 온라인상에 남긴 디지털 흔적을 말한다. 온라인 활동량이 증가하면서 고인이 생전 온라인에 게시한 데이터에 대한 유가족의 상속 관련 쟁점이 제기됐으나, 국내에서는 살아 있는 개인에 한해 개인정보보호법이 적용되고 디지털유산을 재산권과 구별되는 인격권으로 규정해 상속규정에 대한 정확한 법적 근거가 마련되어 있지 않다. 유가족의 상속권을 주장하는 이들은 데이터의 상속이 고인의 일기장이나 편지 등을 전달받는 것과 동일하다고 주장하고 있으며, 반대하는 이들은 사후 사생활 침해에 대한 우려를 표하며 잊힐 권리를 보장받아야 한다고 주장한다.

98 스낵컬처 Snack Culture

어디서든 즐길 수 있는 문화

어디서든 과자를 먹을 수 있듯이 장소를 가리지 않고 가볍고 간단하게 즐길 수 있는 문화스타일이다. 과자를 의미하는 '스낵(Snack)'과 문화를 의미하는 '컬처(Culture)'를 더한 합성어다. 출퇴근시간, 점심시간은 물론 잠들기 직전에도 향유할 수 있는 콘텐츠로 시간과 장소에 구애받지 않는 것이 스낵컬처의 가장 큰 장점이다. 방영시간이 1시간 이상인 일반 드라마와 달리 10 ~ 15분 분량으로 구성된 웹드라마, 한 회차씩 올라오는 웹툰, 웹소설 등이 대표적인 스낵컬처로 꼽힌다. 스마트폰의 발달로 스낵컬처시장이 확대됐고 현대인에게 시간·비용적으로 부담스럽지 않기 때문에 지속적으로 성장하고 있다.

99 밈코인

온라인에서 유행하는 밈이나 농담을 기반으로 만들어진 가상자산

도지코인, 시바이누 등과 같이 인터넷과 SNS에서 인기를 끄는 밈이나 농담을 기반으로 만들어진 가상자산을 말한다. 인기 캐릭터를 앞세운 재미 유발을 목적으로 하며, 2021년 일론 머스크 테슬라 CEO가 도지코인을 지지하는 글을 여러 차례 올려 화제가 됐다. 그러나 유통규모가 크지 않고 특별한 목표나 기술력이 없어서 가격변동성이 크고 투자사기 위험이 있다. 실제로 2021년 넷플릭스 드라마 '오징어 게임'을 주제로 한 '스퀴드게임코인'이 등장해 가격이 급상승했으나, 하루아침에 대폭락하면서 해당 코인에 투자한 사람들이 큰 손실을 입은 바 있다.

100 바디포지티브 Body Positive

자기 몸 긍정주의

자신의 몸을 있는 그대로 사랑하고 가꾸자는 취지에서 미국에서 처음 시작된 운동이다. '자기 몸 긍정주의'라고도 한다. 마른 몸을 아름답다고 여긴 과거의 시각에서 벗어나 신체적 능력, 크기, 성별, 인종, 외모와 관계없이 모든 신체를 동등하게 존중하자는 의미를 담고 있다. MZ세대 소비자를 중심으로 소셜미디어에서 확산되고 있으며, 패션업계에서도 이러한 트렌드를 반영하여 변화를 추구하는 모습을 보여주고 있다. 특히 언더웨어 시장에서는 디자인보다 편안함과 건강함을 추구한 디자인이 주류로 떠오르고 있으며, 관련 제품에 대한 매출도 크게 올라 여성들의 바디포지티브에 대한 높은 관심을 확인할 수 있다.

PART3

일반상식

나는 삶을 변화시키는 아이디어를 항상 책에서 얻었다.

– 벨 훅스 –

일반상식 | 사 회

사회란 일정 영역 내에서 같은 무리끼리 모여 공동 생활하는 인간집단을 말한다. 한 사회에서는 가치관과 규범, 언어와 문화 등을 상호 교류하며 특정한 제도와 집단 체제를 형성한다. 따라서 사회의 범위 안에는 정치·경제·문화·과학 등 다양한 영역이 포함된다.

세부유형

▶ 정치·국제·법률
  정치·국제·법률 분야는 국가가 권력을 유지하며 행사하는 활동들로, 우리나라의 민주정치와 국제정세, 정책이나 법안에 관한 내용들이다.

▶ 경제·경영·금융
  경제·경영·금융 분야는 국민경제를 기반으로 하는 생산, 소비, 분배활동을 효율적으로 관리 운영하며, 금전을 융통하는 활동을 말한다.

▶ 사회·노동·환경
  사회·노동·환경 분야의 상위개념은 일반사회이며, 이 안에는 사회문제와 노동문제, 환경문제 등이 포함된다.

▶ 과학·컴퓨터·IT·우주
  과학·컴퓨터·IT·우주 분야는 자연과학부터 응용과학, 과학기술까지 과학적인 내용들이 폭넓게 속한다.

▶ 문화·미디어·스포츠
  문화·미디어·스포츠 분야는 크게 보면 문화 안에 모두 포함된다. 여기서 문화란 한 사회에서 예체능적 활동의 복합체를 의미한다.

정치 · 국제 · 법률

01 야경국가

시장에 대한 개입을 최소화하고 질서 유지 임무만을 수행하는 국가

독일의 사회주의자 F. 라살이 그의 저서 〈노동자 강령〉에서 당시 영국 부르주아의 국가관을 비판하는 뜻에서 쓴 것으로, 국가는 외적의 침입을 막고 국내 치안을 확보하여 개인의 사유재산을 지키는 최소한의 임무만을 행하며, 나머지는 자유방임에 맡길 것을 주장하는 국가관을 말한다.

02 투키디데스의 함정

신흥 강대국과 기존 강대국의 필연적인 갈등

새로운 강대국이 떠오르면 기존의 강대국이 이를 두려워하여 견제하여 부딪칠 수밖에 없는 상황을 의미하는 이 용어는 아테네와 스파르타의 전쟁에서 유래했다. 미국 정치학자 그레이엄 앨리슨은 2017년 낸 저서 〈예정된 전쟁〉에서 기존 강국이던 스파르타와 신흥 강국이던 아테네가 맞붙었듯이 현재 미국과 중국의 세력 충돌 또한 필연적이라는 주장을 하면서 이런 필연을 '투키디데스의 함정'이라고 명명했다.

03 숙의민주주의

숙의를 바탕으로 한 합의적인 의사결정 방식의 민주주의

'숙의(熟議)'는 '깊이 생각하여 넉넉히 의논함'을 뜻하는 것으로, 이러한 '숙의'가 의사결정의 중심이 되는 형식을 숙의민주주의라고 한다. 직접민주주의적인 형태로서, 다수결로 대표되는 대의민주주의의 한계를 보완하는 기능을 한다. 갈등이 첨예한 사안에 관하여 단순히 찬성 혹은 반대로 의견을 대립하는 것이 아니라 충분한 시간을 두고 전문가가 제공하는 지식과 정보를 바탕으로 한 학습 및 의견 수렴 과정을 거친다.

04 고노 담화

일본군 위안부 모집에 대해 일본군이 강제 연행했다는 것을 인정하는 내용이 담긴 담화

1993년 8월 4일 고노 요헤이 일본 관방장관이 위안부 문제와 관련하여 일본군 및 관헌의 관여와 징집·사역에서의 강제성을 인정하고 문제의 본질이 중대한 인권 침해였음을 인정하면서 사죄한 것으로 일본 정부의 공식 입장이다.

> **무라야마 담화**
> 1995년 당시 일본 무라야마 총리가 식민지 지배와 침략의 역사를 인정하고 사죄하는 뜻을 공식적으로 표명한 담화이다. 하지만 강제동원 피해자에 대한 배상문제와 군 위안부 문제 등에 대한 언급은 없었다.

05 전범기업

전쟁 당시 침략국에게 군수물품을 납품해 성장한 기업

전쟁 중 군납 물품제조나 강제징용을 통해 침략국으로부터 경제적 이익을 얻어 성장한 기업을 일컫는다. 일제강점기 시절 일본 전범기업들은 조선인을 강제징용해 노동력을 착취하고 이로부터 나오는 막대한 이익을 통해 성장했다. 우리나라에서는 일본 전범기업이 강제징용 배상을 외면하는 등 반성의 기미가 보이지 않자 불매운동이 진행됐다.

06 엽관제도 Spoils System

선거에서 당선되어 정권을 잡은 사람 또는 정당이 관직을 지배하는 정치적 관행

19세기 중반 미국에서 성행한 공무원 임용제도에서 유래한 것으로 정당에 대한 공헌이나 인사권자와의 친밀도를 기준으로 공무원을 임용하는 인사관행을 말한다.

> **정실주의(情實主義)**
> 1688년 명예혁명 이후 생겨 1870년까지 영국에서 성행하였던 공무원 임용의 관행으로서 엽관주의(Spoils System)와 비슷한 제도이다.

07 비토권

사안을 거절할 수 있는 권리

한 사안에 대해서 거부·거절할 수 있는 권리를 말한다. 'Veto'는 거부라는 뜻의 영단어다. 국제연합(UN)의 안전보장이사회(안보리)는 비토권 5개국으로 불린다. 만약 5개국 중 1개국이라도 비토권을 행사하면 해당 국가를 제외하고 만장일치를 이뤄도 안건이 통과되지 않는다.

08 조어도 분쟁

조어도를 둘러싼 일본과 중국·대만 간의 영유권 분쟁

조어도는 일본 오키나와에서 약 300km, 대만에서 약 200km 떨어진 동중국 해상 8개 무인도다. 현재 일본이 실효 지배하고 있으나 중국과 대만이 영유권을 주장하고 있다. 조어도의 전체 면적은 $6.3km^2$에 불과하지만, 배타적 경제수역(EEZ)의 기점으로 경제·전략적 가치가 높다.

> 조어도의 각국 명칭
> 센카쿠(일본), 댜오위다오(중국), 조어대(대만)

09 감사원

행정부의 최고 감사 기관, 합의체 기관, 헌법상의 필수 기관

헌법에 의해 설치된 정부기관으로, 국가의 세입·세출을 결산하고 국가 및 법률이 정한 단체의 회계검사와 행정기관 및 공무원의 직무에 관한 감찰을 하는 기관이다.

> 감사원의 구성
> • 조직 : 감사원장을 포함해 5인 이상 ~ 11인 이하의 감사위원으로 구성한다.
> • 임명 : 감사원장은 대통령이 국회의 동의를 얻어 임명하고, 감사위원은 원장의 제청으로 대통령이 임명한다.
> • 임기 : 감사원장·감사위원 모두 4년이며, 1차에 한하여 중임할 수 있다.

10 레임덕 Lame Duck

임기 말 권력누수 현상

절름발이 오리라는 뜻이며, 현직에 있던 대통령의 임기 만료를 앞두고 나타나는 것으로 대통령의 권위나 명령이 제대로 시행되지 않아서 국정 수행에 차질이 생기는 일종의 권력누수 현상이다. 레임덕이 발생하기 쉬운 경우는 임기 제한으로 인해 권좌나 지위에 오르지 못하게 된 경우, 임기 만료가 얼마 남지 않은 경우, 집권당이 의회에서 다수 의석을 얻지 못한 경우 등이 있다.

11 대통령의 지위와 권한

대통령은 국가의 원수이며, 행정권은 대통령을 수반으로 하는 정부에 속함

국가원수로서의 권한	행정부 수반으로서의 권한
• 국가를 대표하여 외국과 조약을 체결함 • 외국에 대하여 전쟁을 선포할 수 있음 • 국회의 동의를 얻어 대법원장, 헌법재판소장, 감사원장, 대법관 등 국가 기관의 장을 임명함 • 헌법 개정이나 국가의 중요 정책을 결정할 때 이를 국민 투표에 부칠 수 있음 • 국가에 위태로운 상황이 생겨 긴급 조치가 필요할 때 긴급 명령이나 계엄을 선포할 수 있음	• 행정부를 지휘·감독함 • 국군을 통수함 • 국무총리, 국무 위원, 행정 각부의 장 등 행정부의 고위 공무원을 임명하거나 해임함 • 법률안 거부권을 통해 국회를 견제함 • 법률에서 위임받은 사항과 법률 집행을 위해 필요한 사항에 대하여 대통령령을 만들 수 있음

12 대통령과 국회의 동의

대통령의 권한 중 국회의 동의, 승인, 통고가 필요한 경우

국회의 동의를 얻어야 하는 경우	조약의 체결·비준/일반사면/국무총리, 감사원장, 대법원장, 헌법재판소장, 대법관의 임명/예비비의 설치/선전포고 및 강화/국군의 해외 파병/외국의 국내 주둔/국채모집
국회의 승인을 받아야 하는 경우	긴급명령/긴급재정경제처분 및 명령/예비비의 지출
국회에 통고하여야 하는 경우	계엄선포

13 섀도캐비닛 Shadow Cabinet

그림자 내각이라는 의미로, 야당에서 정권을 잡았을 경우를 예상하여 조직하는 내각

19세기 이후 영국에서 시행되어온 제도로 야당이 정권획득을 대비하여 총리와 각료로 예정된 멤버를 미리 정해두는 것이다. 즉, 야당 최고 간부들 사이에 외무, 내무, 노동 등 전담부서를 나누고 있으며 이는 집권 뒤에도 연장된다. 그리고 정권을 획득하면 그 멤버가 내각을 구성하여 당 운영의 중추가 된다.

14 옴부즈맨 제도 Ombudsman System

정부의 부당한 행정 조치를 감시하고 조사하는 일종의 행정 통제 제도

입법부와 법원이 가지고 있는 행정 통제의 고유 권한이 제 기능을 발휘하지 못함에 따라 이를 보완하고 보다 적극적으로 국민의 이익을 보호하려는 취지에서 1809년 스웨덴에서 처음 창설된 대국민 절대 보호 제도이다. 옴부즈맨과 비슷한 제도로 우리나라에는 '국민권익위원회'가 있다.

> **국민권익위원회**
> 국민권익 증진을 위한 정책을 추진하는 중앙행정기관이다. 주요 업무는 국민의 권리보호 및 부패방지를 위한 정책수립 시행, 고충민원의 조사처리, 부패방지 및 권익구제 교육 및 홍보, 부패행위신고 및 보상, 공직자행동강령 시행, 국민신문 및 110콜센터 운영, 중앙행정심판위원회 운영에 관한 사무 등이다.

15 이원집정부제

대통령 중심제와 내각책임제의 절충 형태로 된 제3의 정부 형태

행정부의 권한을 대통령과 내각수반이 나누어 행사하는 정치제도로 전통적으로 대통령은 국민의 직접선거로 선출되며, 평상시에는 국무총리가 행정권을 주도하지만 비상사태가 발생하면 대통령이 행정권을 장악하여 단순한 국가원수로서의 지위뿐 아니라 실질적인 행정을 담당하게 된다.

16 정부형태의 비교

대통령제와 의원내각제의 차이는 의회의 내각불신임권과 행정부의 의회해산권의 존재 여부

구 분	대통령제	의원내각제
특 징	• 권력 분립 지향(견제와 균형) • 대통령은 국민에 대해 책임 • 국가원수이며 행정부 수반 • 대통령의 법률안 거부권 • 내각은 의결 기관이 아닌 심의 기관임 • 의회는 행정부를 불신임할 수 없고, 행정부도 의회를 해산할 수 없음 • 정부는 법률안 제안권이 없으며, 정부 각료의 의회 출석 발언권도 없음 • 정부 각료는 의회 의원을 겸할 수 없음	• 권력 융합주의 • 의회의 신임에 의해 내각 구성 • 왕, 대통령은 정치적 실권이 없는 상징적 존재 • 의회는 내각불신임의결권을 가지고 있음 • 내각은 의회해산권과 법률안 제안권을 갖고 있음 • 각료는 원칙적으로 의회 의원이어야 하며 의회 출석 발언권을 가짐 • 내각은 의결 기관임
장 점	• 대통령 임기 동안 정국 안정 • 정책의 계속성 보장 • 국회 다수당의 횡포 견제	• 정치적 책임에 민감 • 국민의 민주적 요청에 충실 • 정국 안정시 능률적 행정
단 점	• 대통령의 독재화 가능성 있음 • 책임 정치의 실현이 곤란	• 다수당의 횡포 가능성 • 정책의 일관성·지속성 결여
공통점	사법부의 독립을 엄격히 보장 → 기본권의 보장	

17 국정조사권

국회 차원에서 중요한 현안에 대해 진상규명과 조사를 할 수 있는 권한

국정조사는 국회 재적의원 4분의 1 이상의 요구가 있을 때 특별위원회 또는 상임위원회로 하여금 국정의 특정사안에 관하여 국회가 주체가 되어 행해지며 공개를 원칙으로 한다. 정기적으로 이루어지는 국정감사와 달리 국정조사는 부정기적이며 수시로 조사할 수 있다.

> **국정감사권**
> 국회가 상임위별로 국정 전반에 관한 감사를 직접할 수 있는 헌법상의 권한을 말하며, 공개주의를 채택하고 있다. 국회는 국정전반에 관하여 소관 상임위원회별로 매년 정기회 집회일 이전에 감사 시작일로부터 30일 이내의 기간을 정하여 감사를 실시한다.

18 국회가 하는 일

입법에 관한 일, 재정에 관한 일, 일반 국정에 관한 일

입법에 관한 일	법률제정, 법률개정, 헌법개정 제안·의결, 조약체결·비준 동의
재정에 관한 일	예산안 심의·확정, 결산 심사, 재정 입법, 기금심사, 계속비 의결권, 예비비지출승인권, 국채동의권, 국가의 부담이 될 계약 체결에 대한 동의권
일반 국정에 관한 일	국정감사·조사, 탄핵소추권, 헌법기관 구성권, 긴급명령·긴급재정경제처분 명령 승인권, 계엄해제 요구권, 일반사면에 대한 동의권, 국무총리·국무위원 해임건의권, 국무총리·국무위원·정부위원 출석요구권 및 질문권

19 일사부재의의 원칙

한 번 부결된 안건은 같은 회기 중에 다시 발의하거나 제출하지 못한다는 원칙

이 원칙은 회기 중에 이미 한 번 부결된 안건에 대하여 다시 심의하는 것은 회의의 능률을 저해하며, 동일한 안건에 대하여 전과 다른 의결을 하면 어느 것이 회의체의 진정한 의사인지 알 수 없는 문제가 발생할 수 있다는 점에서 시행하는 제도이다. 또한 소수파에 의한 의사 방해를 막기 위한 제도로 인정된 것이기도 하다.

20 주요 공직자의 임기

주요 공직자의 임기는 다음과 같음

- 임기 2년 : 검찰총장, 국회의장, 국회부의장
- 임기 4년 : 감사원장, 감사위원, 국회의원
- 임기 5년 : 대통령
- 임기 6년 : 헌법재판소재판관, 중앙선거관리위원장, 대법원장, 대법관
- 임기 10년 : 일반법관

21 캐스팅보트 Casting Vote

투표 결과 찬성과 반대가 같은 수일 때 의장의 결정권

합의체의 의결에서 가부동수(찬반의 투표가 동일한 상황)인 경우에 의장이 갖는 결정권이다. 또한 양대 당파의 세력이 거의 비슷하여 제3당이 비록 소수일지라도 의결의 가부를 좌우할 경우도 제3당이 캐스팅보트를 쥐고 있다고 말한다. 우리나라는 국회의장의 캐스팅보트를 인정하지 않으며 가부동수인 경우 부결된 것으로 본다.

22 성문법과 불문법

법을 일정한 제정 절차 유무와 존재 형식에 따라 구분한 것

성문법은 헌법, 법률, 명령, 자치법규(조례와 규칙), 조약 등이 있으며 현재 존재하는 가장 오래된 법전인 함무라비 법전이 대표적인 예이다. 현재 대부분의 근대 국가는 법체계의 많은 부분이 성문법화되어 있다. 불문법은 법규범의 존재 형식이 제정되지 않은 법체계에 의하는 것을 말하며, 비제정법이라고도 한다. 성문법에 대응하는 것으로 관습법이나 판례법, 조리 등이 여기에 속한다.

23 연동형 비례대표제

각 정당의 총 득표수에 비례하여 당선자를 결정하는 제도

정당의 유효 득표수만큼 의석수(47석)를 배분하는 것을 목표로 한 제도로, 소수표를 보호하는 동시에 사표(死票)를 최소화할 수 있다.

> **준연동형 비례대표제**
> 정당이 지역구에서 얻은 의석수가 전국 정당 득표율에 미치지 못하면 그 차이만큼 비례대표 의석으로 보장하는 제도다. 비례대표 의석 47석 중 30석을 정당 득표율에 따라 각 당에 배분하되, 지역구 당선자 수를 제외한 의석수의 절반만 반영하고, 나머지 17석은 기존 비례대표제(병립형)로 정당 득표율에 따라 단순 배분한다.

24 게리맨더링 Gerrymandering

집권당에 유리하도록 한 기형적이고 불공평한 선거구 획정

1812년 미국 매사추세츠 주지사 게리가 당시 공화당 후보에게 유리하도록 선거구를 재조정하였는데 그 모양이 마치 그리스 신화에 나오는 샐러맨더와 비슷하다고 한 데서 유래한 말이다. 즉, 특정 정당이나 후보자에게 유리하도록 선거구를 인위적으로 조작하는 것을 의미하며, 이를 방지하기 위해 선거구 법정주의를 채택하고 있다.

25 매니페스토 Manifesto

정당이나 후보자가 선거공약의 구체적인 실천안을 문서화하여 공표하는 정책서약서

이탈리아어로 '선언'이라는 뜻이며, 예산 확보 및 구체적인 실행 계획을 마련해 이행 가능한 선거 공약을 뜻한다. 구체적인 정책대안을 공약서에 담아 유권자에게 약속하는 것을 말한다. 이 개념은 1834년 영국 보수당 당수인 로버트 필이 유권자들의 환심을 사기 위한 공약은 결국 실패하기 마련이라면서 구체화된 공약의 필요성을 강조한 데 기원을 둔다.

26 언더독 효과 Underdog Effect

약세 후보가 유권자들의 동정을 받아 지지도가 올라가는 경향

개싸움 중에 밑에 깔린 개가 이기기를 바라는 마음과 절대 강자에 대한 견제 심리가 발동하게 되는 현상으로 선거철에 지지율이 낮은 후보에게 유권자들이 동정표를 주는 현상을 말한다. 여론조사 전문가들은 밴드왜건과 언더독 효과가 동시에 발생하기 때문에 여론조사 발표가 선거 결과에 미치는 영향은 중립적이라고 보고 있다.

> **밴드왜건 효과**
> 밴드왜건이란 서커스 행렬을 선도하는 악대 마차로, 사람들이 무의식적으로 그곳에 몰려들면서 군중이 점점 증가하는 것을 비유하여 생긴 용어이다. 정치에서는 특정 유력 후보가 앞서가는 경우 그 후보자에 대해 유권자의 지지가 더욱 커지는 것을 의미하고, 경제에서는 특정 상품의 수요가 증가하면 일반 대중이 따라 사는 경우를 말한다.

27 스윙보터 Swing Voter

선거 등의 투표행위에서 누구에게 투표할지 결정하지 못한 유권자

스윙보터란 선거에서 후보자를 정하지 못하고 어느 후보에게 투표할지 결정하지 못한 유권자로 플로팅보터 (Floating Voter)라고도 한다. 예전에는 미결정 투표자라는 뜻의 언디사이디드보터(Undecided Voter)라는 말이 많이 쓰이기도 하였다. 부동층 유권자들은 지지정당이 없기 때문에 여러 가지 요소에 따라 정당을 쉽게 바꿀 수 있다.

28 독트린 Doctrine

국제사회에서 공식적으로 표방하는 정책상의 원칙

어원은 종교의 교리나 교의를 뜻하는 라틴어 Doctrina이다. 정치나 학문 등의 '주의'나 '신조'를 나타내는 뜻으로 쓰이거나, 강대국 외교 노선의 기본 지침으로 대내외에 천명될 경우에도 사용된다.

29 패스트트랙

쟁점 법안의 빠른 본회의 의결을 진행하기 위한 입법 시스템

발의된 국회의 법안 처리가 무한정 미뤄지는 것을 막고, 법안을 신속하게 처리하기 위한 제도이다. 본회의 의석수가 많더라도 해당 상임위 혹은 법사위 의결을 진행시킬 수 없어 법을 통과시키지 못하는 경우가 있는데, 이런 경우 소관 상임위 혹은 본회의 의석의 60%가 동의하면 '신속 처리 안건'으로 지정하여 바로 본회의 투표를 진행시킬 수 있다.

30 필리버스터 Filibuster

소수파가 다수파의 독주를 막기 위해 합법적으로 의사진행을 방해하는 행위

의회 내에서 긴 발언을 통해 의사진행을 합법적으로 방해하는 행위를 말한다. 고대 로마 원로원에서 카토가 율리우스 카이사르의 입안 정책을 막는 데 사용한 것에서 유래했다. 우리나라는 1964년 당시 국회의원 김대중이 김준연 의원의 구속동의안 통과를 막기 위해 5시간 19분 동안 연설을 진행한 것이 최초다. 박정희 정권시절에 필리버스터가 금지되었다가, 2012년 국회선진화법이 도입되면서 부활했다.

> **국회선진화법**
> 다수당의 일방적인 법안·안건 처리 방지를 위해 2012년 제정된 국회법 개정안이다. 법안에 대한 국회의장의 직권 상정과 다수당의 날치기 통과를 막기 위해 재적의원 5분의 3 이상의 동의가 있어야만 본회의 상정이 가능하도록 한 국회법이다.

31 이어도 분쟁

이어도를 둘러싼 한국과 중국 간의 영유권 분쟁

이어도는 한국과 중국이 주장하는 배타적경제수역(EEZ)이 중첩되는 곳으로 1996년부터 해상경계 획정 협상을 벌이고 있지만 경계선을 정하지 못해 한·중 갈등을 빚는 곳이다. 중국이 한국 관할 지역인 이어도를 포함한 동중국해 상공에 방공식별구역을 선포하자, 한국 정부도 15일 만에 제주도 남단의 이어도까지 확대한 새로운 한국방공식별구역(KADIZ)을 선포했다. 이에 따라 KADIZ는 1951년 3월 미 태평양 공군이 설정한 이후 62년 만에 재설정됐다.

32 방공식별구역

자국의 영토와 영공을 방어하기 위한 구역

국가 안보 목적상 자국 영공으로 접근하는 군용 항공기를 조기에 식별하기 위해 설정되는 공중구역이다. 자국 공군이 국가 안보를 위해 일방적으로 설정하여 선포하지만, 영공은 아니므로 외국 군용기의 무단 비행이 금지되지는 않는다. 다만, 자국 국가 안보에 위협이 되면 퇴각을 요청하거나 격추할 수 있다고 사전에 국제 사회에 선포해 놓은 구역이다.

33 국제연합 UN ; United Nations

전쟁을 방지하고 평화를 유지하기 위해 설립된 국제기구

설립일	1945년 10월 24일		
설립목적	전쟁 방지 및 평화 유지, 정치·경제·사회·문화 등 모든 분야의 국제 협력 증진		
주요활동	평화유지 활동, 군비축소 활동, 국제협력 활동		
본 부	미국 뉴욕		
가입국가	193개국		
주요 기구	총 회	• 국제연합의 최고 의사결정기관 • 9월 셋째주 화요일에 정기총회 개최(특별한 안건이 있을 경우에는 특별총회 또는 긴급총회 소집)	
	안전보장이사회 (안보리, UNSC)	• UN 회원국의 평화와 안보 담당 • 5개의 상임이사국(미국·영국·프랑스·러시아·중국)과 10개의 비상임이사국으로 구성됨	
	경제사회이사회 (ECOSOC)	• 국제적인 경제·사회 협력과 개발 촉진, UN 총회를 보조하는 기구 • 유엔가입국 중 총회에서 선출된 54개국으로 구성	
	국제사법재판소 (ICJ)	• 국가 간의 법률적 분쟁을 재판을 통해 해결 • 네덜란드 헤이그에 있음	
	신탁통치이사회	신탁통치를 받던 팔라우가 1994년 독립국이 된 이후로 기능이 중지됨	
	사무국	UN의 운영과 사무 총괄	
전문 기구	국제노동기구(ILO), 국제연합식량농업기구(FAO), 국제연합교육과학문화기구(UNESCO), 세계보건기구(WHO), 국제통화기금(IMF), 국제부흥개발은행(세계은행, IBRD), 국제금융공사(IFC), 국제개발협회(IDA), 국제민간항공기구(ICAO), 만국우편연합(UPU), 국제해사기구(IMO), 세계기상기구(WMO), 국제전기통신연합(ITU), 세계지적재산권기구(WIPO), 국제농업개발기금(IFAD), 국제연합공업개발기구(UNIDO) 등		

34 헌법재판소

법령의 위헌 여부를 일정한 소송 절차에 따라 심판하기 위하여 설치한 특별 재판소

헌법재판소장은 대통령이 국회의 동의를 얻어 임명하며, 재판관은 총 9명으로 대통령과 국회·대법원장이 각각 3명씩 선출하고 대통령이 임명한다. 헌법재판소 재판관의 임기는 6년이며 연임이 가능하고 정년은 만 70세이다. 헌법재판소 재판관은 정당에 가입하거나 정치에 관여할 수 없고, 탄핵 또는 금고 이상의 형의 선고에 의하지 아니하고는 해임되지 않는다.

헌법재판소의 권한
탄핵심판권, 위헌법률심사권, 정당해산심판권, 기관쟁의심판권, 헌법소원심판권

35 치킨게임 Chicken Game

어느 한쪽이 양보하지 않을 경우 양쪽 모두 파국으로 치닫게 되는 극단적인 게임 이론

1950~1970년대 미국과 소련 사이의 극심한 군비경쟁을 꼬집는 용어로 사용되면서 국제정치학 용어로 정착되었다. 그 예로는 한 국가 안의 정치나 노사협상, 국제외교 등에서 상대의 양보를 기다리다가 파국으로 끝나는 것 등이 있다.

36 공동경비구역 JSA ; Joint Security Area

비무장지대 안에 있는 특수지역

1953년 10월 군사정전위원회 본부구역 군사분계선(MDL) 상에 설치한 지대로 판문점이라고도 한다. 비무장지대에 남과 북의 출입은 제한적이지만 양측이 공동으로 경비하는 공동경비구역은 비무장지대 내 특수지역으로, 양측의 허가받은 인원이 출입할 수 있다. 이 구역 내에 군사정전위원회와 중립국감시위원단이 있다. 2018년 11월부터 남북 양측의 합의로 민간인 출입이 가능해졌다.

37 군사분계선 MDL ; Military Demarcation Line

휴전 협정에 의해 두 교전국 간에 그어지는 군사활동의 경계선

한국의 경우 1953년 7월 유엔군 측과 공산군 측이 합의한 정전협정에 따라 규정된 휴전의 경계선을 말하며, 휴전선이라 한다. 휴전선의 길이는 약 240km이며, 남북 양쪽 2km 지역을 비무장지대로 설정하여 완충구역으로 둔다. 정전협정 제1조는 양측이 휴전 당시 점령하고 있던 지역을 기준으로 군사분계선을 설정하고 상호간에 이 선을 침범하거나 적대행위를 하는 것을 금지하고 있다.

38 북방한계선 NLL ; Northern Limit Line

남한과 북한 간의 해양경계선

해양의 북방한계선은 서해 백령도·대청도·소청도·연평도·우도의 5개 섬 북단과 북한 측에서 관할하는 옹진반도 사이의 중간선을 말한다. 북한은 1972년까지 이 한계선에 이의를 제기하지 않았으나 1973년부터 북한이 서해 5개 섬 주변 수역을 북한 연해라고 주장하며 NLL을 인정하지 않고 침범하여 남한 함정들과 대치하는 사태가 발생하기도 했다.

39 사드 THAAD ; Terminal High Altitude Area Defense

고고도 미사일 방어체계

미국 미사일방어 체계의 핵심 전력 중 하나로 탄도미사일이 발사되었을 때 인공위성과 지상 레이더에서 수신한 정보를 바탕으로 요격미사일을 발사하여 40~150km의 높은 고도에서 직접 충돌하여 파괴하도록 설계되었다.

40 전시작전통제권 Wartime Operational Control

한반도 유사시 주한미군사령관이 한국군의 작전을 통제할 수 있는 권리

평상시에는 작전통제권은 우리가 갖고 있지만 전투준비태세인 '데프콘'이 적의 도발징후가 포착되는 상황인 3단계로 발령되면 한미연합사령관에게 통제권이 넘어가도록 되어 있다. 다만, 수도방위사령부 예하부대 등 일부 부대는 작전통제권이 이양에서 제외돼 유사시에도 한국군이 독자적으로 작전권을 행사할 수 있다.

41 이지스함

이지스 전투체계를 탑재한 구축함

이지스함은 이지스 시스템을 탑재한 구축함으로, 동시에 최고 200개의 목표를 탐지·추적하고 그중 24개의 목표를 동시에 공격할 수 있다. 이지스 레이더는 최대 1,000km 밖의 적 항공기를 추적할 수 있고, 탄도미사일의 궤적까지 탐지할 수 있다. 우리나라의 이지스함에는 세종대왕함, 율곡이이함, 서애류성룡함, 정조대왕함이 있다.

42 스핀닥터 Spin Doctor

정부 수반에게 유리한 여론 조성을 담당하는 정치 전문가

정부 고위관료와 국민 간의 의사소통을 돕는 전문가로 정책을 시행하기 전에 국민들의 의견을 대통령에게 전달하여 설득하고, 대통령의 의사를 국민에게 설명하는 역할을 한다. 이러한 과정에서 대통령에게 유리한 여론을 조성하거나 왜곡할 수 있다.

43 교섭단체

국회에서 중요한 안건을 협의하기 위하여 일정 수 이상의 의원들로 구성하는 단체

소속 국회의원의 20인 이상을 구성 요건으로 하며 하나의 정당으로 교섭단체를 구성하는 것이 원칙이지만 복수의 정당이 연합해 구성할 수도 있다. 매년 임시회와 정기회에서 연설을 할 수 있고 국고보조금 지원도 늘어난다.

44 파이브아이즈 Five Eyes

영어권 5개국이 참여하고 있는 기밀정보 동맹체

미국, 영국, 캐나다, 호주, 뉴질랜드 등 영어권 5개국이 참여하고 있는 기밀정보 동맹체다. 2013년 6월 미국 국가안보국(NSA) 요원이던 에드워드 스노든에 의해 그 실상이 알려졌다. 당시 스노든이 폭로한 NSA의 도·감청 기밀문서를 통해 미국 NSA가 영국·캐나다·호주·뉴질랜드 정보기관과 협력해 벌인 다양한 첩보활동의 실태가 드러났다. 파이브아이즈는 1946년 미국과 영국이 공산권과의 냉전에 대응하기 위해 비밀 정보교류 협정을 맺은 것이 시초로 1960년에 개발된 에셜론(Echelon)이라는 프로그램을 통해 전 세계 통신망을 취합한 정보를 공유하는 것으로 알려져 있다.

45 배타적 경제수역 EEZ ; Exclusive Economic Zone

자국 연안으로부터 200해리까지의 모든 자원에 대해 독점적 권리를 행사할 수 있는 수역

자국 연안으로부터 200해리까지의 수역에 대해 천연자원의 탐사·개발 및 보존, 해양 환경의 보존과 과학적 조사활동 등 모든 주권적 권리를 인정하는 유엔해양법상의 개념이다. 배타적 경제수역은 영해와 달리 영유권은 인정되지 않기 때문에 어업행위 등 경제활동의 목적이 없는 외국 선박의 항해와 통신 및 수송을 위한 케이블이나 파이프의 설치는 허용된다.

> **영해**
> 영토에 인접한 해역으로서 한 나라의 절대적인 주권이 미치는 범위이다. 해수면이 가장 낮은 썰물(간조) 때의 해안선을 기준으로 폭 3해리까지가 보통이지만 나라에 따라 6해리, 12해리를 주장하기도 한다. 우리나라는 1978년 4월부터 영해를 12해리로 선포하였다. 영해 지역은 외국 국적의 선박이나 항공기가 그 나라의 허가 없이 통행할 수 없다.

46 정기국회

매년 1회 정기적으로 소집되는 국회

국회의 정기회는 매년 9월 1일에 열리며 회기는 100일을 초과할 수 없다. 정기회의 업무는 예산안을 심의·확정하고 법안을 심의·통과시키는 일을 한다. 정기회에서는 법률안 등 안건을 처리하는 것 외에 매년 정기회 다음날부터 20일간 소관 상임 위원회별로 감사를 한다.

47 국제사법재판소 ICJ ; International Court of Justice

국가 간의 분쟁을 법적으로 해결하는 국제연합 기관

국제연합의 주요 사법기관으로, 국가 간 분쟁의 법적 해결을 위해 설치되었다. 재판소는 국제연합 총회·안전보장이사회에서 선출된 15명의 재판관으로 구성되며, 국제법을 원칙으로 적용하여 심리한다. 법원 판결의 집행은 헌장에 따라 구속력을 갖지만 판결의 불이행이 국제평화와 안전을 해친다고 인정되는 경우에 한하기 때문에 판결집행의 제도적 보장은 미흡하다. 재판소는 네덜란드 헤이그에 있다.

48 조세법률주의

조세의 종목과 세율을 법률로써 정해야 한다는 원칙

근대 세제의 기본원칙 중 하나이자 법률의 근거 없이 조세를 부과하거나 징수할 수 없다는 원칙으로, 근대국가는 모두 이 주의를 인정하고 있다(헌법 제59조). 조세법률주의는 국민의 재산권 보호와 법률생활의 안정 도모를 목적으로 하며 과세요건법정주의, 과세요건명확주의, 소급과세의 금지, 합법성의 원칙을 그 내용으로 한다.

49 호르무즈해협 Hormuz Strait

페르시아만에서 생산되는 석유의 주요 운송로이자 국제 에너지 안보의 중심지

페르시아만과 오만만을 잇는 좁은 해협으로, 북쪽으로는 이란과 접하며 남쪽으로는 아랍에미리트에 둘러싸인 오만의 월경지이다. 이 해협은 페르시아만에서 생산되는 석유의 주요 운송로로 세계원유 공급량의 30% 정도가 영향을 받는 곳이기도 하다. 미국이 이란에 대해 경제제재 조치를 가하자 이 해협을 봉쇄하겠다고 맞선 분쟁지이다.

50 나토 NATO

북대서양조약기구

북대서양조약기구(North Atlantic Treaty Organization ; NATO), 일명 나토는 미국과 서방 유럽을 아우르는 군사동맹체다. 나토는 제2차 세계대전이 종전되고 1949년에 미국을 중심으로 영국, 프랑스, 이탈리아 등 서방 유럽 주요 국가들이 맺은 집단안전보장조약을 기초로 하고 있다. 미국이 유럽국가들과의 군사적 관계를 공고히 함으로써 소련과의 패권다툼에서 승리하고자 한 것이다. 나토가 러시아와 가까운 국가들로 회원국을 늘리는 '동진'을 하면서 러시아의 위기감이 고조됐다. 이 위기감은 2022년 2월 러시아가 우크라이나를 침공하는데 영향을 끼쳤고, 이는 러시아의 고립을 심화하고 유럽 주변국의 자발적 나토 가입을 촉발하게 되었다.

51 ICBM Intercontinental Ballistic Missile

대륙간 탄도 미사일

5,500km 이상 사정거리의 탄도미사일로 핵탄두를 장착하고 한 대륙에서 다른 대륙까지 공격이 가능하다. 1957년 러시아는 세계 최초의 ICBM인 R-7을 발사했고, 미국은 1959년부터 배치하기 시작했다. 현재 미국, 러시아, 중국, 인도, 이스라엘 등 5개국이 공식적으로 ICBM을 보유하고 있다. 북한 역시 1990년대부터 ICBM 개발에 나섰다. 우리 군은 ICBM 타격이 가능한 최신예 스텔스 전투기인 F-35A를 도입했다.

52 7·4 남북공동성명

1972년 통일의 원칙에 대해 남북한이 동시에 발표한 공동성명

남북한 당국이 국토분단 이후 최초로 통일문제를 합의, 발표한 역사적인 공동성명이다. 이 성명은 통일에 대한 국민적 합의 없이 정부당국자들 간의 비밀회담만을 통해 이루어졌다는 한계가 있지만, 기존의 외세 의존적이고 대결지향적인 통일노선을 거부하고 통일의 기본원칙을 도출해냈다는 점에서 의의가 있다. 주요 내용은 외세 간섭 없이 자주적 통일, 무력행사 없이 평화적 방법으로 통일 실현, 민족 대단결의 도모이다.

53 법 적용의 원칙

상위법우선의 원칙, 특별법우선의 원칙, 신법우선의 원칙, 법률불소급의 원칙

상위법우선의 원칙	실정법상 상위의 법규는 하위의 법규보다 우월하며, 상위의 법규에 위배되는 하위의 법규는 정상적인 효력이 발생하지 않는다는 원칙
특별법우선의 원칙	특정한 사람, 사물, 행위 또는 지역에 국한되는 특별법이 일반법보다 우선적으로 적용된다는 원칙
신법우선의 원칙	법령이 새로 제정 또는 개정되어 법령 내용에 충돌이 생겼을 때, 신법이 구법에 우선적으로 적용된다는 원칙
법률불소급의 원칙	새롭게 제정 또는 개정된 법률은 그 법률이 효력을 가지기 이전에 발생한 사실에 대해 소급하여 적용할 수 없다는 원칙. 기득권의 존중 또는 법적 안정성을 반영한 것이며 특히 형법에서 강조됨

54 죄형법정주의

범죄와 형벌에 대하여 미리 법률로 정해놓아야 한다는 기본 원칙

어떠한 행위가 범죄에 해당하고, 그에 따르는 형벌은 무엇인지를 반드시 국회에서 제정한 법률에 의해 규정되어야 한다는 형사법의 대원칙을 말한다. '법률 없으면 범죄 없고 형벌 없다'는 근대형법의 기본원리를 죄형법정주의라 한다. 죄형법정주의는 국가의 자의적인 형벌권의 남용으로부터 국민의 자유를 보장하고, 법률에 의해 국가 형벌권을 통제하기 위한 원칙이다.

55 보궐선거

대통령이나 국회의원 또는 기초·광역단체장 등의 자리가 비었을 때 실시하는 선거

보궐선거는 재선거와 보궐선거로 나뉘는데, 재선거는 공직선거가 당선인의 선거법 위반 등으로 공정하게 치러지지 않았을 경우 당선을 무효화하고 다시 선거를 치르는 선거이다. 보궐선거는 선거에 의해 선출된 의원 등이 임기 중 사퇴, 사망, 실형 선고 등으로 인해 그 직위를 잃어 공석 상태가 되는 경우에 치르는 선거이다.

56 데프콘 Defcon ; Defense Readiness Condition

대북 전투준비태세로, 전쟁 발발 가능성의 정도에 따라 1~5단계로 나뉨

북한의 군사활동을 감시하는 대북 정보감시태세인 '워치콘(Watch Condition)'의 분석에 따라 '정규전'에 대비해 전군에 내려지는 전투준비태세이다. 1~5단계로 나눠져 있고 숫자가 낮을수록 전쟁 발발 가능성이 높다는 의미이다. 데프콘의 발령권한은 한미연합사령관에게 있으며 우리나라는 평상시 4인 상태가 유지된다.

> **워치콘(Watch Condition)**
> 북한의 군사 활동을 추적하는 대북 정보감시태세로 평상시에는 '4' 수준에 있다가 전쟁위험이 커지면 '3, 2, 1'로 올라간다. 워치콘 2단계와 데프콘 3단계의 상태에서 미국은 한반도에 증원군을 파병할 수 있다.

57 헌법 개정 절차

제안 → 공고 → 국회의결 → 국민투표 → 공포 → 시행

- 제안
  - 대통령은 국무회의 심의를 거친다.
  - 국회 재적의원 과반수 또는 대통령의 발의로 헌법개정안을 제안한다.
- 공고 : 제안된 개정안은 대통령이 20일 이상의 기간 동안 이를 공고하여야 한다(의무규정).
- 국회의결
  - 국회는 헌법개정안이 공고된 날로부터 60일 이내에 의결하여야 한다.
  - 국회의 의결은 재적의원 3분의 2 이상의 찬성을 얻어야 한다.
- 국민투표
  - 국회를 통과한 개정안은 30일 이내에 국민투표에 붙여야 한다.
  - 국회의원선거권자 과반수의 투표와 투표자 과반수의 찬성을 얻어야만, 헌법 개정이 확정된다.
- 공포 : 헌법 개정이 확정되면 대통령은 즉시 이를 공포하여야 한다.
- 시행

58 한국형 3축 체계

우리 군이 독자적인 북한 미사일 억제 · 대응 능력을 확보하기 위한 체계

미사일 선제 대응방법 순서로서 3축은 북한의 미사일 위협을 실시간으로 탐지해 표적을 타격하는 공격체계인 킬 체인(Kill Chain, 1축), 북한의 미사일을 공중에서 방어하는 한국형 미사일방어체계(KAMD, 2축), 북한의 미사일 공격시 미사일 전력과 특수작전부대 등으로 지휘부를 응징하는 대량응징보복(KMPR, 3축)을 말한다.

59 전술핵

20kt(킬로톤) 이하의 핵무기

군사목표를 공격하기 위한 야포와 단거리 미사일로 발사할 수 있는 핵탄두, 핵지뢰, 핵기뢰 등을 말한다. 장거리 탄도미사일인 전략핵무기보다 사정거리는 짧으나 국지전투에 유리하다.

60 핵확산금지조약 Nuclear Non-proliferation Treaty

핵보유국이 비핵보유국에 핵무기를 양여하거나 비핵보유국이 핵무기를 보유하는 것을 금지하는 조약

1968년 미국, 소련, 영국 등 총 56개국이 핵무기 보유국의 증가방지를 목적으로 체결하였고 1970년에 발효된 다국 간 조약이다. 핵보유국에 대해서는 핵무기 등의 제3자로의 이양을 금지하고 핵군축을 요구한다. 비핵보유국에 대해서는 핵무기 개발 · 도입 · 보유 금지와 원자력시설에 대한 국제원자력기구(IAEA)의 사찰을 의무화하고 있다.

61 팔레스타인 분쟁

유대인들이 팔레스타인 지역에 이스라엘을 건국하며 발생한 분쟁

팔레스타인은 이스라엘과 요르단의 여러 지역을 포함하며 대체로 서쪽의 지중해에서 동쪽의 요르단강까지, 북쪽의 이스라엘과 레바논 국경지대에서 남쪽의 가자지구에 이르는 지역을 가리킨다. 밸푸어 선언과 시오니즘 운동으로 유대인들이 팔레스타인으로 모여들면서 예전부터 거주하던 아랍인과의 갈등이 격화되어 분쟁이 심화되자 1947년에 UN이 팔레스타인을 이스라엘과 아랍의 양국으로 분할하는 안을 결의했고, 다음 해에 이스라엘 공화국이 건국되면서 아랍연합군과 이스라엘의 중동전쟁이 4차례, 이스라엘과 팔레스타인 간의 전쟁이 2차례 일어나게 된다. 중동평화를 위한 국제사회의 중재로 여러 평화협정이 있었으나 팔레스타인의 자살폭탄 공격과 이스라엘의 반격·침공이 이어져 2023년에도 전면전이 발생하는 등 여전히 분쟁이 끊이지 않고 있다.

62 특검법 특별검사의 임명 등에 관한 법률

수사가 공정하게 이루어졌다고 볼 수 없는 사건에 대해 특별검사에게 수사권을 맡기는 제도

대통령 측근이나 고위공직자 등 국민적 관심이 집중된 대형 비리사건에 있어 검찰 수사의 공정성과 신뢰성 논란이 생길 때마다 특별검사제도를 도입·운용했다. 그러나 특별검사제도의 도입에는 여러 논란이 있어 이를 해소하고자 미리 특별검사제도의 발동경로와 수사대상, 임명절차 등을 법률로 제정해두고 대상사건이 발생하면 곧바로 특별검사를 임명하여 최대한 공정하고 효율적으로 수사하기 위해 마련한 법률이다.

> **특검법 수사기간(특별검사의 임명 등에 관한 법률 제10조)**
> 준비기간이 만료된 날의 다음 날부터 60일 이내에 담당사건에 대한 수사를 완료하고 공소제기 여부를 결정한다. 기간 내에 수사를 완료하지 못하거나 공소제기 여부를 결정하기 어려운 경우에는 대통령의 승인을 받아 수사 기간을 한 차례만 30일까지 연장이 가능하다.

63 징계

공무원 등 특별신분관계에 있는 사람에게 직무태만 등의 이유로 책임을 부과하는 행위

- **파면** : 공무원을 강제퇴직하는 중징계처분의 하나다. 파면되면 5년간 공무원에 임용될 수 없고, 퇴직급여액의 1/2이 삭감된다.
- **해임** : 공무원 관계를 해제하는 점에서 파면과 같으나, 퇴직급여액의 감액이 없는 점에서 파면의 경우보다 가볍다. 해임을 당한 자는 3년간 공무원에 임용될 수 없다.
- **정직** : 1개월 이상 ~ 3개월 이하의 기간 동안 정직처분을 받은 자는 그 기간 중 공무원의 신분은 보유하나 직무에 종사하지 못하며, 보수의 2/3를 감한다.
- **감봉** : 1개월 이상 ~ 3개월 이하의 기간 동안 보수의 1/3을 감하는 처분이다.
- **견책** : 전과에 대해 훈계하고 반성하게 하는 것에 그치는 가장 가벼운 처분이다.

64 반의사불벌죄

피해자가 가해자의 처벌을 원하지 않는다는 것을 표시하면 처벌할 수 없는 범죄

피해자의 의사에 관계없이 공소를 제기할 수 있으나, 피해자의 명시한 의사에 반하여 처벌할 수 없는 범죄이다. 반의사불벌죄는 처벌을 원하는 피해자의 의사표시 없이도 공소할 수 있다는 점에서 고소·고발이 있어야만 공소를 제기할 수 있는 친고죄(親告罪)와 구별된다.

> **친고죄**
> 공소제기를 위하여 피해자 기타 고소권자의 고소가 있을 것을 요하는 범죄

65 구속적부심사

구속 영장의 집행이 적법한지의 여부를 법원이 심사하는 일

피구속자 또는 관계인의 청구가 있으면, 법관이 즉시 본인과 변호인이 출석한 공개법정에서 구속의 이유(주거부정, 증거인멸의 염려, 도피 등)를 밝히도록 하고, 구속의 이유가 부당하거나 적법한 것이 아닐 때에는 법관이 직권으로 피구속자를 석방하게 하는 제도를 말한다.

66 인 두비오 프로 레오 In Dubio Pro Leo

의심스럽기만 하고 유죄를 입증할 증거가 없다면 무죄로 판결함

'의심스러울 때는 피고인에게 유리하게 판결하라(무죄 추정의 원칙)'는 것으로, 형사소송에서 피고에게 죄가 있다는 사실을 논증해야 할 의무는 원칙적으로 검사가 부담한다. 이는 법치국가 원리로서 'In Dubio Pro Leo'의 원리 내지 무죄추정의 원칙에서 도출된다. 다시 말해 요증사실의 존재 유무에 대하여 증명이 불충분할 경우에 불이익을 받는 것은 결코 피고가 될 수 없으며, 검사가 피고의 죄를 입증하지 못하는 한 모든 피고는 무죄이고, 피고측에서 자신의 유죄 아님을 증명할 의무는 없다.

67 집행유예

죄의 선고를 즉시 집행하지 않고 일정 기간 그 형의 집행을 유예하는 제도

유예기간 중 특정한 사고 없이 그 기간을 경과한 때에는 선고한 유죄의 판결, 자체의 효력을 상실하게 하여 형의 선고가 없었던 것과 동일한 효과를 발생하게 하는 제도이다. 한국 형법의 집행유예 요건은, ① 3년 이하의 징역이나 금고 또는 500만원 이하의 벌금형을 선고할 경우이어야 하고, ② 그 정상에 참작할 만한 사유가 있어야 한다. 다만, 금고 이상의 형을 선고한 판결이 확정된 때부터 그 집행을 종료하거나 면제된 후 3년까지의 기간에 범한 죄에 대하여 형을 선고하는 경우에는 그러하지 아니하다(제62조 제1항).

68 공소시효

어떤 범죄사건이 일정한 기간의 경과로 형벌권이 소멸하는 제도

수사기관이 법원에 재판을 청구하지 않는 불기소처분의 한 유형이다. 즉, 일정 기간이 지나면 범죄 사실에 대한 국가의 형벌권을 완전히 소멸시키는 것이다. 따라서 공소시효가 완성되면 설령 범죄를 저질렀어도 수사 및 기소 대상이 되지 않는다. 하지만 2013년 6월 19일부터 13세 미만의 사람 및 신체적 또는 정신적 장애가 있는 사람을 대상으로 한 강간죄, 강제추행죄, 준강간 및 준강제추행죄, 강간 등 상해·치상죄, 강간 등 살인·치사죄 등의 범죄를 저지른 경우에는 공소시효가 적용되지 않게 됐다. 이어 2015년 7월 24일에는 살인죄의 공소시효를 폐지하는 내용이 담긴 형사소송법 개정안(이른바 '태완이법')이 통과되어 같은 해 7월 31일부터 시행됐다.

69 구속영장

피의자나 피고인을 일정한 장소에 가두는 것을 허가하는 영장

피의자를 구속하기 위해서는 검사의 청구에 의하여 법관이 적법한 절차에 따라 발부한 영장을 제시해야한다. 피의자가 죄를 지었다고 생각할 만한 상당한 의심이 있고, 주거가 일정하지 않거나 증거를 없앨 이유가 있는 경우 또는 도망이나 도주의 우려가 있는 경우에 검사는 관할 지방법원 판사에게 청구하여 구속영장을 발부받아 피의자를 구속할 수 있다.

70 국민참여재판

우리나라에서 2008년 1월부터 시행된 배심원 재판제도

만 20세 이상의 국민 중 무작위로 선정된 배심원(예비배심원)이 참여하는 형사재판으로, 배심원으로 선정된 국민은 피고인의 유무죄에 관하여 평결을 내리고 유죄 평결이 내려진 피고인에게 선고할 적정한 형벌을 토의하는 등 재판에 참여하는 기회를 갖게 된다. 국회의원이나 변호사, 법원·검찰공무원, 경찰, 군인 등은 배심원으로 선정될 수 없다. 배심원의 의견은 원칙적으로 만장일치제로 하되, 의견 통일이 되지 않을 경우 법관과 함께 토론한 뒤 다수결로 유·무죄 여부를 가린다. 이와 함께 배심원 의견의 '강제력'은 인정하지 않고, 권고적인 효력만 인정한다.

01 선거에 출마한 후보가 내놓은 공약을 검증하는 운동을 무엇이라 하는가?

① 아그레망   ② 로그롤링

③ 플리바게닝   ④ 매니페스토

해설

매니페스토는 선거와 관련하여 유권자에게 확고한 정치적 의도와 견해를 밝히는 것으로, 연설이나 문서의 형태로 구체적인 공약을 제시한다.

02 전당대회 후에 정당의 지지율이 상승하는 현상을 뜻하는 용어는?

① 빨대효과   ② 컨벤션효과

③ 메기효과   ④ 헤일로효과

해설

② 컨벤션효과(Convention Effect) : 대규모 정치 행사 직후에, 행사 주체의 정치적 지지율이 상승하는 현상을 뜻한다.

① 빨대효과(Straw Effect) : 고속도로와 같은 교통수단의 개통으로 인해, 대도시가 빨대로 흡입하듯 주변 도시의 인구와 경제력을 흡수하는 현상을 가리키는 말이다.

③ 메기효과(Catfish Effect) : 노르웨이의 한 어부가 청어를 싱싱한 상태로 육지로 데리고 오기 위해 수조에 메기를 넣었다는 데서 유래한 용어다. 시장에 강력한 경쟁자가 등장했을 때 기존의 기업들이 경쟁력을 잃지 않기 위해 끊임없이 분투하며 업계 전체가 성장하게 되는 것을 가리킨다.

④ 헤일로효과(Halo Effect) : 후광효과로, 어떤 대상(사람)에 대한 일반적인 생각이 그 대상(사람)의 구체적인 특성을 평가하는 데 영향을 미치는 현상

03 2022년 2월 러시아의 우크라이나 침공 이후 북대서양조약기구 가입을 선언한 국가는?

① 북마케도니아   ② 몬테네그로

③ 크로아티아   ④ 스웨덴

해설

2022년 2월 러시아의 우크라이나 침공 이후, 스웨덴과 핀란드가 70여 년간 계속해 왔던 중립국 지위를 내려놓고 나토 가입을 선언했다.

04 다음 중 우리나라가 채택하고 있는 의원내각제적 요소는?

① 대통령의 법률안 거부권
② 의원의 각료 겸직
③ 정부의 의회해산권
④ 의회의 내각 불신임 결의권

해설

우리나라가 채택하고 있는 의원내각제적 요소
행정부(대통령)의 법률안 제안권, 의원의 각료 겸직 가능, 국무총리제, 국무회의의 국정 심의, 대통령의 국회 출석 및
의사표시권, 국회의 국무총리 · 국무위원에 대한 해임건의권 및 국회 출석 요구 · 질문권

05 '인 두비오 프로 레오(In Dubio Pro Reo)'는 무슨 뜻인가?

① 의심스러울 때는 피고인에게 유리하게 판결해야 한다.
② 위법하게 수집된 증거는 증거능력을 배제해야 한다.
③ 범죄용의자를 연행할 때 그 이유와 권리가 있음을 미리 알려 주어야 한다.
④ 재판에서 최종적으로 유죄 판정된 자만이 범죄인이다.

해설

② 독수독과 이론
③ 미란다 원칙
④ 형사 피고인의 무죄추정

06 다음 중 재선거와 보궐선거에 대한 설명으로 옳지 않은 것은?

① 재선거는 임기 개시 전에 당선 무효가 된 경우 실시한다.
② 보궐선거는 궐위를 메우기 위해 실시된다.
③ 지역구 국회의원의 궐원시에는 보궐선거를 실시한다.
④ 전국구 국회의원의 궐원시에는 중앙선거관리위원회가 궐원통지를 받은 후 15일 이내에 궐원된
　국회의원의 의석을 승계할 자를 결정해야 한다.

해설

전국구 국회의원의 궐원시에는 중앙선거관리위원회가 궐원통지를 받은 후 10일 이내에 의석을 승계할 자를 결정해야
한다.

07 선거에서 약세 후보가 유권자들의 동정을 받아 지지도가 올라가는 현상을 무엇이라 하는가?

① 밴드왜건 효과

② 언더독 효과

③ 스케이프고트 현상

④ 레임덕 현상

> **해설**
> 언더독 효과는 절대 강자가 지배하는 세상에서 약자에게 연민을 느끼며 이들이 언젠가는 강자를 이겨주기를 바라는 현상을 말한다.

08 헌법재판소에서 위헌법률심판권, 위헌명령심판권, 위헌규칙심판권은 무엇을 근거로 하는가?

① 신법우선의 원칙

② 특별법우선의 원칙

③ 법률불소급의 원칙

④ 상위법우선의 원칙

> **해설**
> 법률보다는 헌법이 상위법이므로, 법률은 헌법에 위배되어서는 안 된다. 이는 상위법우선의 원칙에 근거한다.

09 다음 중 국정조사에 대한 설명으로 틀린 것은?

① 비공개로 진행하는 것이 원칙이다.

② 재적의원 4분의 1 이상의 요구가 있는 때에 조사를 시행하게 한다.

③ 특정한 국정사안을 대상으로 한다.

④ 부정기적이며, 수시로 조사할 수 있다.

> **해설**
> 국정조사는 공개를 원칙으로 하고, 비공개를 요할 경우에는 위원회의 의결을 얻도록 하고 있다.

10 다음 직위 중 임기제가 아닌 것은?

① 감사원장

② 한국은행 총재

③ 검찰총장

④ 국무총리

> **해설**
> ① 감사원장 4년, ② 한국은행 총재 4년, ③ 검찰총장 임기는 2년이다. 국무총리는 대통령이 지명하나 국회 임기종료나 국회의 불신임 결의에 의하지 않고는 대통령이 임의로 해임할 수 없도록 규정하고 있을 뿐 임기는 명시하고 있지 않다.

11 다음 내용과 관련 있는 용어는?

> 영국 정부가 의회에 제출하는 보고서의 표지가 흰색인 데서 비롯된 속성이다. 이런 관습을 각국이 모방하여 공식 문서의 명칭으로 삼고 있다.

① 백 서   ② 필리버스터

③ 캐스팅보트   ④ 레임덕

해설

백서는 정부의 소관사항에 대한 공식 문서다.

12 정부의 부당한 행정 조치를 감시하고 조사하는 일종의 행정 통제 제도는?

① 코커스   ② 스핀닥터

③ 란츠게마인데   ④ 옴부즈맨

해설

옴부즈맨은 스웨덴을 비롯한 북유럽에서 발전된 제도로서, 정부의 부당한 행정 조치를 감시하고 조사하는 일종의 행정 통제 제도다.

13 범죄피해자의 고소나 고발이 있어야만 공소를 제기할 수 있는 범죄는?

① 친고죄   ② 무고죄

③ 협박죄   ④ 폭행죄

해설

형법상 친고죄에는 비밀침해죄, 업무상 비밀누설죄, 친족 간 권리행사방해죄, 사자명예훼손죄, 모욕죄 등이 있다.

14 선거승리로 정권을 잡은 사람·정당이 관직을 지배하는 정치적 관행을 뜻하는 용어는?

① 데탕트
② 독트린
③ 미란다
④ 엽관제

해설

엽관제(Spoils System)는 19세기 중반 미국에서 성행한 공무원 임용제도에서 유래한 것으로 정당에 대한 충성도와 기여도에 따라 공무원을 임용하는 인사관행을 말한다. 실적을 고려하지 않고 정치성·혈연·지연 등에 의하여 공직의 임용을 행하는 정실주의와 유사한 맥락이다.

15 다음이 설명하는 원칙은?

범죄가 성립되고 처벌을 하기 위해서는 미리 성문의 법률에 규정되어 있어야 한다는 원칙

① 불고불리의 원칙
② 책임의 원칙
③ 죄형법정주의
④ 기소독점주의

해설

죄형법정주의는 범죄와 형벌이 법률에 규정되어 있어야 한다는 원칙이다.

16 우리나라 대통령과 국회의원의 임기를 더한 합은?

① 8
② 9
③ 10
④ 11

해설

대통령의 임기는 5년으로 하며 중임할 수 없고(헌법 제70조), 국회의원의 임기는 4년으로 한다(헌법 제42조). 따라서 5와 4를 더한 합은 9이다.

17 재정·실현가능성은 생각하지 않는 대중영합주의 정치를 뜻하는 말은?

① 프러거니즘   ② 포퓰리즘

③ 리버타리아니즘   ④ 맨해트니즘

해설

포퓰리즘(Populism)은 대중의 의견을 존중하고, 대중의 이익을 대변하는 방향으로 정치 활동을 펼치는 것을 말한다. 또한 재정이나 환경 또는 실현가능성을 고려하지 않고 인기에 따라 '퍼주기식' 정책을 펼치는 대중영합주의 정치를 뜻하기도 한다.

18 다음과 관련 있는 것은?

> 이 용어는 독일의 사회주의자 F. 라살이 그의 저서 〈노동자 강령〉에서 당시 영국 부르주아의 국가관을 비판하는 뜻에서 쓴 것으로 국가는 외적의 침입을 막고 국내 치안을 확보하며 개인의 사유재산을 지키는 최소한의 임무만을 행하며, 나머지는 자유방임에 맡길 것을 주장하는 국가관을 말한다.

① 법치국가   ② 사회국가

③ 복지국가   ④ 야경국가

해설

야경국가는 국가가 시장에 대한 개입을 최소화하고 국방과 외교, 치안 등의 질서 유지 임무만 맡아야 한다고 보았던 자유방임주의 국가관이다.

19 대통령이 국회의 동의를 사전에 얻어야 할 경우를 모두 고른 것은?

> ㉠ 헌법재판소장 임명   ㉡ 국군의 외국 파견
> ㉢ 대법관 임명   ㉣ 예비비 지출
> ㉤ 대법원장 임명   ㉥ 감사원장 임명

① ㉠, ㉡, ㉢, ㉤, ㉥   ② ㉡, ㉢, ㉣, ㉤

③ ㉠, ㉣, ㉤, ㉥   ④ ㉡, ㉢, ㉤, ㉥

해설

국회의 사전 동의 사항

조약의 체결·선전 포고와 강화, 일반 사면, 국군의 외국 파견과 외국 군대의 국내 주류, 대법원장·국무총리·헌법재판소장·감사원장·대법관 임명, 국채 모집, 예비비 설치, 예산 외의 국가 부담이 될 계약 체결 등

20 다음 빈칸 안에 공통으로 들어갈 말로 적당한 것은?

> • ( )는 주로 소수파가 다수파의 독주를 저지하거나 의사진행을 막기 위해 합법적인 방법을 이용해 고의적으로 방해하는 것이다.
> • ( )는 정국을 불안정하게 만드는 요인이 되기도 하기 때문에 우리나라 등 많은 나라들은 발언시간 제한 등의 규정을 강화하고 있다.

① 필리버스터　　　　　　　　　　② 로그롤링
③ 캐스팅보트　　　　　　　　　　④ 치킨게임

해설
필리버스터는 의회 안에서 합법적 · 계획적으로 수행되는 의사진행 방해 행위를 말한다.

21 우리나라 국회가 채택하고 있는 제도를 모두 고른 것은?

> ㉠ 일사부재의의 원칙　　　　　　㉡ 일사부재리의 원칙
> ㉢ 회의공개의 원칙　　　　　　　㉣ 회기계속의 원칙

① ㉠, ㉢, ㉣　　　　　　　　　　② ㉠, ㉡, ㉣
③ ㉡, ㉢, ㉣　　　　　　　　　　④ ㉠, ㉡, ㉢, ㉣

해설
일사부재리의 원칙은 확정 판결이 내려진 사건에 대해 두 번 이상 심리 · 재판을 하지 않는다는 형사상의 원칙으로, 국회가 채택하고 있는 제도나 원칙과는 상관이 없다.

22 원래의 뜻은 의안을 의결하는 데 있어 가부동수인 경우의 투표권을 말하는데, 의회에서 2대 정당의 세력이 거의 비등할 때 그 승부 또는 가부가 제3당의 동향에 따라 결정되는 뜻의 용어는 무엇인가?

① 캐스팅보트　　　　　　　　　　② 필리버스터
③ 게리맨더링　　　　　　　　　　④ 프레임 업

해설
캐스팅보트는 합의체의 의결에서 가부(可否)동수인 경우 의장이 가지는 결정권을 뜻한다. 우리나라에서는 의장의 결정권은 인정되지 않으며, 가부동수일 경우 부결된 것으로 본다.

23 다음 중 선거에서 누구에게 투표할지 결정하지 못한 유권자를 가리키는 말은?

① 로그롤링 ② 매니페스토
③ 캐스팅보트 ④ 스윙보터

해설

① 로그롤링 : 정치세력들이 상호지원을 합의하여 투표거래나 투표담합을 하는 행위
② 매니페스토 : 구체적인 예산과 실천방안 등 선거와 관련한 구체적 방안을 유권자에게 제시하는 공약
③ 캐스팅보트 : 양대 당파의 세력이 비슷하게 양분화된 상황에서 결정적인 역할을 수행하는 사람

24 특정정당이나 후보에게 유리하도록 의도적으로 선거구를 조작하는 것은?

① 스핀닥터 ② 레임덕
③ 게리맨더링 ④ 오픈 프라이머리

해설

게리맨더링(Gerrymandering)은 1812년 당시 미국 매사추세츠 주지사 게리가 당시 공화당 후보에게 유리하도록 선거구를 재조정했는데 그 모양이 마치 그리스 신화에 나오는 샐러맨더와 비슷하다고 한 데서 유래한 말이다. 이는 특정정당이나 후보자에게 유리하도록 선거구를 인위적으로 확정하는 것을 의미하며, 이를 방지하기 위해 선거구 법정주의를 채택하고 있다.

25 다음 중 헌법에 명문화되어 있는 선거의 4대원칙이 아닌 것은?

① 보통선거의 원칙
② 자유선거의 원칙
③ 직접선거의 원칙
④ 비밀선거의 원칙

해설

선거의 4대원칙은 대부분의 현대 민주주의 국가에서 채택한 것으로 민주주의 하에서 선거 제도가 마땅히 지켜야 할 기준점을 제시한 것이다. 우리 헌법에는 보통선거, 평등선거, 직접선거, 비밀선거의 원칙이 4대 원칙으로 명문화되어 있다. 자유선거의 원칙의 경우 명문화되어 있지는 않으나 자유민주주의 체제에서 내재적으로 당연히 요청되는 권리라 할 수 있다.

26 다음 중 UN 산하 전문기구가 아닌 것은?

① 국제노동기구(ILO)
② 국제연합식량농업기구(FAO)
③ 세계기상기구(WMO)
④ 세계무역기구(WTO)

1995년 출범한 세계무역기구는 1947년 이래 국제 무역 질서를 규율해오던 GATT(관세 및 무역에 관한 일반협정) 체제를 대신한다. WTO는 GATT에 없었던 세계무역분쟁 조정, 관세 인하 요구, 반덤핑규제 등 막강한 법적 권한과 구속력을 행사할 수 있다. WTO의 최고의결기구는 총회이며 그 아래 상품교역위원회 등을 설치해 분쟁처리를 담당한다. 본부는 스위스 제네바에 있다.

27 다음 괄호 안에 공통으로 들어갈 말로 적당한 것은?

• (   )은/는 1970년대 미국 청년들 사이에서 유행한 자동차 게임이론에서 유래되었다.
• (   )의 예로는 한 국가 안의 정치나 노사 협상, 국제 외교 등에서 상대의 양보를 기다리다가 파국으로 끝나는 것 등이 있다.

① 필리버스터   ② 로그롤링
③ 캐스팅보트   ④ 치킨게임

치킨게임(Chicken Game)
어느 한쪽이 양보하지 않을 경우 양쪽 모두 파국으로 치닫게 되는 극단적인 게임이론이다. 1950～1970년대 미국과 소련 사이의 극심한 군비경쟁을 꼬집는 용어로 사용되면서 국제정치학 용어로 정착되었다.

28 대통령이 선출되나, 입법부가 내각을 신임할 권한이 있는 정부 형태를 무엇이라 하는가?

① 입헌군주제   ② 의원내각제
③ 대통령중심제   ④ 이원집정부제

이원집정부제
국민투표로 선출된 대통령과 의회를 통해 신임되는 내각이 동시에 존재하는 국가이다. 주로 대통령은 외치와 국방을 맡고 내치는 내각이 맡는다. 반(半)대통령제, 준(準)대통령제, 분권형 대통령제, 이원정부제, 혼합 정부 형태라고도 부른다.

29 다음 방공식별구역에 대한 설명으로 옳지 않은 것은?

① 타국의 항공기에 대한 방위 목적으로 각 나라마다 독자적으로 설정한 지역이다.

② 영공과 같은 개념으로 국제법적 기준이 엄격하다.

③ 한국의 구역임을 명시할 때는 한국방공식별구역(KADIZ)이라고 부른다.

④ 방공식별구역 확대 문제로 현재 한·중·일 국가 간의 갈등이 일고 있다.

> **해설**
> 방공식별구역은 영공과 별개의 개념으로, 국제법적인 근거가 약하다. 따라서 우리나라는 구역 내 군용기의 진입으로 인한 충돌을 방지하기 위해 1995년 한·일 간 군용기 우발사고방지 합의서한을 체결한 바 있다.

30 다음 중 일본·중국·대만 간의 영유권 분쟁을 빚고 있는 곳은?

① 조어도

② 대마도

③ 남사군도

④ 북방열도

> **해설**
> • 남사군도 : 동으로 필리핀, 남으로 말레이시아와 브루나이, 서로 베트남, 북으로 중국과 타이완을 마주하고 있어 6개국이 서로 영유권을 주장하고 있다.
> • 북방열도(쿠릴열도) : 러시아연방 동부 사할린과 홋카이도 사이에 위치한 화산열도로 30개 이상의 도서로 이루어져 있다. 러시아와 일본 간의 영유권 분쟁이 일고 있는 곳은 쿠릴열도 최남단의 4개 섬이다.

31 근거 없는 사실을 조작해 상대를 공격하는 정치용어는?

① 도그마

② 사보타주

③ 마타도어

④ 헤게모니

> **해설**
> 마타도어(Matador)는 정치권의 흑색선전을 뜻하는 용어로 근거 없는 사실을 조작해 상대 정당·후보 등을 공격하는 공세를 말한다. 스페인의 투우에서 투우사가 마지막에 소의 정수리에 칼을 꽂아 죽이는 것을 뜻하는 스페인어 '마타도르'에서 유래한 것이다.

32 UN의 193번째 가입 국가는?

① 동티모르

② 몬테네그로

③ 세르비아

④ 남수단

> **해설**
> 남수단은 아프리카 동북부에 있는 나라로 2011년 7월 9일 수단으로부터 분리 독립하였고 193번째 유엔 회원국으로 등록되었다.

33 UN상임이사국에 속하지 않는 나라는?

① 중 국   ② 러시아
③ 프랑스   ④ 스웨덴

해설

유엔안전보장이사회는 5개 상임이사국(미국, 영국, 프랑스, 중국, 러시아) 및 10개 비상임이사국으로 구성되어 있다. 비상임이사국은 평화유지에 대한 회원국의 공헌과 지역적 배분을 고려하여 총회에서 2/3 다수결로 매년 5개국이 새로 선출되고, 임기는 2년이며, 중임은 가능하지만 연임은 불가하다.

34 다음 중 4대 공적연금에 해당하지 않는 것은?

① 기초연금
② 사학연금
③ 공무원연금
④ 국민연금

해설

공적연금은 국민이 소득상실 또는 저하로 생활의 위기에 빠질 가능성을 해소하기 위해 국가가 지급하는 연금이다. 우리나라의 공적연금으로는 국민연금, 공무원연금, 군인연금, 사립학교교직원연금(사학연금)이 운영되고 있다.

35 다음 중 레임덕에 관한 설명으로 옳지 않은 것은?

① 대통령의 임기 만료를 앞두고 나타나는 권력누수 현상이다.
② 대통령의 통치력 저하로 국정 수행에 차질이 생긴다.
③ 임기 만료가 얼마 남지 않은 경우나 여당이 다수당일 때 잘 나타난다.
④ '절름발이 오리'라는 뜻에서 유래된 용어이다.

해설

대통령의 임기 말 권력누수 현상을 나타내는 레임덕(Lame Duck)은 집권당이 의회에서 다수 의석을 얻지 못한 경우에 발생하기 쉽다.

36 국제형사재판소에 대한 설명으로 옳지 않은 것은?

① 집단학살, 전쟁범죄 등을 저지른 개인을 처벌한다.
② 세계 최초의 상설 전쟁범죄 재판소다.
③ 본부는 네덜란드 헤이그에 있다.
④ 제2차 세계대전 직후 1945년에 발족했다.

> **해설**
> 국제형사재판소(International Criminal Court)는 국제사회가 집단학살, 전쟁범죄 등을 저지른 개인을 신속하게 처벌하기 위한 재판소다. 세계 최초로 발족한 상설 재판소로 반인도적 범죄를 저지른 개인을 개별국가가 기소하기를 주저할 때에 국제형사재판소의 독립검사가 나서서 기소할 수 있도록 했다. 본부는 네덜란드 헤이그에 있으며 2002년 7월에 정식 출범했다.

37 2022년 3월 대선부터 적용된 총선·지선 출마연령은?

① 만 20세 이상
② 만 19세 이상
③ 만 18세 이상
④ 만 17세 이상

> **해설**
> 2021년 12월 31일 국회 본회의에서 공직선거법 개정안이 통과됨에 따라 만 18세 이상의 국민이면 누구나 국회의원 선거와 지방선거에 출마할 수 있게 되었다. 2022년 3월 9일 대통령 선거와 함께 치러지는 국회의원 재·보궐선거부터 적용됐다.

38 다음의 용어 설명 중 틀린 것은?

① JSA - 공동경비구역
② NLL - 북방한계선
③ MDL - 남방한계선
④ DMZ - 비무장지대

> **해설**
> MDL(Military Demarcation Line, 군사분계선)
> 두 교전국 간에 휴전협정에 의해 그어지는 군사활동의 경계선으로 한국의 경우 1953년 7월 유엔군 측과 공산군 측이 합의한 정전협정에 따라 규정된 휴전의 경계선을 말한다.

39 구속적부심사 제도에 대한 설명으로 옳지 않은 것은?

① 심사의 청구권자는 구속된 피의자, 변호인, 친족, 동거인, 고용주 등이 있다.

② 구속적부심사가 기각으로 결정될 경우 구속된 피의자는 항고할 수 있다.

③ 법원은 구속된 피의자에 대하여 출석을 보증할 만한 보증금 납입을 조건으로 석방을 명할 수 있다.

④ 검사 또는 경찰관은 체포 또는 구속된 피의자에게 체포·구속적부심사를 청구할 수 있음을 알려야 한다.

> **해설**
> 구속적부심사는 처음 기각을 당한 뒤 재청구할 경우 법원은 심문 없이 결정으로 청구를 기각할 수 있다. 또한 공범 또는 공동피의자의 순차 청구로 수사를 방해하려는 목적이 보일 때 심문 없이 청구를 기각할 수 있다. 이러한 기각에 대하여 피의자는 항고하지 못한다(형사소송법 제214조의2).

40 다음 중 국가공무원법상의 징계의 종류가 아닌 것은?

① 감 봉 ② 견 책
③ 좌 천 ④ 정 직

> **해설**
> 국가공무원법은 감봉, 견책(경고), 정직, 해임 등의 징계 방법을 제시하고 있다. 좌천은 징계로 규정되지 않는다.

41 전쟁으로 인한 희생자를 보호하기 위해 1864~1949년에 체결된 국제조약은?

① 비엔나협약

② 제네바협약

③ 베를린협약

④ 헤이그협약

> **해설**
> 제네바협약은 전쟁으로 인한 부상자·병자·포로 등을 보호하기 위해 제네바에서 체결한 국제조약이다. 80여 년의 시차를 두고 맺어졌으며, 협약의 목적은 전쟁이나 무력분쟁이 발생했을 때 부상자·병자·포로·피억류자 등을 전쟁의 위험과 재해로부터 보호하여 가능한 한 전쟁의 참화를 경감하려는 것으로 '적십자조약'이라고도 한다.

42 다음 중 우리나라 최초의 이지스함은?

① 서애류성룡함   ② 세종대왕함

③ 율곡이이함   ④ 권율함

해설

우리나라는 2007년 5월 국내 최초의 이지스함인 '세종대왕함'을 진수한 데 이어 2008년 두 번째 이지스함인 '율곡이이함'을 진수했고, 2012년 '서애류성룡함', 2022년 '정조대왕함'까지 총 4척의 이지스함을 보유하고 있다.

43 세계 주요 석유 운송로로 페르시아만과 오만만을 잇는 중동의 해협은?

① 말라카해협   ② 비글해협

③ 보스포러스해협   ④ 호르무즈해협

해설

호르무즈해협(Hormuz Strait)

페르시아만과 오만만을 잇는 좁은 해협으로, 북쪽으로는 이란과 접하며, 남쪽으로는 아랍에미리트에 둘러싸인 오만의 월경지이다. 이 해협은 페르시아만에서 생산되는 석유의 주요 운송로로 세계 원유 공급량의 30% 정도가 영향을 받는 곳이기도 하다.

44 다음 중 대한민국 국회의 권한이 아닌 것은?

① 긴급명령권   ② 불체포특권

③ 예산안 수정권   ④ 대통령 탄핵 소추권

해설

긴급명령권은 대통령의 권한이며, 대통령은 내우·외환·천재·지변 또는 중요한 재정·경제상의 위기에 있어서 국가의 안전보장 또는 공공의 안녕질서를 유지하기 위한 조치가 필요하고 국회의 집회를 기다릴 여유가 없을 때에 한하여 최소한으로 필요한 재정·경제상의 처분을 하거나 이에 관하여 법률의 효력을 가지는 명령을 발할 수 있다(대한민국 헌법 제76조).

45 다음 중 우리나라의 국경일에 해당하지 않는 날은?

① 한글날
② 제헌절
③ 개천절
④ 현충일

> **해설**
> 국경일은 나라의 경사스러운 날을 기념하기 위한 날로써 3·1절(3월 1일), 제헌절(7월 17일), 광복절(8월 15일), 개천절(10월 3일), 한글날(10월 9일)이 이에 해당한다. 국토방위에 충성으로 목숨을 바친 이들을 기리는 현충일(6월 6일)은 국경일이 아닌 공휴일로 지정돼 있다.

46 일사부재리의 원칙에 대한 설명으로 옳은 것은?

① 국회에서 일단 부결된 안건을 같은 회기 중에 다시 발의 또는 제출하지 못한다는 것을 의미한다.
② 판결이 내려진 어떤 사건(확정판결)에 대해 두 번 이상 심리·재판을 하지 않는다는 형사상의 원칙이다.
③ 일사부재리의 원칙은 민사사건에도 적용된다.
④ 로마시민법에서 처음 등장했으며 라틴어로 '인 두비오 프로 레오(In Dubio Pro Leo)'라고 한다.

> **해설**
> ① 일사부재의의 원칙을 설명한 지문이다.
> ③ 일사부재리의 원칙은 형사사건에만 적용된다.
> ④ '인 두비오 프로 레오(In Dubio Pro Leo)'는 '형사소송법에서 증명을 할 수 없으면 무죄'라는 의미를 담고 있다.

47 다음 보기에 나온 사람들의 임기를 모두 더한 것은?

국회의원, 대통령, 감사원장, 대법원장, 국회의장

① 18년
② 19년
③ 20년
④ 21년

> **해설**
> • 국회의원 4년
> • 감사원장 4년
> • 국회의장 2년
> • 대통령 5년
> • 대법원장 6년

48 국가가 선거운동을 관리해 자유방임의 폐해를 막고 공명한 선거를 실현하는 선거제도는?

① 선거공영제　　　　　　　　② 선거법정제
③ 선거관리제　　　　　　　　④ 선거보전제

> 해설

선거공영제는 국가가 나서 선거 전반을 관리하고 여기에 소요되는 비용을 부담해 선거가 방임됨으로써 일어나는 폐단을 방지하기 위한 제도다. 비용이 부족해 선거운동에 나서지 못하는 일이 없도록 기회의 균등을 확립하기 위함이다. 우리나라는 선거공영제를 헌법으로서 기본원칙으로 삼고 있다.

49 헌법 개정 절차로 올바른 것은?

① 공고 → 제안 → 국회의결 → 국민투표 → 공포
② 제안 → 공고 → 국회의결 → 국민투표 → 공포
③ 제안 → 국회의결 → 공고 → 국민투표 → 공포
④ 제안 → 공고 → 국무회의 → 국회의결 → 국민투표 → 공포

> 해설

헌법 개정 절차는 '제안 → 공고 → 국회의결 → 국민투표 → 공포' 순이다.

50 다음 중 반의사불벌죄가 아닌 것은?

① 존속폭행죄　　　　　　　　② 협박죄
③ 명예훼손죄　　　　　　　　④ 모욕죄

> 해설

반의사불벌죄는 처벌을 원하는 피해자의 의사표시 없이도 공소할 수 있다는 점에서 고소·고발이 있어야만 공소를 제기할 수 있는 친고죄(親告罪)와 구별된다. 폭행죄, 협박죄, 명예훼손죄, 과실치상죄 등이 이에 해당한다. 모욕죄는 친고죄이다.

51 다음 중 불문법이 아닌 것은?

① 판례법　　　　　　　　　② 관습법
③ 조 리　　　　　　　　　④ 조 례

> 해설

조례는 성문법이다.

52 정당해산심판에 대한 설명으로 옳지 않은 것은?

① 정당해산심판은 헌법재판소의 권한 중 하나이다.

② 민주적 기본질서에 위배되는 경우 국무회의를 거쳐 해산심판을 청구할 수 있다.

③ 일반 국민도 헌법재판소에 정당해산심판을 청구할 수 있다.

④ 해산된 정당의 대표자와 간부는 해산된 정당과 비슷한 정당을 만들 수 없다.

> **해설**
>
> 정당해산심판은 정부만이 제소할 수 있기 때문에, 일반 국민은 헌법재판소에 정당해산심판을 청구할 수 없다. 다만, 정부에 정당해산심판을 청구해달라는 청원을 할 수 있다.

53 다음 중 헌법재판소의 관장사항이 아닌 것은?

① 법률에 저촉되지 아니하는 범위 안에서 소송에 관한 절차 제정

② 탄핵의 심판

③ 정당의 해산심판

④ 헌법소원에 관한 심판

> **해설**
>
> 대법원은 법률에서 저촉되지 아니하는 범위 안에서 소송에 관한 절차, 법원의 내부규율과 사무처리에 관한 규칙을 제정할 수 있다(헌법 제108조).
>
> 헌법재판소법 제2조(관장사항)
> - 법원 제청에 의한 법률의 위헌 여부 심판
> - 탄핵의 심판
> - 정당의 해산심판
> - 국가기관 상호 간, 국가기관과 지방자치단체 간 및 지방자치단체 상호 간의 권한쟁의에 관한 심판
> - 헌법소원에 관한 심판

54 다음 우리나라의 배심제에 대한 설명 중 바르지 못한 것은?

① 미국의 배심제를 참조했지만 미국처럼 배심원단이 직접 유·무죄를 결정하지 않는다.

② 판사는 배심원의 유·무죄 판단과 양형 의견과 다르게 독자적으로 결정할 수 있다.

③ 시행 초기에는 민사 사건에만 시범적으로 시행되었다.

④ 피고인이 원하지 않을 경우 배심제를 시행할 수 없다.

> **해설**
>
> 시행 초기에는 살인죄, 강도와 강간이 결합된 범죄, 3,000만원 이상의 뇌물죄 등 중형이 예상되는 사건에만 시범적으로 시행되었다.

55 다음 중 국회에서 국외 원내 교섭단체를 이룰 수 있는 최소 의석수는?

① 20석　　　　　　　　　　　② 30석

③ 40석　　　　　　　　　　　④ 50석

> **해설**
>
> 국회에서 단체교섭회에 참가하여 의사진행에 관한 중요한 안건을 협의하기 위하여 의원들이 구성하는 단체를 교섭단체라고 한다. 국회법 제33조에 따르면 국회에 20명 이상의 소속의원을 가진 정당은 하나의 교섭단체가 된다. 다만 다른 교섭단체에 속하지 않는 20명 이상의 의원으로 따로 교섭단체를 구성할 수 있다.

56 일정기간이 지나면 법률의 효력이 자동으로 사라지는 제도는?

① 종료제　　　　　　　　　　② 일몰제

③ 순환제　　　　　　　　　　④ 실효제

> **해설**
>
> 일몰제는 시간이 흐르고 해가 지듯이 일정기간이 지나면 법률이나 규제·조항의 효력이 자동으로 종료되는 제도를 말한다. 1976년 미국의 콜로라도주 의회에서 최초로 제정됐으며 해당 법률에 대한 행정부의 감독과 책임의식을 증대하기 위해 시작됐다.

57 형벌의 종류 중 무거운 것부터 차례로 나열한 것은?

① 사형 – 자격상실 – 구류 – 몰수

② 사형 – 자격상실 – 몰수 – 구류

③ 사형 – 몰수 – 자격상실 – 구류

④ 사형 – 구류 – 자격상실 – 몰수

> **해설**
>
> 형벌의 경중 순서
> 사형 → 징역 → 금고 → 자격상실 → 자격정지 → 벌금 → 구류 → 과료 → 몰수

02 경제 · 경영 · 금융

01 양적완화

경기부양을 위해 중앙은행이 발권력을 동원해 시중에 돈을 공급하는 정책

금리중시 통화정책을 시행하는 중앙은행이 정책금리가 0%에 근접하거나 혹은 다른 이유로 시장경제의 흐름을 정책금리로 제어할 수 없는 이른바 유동성 저하 상황에서, 유동성을 충분히 공급함으로써 중앙은행의 거래량을 확대하는 정책이다.

02 테이퍼링 Tapering

중앙은행이 자산 매입으로 시장에 돈을 푸는 양적완화 정책을 점진적으로 축소하는 것

벤 버냉키 미국 전 연방준비제도(Fed) 의장이 처음 사용한 용어로 미국의 양적완화정책을 점진적으로 줄여나가는 것을 말한다. 즉, 출구 전략의 일환으로서 그동안 매입하던 채권의 규모를 점진적으로 축소하는 정책을 취하는 것이다.

03 재화

인간에 도움이 되는 효용을 가지고 있는 모든 물체와 물질

- 정상재 : 소득이 증가(감소)했을 때 수요가 증가(감소)하는 재화
- 열등재 : 소득이 증가(감소)했을 때 수요가 감소(증가)하는 재화
- 경제재 : 희소성이 있어 대가를 지불하지 않고는 얻을 수 없는 경제적 가치가 있는 것
- 자유재 : 사용가치는 있으나 무한하여 교환가치가 없는 비경제재 예 공기, 물

- 대체재 : 한 재화에 대한 수요와 다른 재화의 가격이 같은 방향으로 움직이는 관계에 있는 재화 예 커피-홍차, 소고기-돼지고기
- 보완재 : 하나의 소비활동을 위해 함께 소요되는 경향이 있는 재화 예 커피-설탕, 만년필-잉크
- 기펜재 : 열등재의 한 종류로, 재화가격이 하락할 때 수요량이 오히려 감소하는 재화

04 유로존 Eurozone

유럽연합의 단일화폐인 유로를 국가통화로 도입하여 사용하는 국가나 지역

오스트리아, 핀란드, 독일, 에스토니아, 프랑스, 아일랜드, 스페인, 라트비아, 벨기에, 키프로스, 그리스, 슬로바키아, 이탈리아, 룩셈부르크, 몰타, 네덜란드, 포르투갈, 슬로베니아, 리투아니아, 크로아티아 등 총 20개국이 가입되어 있다. 유로존 가입 조건은 정부의 재정적자 규모가 국내총생산의 3% 미만, 정부의 공공부채 규모가 국내총생산의 60% 이내, 인플레율(물가상승률)이 유로존 회원국 최저 3개국보다 1.5%를 초과하지 않을 것 등 재정·부채·물가·환율 등의 조건을 충족해야 한다.

05 세이프가드 Safeguard

자국의 산업 보호를 위한 긴급 조치

한국어로는 '긴급 수입 제한 조치'라 한다. 수입 품목 중 특정 상품이 매우 경쟁력이 있어 자국 시장을 잠식하고 자국 산업에 큰 피해를 입힐 우려가 있을 경우 긴급 수입 제한을 하거나 해당 상품에 큰 관세를 매길 수 있다. 세계무역기구는 각 국가의 이러한 긴급 수입 제한 권리를 인정하고 있다.

06 구글세 Google Tax

세금을 내지 않는 다국적 IT기업에 부과하는 각종 세금

특허료 등 막대한 이익을 올리고도 조세 조약이나 세법을 악용해 세금을 내지 않았던 다국적 기업에 부과하기 위한 세금을 말한다. 그동안 구글 등 다국적 IT기업들은 전 세계로부터 특허료 등 막대한 이익을 얻었음에도 합당한 세금을 내지 않았기 때문에 이를 방지하겠다는 취지이다. 디지털세라고도 한다.

07 경기확산지수 DI ; Diffusion Index

경기동향요인이 다른 부문으로 점차 확산·파급되어 가는 과정을 파악하기 위한 지표

경기의 변화방향만을 지수화한 것으로 경기동향지수라고도 한다. 즉, 경기국면의 판단 및 예측, 경기전환점을 식별하기 위한 지표이다.

경기동향지수
- $0 < DI < 50$ ☞ 경기수축국면
- $DI = 50$ ☞ 경기전환점
- $50 < DI < 100$ ☞ 경기확장국면

08 퍼플오션 Purple Ocean

레드오션과 블루오션의 장점만을 따서 만든 새로운 시장

레드와 블루를 섞었을 때 얻을 수 있는 보라색 이미지를 사용한다. 경쟁이 치열한 레드오션에서 자신만의 차별화된 아이템으로 블루오션을 개척하는 것을 말한다. 포화시장으로 인식되던 감자칩 시장에서 "허니버터칩"의 등장, 초코파이 시장에서 "녹차맛 초코파이"의 등장 등이 좋은 예이다.

- 레드오션 : 경쟁이 치열해 성공을 낙관하기 힘든 시장을 의미한다.
- 블루오션 : 경쟁자가 없는 미지의 시장을 의미한다.

09 칵테일리스크 Cocktail of Risk

국제 유가 급락, 신흥국 경제위기 등 각종 악재가 동시다발적으로 한꺼번에 터지는 것

여러 가지 악재가 동시에 발생하는 경제위기 상황을 칵테일리스크라고 하는데, 다양한 술과 음료를 혼합해 만드는 칵테일에 빗대 표현한 말이다. 세계적인 경기침체, 이슬람 무장단체의 테러 등이 혼재된 경제위기를 의미한다.

10 유동성 함정 Liquidity Trap

금리를 낮추고 통화량을 늘려도 경기가 부양되지 않는 상태

경제주체들이 돈을 움켜쥐고 시장에 내놓지 않는 상황으로, 기업의 생산·투자와 가계의 소비가 늘지 않아 경기가 나아지지 않고 저성장의 늪으로 빠지는 것처럼 보이는 현상이다.

11 베블런 효과 Veblen Effect

가격이 오르는데도 수요가 줄어들지 않고, 오히려 증가하는 현상

가격이 오르는데도 일부 계층의 과시욕이나 허영심 등으로 인해 수요가 줄어들지 않는 현상으로 상류층 소비자들의 소비 심리를 표현한 말이다. 미국의 경제학자이자 사회학자인 소스타인 베블런(Thorstein Bunde Veblen)의 저서 〈유한계급론〉(1899)에서 유래했다.

12 독점적 경쟁시장

기업들이 독점적 입장의 강화를 꾀하면서도 서로 경쟁하는 시장

진입장벽이 없어 많은 경쟁자가 시장에 있지만 제품 차별화를 통해 생산자가 일시적으로 독점력을 행사하는 시장을 말한다. 즉, 독점적 경쟁시장은 진입과 퇴거가 자유롭고, 다수의 기업이 존재하며, 개별 기업들이 차별화된 재화를 생산하는 시장 형태이다.

- 완전경쟁시장 : 수많은 판매자와 구매자가 주어진 조건에서 동일한 재화를 사고파는 시장
- 독점시장 : 특정 기업이 생산과 시장을 지배하고 있는 시장
- 과점시장 : 소수의 몇몇 대기업들이 시장의 대부분을 지배하는 형태
- 독과점시장 : 독점과 과점시장을 합친 형태

13 리디노미네이션 Redenomination

한 나라에서 통용되는 화폐의 액면가를 동일한 비율의 낮은 숫자로 변경하는 조치

화폐의 가치적인 변동 없이 액면을 동일 비율로 하향 조정하는 것을 말한다. 경제 규모가 커지고 물가가 상승함에 따라 거래되는 숫자의 자릿수가 늘어나는 계산상의 불편을 해소하기 위해 도입한다.

14 스텔스 세금 Stealth Tax

납세자들이 세금을 낸다는 사실을 잘 체감하지 못하고 내는 세금

스텔스 세금은 부가가치세, 판매세 등과 같이 납세자들이 인식하지 않고 내는 세금을 레이더에 포착되지 않고 적진에 침투하는 스텔스 전투기에 빗대 표현한 것이다. 담배세가 대표적이다.

15 RE100 Renewable Energy 100%

필요한 전력을 재생에너지로만 충당하겠다는 기업들의 자발적인 약속

2050년까지 필요한 전력의 100%를 태양광, 풍력 등 재생에너지로만 충당하겠다는 기업들의 자발적인 약속이다. 2014년 영국의 비영리단체인 기후그룹과 탄소공개프로젝트가 처음 제시했다.

16 엥겔계수 Engel Coefficient

총가계 지출액 중에서 식료품비가 차지하는 비율

저소득 가계일수록 가계 지출 중 식료품비가 차지하는 비율이 높고, 고소득 가계일수록 식료품비가 차지하는 비율이 낮은 것을 엥겔의 법칙이라고 한다. 식료품은 필수품이기 때문에 소득수준과 관계없이 반드시 일정한 비율을 소비해야 하며 동시에 어느 수준 이상은 소비할 필요가 없는 재화이다. 따라서 엥겔계수는 소득 수준이 높아짐에 따라 점차 감소하는 경향이 있다.

$$엥겔계수 = \frac{식료품비}{총가계지출액} \times 100$$

17 지니계수 Gini Coefficient

빈부격차와 계층 간 소득분포 불균형 정도를 나타내는 수치

계층 간 소득분포의 불균형 정도를 나타내는 수치로, 소득이 어느 정도 균등하게 분배돼 있는지를 평가하는 데 주로 이용된다. 지니계수는 0에서 1 사이의 수치로 표시되는데 소득분배가 완전평등한 경우가 0, 완전불평등한 경우가 1이다. 즉, 낮은 수치는 더 평등한 소득 분배를, 반면에 높은 수치는 더 불평등한 소득 분배를 의미한다.

18 스태그플레이션 Stagflation

경기침체기에 발생하는 인플레이션으로, 저성장·고물가의 상태

경기침체를 의미하는 '스태그네이션(Stagnation)'과 물가상승을 의미하는 '인플레이션(Inflation)'을 합성한 용어로, 경제활동이 침체되고 있는 상황에서도 물가는 지속적으로 상승하고 있는 현상이다.

- 초인플레이션(하이퍼인플레이션) : 인플레이션의 범위를 초과하여 경제학적 통제를 벗어난 인플레이션이다.
- 디스인플레이션 : 인플레이션이 발생해 통화가 팽창하여 물가가 상승할 때, 그 시점의 통화량-물가수준은 유지한 채 안정을 도모하며 서서히 인플레이션을 수습하는 경제정책을 의미한다.
- 애그플레이션 : 농산물 상품의 가격 급등으로 일반 물가도 덩달아 상승하는 현상이다.

19 소프트패치 Soft Patch

경기 회복 국면에서 일시적인 어려움을 겪는 상황

경기가 상승하는 국면에서 본격적인 침체국면에 접어들거나 후퇴하는 것은 아니지만 일시적으로 성장세가 주춤해지며 어려움을 겪는 현상을 의미한다.

러프패치(Rough Patch)
소프트패치 국면이 상당기간 길어질 수 있다는 뜻으로, 소프트패치보다 더 나쁜 경제상황을 의미한다.

20 G7

세계 정치와 경제를 주도하는 주요 7개국의 모임

1975년 프랑스가 G6 정상회의를 창설했다. 미국, 프랑스, 독일, 영국, 이탈리아, 일본 등 서방 선진 6개국의 모임으로 출범하였으며, 그 다음해 캐나다가 추가되어 서방 선진 7개국 정상회담(G7)으로 매년 개최되었다. 1990년대 이후 냉전 구도 해체로 세계에서 가장 큰 나라인 러시아가 옵서버 형식으로 참가하기 시작하였고, 1997년 이후 러시아가 정식 멤버가 되면서 세계 주요 8개국의 모임(G8)으로 불렸으나 2014년 이후 제외됐다.

21 자유무역협정 FTA ; Free Trade Agreement

둘 또는 그 이상의 나라들이 상호 간에 수출입 관세와 시장 점유율 제한 등의 무역 장벽을 제거하기로 약정하는 조약

자유무역협정(FTA)은 협정을 체결한 국가 간에 상품·서비스 교역에 대한 관세 및 무역장벽을 철폐함으로써 배타적인 무역특혜를 서로 부여하는 협정이다. FTA는 그동안 유럽연합(EU)이나, 북미자유무역협정(USMCA) 등과 같이 인접 국가나 일정한 지역을 중심으로 이루어졌기 때문에 흔히 지역무역협정(RTA ; Regional Trade Agreement)이라고도 부른다.

22 세계무역기구 WTO

세계의 교역 증진과 경제 발전을 목적으로 설립된 국제기구

1994년 우루과이라운드 협상이 마무리되고 마라케시 선언을 공동으로 발표함으로써 1995년 1월 정식 출범하였고, 1947년 이래 국제무역질서를 규율해 오던 '관세 및 무역에 관한 일반협정(GATT)' 체제를 대신하게 되었다. WTO는 세계무역 분쟁조정, 관세인하 요구, 반덤핑규제 등 막강한 국제적인 법적권한과 구속력을 행사한다. 1995년에 설립되었으며, 본부는 제네바에 있다. 우리나라에서는 WTO 비준안 및 이행방안이 1994년 통과되었다.

23 경제협력개발기구 OECD

경제발전과 세계무역 촉진을 위하여 발족한 국제기구

제2차 세계대전 뒤 유럽 각국은 협력체제의 정비가 필요하여 1948년 4월 마셜플랜을 수용하기 위한 기구로서 유럽경제협력기구(OEEC)를 출범시켰다. 이후 1960년 12월 OEEC의 18개 회원국과 미국·캐나다를 포함하여 20개국 각료와 당시 EEC(유럽경제공동체), ECSC(유럽석탄철강공동체), EURATOM(유럽원자력공동체)의 대표들이 모여 '경제협력개발기구조약(OECD조약)'에 서명하고, 1961년에 협정문이 발효됨으로써 탄생하였다. 우리나라는 1996년 12월에 29번째 회원국으로 가입하였다.

24 BCG 매트릭스

상대적 시장점유율과 사업성장률을 기초로 구성된 분석기법

보스턴컨설팅그룹에 의해 1970년대 초반 개발된 것으로, 기업의 경영전략 수립에 있어 하나의 기본적인 분석도구로 활용되는 사업포트폴리오 분석기법이다. BCG 매트릭스는 자금의 투입, 산출 측면에서 사업(전략 사업 단위)이 현재 처해 있는 상황을 파악하여 상황에 알맞은 처방을 내리기 위한 분석도구이다.

- 스타(Star) 사업 : 성공사업. 수익성과 성장성이 크므로 계속적 투자가 필요하다.
- 캐시카우(Cash Cow) 사업 : 수익창출원. 기존의 투자에 의해 수익이 계속적으로 실현되므로 자금의 원천 사업이 된다. 시장성장률이 낮으므로 투자금액이 유지·보수 차원에서 머물게 되어 자금투입보다 자금산출이 많다.
- 물음표(Question Mark) 사업 : 신규사업. 상대적으로 낮은 시장점유율과 높은 시장성장률을 가진 사업으로 기업의 행동에 따라서는 차후 스타(Star) 사업이 되거나, 도그(Dog) 사업으로 전락할 수 있는 위치에 있다.
- 도그(Dog) 사업 : 사양사업. 성장성과 수익성이 없는 사업으로 철수해야 한다.

25 상계관세

타국 수출상품의 가격경쟁력이 높은 경우, 수입국이 국내의 산업경쟁력을 유지하기 위해 부과하는 관세

국내 산업의 경쟁력을 유지하기 위한 제도로, 수출을 하는 나라가 수출기업에 보조금이나 장려금을 지급하여 수출상품의 경쟁력을 높일 경우 수입국이 보조금이나 장려금에 해당하는 금액만큼 수입상품에 대해 추가로 부과하는 특별관세를 의미한다.

26 니치 마케팅 Niche Marketing

시장의 빈틈을 공략하는 새로운 상품을 내놓아 경쟁력을 제고시키는 마케팅

니치란 틈새를 비집고 들어가는 것을 의미하는 것으로 세분화된 시장이나 소비 상황을 설명하는 말이기도 하다. 니치 마케팅은 특정한 성격을 가진 소규모의 소비자를 대상으로 판매목표를 설정하는 것인데 왼손잡이용 가위 등이 니치 마케팅에 해당한다.

27 코즈 마케팅 Cause Marketing

기업과 사회적 이슈가 연계되어 상호이익을 추구하는 것

기업이 일방적으로 기부나 봉사활동을 하는 것에서 나아가 기업이 공익을 추구하면서도 이를 통해 실질적인 이익을 얻을 수 있도록 공익과의 접점을 찾는 것이다.

28 프로슈머 마케팅 Prosumer Marketing

기업의 생산자(Producer)와 소비자(Consumer)의 합성어

1980년 엘빈 토플러가 〈제3의 물결〉에서 처음 사용한 용어로 생산자적 기능을 수행하는 소비자를 말한다. 소비자들이 자신들의 욕구에 따라 직접 상품의 개발을 요구하고 심지어 유통에까지 관여하는 마케팅을 말한다.

29 미국 연방준비제도 Fed ; Federal Reserve System

미국의 중앙은행제도

1913년 미국의 연방준비법에 의해 설치된 미국의 중앙은행제도로 미국 달러를 발행하는 역할 등을 한다. 미국은 전역을 12개 연방준비구로 나눠 각 지구에 하나씩 연방준비은행을 두고 이들을 연방준비제도 이사회 (FRB)가 통합하여 관리하는 형태를 취한다. 이사회는 각 연방은행의 운영을 관리하고 미국의 금융정책을 결정하는 역할을 하고 있는데, 화폐공급 한도를 결정하는 것은 연방공개시장위원회(FOMC)이며 FRB는 FOMC와 협력하여 금융정책을 수행한다.

30 M&A Merger and Acquisition

기업인수합병

합병(Merger)과 인수(Acquisition)의 합성어로 우리나라에서는 '기업인수합병'이라는 용어와 같이 사용되고 있다. 최근에는 각각 독립된 둘 이상의 기업이 하나의 경제적 실체가 되는 모든 행위를 포괄하고 있는 개념으로 쓰인다.

- 합병 : 두 개 이상의 기업이 하나의 기업으로 재편되는 것
- 인수 : 특정기업이 기존에 가지고 있는 지분을 매입하거나 신주발행에 참여하여 경영권을 획득하는 것

31 경영진 매수 MBO ; Management BuyOut

현 경영진이 중심이 되어 회사 또는 사업부를 인수하는 것

일반적인 M&A는 외부 제3자에 의해 이루어지지만 MBO는 회사 내부의 임직원에 의해 이루어진다. 따라서 MBO는 기존 임직원이 신설회사의 주요 주주이면서 동시에 경영인이 된다. 이는 기존 경영자가 그대로 사업을 인수함으로써 경영의 일관성을 유지하고, 고용안정과 기업의 효율성을 동시에 추구할 수 있는 장점을 갖고 있다.

32 기업공개 IPO ; Initial Public Offering

회사가 발행한 주식을 대중에게 분산하고 재무내용을 공시하여 주식회사 체제를 갖추는 것

형식적으로 주식회사가 일반 대중에게 주식을 분산시킴으로써 기업공개 요건을 갖추는 것을 의미하며, 실질적으로 소수의 대주주가 소유한 주식을 일반 대중에게 분산시켜 증권시장을 통해 자유롭게 거래될 수 있게 함으로써 자금 조달의 원활화를 기하고 자본과 경영을 분리하여 경영합리화를 도모하는 것을 말한다.

33 리니언시 Leniency

담합 행위를 한 기업들에게 자진신고를 유도하는 자진신고자 감면제

담합 사실을 처음 신고한 업체에게는 과징금 100%를 면제해주고, 2순위 신고자에게는 50%를 면제해준다. 이 제도는 상호 간의 불신을 자극하여 담합을 방지하는 효과를 얻을 수 있다. 매출액이 클수록 과징금이 많아지기 때문에 담합으로 인해 가장 많은 혜택을 본 기업이 자진신고를 하여 처벌을 면할 수 있다는 한계도 있다.

34 스톡옵션 Stock Option

직원이 일정 수량의 주식을 살 수 있는 권한

기업이 임직원에게 자기회사의 주식을 일정 수량, 일정 가격으로 매입할 수 있는 권리를 부여하는 제도이다. 주가가 상승할 때에는 직원의 충성심과 사기의 향상을 기대할 수 있다.

35 CSR Corporate Social Responsibility

기업의 사회적 책임

CSR(Corporate Social Responsibility)은 기업이 지역사회 및 이해관계자들과 공생할 수 있도록 의사결정을 해야 한다는 윤리적 책임의식을 말한다. 기업의 활동으로 인해 직·간접적으로 영향을 주고받는 이해관계자들에 대해, 향후 발생할 수 있는 사건 사고 등 이슈에 대한 법적·경제적·윤리적 책임을 감당하는 것이다.

36 BIS 비율 자기자본비율

국제결제은행(BIS)에서 일반은행에 권고하는 자기자본비율 수치

은행의 건전성과 안정성을 확보할 목적으로 은행의 위험자산에 대해 일정비율 이상의 자기자본을 보유하도록 하는 것으로, 은행의 신용위험과 시장위험에 대비해 최소한 8% 이상이 되도록 권고하고 있으며, 10% 이상이면 우량은행으로 평가받는다.

37 세계 3대 신용평가기관

영국의 피치 레이팅스 · 미국의 무디스 · 스탠더드 앤드 푸어스(S&P)

세계 3대 신용평가기관은 각국의 정치 · 경제 상황과 향후 전망 등을 고려하여 국가별 등급을 매김으로써 국가신용도를 평가한다.

피치 레이팅스 (FITCH Ratings)	• 1913년 존 놀스 피치(John Knowles Fitch)가 설립한 피치퍼블리싱(Fitch Publishing Company)에서 출발 • 1924년 'AAA ~ D'까지 등급을 매기는 평가방식 도입 • 뉴욕 · 런던에 본사 소재
무디스 (Moody's Corporation)	• 1909년 존 무디(John Moody)가 설립 • 기업체 및 정부를 대상으로 재무에 관련된 조사 및 분석 • 뉴욕 증권거래소 상장기업
스탠더드 앤드 푸어스 (Standard & Poor's)	• 1860년 헨리 바늄 푸어(Henry Varnum Poor)가 설립한 후 1942년 스탠더드와 합병하며 지금의 회사명으로 변경 • 미국의 3대 지수로 불리는 S&P 500지수 발표 • 뉴욕에 본사 소재

38 총부채원리금상환비율 DSR ; Debt Service Ratio

총체적 상환능력 비율

주택에 대한 대출 원리금뿐만 아니라 전체 금융 부채에 대한 원리금 상환액 비율을 말한다. DSR은 모든 대출금 상환액을 연간소득으로 나눠 계산하며, 차주의 종합부채 상환능력을 따지는 지표이다.

신(新)DTI와 DSR의 비교

구 분	신(新)DTI	DSR
명 칭	총부채상환비율	총체적 상환능력비율
산정방식	(모든 주택담보대출 원리금 상환액 + 기타 대출이자 상환액)/연간소득	모든 대출 원리금 상환액/연간소득

39 사이드카 Side Car

현물시장을 안정적으로 운용하기 위해 도입한 프로그램 매매호가 관리제도

프로그램 매매호가 관리제도의 일종으로 선물가격이 기준가 대비 5% 이상(코스닥은 6% 이상)인 상황이 1분간 지속하는 경우 선물에 대한 프로그램 매매만 5분간 중단한다. 5분이 지나면 자동으로 해제되며 1일 1회만 발동될 수 있다.

> **서킷브레이커(Circuit Breaker)**
> 코스피나 코스닥지수가 전일 대비 10% 이상 폭락한 상태가 1분간 지속하는 경우, 모든 시장 종목의 매매거래를 중단하는 조치다. 20분간의 매매정지가 풀리면 10분간 동시호가로 접수해서 매매를 재개한다. 1일 1회만 발동할 수 있다.

40 콘체른 Konzern

법률적으로 독립된 기업들이 하나의 기업처럼 결합하는 형태

여러 개의 기업이 주식교환이나 출자 등 금융적 결합에 의해 하나의 기업처럼 수직적으로 결합하는 기업집단을 의미한다. 일반적으로 하나의 거대한 기업이 계통이 다른 다수의 기업을 지배하기 위해 형성하며, 법률적으로 독립되어 있지만 실질적으로는 결합되어 있는 형태이다. 개개의 기업의 독립성을 보장하는 카르텔, 동일산업 내의 기업합동으로 이루어진 트러스트와 구별되며 각종 산업에 걸쳐 독점력을 발휘한다.

> **지주회사**
> 콘체른형 복합기업의 대표적인 형태로서 모자회사 간의 지배관계를 형성할 목적으로 자회사의 주식총수에서 과반수 또는 지배에 필요한 비율을 소유·취득하여 해당 자회사의 지배권을 갖고 자본적으로나 관리기술적인 차원에서 지배관계를 형성하는 기업을 말한다.

41 숏커버링 Short Covering

주식시장에서 매도한 주식을 다시 사들이는 것

공매도한 주식을 되갚기 위해 다시 사는 환매수를 말한다. 주식시장에서 주가가 하락할 것이 예상될 때 공매도를 하게 되는데, 이후 주가가 하락하면 싼 가격에 사서 돌려줌으로써 차익을 챙길 수 있지만 주가가 상승할 때는 손실을 줄이기 위해 주식을 매수하게 된다. 이러한 숏커버링은 주가 상승을 가져온다.

42 배드뱅크 Bad Bank

금융기관의 부실자산을 인수하여 전문적으로 처리하는 기구

신용불량자에게는 채권추심에 대한 부담을 덜어주면서 신용회복의 기회를 제공해주고, 금융기관 입장에서는 채권추심 일원화에 따라 채권추심비용을 절약하면서 채권 회수 가능성도 제고하는 등 부실채권을 효율적으로 정리할 수 있게 한다.

43 빅 스텝

중앙은행이 기준금리를 한 번에 0.50%포인트 인상하는 것

빅 스텝과 자이언트 스텝은 미국 연방준비제도(Fed)나 우리나라의 한국은행 등이 한 번에 0.50%포인트 이상 큰 폭으로 기준금리를 조정할 때 쓰이는 말이다. 빅 스텝은 0.50%포인트, 자이언트 스텝은 0.75 ~ 1.00%포인트 인상·하를 뜻한다. 우리나라 국내 언론과 증권시장에서만 쓰이는 용어로 알려져 있다.

44 리쇼어링 Reshoring

싼 인건비나 시장을 찾아 해외로 진출한 기업들이 본국으로 되돌아오는 현상

해외에 나가 있는 자국기업들을 각종 세제혜택과 규제 완화 등을 통해 자국으로 불러들이는 정책을 말한다. 특히 미국은 리쇼어링을 통해 세계의 패권을 되찾는다는 전략을 추진 중이다.

> **오프쇼어링(Off-shoring)**
> • 기업업무의 일부를 인건비 등이 싼 해외 기업에 맡겨 처리하는 것으로 리쇼어링의 반대개념이다.
> • 국내 자본과 설비가 해외로 빠져나가기 때문에 국내 근로자의 일자리가 부족하게 되는 사회 문제가 있다.

45 하이브리드 채권 Hybrid Bonds

은행이나 기업이 주로 자본조달수단을 목적으로 발행하는 것

채권처럼 매년 확정이자를 받을 수 있고, 주식처럼 만기가 없으면서도 매매가 가능한 신종자본증권이다. 채권과 주식의 특징을 지니며, 일정한 조건하에서 기업이 만기를 연장할 수 있기 때문에 일반 채권에 비해서 이자율이 높다.

46 환율

자국과 외국통화 간의 교환 비율

한 나라의 통화가치는 대내가치(구매력인 물가로 표시)와 대외가치(외국통화를 대가로 매매할 수 있는 환율)가 있으며, 표시방법으로는 다국통화표시방법과 외국통화표시방법이 있다.

- 환율하락(평가절상) : 한 국가의 통화가치가 상대적으로 상승하는 것으로 수입증대, 수출감소, 외채부담감소, 국제적인 영향력 강화 제고 현상이 나타난다.
- 환율상승(평가절하) : 한 국가의 통화가치가 상대적으로 하락하는 것으로 수출증대, 수입감소, 외채부담증가, 국내 인플레이션 현상이 나타난다.

47 환매조건부채권 RP ; Repurchase Agreements

금융기관이 일정 기간 후 확정금리를 보태어 되사는 조건으로 발행하는 채권

일정기간이 지난 후에 정해진 가격으로 같은 채권을 다시 구매하거나 판매하는 조건으로 채권을 거래하는 방식을 말한다. RP거래는 콜거래, 기업어음거래 등과 같이 단기자금의 대차거래이지만 그 거래대상이 장기 금융자산인 채권이며, 이 채권이 담보의 성격을 지닌다는 점에서 다른 금융거래와는 다르다.

48 MMF Money Market Funds

단기금융상품에 집중투자하여 얻는 수익률을 되돌려주는 초단기형 실적배당상품

투자신탁회사가 고객들의 자금으로 펀드를 구성한 다음 금리가 높은 1년 미만의 기업어음(CP), 양도성예금증서(CD), 콜 등 단기금융상품에 집중투자를 하여 얻은 수익을 고객에게 돌려주는 만기 30일 이내의 초단기 금융상품이다.

> **기업어음(CP)**
> 신용상태가 양호한 기업이 상거래와 관계없이 단기자금을 조달하기 위하여 자기신용을 바탕으로 발행하는 만기가 1년 이내인 융통어음이다.

49 유니콘 기업

기업가치가 10억달러를 넘어서는 스타트업

설립한 지 10년 이하이면서 뛰어난 기술력과 시장지배력으로 10억달러 이상의 기업가치를 인정받는 비상장 벤처기업을 말한다. 기업가치가 10억달러를 넘어서는 것을 마치 전설 속 동물인 유니콘처럼 상상 속에서나 존재할 수 있는, 엄청난 일로 받아들인다는 차원에서 이름 지어졌다. 세계적인 벤처기업들의 산실로 여겨지는 미국 실리콘밸리에서는 유니콘보다 열 배나 큰 데카콘(Decacorn·기업가치 100억달러) 기업들이 등장하고 있다.

50 규제 샌드박스

신기술 분야에서 일정 기간 동안 규제를 면제 또는 유예하는 제도

'샌드박스(Sand Box)'는 모래로 채워진 상자에서 어린이들이 자유롭게 노는 것에서 따온 용어로 기업이 새로운 기술이나 서비스를 자유롭게 시도할 수 있게 일정 기간 규제를 유예하거나 면제해주는 제도다. 영국에서 핀테크 산업을 빠르게 발전시키기 위해 이 제도를 처음 도입했다.

51 윔블던 효과

외국 자본이 국내 시장을 지배하는 현상

국내 시장에서 외국 기업이 자국 기업보다 잘 나가는 현상이다. 영국의 유명 테니스대회인 '윔블던 대회'가 외국 선수에게 문호를 개방한 이후 대회 자체의 명성은 올라갔지만, 영국인 우승자를 배출하는 것이 어려워진 것에 빗댄 것으로 금융시장을 개방하고 나서 외국계 자본이 국내 자본을 몰아내고 오히려 안방을 차지하는 현상을 말한다.

52 사모펀드

소수의 투자자로부터 비공개 방식을 통해 자금을 조성해 주식, 채권 등을 운용하는 펀드

사모펀드는 금융기관이 관리하는 일반펀드와는 달리 '사인(私人) 간 계약'의 형태이므로 금융감독기관의 감시를 받지 않으며, 공모펀드와 달리 운용에 제한이 없는 만큼 자유로운 운용이 가능하다.

53 벌처펀드 Vulture Fund

파산위기에 놓인 부실기업이나 부실채권에 투자하는 자금

사냥해서 먹이를 얻지 않고 동물의 사체를 먹는 대머리독수리(Vulture)에서 유래한 표현으로, 거의 회생가능성이 없는 파산위기의 기업이나 부실채권에 투자해 수익을 내는 자금을 말한다. 싼 값에 매수하여 정상화시킨 후 비싼 값에 팔아 고수익을 노린다는 전략인데, 그만큼 위험성도 크다.

54 헤지펀드

투자 위험 대비 고수익을 추구하는 투기성 자본

소수의 고액투자자를 대상으로 하는 사모펀드다. 주가의 장·단기 실적을 두루 고려해 장·단기 모두에 투자하는 식으로 포트폴리오를 구성하여 위험은 분산시키고 수익률은 극대화한다. 또한, 헤지펀드는 원래 조세회피 지역에 위장거점을 설치하고 자금을 운영하는 투자신탁으로 자금은 투자 위험을 회피하기 위해 펀드로 사용한다.

55 인덱스펀드

특정 지수들을 따라가도록 설계되고 운용되는 펀드

인덱스펀드는 주가지표의 변동과 동일한 투자성과를 내기 위해 구성된 포트폴리오로 증권시장의 장기적 성장추세를 전제로 한다. 그러므로 인덱스펀드의 목표수익률은 시장수익률 자체가 주된 목적이 되며 지수 추종형 펀드 또는 패시브형 펀드라고도 한다.

56 어닝 시즌 Earning Season

기업들의 분기별·반기별 실적 발표 시기

기업은 일정기간(1년에 4번, 분기별) 동안 실적을 발표하여 이를 종합하여 반기보고서, 연간결산보고서를 발표한다. 이때가 보통 12월인데, 실적 발표가 집중되는 만큼 주가의 향방이 결정되는 중요한 시기이기 때문에 투자자들은 어닝 시즌에 집중하게 된다.

> **어닝 서프라이즈(Earnings Surprise)**
> 시장 예상치를 뛰어 넘는 '기대 이상의 실적'을 말한다. 기업의 실적에 의하여 주가의 방향이 달라지는데, 발표한 실적이 예상보다 높을 때는 주가가 큰 폭으로 오르는 경우가 더욱 많다. 그러나 반대로, 예상보다 훨씬 낮을 때는 주가에 충격을 준다는 의미로 어닝 쇼크(Earning Shock)라고 한다.

57 필립스 곡선 Phillips Curve

임금상승률과 실업률과의 관계를 나타낸 그래프

실업률이 낮으면 임금상승률이 높고 실업률이 높으면 임금상승률이 낮다는 관계를 나타낸 곡선이다. 영국 경제학자 필립스가 실제 영국의 사례를 토대로 분석한 결과에서 $x = $ 실업률, $y = $ 임금상승률로 하여 $\log(y + 0.9) = 0.984 - 1.394x$ 라는 관계를 도출하였다. 이 경우 실업률이 5.5%일 때 임금상승률은 0이 된다. 최근에는 임금상승률과 실업률의 관계보다는 물가상승률과 실업률의 관계를 보는 것이 일반적이다.

01 값싼 가격에 질 낮은 저급품만 유통되는 시장을 가리키는 용어는?

① 레몬마켓

② 프리마켓

③ 제3마켓

④ 피치마켓

> **해설**
>
> 레몬마켓은 저급품만 유통되는 시장으로, 불량품이 넘쳐나면서 소비자의 외면을 받게 된다. 피치마켓은 레몬마켓의 반대어로, 고품질의 상품이나 우량의 재화·서비스가 거래되는 시장을 의미한다.

02 전세가와 매매가의 차액만으로 전세를 안고 주택을 매입한 후 부동산 가격이 오르면 이득을 보는 '갭 투자'와 관련된 경제 용어는 무엇인가?

① 코픽스

② 트라이슈머

③ 레버리지

④ 회색 코뿔소

> **해설**
>
> • 갭 투자 : 전세를 안고 하는 부동산 투자이다. 부동산 경기가 호황일 때 수익을 낼 수 있으나 부동산 가격이 위축돼 손해를 보면 전세 보증금조차 갚지 못할 수 있는 위험한 투자이다.
> • 레버리지(Leverage) : 대출을 받아 적은 자산으로 높은 이익을 내는 투자 방법이다. '지렛대효과'를 낸다 하여 레버리지라는 이름이 붙었다.

03 경기상황이 디플레이션일 때 나타나는 현상으로 옳은 것은?

① 통화량 감소, 물가하락, 경기침체

② 통화량 증가, 물가상승, 경기상승

③ 통화량 감소, 물가하락, 경기상승

④ 통화량 증가, 물가하락, 경기침체

> **해설**
>
> 디플레이션은 통화량 감소와 물가하락 등으로 인하여 경제활동이 침체되는 현상을 말한다.

04 어떤 증권에 대한 공포감 때문에 투자자들이 급격하게 매도하는 현상을 뜻하는 용어는?

① 패닉셀링 ② 반대매매
③ 페이밴드 ④ 손절매

해설

패닉셀링(Panic Selling)은 투자자들이 어떤 증권에 대해서 공포감과 혼란을 느껴 급격하게 매도하는 현상을 뜻한다. '공황매도'라고도 한다. 증권시장이 악재로 인해 대폭락이 예상되거나, 대폭락 중일 때 투자자들이 보유한 증권을 팔아버리는 것이다. 패닉셀링이 시작되면 시장은 이에 힘입어 더욱 침체를 겪게 된다.

05 특정 품목의 수입이 급증할 때, 수입국이 관세를 조정함으로써 국내 산업의 침체를 예방하는 조치는 무엇인가?

① 세이프가드 ② 선샤인액트
③ 리쇼어링 ④ 테이퍼링

해설

특정 상품의 수입 급증이 수입국의 경제 또는 국내 산업에 심각한 타격을 줄 우려가 있는 경우 세이프가드를 발동한다.
② 선샤인액트 : 제약사와 의료기기 제조업체가 의료인에게 경제적 이익을 제공할 경우 해당 내역에 대한 지출보고서 작성을 의무화한 제도
③ 리쇼어링 : 해외로 진출했던 기업들이 본국으로 회귀하는 현상
④ 테이퍼링 : 양적완화 정책의 규모를 점차 축소해가는 출구전략

06 다음 중 유로존 가입국이 아닌 나라는?

① 오스트리아 ② 프랑스
③ 아일랜드 ④ 스위스

해설

유로존(Eurozone)은 유럽연합의 단일화폐인 유로를 국가통화로 도입하여 사용하는 국가나 지역을 가리키는 말로 오스트리아, 핀란드, 독일, 포르투갈, 프랑스, 아일랜드, 스페인 등 총 20개국이 가입되어 있다. 스위스는 유로존에 포함되어 있지 않기 때문에 자국 통화인 스위스프랑을 사용한다.

07 물가상승이 통제를 벗어난 상태로, 수백 퍼센트의 인플레이션율을 기록하는 상황을 말하는 경제용어는?

① 보틀넥인플레이션　　　　　　　　　② 하이퍼인플레이션
③ 디맨드풀인플레이션　　　　　　　　④ 디스인플레이션

> **해설**
> ① 생산능력의 증가속도가 수요의 증가속도를 따르지 못함으로써 발생하는 물가상승
> ③ 초과수요로 인하여 일어나는 인플레이션
> ④ 인플레이션을 극복하기 위해 통화증발을 억제하고 재정·금융긴축을 주축으로 하는 경제조정정책

08 다음 중 리디노미네이션(Redenomination)에 대한 설명으로 옳지 않은 것은?

① 나라의 화폐를 가치의 변동 없이 모든 지폐와 은행권의 액면을 동일한 비율의 낮은 숫자로 표현하는 것을 말한다.
② 리디노미네이션의 목적은 화폐의 숫자가 너무 커서 발생하는 국민들의 계산이나 회계 기장의 불편, 지급상의 불편 등의 해소에 있다.
③ 리디노미네이션은 인플레이션 기대심리를 유발할 수 있다는 문제점이 있다.
④ 화폐단위가 변경되면서 새로운 화폐를 만들어야 하기 때문에 화폐제조비용이 늘어난다.

> **해설**
> 리디노미네이션은 인플레이션의 기대심리를 억제시키고, 국민들의 거래 편의와 회계장부의 편리화 등의 장점을 갖고 있다.

09 GDP에 대한 설명으로 적절하지 않은 것은?

① 비거주자가 제공한 노동도 포함된다.
② 국가의 경제성장률을 분석할 때 사용된다.
③ 명목GDP와 실질GDP가 있다.
④ 한 나라의 국민이 일정기간 동안 생산한 재화와 서비스이다.

> **해설**
> GDP(Gross Domestic Product : 국내총생산)는 한 나라의 영역 내에서 가계, 기업, 정부 등 모든 경제주체가 일정기간 생산한 재화·서비스의 부가가치를 시장가격으로 평가한 것이다. 비거주자가 제공한 생산요소에 의해 창출된 것도 포함된다. 물가상승분이 반영된 명목GDP와 생산량 변동만을 반영한 실질GDP가 있다. 한 국가의 국민이 일정기간 동안 생산한 재화와 서비스를 모두 합한 것은 GNP(국민총생산)이다.

10 국제통상에서 한 나라가 다른 외국에 부여한 조건보다 불리하지 않은 조건을 상대국에게도 부여하는 것은?

① 인코텀스   ② 출혈 수주

③ 호혜 무역   ④ 최혜국 대우

> **해설**
>
> 최혜국 대우는 국제통상·항해조약에서 한 나라가 외국에게 부여한 조건보다 불리하지 않은 대우를 상대국에게도 부여하는 것을 말한다. 모든 국가들이 서로 국제통상을 할 때 차별하지 않고 동등하게 대한다는 원칙이다. 세계무역기구(WTO)에 가입된 조약국에게는 기본적으로 적용된다.

11 복잡한 경제활동 전체를 '경기'로서 파악하기 위해 제품, 자금, 노동 등에 관한 통계를 통합·정리해서 작성한 지수는?

① 기업경기실사지수   ② 엔젤지수

③ GPI   ④ 경기동향지수

> **해설**
>
> 경기동향지수는 경기의 변화방향만을 지수화한 것으로 경기확산지수라고도 한다. 즉, 경기국면의 판단 및 예측, 경기전환점을 식별하기 위한 지표이다.

12 다음 중 경상수지에 해당하지 않는 것은?

① 상품수지   ② 서비스수지

③ 국제수지   ④ 소득수지

> **해설**
>
> 경상수지는 자본수지와 함께 국제수지를 이루는 요소로서 상품수지, 서비스수지, 소득수지, 경상이전수지로 구성된다. 국가 간의 상품과 서비스의 수출입 결과를 종합한 것이다. 즉 외국과의 교역을 통해 상품과 서비스가 얼마나 오갔으며, 자본·노동 등의 생산요소가 이동하면서 이에 따른 수입과 지급은 얼마나 이루어졌는지 총체적으로 나타낸 것이다.

13 자원을 재활용하는 방식으로 친환경을 추구하는 경제모델을 뜻하는 용어는?

① 중립경제   ② 공유경제

③ 순환경제   ④ 선형경제

> **해설**
>
> 순환경제는 자원을 아껴 쓰고 재활용하는 방식으로 지속가능한 경제활동을 추구하는 친환경 경제모델을 일컫는 용어다. 채취하고 생산하고 소비하며 폐기하는 기존의 선형경제와 대치되는 경제모델이다. 재활용이 가능한 원자재를 사용하고, 썩지 않는 플라스틱 등의 폐기물을 없애는 방식의 형태로 나타난다.

14 돈을 풀고 금리를 낮춰도 투자와 소비가 늘지 않는 현상을 무엇이라 하는가?

① 유동성 함정

② 스태그플레이션

③ 디멘드풀인플레이션

④ 애그플레이션

> **해설**
>
> 유동성 함정(Liquidity Trap)은 금리를 낮추고 통화량을 늘려도 경기가 부양되지 않는 상태를 말한다.

15 다음 〈보기〉에서 설명하고 있는 효과는?

> **보기**
>
> • 가격이 오르는데도 일부 계층의 과시욕이나 허영심 등으로 인해 수요가 줄어들지 않는 현상
> • 상류층 소비자들의 소비 행태를 가리키는 말

① 바넘 효과   ② 크레스피 효과

③ 스놉 효과   ④ 베블런 효과

> **해설**
>
> 베블런 효과는 미국의 경제학자이자 사회학자인 소스타인 베블런(Thorstein Bunde Veblen)이 자신의 저서 〈유한계급론〉(1899)에서 "상류층계급의 두드러진 소비는 사회적 지위를 과시하기 위하여 자각 없이 행해진다"고 지적한 데서 유래했다.

16 다음 글이 설명하고 있는 시장의 유형으로 적절한 것은?

> • 주변에서 가장 많이 볼 수 있는 시장의 유형이다.
> • 공급자의 수는 많지만, 상품의 질은 조금씩 다르다.
> • 소비자들은 상품의 차별성을 보고 기호에 따라 재화나 서비스를 소비하게 된다. 미용실, 약국 등이 속한다.

① 과점시장
② 독점적 경쟁시장
③ 생산요소시장
④ 완전경쟁시장

해설

다수의 공급자, 상품 차별화, 어느 정도의 시장 지배력 등의 특징을 갖고 있는 시장은 독점적 경쟁시장이다. 과점시장은 소수의 기업이나 생산자가 시장을 장악하고 비슷한 상품을 제조하며 동일한 시장에서 경쟁하는 시장형태이다. 우리나라 이동통신회사가 대표적인 예이다.

17 기업들이 자발적으로 필요 전력을 재생에너지로 충당한다는 캠페인은?

① CF100
② RE100
③ ESG
④ 볼트온

해설

RE100은 2050년까지 필요한 전력의 100%를 태양광, 풍력 등 재생에너지로만 충당하겠다는 기업들의 자발적인 약속이다. 2014년 영국의 비영리단체인 기후그룹과 탄소공개프로젝트가 처음 제시했다.

18 총 가계지출액 중에서 식료품비가 차지하는 비율, 즉 엥겔(Engel)계수에 대한 설명과 가장 거리가 먼 것은?

① 농산물 가격이 상승하면 엥겔계수가 올라간다.
② 엥겔계수를 구하는 식은 식료품비/총가계지출액×100이다.
③ 엥겔계수는 소득 수준이 높아짐에 따라 점차 증가하는 경향이 있다.
④ 엥겔계수 상승에 따른 부담은 저소득층이 상대적으로 더 커진다.

해설

식료품은 필수품이기 때문에 소득 수준과 관계없이 반드시 일정한 비율을 소비해야 하며 동시에 어느 수준 이상은 소비할 필요가 없는 재화이다. 따라서 엥겔계수는 소득 수준이 높아짐에 따라 점차 감소하는 경향이 있다.

19 경기침체 속에서 물가상승이 동시에 발생하는 상태를 가리키는 용어는?

① 디플레이션　　　　　　　　　② 하이퍼인플레이션
③ 스태그플레이션　　　　　　　　④ 애그플레이션

> **해설**
> ① 경제 전반적으로 상품과 서비스의 가격이 지속적으로 하락하고 경제활동이 침체되는 현상
> ② 물가 상승 현상이 통제를 벗어난 초인플레이션 상태
> ④ 곡물 가격이 상승하면서 일반 물가도 오르는 현상

20 서방 선진 7개국 정상회담(G7)은 1975년 프랑스가 G6 정상회의를 창설하고 그 다음해 캐나다가 추가·확정되면서 매년 개최된 회담이다. 다음 중 G7 회원국이 아닌 나라는?

① 미 국　　　　　　　　　　　　② 영 국
③ 이탈리아　　　　　　　　　　　④ 중 국

> **해설**
> 1975년 프랑스가 G6 정상회의를 창설했다. 미국, 프랑스, 독일, 영국, 이탈리아, 일본 등 서방 선진 6개국의 모임으로 출범하였으며, 그 다음해 캐나다가 추가되어 서방 선진 7개국 정상회담(G7)으로 매년 개최되었다. 1990년대 이후 냉전 구도 해체로 러시아가 옵서버 형식으로 참가하였으나, 2014년 이후 제외됐다.

21 다음 중 지니계수에 대한 설명으로 옳지 않은 것은?

① 0과 1 사이의 값을 가지며 1에 가까울수록 불평등 정도가 낮다.
② 로렌츠곡선에서 구해지는 면적 비율로 계산한다.
③ 계층 간 소득분포의 불균형 정도를 나타내는 수치로 나타낸 것이다.
④ 소득이 어느 정도 균등하게 분배되는지 평가하는 데 이용된다.

> **해설**
> 지니계수는 계층 간 소득분포의 불균형 정도를 나타내는 수치로, 소득이 어느 정도 균등하게 분배돼 있는 지를 평가하는 데 주로 이용된다. 지니계수는 0과 1 사이의 값을 가지며 1에 가까울수록 불평등 정도가 높은 것을 뜻한다.

22 세계경제포럼의 회장이며 제4차 산업혁명 시대 전환을 최초로 주장한 인물은?

① 폴 크루그먼
② 제러미 리프킨
③ 클라우스 슈밥
④ 폴 밀그럼

해설

경제학자이자 세계경제포럼(WEP)의 회장인 클라우스 슈밥은 '제4차 산업혁명'이라는 개념을 최초로 주창한 인물로 알려져 있다. 2016년 1월 열린 다보스 포럼에서 제4차 산업혁명을 글로벌 의제로 삼은 슈밥은 이 새로운 물결로 인해 빈부격차가 심해지고 사회적 긴장이 높아질 것으로 전망했다.

23 다음 중 임금상승률과 실업률 사이의 상충관계를 나타낸 것은?

① 로렌츠곡선
② 필립스곡선
③ 지니계수
④ 래퍼곡선

해설

실업률과 임금·물가상승률의 반비례 관계를 나타낸 곡선은 필립스곡선(Phillips Curve)이다. 실업률이 낮으면 임금이나 물가의 상승이 높고, 실업률이 높으면 임금이나 물가의 상승률이 낮다는 것이다.

24 다음 중 경기가 회복되는 국면에서 일시적인 어려움을 겪는 상황을 나타내는 것은?

① 스크루플레이션
② 소프트패치
③ 러프패치
④ 그린슈트

해설

경기가 상승하는 국면에서 본격적으로 침체되거나 후퇴하는 것은 아니지만 일시적으로 성장세가 주춤해지면서 어려움을 겪는 현상을 소프트패치(Soft Patch)라 한다.
① 스크루플레이션 : 쥐어짤 만큼 어려운 경제상황에서 체감 물가가 올라가는 상태
③ 러프패치 : 소프트패치보다 더 나쁜 경제상황으로, 소프트패치 국면이 상당기간 길어질 수 있음을 의미
④ 그린슈트 : 경제가 침체에서 벗어나 조금씩 회복되면서 발전할 조짐을 보이는 것

25 미국 보스턴 컨설팅 그룹이 개발한 BCG 매트릭스에서 기존 투자에 의해 수익이 계속적으로 실현되는 자금 공급 원천에 해당하는 사업은?

① 스타(Star) 사업   ② 도그(Dog) 사업

③ 캐시카우(Cash Cow) 사업   ④ 물음표(Question Mark) 사업

> **해설**
>
> 캐시카우 사업은 시장점유율이 높아 안정적으로 수익을 창출하지만 성장 가능성은 낮은 사업이다. 스타 사업은 수익성과 성장성이 모두 큰 사업이며, 그 반대가 도그 사업이다. 물음표 사업은 앞으로 어떻게 될 지 알 수 없는 사업이다.

26 친환경 정책을 바탕으로 새로운 부가가치를 창출하는 시장을 일컫는 말은?

① 그린오션   ② 블루오션

③ 레드오션   ④ 퍼플오션

> **해설**
>
> 그린오션(Green Ocean)은 경제·사회·환경 분야에서 '지속 가능한 성장'을 달성하기 위한 핵심 개념으로, 친환경 정책을 바탕으로 새로운 경제적 부가가치를 창출하는 경영 전략이나 시장을 말한다.

27 다음 중 기업이 공익을 추구하면서도 실질적인 이익을 얻을 수 있도록 공익과의 접점을 찾는 마케팅은?

① 바이럴 마케팅   ② 코즈 마케팅

③ 니치 마케팅   ④ 헤리티지 마케팅

> **해설**
>
> 기업이 일방적으로 기부나 봉사활동을 하는 것에서 나아가 기업이 공익을 추구하면서도 이를 통해 실질적인 이익을 얻을 수 있도록 공익과의 접점을 찾는 것을 코즈 마케팅이라 한다.

28 다음 중 BCG 매트릭스에서 원의 크기가 의미하는 것은?

① 시장 성장률   ② 상대적 시장점유율

③ 기업의 규모   ④ 매출액의 크기

> **해설**
>
> BCG 매트릭스에서 원의 크기는 매출액의 크기를 의미한다.
>
> *BCG 매트릭스*
>
> 미국의 보스턴컨설팅그룹이 개발한 사업전략의 평가기법으로 '성장–점유율 분석'이라고도 한다. 상대적 시장점유율과 시장성장률이라는 2가지를 각각 X, Y축으로 하여 매트릭스(2차원 공간)에 해당 사업을 위치시켜 사업전략을 위한 분석과 판단에 이용한다.

29 제품 생산부터 판매에 이르기까지 소비자를 관여시키는 마케팅 기법을 무엇이라고 하는가?

① 프로슈머 마케팅 ② 풀 마케팅
③ 앰부시 마케팅 ④ 노이즈 마케팅

해설

프로슈머 마케팅 : 소비자의 아이디어를 제품 개발 및 유통에 활용하는 마케팅 기법
② 풀 마케팅 : 광고·홍보활동에 고객들을 직접 주인공으로 참여시켜 벌이는 마케팅 기법
③ 앰부시 마케팅 : 스폰서의 권리가 없는 자가 마치 자신이 스폰서인 것처럼 하는 마케팅 기법
④ 노이즈 마케팅 : 상품의 품질과는 상관없이 오로지 상품을 판매할 목적으로 각종 이슈를 요란스럽게 치장해 구설에
오르도록 하거나, 화젯거리로 소비자들의 이목을 현혹시켜 판매를 늘리는 마케팅 기법

30 다음 중 재벌의 황제경영을 바로잡아 보려는 직접적 조처에 해당하는 것은?

① 사외이사제도 ② 부채비율의 인하
③ 채무보증의 금지 ④ 지주회사제도

해설

사외이사제도는 1997년 외환위기를 계기로 우리 스스로가 기업 경영의 투명성을 높이고자 도입한 제도이다. 경영감시를
통한 공정한 경쟁과 기업 이미지 쇄신은 물론 전문가를 경영에 참여시킴으로써 기업경영에 전문지식을 활용하려는 데
목적이 있다.

31 다음 중 주주총회에 대한 설명으로 틀린 것은?

① 주주총회에서 행하는 일반적인 결의방법은 보통 결의이다.
② 특별결의는 출석한 주주의 의결권의 3분의 1 이상의 수와 발행주식 총수의 3분의 1 이상의 수로
써 정해야 한다.
③ 총회의 결의에 관하여 특별한 이해관계가 있는 자는 의결권을 행사할 수 없다.
④ 주주총회의 의사의 경과요령과 그 결과를 기재한 서면을 의사록이라고 한다.

해설

특별결의는 출석한 주주의 의결권의 3분의 2 이상의 수와 발행주식 총수의 3분의 1 이상의 수로써 정해야 한다.

32 다음 중 중앙은행이 발행한 화폐의 액면가에서 제조 · 유통비용을 제한 차익을 일컫는 용어는?

① 오버슈팅
② 페그제
③ 그레샴
④ 시뇨리지

해설

시뇨리지는 중앙은행이 발행한 화폐의 실질가치에서 제조와 유통 등의 발행비용을 뺀 차익을 말한다. 이는 곧 정부의 이익이 되는데, 가령 1,000원권 화폐의 제조비용이 100원이 든다면, 나머지 900원은 정부의 시뇨리지가 되는 것이다. 시뇨리지라는 용어는 유럽의 중세 봉건제 시절 영주였던 시뇨르(Seigneur)가 화폐 주조를 통해 이득을 얻었던 데서 따왔다.

33 전 세계 1~3% 안에 드는 최상류 부유층의 소비자를 겨냥해 따로 프리미엄 제품을 내놓는 마케팅을 무엇이라고 하는가?

① 하이엔드 마케팅(High-end Marketing)
② 임페리얼 마케팅(Imperial Marketing)
③ 카니발라이제이션(Cannibalization)
④ 하이브리드 마케팅(Hybrid Marketing)

해설

고소득층 및 상류층과 중상류층이 주로 구입하는 제품 또는 서비스를 럭셔리(Luxury) 마케팅, 프레스티지(Prestige) 마케팅, 하이엔드 마케팅, VIP 마케팅이라고 한다.

34 IPO에 대한 설명 중 옳지 않은 것은?

① 주식공개나 기업공개를 의미한다.
② IPO 가격이 낮아지면 투자자의 투자수익이 줄어 자본조달 여건이 나빠진다.
③ 소유권 분산으로 경영에 주주들의 압력이 가해질 수 있다.
④ 발행회사는 주식 발행가격이 높을수록 IPO 가격도 높아진다.

해설

IPO(Initial Public Offering, 주식공개 제도)는 기업이 일정 목적을 가지고 주식과 경영상의 내용을 공개하는 것을 의미한다. 발행회사는 주식 발행가격이 높을수록 IPO 가격이 낮아지므로 투자자의 투자수익은 줄어 추가공모 등을 통한 자본조달 여건이 나빠진다. 성공적인 IPO를 위해서는 적정 수준에서 기업을 공개하는 것이 중요하며 투자자들의 관심을 모으는 것이 필요하다.

35 기업 M&A에 대한 방어전략의 일종으로 적대적 M&A가 시도될 경우 기존 주주들에게 시가보다 싼 값에 신주를 발행해 기업인수에 드는 비용을 증가시키는 방법은?

① 황금낙하산　　　　　　　　　　② 유상증자
③ 신주발행　　　　　　　　　　　④ 포이즌 필

> **해설**
> 포이즌 필은 적대적 M&A 등 특정 사건이 발생하였을 때 기존 주주들에게 회사 신주(新株)를 시가보다 훨씬 싼 가격으로 매입할 수 있도록 함으로써 적대적 M&A 시도자로 하여금 지분확보를 어렵게 하여 경영권을 방어할 수 있도록 하는 것이다.

36 기업이 임직원에게 자기회사의 주식을 일정 수량, 일정 가격으로 매수할 수 있는 권리를 부여하는 제도는?

① 사이드카(Side Car)

② 스톡옵션(Stock Option)

③ 트레이딩칼라(Trading Collar)

④ 서킷브레이커(Circuit Breaker)

> **해설**
> ① 사이드카(Side Car) : 선물시장이 급변할 경우 현물시장에 대한 영향을 최소화함으로써 현물시장을 안정적으로 운용하기 위한 관리제도
> ③ 트레이딩칼라(Trading Collar) : 주식시장 급변에 따른 지수 변동성 확대로 시장의 불안 정도가 높아질 때 발효되는 시장 조치
> ④ 서킷브레이커(Circuit Breaker) : 주식시장에서 주가가 급등 또는 급락하는 경우 주식매매를 일시정지하는 제도

37 기업이 담합행위를 자진으로 신고한 경우 처벌을 경감하거나 면제해주는 제도는?

① 신디케이트　　　　　　　　　　② 엠네스티 플러스
③ 리니언시　　　　　　　　　　　④ 플리바게닝

> **해설**
> 리니언시(Leniency)는 담합행위를 한 기업이 자진신고를 할 경우 처벌을 경감하거나 면제하는 제도로 기업들 간의 불신을 자극하여 담합을 방지하는 효과를 얻을 수 있다.

38 금융기관의 재무건전성을 나타내는 기준으로, 위험가중자산(총자산)에서 자기자본이 차지하는 비율을 말하는 것은?

① DTI
② LTV
③ BIS 비율
④ 지급준비율

> **해설**
> 국제결제은행(Bank for International Settlement)에서는 BIS 비율로써 국제금융시장에서 금융기관이 자기자본비율을 8% 이상 유지하도록 권고하고 있다.

39 다음 중 세계 3대 신용평가기관이 아닌 것은?

① 무디스(Moody's)
② 스탠더드 앤드 푸어스(S&P)
③ 피치 레이팅스(FITCH Ratings)
④ D&B(Dun&Bradstreet Inc)

> **해설**
> 영국의 피치 레이팅스(FITCH Ratings), 미국의 무디스(Moody's)와 스탠더드 앤드 푸어스(S&P)는 세계 3대 신용평가기관으로서 각국의 정치·경제 상황과 향후 전망 등을 고려하여 국가별 등급을 매겨 국가신용도를 평가한다. D&B (Dun&Bradstreet Inc)는 미국의 상사신용조사 전문기관으로 1933년에 R. G. Dun&Company와 Bradstreet Company의 합병으로 설립되었다.

40 연간소득 대비 총부채 연간 원리금 상환액을 기준으로 부채상환능력을 평가함으로써 대출규모를 제한하는 규제는?

① DTI
② LTV
③ DSR
④ DTA

> **해설**
> DSR(Debt Service Ratio)은 차주의 소득 대비 부채 수준을 나타내는 지표로 현행 총부채상환비율(DTI)과 비슷하지만 훨씬 엄격하다. 해당 주택담보대출의 원리금과 다른 대출의 이자 부담만을 적용해 계산하는 DTI와 달리 DSR은 할부금, 마이너스 통장 등 전체의 원리금 상환 부담을 반영해 산출한다.
> ① DTI : 연소득에서 부채의 연간 원리금 상환액이 차지하는 비율
> ② LTV : 담보 물건의 실제 가치 대비 대출금액의 비율
> ④ DTA : 자산평가액 대비 총부채 비율

41 선물시장이 급변할 경우 현물시장에 들어오는 프로그램 매매주문의 처리를 5분 동안 보류하여 현물시장의 타격을 최소화하는 프로그램 매매호가 관리제도를 무엇이라고 하는가?

① 코스피
② 트레이딩칼라
③ 사이드카
④ 서킷브레이커

> **해설**
> ① 코스피 : 증권거래소에 상장된 종목들의 주식 가격을 종합적으로 표시한 수치
> ② 트레이딩칼라(Trading Collar) : 주식시장 급변에 따른 지수 변동성 확대로 시장의 불안 정도가 높아질 때 발효되는 시장 조치
> ④ 서킷브레이커(Circuit Breaker) : 주식시장에서 주가가 급등 또는 급락하는 경우 주식매매를 일시정지하는 제도

42 지주회사에 대한 설명으로 옳지 않은 것은?

① 카르텔형 복합기업의 대표적인 형태이다.
② 한 회사가 타사의 주식 전부 또는 일부를 보유함으로써 다수기업을 지배하려는 목적으로 이루어지는 기업집중 형태이다.
③ 자사의 주식 또는 사채를 매각하여 타 회사의 주식을 취득하는 증권대위의 방식에 의한다.
④ 콘체른형 복합기업의 전형적인 기업집중 형태이다.

> **해설**
> 지주회사는 콘체른형 복합기업의 대표적인 형태로서 모자회사 간의 지배관계를 형성할 목적으로 자회사의 주식총수에서 과반수 또는 지배에 필요한 비율을 소유 · 취득하여 해당 자회사의 지배권을 갖고 자본적으로나 관리기술적인 차원에서 지배관계를 형성하는 기업을 말한다.

43 주가가 떨어질 것을 예측해 주식을 빌려 파는 공매도를 했지만 반등이 예상되자 빌린 주식을 되갚으면서 주가가 오르는 현상은?

① 사이드카
② 디노미네이션
③ 서킷브레이커
④ 숏커버링

> **해설**
> 없는 주식이나 채권을 판 후 보다 싼 값으로 주식이나 그 채권을 구해 매입자에게 넘기는데, 예상을 깨고 강세장이 되어 해당 주식이 오를 것 같으면 손해를 보기 전에 빌린 주식을 되갚게 된다. 이때 주가가 오르는 현상을 숏커버링이라 한다.

44 다음 중 금융기관의 부실자산이나 채권만을 사들여 전문적으로 처리하는 기관을 무엇이라고 하는가?

① 굿뱅크
② 배드뱅크
③ 다크뱅크
④ 캔디뱅크

해설

배드뱅크는 금융기관의 방만한 운영으로 발생한 부실자산이나 채권만을 사들여 별도로 관리하면서 전문적으로 처리하는 구조조정 전문기관이다.

45 국가의 중앙은행이 0.75%포인트 이상 금리를 인상하는 것을 의미하는 용어는?

① 자이언트 스텝
② 빅 스텝
③ 리디노미네이션
④ 트리플 딥

해설

빅 스텝은 한 번에 0.50%포인트, 자이언트 스텝은 0.75 ~ 1.00%포인트의 금리를 조정하는 것을 의미한다.

46 해외로 나가 있는 자국 기업들을 각종 세제 혜택과 규제 완화 등을 통해 자국으로 다시 불러들이는 정책을 가리키는 말은?

① 리쇼어링(Reshoring)
② 아웃소싱(Outsourcing)
③ 오프쇼어링(Off-shoring)
④ 앵커링 효과(Anchoring Effect)

해설

미국을 비롯한 각국 정부는 경기 침체와 실업난의 해소, 경제 활성화와 일자리 창출 등을 위해 리쇼어링 정책을 추진한다.

47 주식과 채권의 중간적 성격을 지닌 신종자본증권은?

① 하이브리드 채권
② 금융 채권
③ 연대 채권
④ 농어촌지역개발 채권

해설

하이브리드 채권은 채권처럼 매년 확정이자를 받을 수 있고, 주식처럼 만기가 없으면서도 매매가 가능한 신종자본증권이다.

48 다음 중 환율인상의 영향이 아닌 것은?

① 국제수지 개선효과
② 외채 상환시 원화부담 가중
③ 수입 증가
④ 국내물가 상승

해설
환율인상의 영향
• 수출 증가, 수입 감소로 국제수지 개선효과
• 수입품의 가격 상승에 따른 국내물가 상승
• 외채 상환시 원화부담 가중

49 지급준비율에 대한 설명으로 틀린 것은?

① 지급준비율 정책은 통화량 공급을 조절하는 수단 중 하나로 금융감독원에서 지급준비율을 결정한다.
② 지급준비율을 낮추면 자금 유동성을 커지게 하여 경기부양의 효과를 준다.
③ 지급준비율은 통화조절수단으로 중요한 의미를 가진다.
④ 부동산 가격의 안정화를 위해 지급준비율을 인상하는 정책을 내놓기도 한다.

해설
지급준비율이란 시중은행이 고객이 예치한 금액 중 일부를 인출에 대비해 중앙은행에 의무적으로 적립해야 하는 지급준비금의 비율이다. 지급준비율의 결정은 중앙은행이 하는데 우리나라의 경우 한국은행이 이에 해당한다.

50 다음 중 환매조건부채권에 대한 설명으로 틀린 것은?

① 금융기관이 일정 기간 후 확정금리를 보태어 되사는 조건으로 발행하는 채권이다.
② 발행 목적에 따라 여러 가지 형태가 있는데, 흔히 중앙은행과 시중은행 사이의 유동성을 조절하는 수단으로 활용된다.
③ 한국은행에서도 시중에 풀린 통화량을 조절하거나 예금은행의 유동성 과부족을 막기 위해 수시로 발행하고 있다.
④ 은행이나 증권회사 등의 금융기관이 수신 금융상품으로는 판매할 수 없다.

해설
은행이나 증권회사 등의 금융기관이 수신 금융상품의 하나로 고객에게 직접 판매하는 것도 있다.

51 고객의 투자금을 모아 금리가 높은 CD, CP 등 단기 금융상품에 투자해 고수익을 내는 펀드를 무엇이라 하는가?

① ELS
② ETF
③ MMF
④ CMA

> **해설**
> CD(양도성예금증서), CP(기업어음) 등 단기금융상품에 투자해 수익을 되돌려주는 실적배당상품을 MMF(Money Market Fund)라고 한다.

52 다음 중 분수효과에 대한 설명으로 옳지 않은 것은?

① 영국의 경제학자인 존 케인스가 처음 주장했다.
② 저소득층의 소득·소비증대가 고소득층의 소득도 높이게 된다는 이론이다.
③ 고소득층보다 저소득층의 한계소비성향이 크다는 것을 고려한 이론이다.
④ 저소득층에 대한 복지는 축소한다.

> **해설**
> 분수효과(Trickle-Up effect)는 저소득층의 소득증대와 이에 따른 민간 소비증대가 총수요를 진작하고 투자·경기활성화를 불러와 고소득층의 소득까지 상승시킨다는 이론이다. 영국의 경제학자인 존 케인스(John Maynard Keynes)가 주장했으며, 낙수효과와 반대되는 개념이다. 저소득층에 대한 복지를 늘리고, 세금을 인하하는 등의 직접 지원이 경기부양에 도움이 된다고 본다. 저소득층의 한계소비성향이 고소득층보다 더 크다는 것을 바탕으로 한 이론이다.

53 신흥국 시장이 강대국의 금리 정책 때문에 크게 타격을 입는 것을 무엇이라 하는가?

① 긴축발작
② 옥토버서프라이즈
③ 어닝쇼크
④ 덤벨이코노미

> **해설**
> ① 긴축발작 : 2013년 당시 벤 버냉키 미국 연방준비제도(Fed) 의장이 처음으로 양적완화 종료를 시사한 뒤 신흥국의 통화 가치와 증시가 급락하는 현상이 발생했는데, 이를 가리켜 강대국의 금리 정책에 대한 신흥국의 '긴축발작'이라고 부르게 되었다. 미국의 금리인상 정책 여부에 따라 신흥국이 타격을 입으면서 관심이 집중되는 용어이다.
> ② 옥토버서프라이즈(October Surprise) : 미국 대통령 선거가 11월에 치러지기 때문에 10월 즈음에 각종 선거 판세를 뒤집기 위한 스캔들이 터져나오는 것을 가리킨다.
> ④ 덤벨이코노미(Dumbbell Economy) : 사회 전반적으로 건강한 삶과 운동에 대한 관심이 높아지면서 소비 진작이 나타나고 경제가 견인되는 현상을 가리킨다.

54 국내 시장에서 외국기업이 자국기업보다 더 활발히 활동하거나 외국계 자금이 국내 금융시장을 장악하는 현상을 지칭하는 용어는?

① 피셔 효과

② 윔블던 효과

③ 베블런 효과

④ 디드로 효과

> **해설**
> ① 피셔 효과 : 1920년대 미국의 경제학자 어빙 피셔의 주장, 인플레이션이 심해지면 금리 역시 따라서 올라간다는 이론
> ③ 베블런 효과 : 가격이 오르는데도 오히려 수요가 증가하는 현상(가격은 가치를 반영)
> ④ 디드로 효과 : 새로운 물건을 갖게 되면 그것과 어울리는 다른 물건도 원하는 효과

55 소수의 투자자에게 비공개로 자금을 조성해 주식, 채권을 운용하는 펀드는?

① 공모펀드

② 벌처펀드

③ 인덱스펀드

④ 사모펀드

> **해설**
> 사모펀드는 금융기관이 관리하는 일반 펀드와는 달리 '사인(私人) 간 계약'의 형태이므로 금융감독기관의 감시를 받지 않으며, 공모펀드와는 달리 운용에 제한이 없는 만큼 자유로운 운용이 가능하다.

56 기업의 실적이 시장 예상보다 훨씬 뛰어넘는 경우가 나왔을 때를 일컫는 용어는?

① 어닝쇼크

② 어닝시즌

③ 어닝서프라이즈

④ 커버링

> **해설**
> 시장 예상보다 훨씬 나은 실적이 나왔을 때를 '어닝서프라이즈'라고 하고 실적이 나쁠 경우를 '어닝쇼크'라고 한다. 어닝서프라이즈가 있으면 주가가 오를 가능성이, 어닝쇼크가 발생하면 주가가 떨어질 가능성이 높다.

사회 · 노동 · 환경

01 노블레스 오블리주 Noblesse Oblige

사회적으로 높은 위치에 있거나 명예를 가진 사람에게 요구되는 도덕적 의무

사회지도층의 책임 있는 행동을 강조하는 프랑스어로, 초기 로마시대에 투철한 도덕의식으로 솔선수범했던 왕과 귀족들의 행동에서 비롯되었다. 도덕적 책임과 의무를 다하려는 사회지도층의 노력으로서 결과적으로 국민들을 결집시키는 긍정적인 효과를 기대할 수 있다.

> **리세스 오블리주(Richesse Oblige)**
> 부자가 쌓은 부(富)에도 사회적인 책임이 따른다는 의미이다. 노블레스 오블리주가 지도자층의 도덕의식과 책임감을 요구하는 것이라면, 리세스 오블리주는 부자들의 부의 독식을 부정적으로 보며 사회적 책임을 강조한다. 2011년 미국에서 일어난 월가 시위에서 '1대 99'라는 슬로건이 등장하는 등 1%의 탐욕과 부의 집중을 공격하는 용어로 쓰인다.
>
> **노블레스 말라드(Noblesse Malade)**
> '귀족'을 뜻하는 프랑스어 'Noblesse'와 '아픈, 병든'을 뜻하는 프랑스어 'Malade'의 합성어로, '부패한 귀족'을 의미한다. 오늘날로 말하면 갑질하는 기득권층이나 권력에 기대 부정부패를 일삼는 부유층이라 할 수 있다. '노블레스 오블리주'와 반대되는 것으로 그룹 회장의 기사 폭행, 최순실의 국정 농단, 땅콩 회항 사건 등 끊임없이 보도되는 권력층의 각종 만행들을 예로 들 수 있다.

02 풍선효과 Balloon Effect

하나의 문제가 해결되는 즉시 다른 문제가 발생하는 현상

어떤 문제를 해결하기 위해 정책을 실시하여 그 문제가 해결되고 나면 다른 곳에서 그로 말미암은 또 다른 문제가 발생하는 현상을 말한다. 이러한 현상이 마치 풍선의 한 쪽을 누르면 다른 쪽이 튀어나오는 모습과 같다고 하여 풍선효과라는 이름을 붙였다.

03 ILO International Labour Organization

노동조건 개선과 노동자들의 기본 생활을 보장하기 위한 국제노동기구

국제적으로 노동자들을 보호하기 위해 설립돼 1946년 최초의 유엔전문기구로 인정받았으며 국제노동입법 제정을 통해 고용, 노동조건, 기술원조 등 노동자를 위한 다양한 활동을 하고 있다.

04 핌피 PIMFY 현상

수익성 있는 사업을 자기 지방에 유치하려는 현상

'제발, 우리 앞마당에!(Please In My Front Yard)'의 약어로, 사람들이 선호하거나 수익성 있는 시설을 자기 지역에 적극적으로 유치하려는 현상이다. 지역이기주의의 일종이다.

05 님비 NIMBY 현상

혐오시설이나 수익성 없는 시설이 자기 지역에 들어오는 것을 반대하는 현상

'Not In My Back Yard(나의 뒷마당에서는 안 된다)'의 약어로, 폐기물 처리장, 장애인 시설, 교도소 등 혐오시설이나 수익성이 없는 시설이 자기 지역으로 들어오는 것을 반대하는 현상이다. 지역이기주의의 또 다른 형태이다.

> **바나나 현상(Build Absolutely Nothing Anywhere Near Anybody)**
> 님비 현상과 유사한 개념으로, 공해와 수질오염 등을 유발하는 공단, 댐, 원자력 발전소, 핵폐기물 처리장 등 환경오염시설의 설치에 대해 그 지역 주민들이 집단으로 거부하는 지역이기주의 현상이다.

06 님투 NIMTOO 현상

공직자가 자기 임기 중에 혐오시설을 설치하지 않고 임기를 마치려고 하는 현상

'Not In My Terms Of Office'의 약어로, 쓰레기 매립장, 분뇨처리장, 하수처리장, 공동묘지 등 주민들의 민원이 발생할 소지가 많은 혐오시설을 공직자가 자신의 재임기간 중에 설치하지 않고 임기를 마치려는 현상을 일컫는다. 님트(NIMT ; Not In My Term) 현상이라고도 한다.

> **핌투 현상(PIMTOO ; Please In My Terms Of Office)**
> 공직자가 월드컵 경기장, 사회복지시설 등 선호시설을 자기 임기 중에 유치하려는 현상을 말한다. 가시적인 성과를 이뤄내기 위한 업무 형태로, 장기적인 계획은 고려하지 않은 채 무리하게 사업을 벌이는 행태를 꼬집는 말이다.

07 하인리히 법칙 Heinrich's Law

큰 사고가 일어나기 전에 반드시 유사한 작은 사고와 사전징후가 나타난다는 법칙

하인리히 법칙(Heinrich's Law)은 큰 사고가 일어나기 전에 반드시 유사한 작은 사고와 사전징후가 나타난다는 법칙이다. 1931년 미국의 보험회사에서 일하던 헐버트 하인리히가 발견했다. 그는 다양한 산업재해를 분석하면서 통계학적으로 유의미한 결과를 확인했다. 큰 규모의 사고 이전에는 반드시 수차례의 작은 사고가 수반되고, 이에 앞서 훨씬 더 많은 사고의 징후가 포착된다는 것이다.

08 가스라이팅 Gaslighting

상황조작을 통해 판단력을 잃게 만들어 지배력을 행사하는 것

연극 〈가스등(Gas Light)〉에서 유래한 말로 세뇌를 통해 정신적 학대를 당하는 것을 뜻하는 심리학 용어다. 타인의 심리나 상황을 교묘하게 조작해 그 사람이 스스로 의심하게 만들어 타인에 대한 지배력을 강화하는 행위다. 거부, 반박, 전환, 경시, 망각, 부인 등 타인의 심리나 상황을 교묘하게 조작해 그 사람이 현실감과 판단력을 잃게 만들고, 이로써 타인에 대한 통제능력을 행사하는 것을 말한다.

09 방관자 효과 Bystander Effect

주변에 사람이 많을수록 위험에 처한 사람을 덜 돕게 되는 현상

주위에 사람들이 많을수록 책임이 분산되어 오히려 어려움·위험에 처한 사람을 돕지 않게 되는 현상을 뜻하는 심리학 용어이다. 이는 자신이 아닌 누군가가 도와줄 것이라는 심리적 요인에 의한 것이다. 방관자 효과 때문에 살해당한 피해자 제노비스의 이름을 따서 '제노비스 증후군(Genovese Syndrome)'이라고도 하고, '구경꾼 효과'라고도 한다.

10 생산가능인구

15세에서 64세까지의 노동가능인구

생산가능인구는 노동가능인구라고도 불린다. 우리나라의 생산가능인구의 연령기준은 15세에서 64세인데, 우리나라는 급격한 고령화로 생산가능인구수가 빠른 속도로 줄어들고 있는 실정이다. 통계청의 자료에 따르면 지난 2020년 3,738만명이었던 생산가능인구는 2030년에는 3,381만명으로 감소하고, 2070년에는 1,737만명으로 줄어 2020년의 절반 이하 수준일 것으로 전망됐다.

11 경제활동인구

노동시장에서 경제생활에 활동할 수 있는 인구

만 15세 이상 인구 중 노동 능력이나 노동 의사가 있어 경제활동에 기여할 수 있는 인구이다. 한편 경제활동 참가율은 만 15세 이상 인구 중 경제활동인구(취업자 + 실업자)가 차지하는 비율을 말한다. 즉, 수입 목적으로 인한 취업자와 일을 찾고 있는 실업자를 포함한다.

$$경제활동참가율(\%) = \frac{경제활동인구}{만\ 15세\ 이상\ 인구} \times 100$$

비경제활동인구
- 우리나라에서는 15세 이상이 되어야 일할 능력이 있다고 보는데, 15세 이상 인구 가운데 일할 의사가 없는 사람을 말하며, 가정주부, 학생 등이 속한다.
- 15세 이상 인구 = 경제활동인구 + 비경제활동인구 = 취업자 + 실업자 + 비경제활동인구

12 침묵의 나선 이론 The Spiral of Silence Theory

다수의 의견에 조용해지는 소수의 의견

독일의 사회학자 노엘레 노이만이 저서 〈침묵의 나선 이론-여론 형성 과정의 사회심리학〉을 통해 제시한 이론이다. 여론이 형성되는 과정에서 자기 입장이 다수 의견과 동일하면 적극적으로 동조하지만, 소수 의견 일 경우에는 남에게 나쁜 평가를 받거나 고립되는 것이 두려워 침묵하는 현상을 말한다. 여론의 형성 과정이 한 방향으로 쏠리는 모습이 마치 나선 모양과 같다고 해서 붙여진 이름이다.

13 증후군의 분류

구 분	특 징
뮌하우젠 증후군 (Munchausen Syndrome)	1951년 미국의 정신과 의사인 리처드 애셔가 〈The Lancet〉에 이 증상을 묘사하며 알려졌는데, 어떠한 신체적인 증상을 의도적으로 만들어내는 정신과적 질환을 말한다.
서번트 증후군 (Savant Syndrome)	사회성이 떨어지고 소통능력이 떨어지는 등의 지적 장애를 갖고 있으나 기억, 암산, 퍼즐 등의 특정 분야에서는 천재적인 능력을 갖는 증상이다.
스톡홀름 증후군 (Stockholm Syndrome)	인질이 인질범에게 동화되어 그들에게 동조하는 비이성적 현상을 가리키는 범죄심리학 용어이다.
리마 증후군 (Lima Syndrome)	인질범이 인질에게 정신적으로 동화되어 자신을 인질과 동일시함으로써 공격적인 태도가 완화되는 현상을 가리키는 범죄심리학 용어이다.
VDT 증후군 (Visual Display Terminal Syndrome)	컴퓨터 단말기를 오랜 시간 사용함으로써 발생하는 질병을 의미하는 것으로 VDT(Visual Display Terminal)란 주로 컴퓨터 모니터를 말한다.
피터팬 증후군 (PeterPan Syndrome)	성년이 되어도 어른들의 사회에 적응할 수 없는 '어린 아이'와 같은 남성들에게 나타나는 심리증상을 말한다.
리플리 증후군 (Ripley Syndrom)	남들을 속이는 데 도가 지나쳐 거짓말이 늘고 결국에는 자기 자신도 그 거짓을 진실인 것으로 믿게 되는 증상이다.
파랑새 증후군 (Bluebird Syndrome)	장래의 행복만을 꿈꾸면서 자기 주변에 만족하지 못하는 사람을 의미한다. 즉, 몽상가처럼 지금 시점에 만족하지 못하고 새로운 이상만을 추구하는 것이다.
샹그릴라 증후군 (Shangrila Syndrome)	시간적인 여유와 경제적인 풍요를 가진 시니어 계층을 중심으로 단조롭고 무색무취한 삶의 틀을 깨고, 젊게 살아가고자 하는 노력을 통틀어 말한다.
므두셀라 증후군 (Methuselah Syndrome)	과거는 항상 좋고 아름다운 것으로 생각하려는 현상을 말한다.
스탕달 증후군 (Stendhal Syndrome)	뛰어난 미술품이나 예술작품을 보았을 때 순간적으로 느끼는 각종 정신적 충동이나 분열증상으로, 이 현상을 겪고 처음으로 기록한 스탕달의 이름을 따서 명칭을 붙였다.
LID 증후군 (LID Syndrome)	노인들은 퇴직, 수입 감소, 자녀의 결혼, 배우자와의 사별, 친척·친구의 죽음, 신체적 감퇴 등으로 상실을 경험하면서 고독과 소외감을 느끼는데, 이런 상태가 지속되면 병적인 우울증에 빠지게 된다.
빈둥지 증후군 (Empty Nest Syndrome)	자녀가 결혼이나 독립을 하면서 집을 떠난 후 부모·양육자가 겪게 되는 외로움과 상실감이 지속되어 우울증에 빠지는 것을 말한다.
쿠바드 증후군 (Couvade Syndrome)	아내가 임신했을 경우 남편도 육체적·심리적 증상을 아내와 똑같이 겪는 현상을 말한다.

14 무리별 분류

구 분	내 용
딩크족 (DINK族)	'Double Income, No Kids'의 약어로 자녀 양육에 대한 경제적 부담이나 사회적 성공 등을 이유로 의도적으로 자녀를 두지 않는 맞벌이 부부를 말한다.
패러싱글족 (Parasite Single族)	패러사이트(Parasite : 기생충)와 싱글(Single : 혼자)이 합쳐진 용어로, 독립할 나이가 됐지만 경제적 이유로 부모 집에 얹혀살면서 자기만의 독립적인 생활을 즐기는 사람들을 가리킨다.
딘트족 (DINT族)	'Double Income, No Time'의 약어로 맞벌이를 해서 수입은 두 배이지만 업무가 바쁘고, 서로 시간이 없어 소비를 못하는 신세대 맞벌이 부부를 지칭하는 신조어다.
그루밍족 (Grooming族)	피부, 두발, 치아관리는 물론 성형수술까지 마다하지 않으면서 자신을 꾸미는 것에 대한 투자를 아끼지 않는 남성들을 가리킨다.
여피족 (Yuppie族)	Young(젊음), Urban(도시형), Professional(전문직)의 머리글자를 딴 YUP에서 나온 용어로, 도시에서 전문직에 종사하는 고수입의 젊은 인텔리를 말한다.
더피족 (Duppie族)	'여피(Yuppie)족'에서 'y' 대신 'Depressed(우울한)'의 'D'를 조합하여 만든 용어로, 경기침체로 인해 제대로 된 직장을 구하지 못하고 임시직으로 어렵게 생활하고 있는 도시 전문직을 의미한다.
욘족 (Yawn族)	'Young And Wealthy but Normal'의 준말로, 비교적 젊은 30 ~ 40대 나이에 부를 축적하였지만 호화생활을 멀리하고 자선사업을 하며 소박하게 사는 사람들을 가리킨다.
네스팅족 (Nesting族)	'새가 둥지를 짓다'는 뜻의 'Nest'에서 유래한 용어로, 일·돈·명예보다 화목한 가정과 여가·여유를 추구하는 신가정주의를 뜻한다.
슬로비족 (Slobbie族)	'Slow but better working people(천천히 그러나 더 훌륭하게 일하는 사람)'의 뜻을 지닌 용어로, 현대생활의 빠른 속도를 따르지 않고 천천히 느긋하게 살려는 사람들을 말한다.
니트족 (NEET族)	'Not in Education, Employment or Training'의 줄임말로서, 나라에서 정한 의무교육을 마친 후 진학이나 취직을 하지 않고 일할 의지도 없는 청년을 가리킨다.
프리터족 (Freeter族)	일본에서 생겨난 신조어로 Free(프리)+Arbeit(아르바이트)를 줄여 만든 용어로 일정한 직업 없이 돈이 필요할 때 일시적으로 아르바이트를 하며 생활하는 젊은 층을 말한다.
프리커족 (Freeker族)	'프리(Free : 자유)'와 노동자를 뜻하는 '워커(Worker)'를 합성한 용어로, 1 ~ 2년 동안 직장 등에서 일하여 모은 돈으로 1 ~ 2년 동안 쉬면서 취미·여가를 즐기거나 자기계발을 하는 새로운 계층을 가리킨다.
시피족 (CIPIE族)	Character(개성), Intelligence(지성), Professionalism(전문성)의 머리글자를 딴 CIP에서 나온 말로, 지적 개성을 강조하고 심플 라이프를 추구하는 신세대 젊은이들을 말한다.
통크족 (TONK族)	'Two Only No Kids'의 준말로, 손주들을 돌보던 할아버지·할머니 역할에서 벗어나 부부끼리 여가생활을 즐기는 노인세대를 말한다.
보보스족 (Bobos族)	부르주아 보헤미안(Bourgeois Bohemian)의 준말로 삶의 여유와 가치를 중시하고, 가치 있다고 판단하는 제품과 서비스에 대해서는 가격에 상관없이 아낌없이 지불하는 젊은 세대이다.
쿠거족 (Cougar族)	원래 쿠거란 북미에 서식하는 동물인데, 연하남과 교제하며 미모와 경제력을 두루 갖춘 자신감 있는 여성을 쿠거에 빗대 표현한 것이다.
오팔족 (OPAL族)	'Old People with Active Life'의 준말인 OPAL은 니시무라 아키라와 하타 마미코가 지은 〈여자의 지갑을 열게 하라〉라는 책에서 처음 사용된 용어로, 활동적인 삶을 사는 노인들을 뜻한다.

15 실업의 종류

일주일에 1시간 이상 일에 종사하여 수입이 있는 사람을 취업자라 하고, 경제활동인구 가운데 취업자를 제외한 사람을 실업자라고 한다.

구 분	내 용
자발적 실업	일할 능력과 의사는 있지만 현재의 임금수준이나 복지 등에 만족하지 못하고 다른 곳으로 취업하기 원하여 발생하는 실업이다. 소득수준, 여가시간 활용에 대한 사람들의 관심이 증가하면서 자발적 실업도 늘고 있다.
잠재적 실업	표면적으로는 취업 중이지만 생계유지를 위해 잠시 만족스럽지 않은 직업에 종사하며 계속 구직에 힘쓰는 상태이다. 형식적으로는 취업 중이기 때문에 실업통계에 실업으로 기록되지 않아 '위장실업'이라고도 한다.
구조적 실업	경제가 성장함에 따라 산업구조·기술 등의 변화가 생기는데 이에 적절하게 대응하지 못해 발생하는 실업이다. 즉, 경제 구조가 바뀌고 기술혁신 등으로 기술격차가 발생할 때 이에 적응하지 못하는 근로자에게 발생하는 실업유형이다.
경기적 실업	경기가 침체됐을 때 인원 감축의 결과로 나타나는 실업으로, 일할 의지는 있지만 경기 악화로 인해서 발생하며 비자발적 실업의 한 형태이다. 경기가 회복되면 해소가 가능하지만, 회복될 때까지 긴 시간이 필요하며 경기변동은 주기적으로 발생하는 속성이 있어 경기적 실업은 끊임없이 발생하게 된다.
기술적 실업	기술진보로 인해서 기계가 노동인력을 대체함에 따라 노동수요가 감소해 발생하는 구조적 실업 형태 중의 하나이다. 기술진보의 영향에 민감한 산업에서 발생하며 일반적으로 선진국에서 볼 수 있는 유형이다.
마찰적 실업	구직자·근로자들이 더 좋은 조건을 찾는 탐색행위로 인해 발생하는 실업으로, 고용시장에서 노동의 수요와 공급 간에 소통이 원활하지 않아 발생한다. 근로자들이 자발적으로 선택해서 발생하는 일시적인 실업유형이므로 자발적 실업에 해당한다.

16 노동자의 분류

구 분	내 용
논칼라	블루칼라와 화이트칼라 이후에 나타난 무색칼라 세대로, 손에 기름을 묻히지도 않고 서류에 매달리지도 않는 컴퓨터 작업 세대를 말한다.
블루칼라	제조업·건설업 등 작업 현장에서 일하는 노동자로, 주로 청색 작업복을 입기 때문에 붙여진 용어이다.
화이트칼라	하얀 셔츠를 입고 사무실에서 일하는 노동자를 말한다.
그레이칼라	블루칼라와 화이트칼라의 중간층으로, 과학기술의 발달과 생산공정의 자동화로 인해 블루칼라와 화이트칼라의 노동이 유사해지면서 등장한 용어이다.
르네상스칼라	다양한 지식과 경험을 바탕으로 인터넷 분야에서 두각을 나타내는 사람들을 말한다.
퍼플칼라	근무시간과 장소가 자유로워 일과 가정을 함께 돌보면서 일할 수 있는 노동자를 말한다.
골드칼라	1985년 카네기멜론 대학의 로버트 켈리 교수가 최초로 사용한 용어로, 주로 정보를 다루는 첨단기술, 통신, 광고, 서비스직 등에서 아이디어를 무기로 사업 능력을 발휘하는 사람을 말한다.

17 직장폐쇄 Lock Out

근로자 측의 쟁의행위에 대항하는 사용자의 쟁의행위로, 사업장을 폐쇄하는 행위

「노동조합 및 노동관계조정법」에는 노동관계 당사자가 그 주장을 관철할 목적으로 행하는 쟁의행위 중한 가지로 '직장폐쇄'를 인정하고 있다(제2조). 단 사용자는 노동조합이 쟁의행위를 개시한 이후에만 직장폐쇄를 할 수 있고, 직장폐쇄를 할 경우에는 미리 행정관청 및 노동위원회에 각각 신고해야 한다(제46조). 직장폐쇄는 임금을 지급하지 않는 것을 전제로 하는 경제적 압력 수단이기 때문에 엄격한 제한이 필요하다.

18 매칭그랜트 Matching Grant

기업 임직원들이 모금한 후원금액에 비례해서 기업도 후원금을 내는 제도

기업이 사회적 역할과 책임을 다한다는 신념에 따라 실천하는 나눔 경영의 일종으로, 기업 임직원이 비영리단체나 기관에 정기적으로 내는 기부금만큼 기업에서도 동일한 금액을 1:1로 매칭(Matching)시켜 내는 것을 말한다. 매칭그랜트는 기업과 직원이 함께 참여하여 이루어지므로 노사 화합에 긍정적인 영향을 준다.

19 사보타주 Sabotage

근로자가 고의로 사용자의 사유재산을 파괴하거나 업무를 게을리하는 쟁의행위

'사보(Sabo : 나막신)'는 중세유럽 소작농이 주인에 대항하여 나막신으로 추수한 농작물을 짓밟은 데서 유래된 용어이다. 우리나라에서는 '태업'이라고 하는데, 생산 시설 파괴, 불량품 생산, 원재료 과소비 등을 통해 사용자에게 피해를 입히는 쟁의행위를 말한다.

20 유니언숍 Union Shop

종업원이 입사하면 반드시 노조에 가입하고 탈퇴하면 회사가 해고하도록 하는 제도

채용된 근로자가 일정기간 내에 조합에 가입하지 않거나, 조합에서 제명 혹은 탈퇴한 근로자는 해고된다. 채용할 때에는 가입 여부를 따지지 않지만 일단 채용되면 반드시 노동조합에 가입해야 한다는 점에서 오픈숍과 클로즈드숍을 절충한 것이다.

오픈숍(Open Shop)

근로자가 노동조합에 대한 가입과 탈퇴를 자기 의사에 따라 결정할 수 있는 제도로, 조합원과 비조합원을 차별하지 않고 동등하게 대우해야 한다. 우리나라에서는 공무원을 제외한 모든 근로자에게 오픈숍을 적용하고 있다.

클로즈드숍(Closed Shop)

사용자가 근로자를 고용할 때 노동조합의 가입을 필수조건으로 하는 제도이다. 조합에 가입하겠다는 의사를 밝히지 않은 사람은 고용하지 않고 조합을 탈퇴하거나 제명된 사람은 해고한다.

21 노동 3권

헌법상 노동자가 기본적으로 누려야 할 3가지 권리

헌법 제33조 제1항에 규정한 근로자의 기본 권리로, 근로자는 근로조건의 향상을 위해 자주적인 단결권, 단체교섭권, 단체행동권을 가진다.

- 단결권 : 노동조합을 결성·운영하며 노동조합 활동을 할 수 있는 권리이다.
- 단체교섭권 : 근로자가 근로조건을 유지하거나 개선하기 위해 단체로 모여 사용자와 교섭할 수 있는 권리이다.
- 단체행동권 : 근로자가 단체로 집단적인 행동을 할 수 있는 권리이다.

22 기초연금

저소득층 노인의 생계유지를 위해 매달 일정액이 지급되는 연금제도

65세 이상 노인 중 소득이 하위 70%에 해당되는 저소득층 노인에게 매달 일정액 연금을 지급하는 제도이다. 국민연금과 연계하여 지급한다.

차상위계층

연간 총소득이 최저생계비의 100~120% 이하인 계층을 말한다. 총소득이 실질적으로 최저생계비 이하이지만, 부양의무자나 소유재산이 있기 때문에 기초생활보장수급 대상에서 제외된 비수급 빈곤층이다.

23 제노포비아 Xenophobia

타당한 이유 없이 외국인을 혐오하는 현상

제노(Xeno)와 포비아(Phobia)의 합성어로 '낯선 것 혹은 이방인을 싫어한다'라는 의미를 갖고 있다. 단지 자신과 다르다는 이유로 경계하고 배척하는 경향을 보이거나, 지역에 따라 자신을 보호하고 싶어하는 의식 또는 열등감 때문에 나타나기도 한다.

24 깨진 유리창 이론 Broken Window Theory

사소한 것들을 방치하면 더 큰 범죄나 사회문제로 이어진다는 사회범죄심리학 이론

미국의 범죄학자가 1982년 '깨진 유리창'이라는 글에 처음으로 소개한 이론이다. 길거리에 있는 상점에 어떤 이가 돌을 던져 유리창이 깨졌을 때 이를 방치해두면 그 다음부터는 '해도 된다'라는 생각에 훨씬 더 큰 문제가 발생하고 범죄로 이어질 확률이 높아진다는 이론이다.

25 업사이클링 Up-cycling

재활용품에 디자인 또는 활용도를 더해 그 가치를 더 높은 제품으로 만드는 것

업사이클링(Up-cycling)은 단순히 쓸모없어진 것을 재사용하는 리사이클링(Recycling)의 상위 개념으로 디자인 또는 활용도를 더해 전혀 다른 제품으로 생산하는 것을 말한다.

> **리자인(Resign)**
> 기존에 사용되다 버려진 물건에 디자인적 요소를 가미해 재탄생시키는 것

26 열섬현상

도시 온도가 주변 지역보다 높아지는 현상

도시의 온도가 교외보다 5℃ ~ 10℃ 정도 더 높아지는 현상이다. 도시에는 사람, 건물, 자동차로 인한 인공열이 많이 발생하고, 대기오염물질로 인한 온실효과가 있으며, 고층건물들 때문에 대기 환기가 어려워 열섬현상이 나타난다.

27 탄소발자국 Carbon Footprint

개인 또는 단체가 직접 · 간접적으로 발생시키는 온실 기체의 총량

우리가 일상생활을 하면서 탄소를 얼마나 배출해내는지 그 양을 한눈에 볼 수 있도록 표시한 것이다. 지구온난화의 가장 큰 원인 중의 하나인 탄소 발생에 대해 경각심을 갖고 정화를 위한 노력을 해나가자는 취지에서 만들어졌다.

탄소포인트제
온실가스 중 이산화탄소 감축 실적에 따라 탄소포인트를 발급하고, 그에 상응하는 인센티브를 제공하는 제도이다. 탄소포인트제는 환경부가 정책지원 및 제도화 추진을 맡아 총괄하고, 한국환경공단이 운영센터 관리와 기술 · 정보를 제공하며, 지방자치단체가 운영 · 관리한다.

생태발자국(Ecological Footprint)
인간이 기본적인 생활을 하는 데 있어서 필요한 자원의 생산과 폐기에 드는 비용을 토지로 환산한 지수이다. 지구가 감당할 수 있는 생태발자국 면적 기준은 1인당 1.8ha이고 면적이 넓으면 넓을수록 환경문제가 심각하다는 것을 의미한다.

28 탄소배출권 CERs ; Certified Emission Reductions

일정 기간 동안 온실가스를 일정량 배출할 수 있는 권리

지구온난화를 일으키는 일산화탄소(CO), 메탄(CH), 아산화질소(NO)와 3종의 프레온가스, 6개 온실가스를 배출할 수 있는 권리를 의미한다. 유엔기후변화협약에서 발급하며, 발급된 CERs는 시장에서 상품처럼 거래할 수 있다. 주로 온실가스 배출을 줄여야 하는 의무를 지는 국가와 기업이 거래한다.

29 바이오에너지 Bioenergy

바이오매스(Biomass)를 연료로 하여 얻어지는 에너지

바이오에너지는 저장할 수 있고 재생이 가능하며, 물과 온도 조건만 맞으면 어느 곳에서나 얻을 수 있다. 적은 자본으로도 개발이 가능하며, 원자력 등 다른 에너지와 비교할 때 환경보전에 있어서 안전하다. 하지만 가용에너지량과 채산성 결여의 단점이 있다.

> **바이오매스**
> 에너지 이용의 대상이 되는 생물체를 총칭하여 바이오매스라고 한다. 주요 바이오매스 자원으로는 나무, 초본식물, 수생식물, 해조류, 조류(藻類), 광합성 세균 등이 있다. 유기계 폐기물, 농산폐기물, 임산폐기물, 축산폐기물, 산업폐기물, 도시 쓰레기 등도 직접 또는 변환하여 연료화할 수 있다.
>
> **바이오 메탄**
> 유기물이 분해되어 형성되는 바이오 가스에서 메탄만을 정제하여 추출한 연료로, 천연가스 수요처에서 에너지로 활용할 수 있다.

30 스마트 그리드 Smart Grid

집이나 사무실에서 효율적으로 전기를 쓸 수 있는 지능형 전력망 시스템

기존 전력망에 정보기술을 접목해 전력 공급자와 소비자가 서로 정보를 실시간 교환함으로써 효율적으로 전력을 생산·소비하는 시스템이다. 우리나라는 2030년까지 국내 전역에 스마트 그리드 설치를 완료하는 것을 골자로 한 국가 로드맵을 확정했다.

31 몬트리올 의정서

지구의 오존층을 보호하기 위해 오존층 파괴물질 사용을 규제하는 국제협약

정식 명칭은 '오존층을 파괴시키는 물질에 대한 몬트리올 의정서'이며 1989년 1월 발효됐다. 오존층 파괴물질인 프레온가스(CFC), 할론 등의 사용을 규제하여 지구의 오존층을 보호하는 것이 목적이다.

32 나고야 의정서 Nagoya Protocol

다양한 생물자원을 활용하여 생기는 이익을 공유하기 위한 지침을 담은 국제협약

생물다양성협약의 부속협약으로서 유전자원에 대한 접근 및 유전자원 이용으로부터 발생하는 이익의 공정하고 공평한 공유에 관한 규정이다. '생물다양성협약'을 이행하고자 채택된 것으로, 우리나라에서는 2017년 8월 17일에 발효됐다.

> **생물다양성협약(CBD)**
> 1992년 〈유엔환경개발회의〉에서 채택된 국제협약으로, 생물다양성 보호를 위한 국가 간의 권리 및 의무 관계를 규정한다.

33 람사르 협약 Ramsar Convention

습지와 습지 자원을 보호하기 위한 국제 환경 협약

물새 서식처로서 국제적으로 중요한 습지에 관한 협약으로, 1971년 2월 이란 람사르에서 체결되었다. 가맹국은 철새의 번식지가 되는 습지를 보호할 의무가 있으며 국제적으로 중요한 습지를 1개소 이상 보호지로 지정해야 한다. 대한민국은 101번째로 람사르 협약에 가입하였으며, 2008년에 경남 창원에서 '제10차 람사르 총회'를 개최하였다.

34 바젤 협약 Basel Convention

유해 폐기물의 국가 간 교역을 규제하는 국제협약

카이로 지침을 바탕으로 1989년 스위스 바젤에서 채택된 국제협약으로, 유해 폐기물의 불법적인 이동을 막는 데 목적이 있다. 병원성 폐기물을 포함한 유해 폐기물을 국가 간 이동시킬 때, 교역하는 나라뿐만 아니라 경유하는 나라에까지 사전 통보·조치를 취해야 한다는 내용이다.

35 기후변화협약 UNFCCC

지구온난화를 규제·방지하기 위한 국제 협약

1992년 6월 브라질의 리우회의에서 채택된 협약으로 정식명칭은 '기후변화에 관한 유엔 기본협약(United Nations Framework Convention on Climate Change)'이다. '리우환경협약'이라고도 하는데, 온실가스의 방출을 제한하여 지구온난화를 방지하고자 하는데 목적이 있다. 협약을 이행하기 위한 교토의정서가 만들어졌다.

36 국제환경규격 ISO 14000

기업의 환경경영체제에 관한 국제 표준화 규격

기업 활동 전반에 걸친 환경경영체제를 평가하여 국제규격임을 객관적으로 인증하는 제도로, 'ISO 14000 규격'이라고도 한다. 기업의 환경법규 준수, 환경방침, 환경 관련 계획·실행·조치 등이 지속적으로 이루어지는지 포괄적으로 평가한다.

37 파리협정

전 세계 온실가스 감축을 위해 맺은 국제협약

전 세계 온실가스 감축을 위해 2015년 12월 12일 프랑스 파리에서 열린 제21차 기후변화협약에서 맺은 국제협약으로, 지구 평균온도가 2도 이상 상승하지 않도록 온실가스를 단계적으로 감축하는 내용을 담고 있다. 2021년부터 교토의정서를 대체하는 기후협약이다.

38 녹색기후기금 GCF ; Green Climate Fund

개발도상국의 온실가스 감축과 기후변화 대응을 지원하기 위해 만든 국제금융기구

UN산하기구로 선진국이 개발도상국의 이산화탄소 감축과 기후변화 대응을 지원하기 위해 만든 기후변화 특화기금이다. 2010년 12월 멕시코 칸쿤에서 열린 유엔기후변화협약(UNFCCC) 제16차 당사국 총회에서 기금 설립이 승인됐고, 사무국은 우리나라 인천 송도에 위치한다.

39 런던협약 London Dumping Convention

해양오염 방지를 위한 국제 협약

방사성 폐기물을 비롯하여 바다를 오염시킬 수 있는 각종 산업폐기물의 해양 투기나 해상 소각을 규제하는 협약으로, 해양오염을 방지하는 것이 목적이다. 우리나라는 1992년에 가입했다.

40 스톡홀름 협약 Stockholm Convention on Persistent Organic Pollutants

잔류성유기오염물질(POPs)의 규제를 위한 국제 협약

다이옥신, PCB, DDT 등 12가지 유해물질의 사용이나 생산 및 배출을 저감·근절하기 위해 체결된 국제협약으로, 'POPs 규제협약'이라고도 한다. POPs에 대한 지역별 오염도를 평가하고 아울러 협약 발효 이후 협약이행의 실효성을 평가하기 위해 국가 또는 지역단위의 모니터링 실시, 측정 자료에 대한 지역적·지구적 차원의 공유를 요구하고 있다.

> **UNEP(유엔환경계획)**
> 1972년 채택된 스톡홀름 선언을 바탕으로, 환경과 지속 가능한 개발에 관한 유엔 공식 국제기구이다. 환경 분야에서 국제 협력의 추진, 유엔 기구의 환경 관련 활동 및 정책 작성, 세계의 환경 감시 등을 목적으로 한다.

41 유엔환경개발회의 UNCED

지구 환경 보전을 위해 세계 각국 대표단이 모이는 국제환경회의

지구환경문제에 대한 범세계적 차원의 행동계획을 채택할 목적으로 개최된 국제환경회의이다. 정식 명칭은 '환경 및 개발에 관한 국제연합회의(United Nations Conference on Environment and Development)'이며, 개최지 이름을 따서 '리우 정상회의' 또는 '지구정상회의(Earth Summit)'라고 칭한다.

42 BOD Biochemical Oxygen Demand

물의 오염 정도를 나타내는 지표가 되는 생화학적 산소 요구량

물속에 있는 호기성 미생물이 유기물을 분해시켜 정화하는 데 사용하는 산소량으로, 5일간을 기준으로 하여 ppm으로 나타낸다. BOD 값이 클수록 오염 정도가 심한 물이고, BOD 값이 작을수록 깨끗한 물이다.

43 젠트리피케이션 Gentrification

낙후지역의 활성화로 중상층이 유입되면서 원주민들이 집값이나 임대료를 감당하지 못하고 그 지역을 떠나는 현상

지주계급 또는 신사계급을 뜻하는 '젠트리(Gentry)'에서 파생된 용어로, 1964년 영국사회학자 루스 글라스가 처음 사용했다. 당시 런던 변두리에 있는 하층계급 주거지역에 중상층이 유입되면서 고급 주거지가 형성되고 기존 주민들은 비용을 감당하지 못하여 살던 곳에서 쫓겨났는데, 이로 인해 지역 전체의 구성과 성격이 변하는 현상을 설명하며 젠트리피케이션을 언급했다. 우리나라에서는 서촌, 해방촌, 경리단길, 성수동 서울숲길 등이 대표적이다.

> **투어리스티피케이션(Touristification)**
> '관광지화(Touristify)'와 '젠트리피케이션(Gentrification)'의 혼성어로, 지역 내 관광이 활성화되면서 원주민이 쫓겨나거나 이주하는 현상을 말한다. 상업적인 이유 외에도 소음이나 쓰레기 문제와 사생활 침해 등으로 인해 나타나기도 한다.

> **투어리즘포비아(Tourism Phobia)**
> 관광객 공포증·혐오증을 뜻하는 용어로, 과잉관광(Overtourism), 투어리스티피케이션(Touristification)과 함께 반(反)관광 정서를 대표하는 용어이다. 투어리즘포비아가 단적으로 나타난 도시는 세계적으로 유명한 관광지인 이탈리아 베네치아, 비엔나, 암스테르담, 바르셀로나 등이다.

44 미세플라스틱 Microplastics

환경 중에 존재하는 미세한 플라스틱 조각

미세플라스틱은 만들어질 때부터 미세플라스틱으로 제조되기도 하고, 커다란 플라스틱이 미세플라스틱으로 분해되면서 생성되기도 한다. 주로 필링용 세안제, 연마재 등으로 활용되는 미세플라스틱은 입자가 극도로 작아 하수처리시설로 걸러지지 않고 그대로 강이나 바다로 유입되어 생태계뿐만 아니라 인류의 건강을 위협하는 요인이 된다.

45 팬데믹 Pandemic

감염병 경고 최고등급

팬데믹은 세계보건기구(WHO)가 감염병이 전 지구적으로 유행하고 있음을 선포하는 감염병 경고 최고등급이다. 범유행 또는 세계적 대유행이라고 부르기도 한다. 세계보건기구는 감염병의 유행 정도에 따라 그 단계를 6개로 나눈다. 1단계는 동물에 한정된 감염이며, 2단계는 동물에서 소수의 사람에게 감염되는 것, 3단계는 사람 사이에서 감염이 늘어나는 상태, 4단계는 사람 간 감염이 급속하게 확산되면서 유행병이 발생할 초기 무렵, 5단계는 최소 2개국의 나라까지 감염이 널리 확산된 상태이고, 6단계는 국가를 넘어 다른 대륙으로까지 감염이 발생하는 상태다. 세계보건기구는 현재까지 1968년의 홍콩독감, 2009년의 신종플루 그리고 코로나19 감염사태에 대해 팬데믹을 선포했다.

01 부자의 부의 독식을 부정적으로 보고 사회적 책임을 강조하는 용어로 월가 시위에서 1대 99라는 슬로건이 등장하며 1%의 탐욕과 부의 집중을 공격하는 이 용어는 무엇인가?

① 뉴비즘   ② 노블레스 오블리주

③ 뉴리치현상   ④ 리세스 오블리주

> **해설**
> 노블레스 오블리주가 지도자층의 도덕의식과 책임감을 요구하는 것이라면, 리세스 오블리주는 부자들의 부의 독식을 부정적으로 보며 사회적 책임을 강조하는 것을 말한다.

02 다음 중 노동3권에 포함되지 않는 것은?

① 단체설립권   ② 단결권

③ 단체교섭권   ④ 단체행동권

> **해설**
> 노동3권은 근로자의 권익과 근로조건의 향상을 위해 헌법상 보장되는 기본권으로, 단결권·단체교섭권·단체행동권이 이에 해당한다.

03 일과 여가의 조화를 추구하는 노동자를 지칭하는 용어는 무엇인가?

① 골드칼라   ② 화이트칼라

③ 퍼플칼라   ④ 논칼라

> **해설**
> 골드칼라는 높은 정보와 지식으로 정보화시대를 이끌어가는 전문직종사자, 화이트칼라는 사무직노동자, 논칼라는 컴퓨터 작업 세대를 일컫는다.

04 우리나라 생산가능인구의 연령기준은?

① 14~60세

② 15~64세

③ 17~65세

④ 20~67세

해설

생산가능인구는 노동가능인구라고도 불리며, 우리나라의 생산가능인구의 연령기준은 15세에서 64세이다.

05 공직자가 자신의 재임 기간 중에 주민들의 민원이 발생할 소지가 있는 혐오시설들을 설치하지 않고 임기를 마치려고 하는 현상은?

① 핌투현상   ② 님투현상

③ 님비현상   ④ 핌피현상

해설

① 핌투현상 : 공직자가 사업을 무리하게 추진하며 자신의 임기 중에 반드시 가시적인 성과를 이뤄내려고 하는 업무 형태로, 님투현상과는 반대개념이다.

③ 님비현상 : 사회적으로 필요한 혐오시설이 자기 집 주변에 설치되는 것을 강력히 반대하는 주민들의 이기심이 반영된 현상이다.

④ 핌피현상 : 지역발전에 도움이 되는 시설이나 기업들을 적극 자기 지역에 유치하려는 현상으로 님비현상과는 반대개념이다.

06 자신과는 다른 타인종과 외국인에 대한 혐오를 나타내는 정신의학 용어는?

① 호모포비아   ② 케미포비아

③ 노모포비아   ④ 제노포비아

해설

제노포비아(Xenophobia)란 국가, 민족, 문화 등의 공동체 요소가 다른 외부인에 대한 공포감·혐오를 보이는 것을 가리킨다. 현대에는 이주 노동자로 인해 경제권과 주거권에 위협을 받는 하류층에게서 자주 관찰된다.

① 호모포비아(Homophobia) : 동성애나 동성애자에게 갖는 부정적인 태도와 감정을 말하며, 각종 혐오·편견 등으로 표출된다.

② 케미포비아(Chemophobia) : 가습기 살균제, 계란, 생리대 등과 관련하여 불법적 화학 성분으로 인한 사회문제가 연이어 일어나면서 생활 주변의 화학제품에 대한 공포감을 느끼는 소비자 심리를 가리킨다.

07 처음 접한 정보가 나중에 접한 정보보다 기억에 더 큰 영향을 끼치는 효과는?

① 초두효과

② 맥락효과

③ 후광효과

④ 최신효과

해설

초두효과는 '첫인상 효과'라고도 부르며 대상 사람·사물에 대해 처음 접하게 된 인상이 굳어지게 되는 심리현상을 말한다. 첫인상으로 그 대상을 기억하게 되고 이미지를 각인하게 된다. 초두효과의 반대개념으로는 '빈발효과'가 있는데, 이는 좋지 않았던 첫인상이 상대의 지속적인 개선 노력으로 좋은 인상으로 바뀌게 되는 것을 의미한다.

08 일에 몰두하여 온 힘을 쏟다가 갑자기 극도의 신체·정신적 피로를 느끼며 무력해지는 현상은?

① 리플리 증후군

② 번아웃 증후군

③ 스탕달 증후군

④ 파랑새 증후군

해설

번아웃 증후군은 'Burn out(불타서 없어진다)'에 증후군을 합성한 말로, 힘이 다 소진됐다고 하여 소진 증후군이라고도 한다.

① 리플리 증후군 : 거짓된 말과 행동을 일삼으며 거짓을 진실로 착각하는 증상

③ 스탕달 증후군 : 뛰어난 예술 작품을 감상한 후 나타나는 호흡 곤란, 환각 등의 증상

④ 파랑새 증후군 : 현실에 만족하지 못하고 이상만을 추구하는 병적 증상

09 외부 세상으로부터 인연을 끊고 자신만의 안전한 공간에 머물려는 칩거 증후군의 사람들을 일컫는 용어는?

① 딩크족

② 패라싱글족

③ 코쿤족

④ 니트족

해설

① 자녀 없이 부부만의 생활을 즐기는 사람들

② 결혼하지 않고 부모집에 얹혀사는 사람들

④ 교육을 받거나 구직활동을 하지 않고, 일할 의지도 없는 사람들

10 1964년 미국 뉴욕 한 주택가에서 한 여성이 강도에게 살해되는 35분 동안 이웃 주민 38명이 아무도 신고하지 않은 사건과 관련된 것으로, 방관자 효과라고도 불리는 이것은?

① 라이 증후군
② 리마 증후군
③ 아키바 증후군
④ 제노비스 증후군

해설

제노비스 증후군(Genovese Syndrome)은 주위에 사람들이 많을수록 어려움에 처한 사람을 돕지 않게 되는 현상을 뜻하는 심리학 용어이다. 대중적 무관심, 방관자 효과, 구경꾼 효과라고도 한다.

11 다음 내용 중 밑줄 친 비경제활동인구에 포함되지 않는 사람은?

> 대졸 이상 비경제활동인구는 2000년 159만 2,000명(전문대졸 48만 6,000명, 일반대졸 이상 110만 7,000명)이었으나, 2004년 200만명 선을 넘어섰다. 지난해 300만명을 돌파했으므로 9년 사이에 100만명이 늘었다.

① 가정주부
② 학 생
③ 심신장애자
④ 실업자

해설

'경제활동인구'는 일정기간 동안 제품 또는 서비스 생산을 담당하여 노동활동에 기여한 인구로, 취업자와 실업자를 합한 수를 말한다. '비경제활동인구'는 만 15세 이상 인구에서 취업자와 실업자를 뺀 것으로, 일자리 없이 구직활동도 하지 않는 사람을 말한다.

12 우리나라 근로기준법상 근로가 가능한 최저근로 나이는 만 몇 세인가?

① 13세
② 15세
③ 16세
④ 18세

해설

근로기준법에 따르면 만 15세 미만인 자(초·중등교육법에 따른 중학교에 재학 중인 18세 미만인 자를 포함한다)는 근로자로 채용할 수 없다.

13 큰 사고가 일어나기 전에 반드시 유사한 작은 사고와 사전징후가 나타난다는 법칙은?

① 샐리의 법칙 ② 하인리히 법칙
③ 이케아 효과 ④ 깨진 유리창 이론

> **해설**
> 하인리히 법칙(Heinrich's Law)은 큰 사고가 일어나기 전에 반드시 유사한 작은 사고와 사전징후가 나타난다는 법칙이다.

14 다음 중 직장폐쇄와 관련된 설명으로 맞지 않는 것은?

① 직장폐쇄기간 동안에는 임금을 지급하지 않아도 된다.
② 직장폐쇄를 금지하는 단체협약은 무효이다.
③ 사용자의 적극적인 권리행사 방법이다.
④ 노동쟁의를 사전에 막기 위해 직장폐쇄를 실시하는 경우에는 사전에 해당관청과 노동위원회에 신고해야 한다.

> **해설**
> 사용자는 노동조합이 쟁의행위를 개시한 이후에만 직장폐쇄를 할 수 있고, 직장폐쇄를 할 경우에는 미리 행정관청 및 노동위원회에 각각 신고해야 한다(노동조합 및 노동관계조정법 제46조).

15 잘못된 것을 알고 있지만 이를 이야기할 경우 닥칠 위험 때문에 누구도 말하지 못하는 큰 문제를 가리키는 말은?

① 하얀 코끼리 ② 검은 백조
③ 방 안의 코끼리 ④ 샐리의 법칙

> **해설**
> 방 안의 코끼리란 누구나 인식하고 있지만, 이를 지적하거나 이야기했을 때 초래될 위험이 두려워 아무도 선뜻 먼저 이야기를 꺼내지 못하는 큰 문제를 비유적으로 이르는 말이다. 방 안에 코끼리가 있는 상황처럼 누구나 알 수 있고 위험한 상황에서도 모르는 척하며 문제 삼지 않는 것이다.

16 기업이 사회적 역할과 책임을 다한다는 신념에 따라 실천하는 나눔 경영의 일종으로, 기업 임직원들이 모금한 후원금 금액에 비례해서 회사에서도 후원금을 내는 제도는?

① 매칭그랜트(Matching Grant)

② 위스타트(We Start)

③ 배리어프리(Barrier Free)

④ 유리천장(Glass Ceiling)

> **해설**
> ② 위스타트(We Start) : 저소득층 아이들이 가난의 대물림에서 벗어나도록 복지와 교육의 기회를 제공하는 운동
> ③ 배리어프리(Barrier Free) : 장애인들의 사회적응을 막는 물리적 · 제도적 · 심리적 장벽을 제거해 나가자는 운동
> ④ 유리천장(Glass Ceiling) : 직장 내에서 사회적 약자들의 승진 등 고위직 진출을 막는 보이지 않는 장벽

17 노동쟁의 방식 중 하나로, 직장을 이탈하지 않는 대신에 원료 · 재료를 필요 이상으로 소모함으로써 사용자를 괴롭히는 방식은 무엇인가?

① 사보타주　　　　　　　　　② 스트라이크

③ 보이콧　　　　　　　　　　④ 피케팅

> **해설**
> ② 스트라이크(Strike) : 근로자가 집단적으로 노동 제공을 거부하는 쟁의행위로 '동맹파업'이라고 한다.
> ③ 보이콧(Boycott) : 부당 행위에 대항하기 위해 집단적 · 조직적으로 벌이는 거부 운동이다.
> ④ 피케팅(Picketing) : 플래카드, 피켓, 확성기 등을 사용하여 근로자들이 파업에 동참할 것을 요구하는 행위이다.

18 중대재해처벌법에 따라 근로현장에서 사망사고 발생시 사업주에게 행해지는 처벌기준은?

① 1년 이하의 징역 또는 5억원 이하의 벌금

② 1년 이상의 징역 또는 10억원 이하의 벌금

③ 7년 이하의 징역 또는 5억원 이하의 벌금

④ 7년 이상의 징역 또는 10억원 이하의 벌금

> **해설**
> 2022년부터 시행된 중대재해처벌법에 따르면 사업주 · 경영책임자 등이 작업장 내의 안전보건확보 의무를 위반하여 사망사고가 발생한 경우, 1년 이상의 징역 또는 10억원 이하의 벌금에 처하도록 했다. 사망 외 사고가 발생했을 때에는 7년 이하의 징역 또는 1억원 이하의 벌금에 처한다.

19 다음 중 유니언숍(Union Shop) 제도에 대한 설명으로 틀린 것은?

① 노동자들이 노동조합에 의무적으로 가입해야 하는 제도이다.
② 조합원이 그 노동조합을 탈퇴하는 경우 사용자의 해고의무는 없다.
③ 채용할 때에는 조합원·비조합원을 따지지 않는다.
④ 목적은 노동자의 권리를 강화하기 위한 것이다.

> **해설**
> ② 조합원이 그 노동조합을 탈퇴하는 경우 사용자는 해고의무를 가진다.

20 수입은 많지만 서로 시간이 없어 소비를 못하는 신세대 맞벌이 부부를 이르는 말은?

① 여피족　　　　　　　　　　② 네스팅족
③ 딘트족　　　　　　　　　　④ 욘 족

> **해설**
> 딘트족(DINT族)은 'Double Income, No Time'의 약어로 맞벌이를 해서 수입은 두 배이지만 업무가 바쁘고, 서로 시간이 없어 소비를 못하는 신세대 맞벌이 부부를 지칭하는 신조어다.

21 다음의 예시 사례는 어떤 현상에 대한 해결방법인가?

• 해방촌 신흥시장 – 소유주·상인 자율협약 체결, 향후 6년간 임대료 동결
• 성수동 – 구청, 리모델링 인센티브로 임대료 인상 억제 추진
• 서촌 – 프랜차이즈 개업 금지

---

① 스프롤 현상　　　　　　　② 젠트리피케이션
③ 스테이케이션　　　　　　④ 투어리스티피케이션

> **해설**
> 젠트리피케이션은 도심 변두리 낙후된 지역에 중산층 이상 계층이 유입됨으로써 지가나 임대료가 상승하고, 기존 주민들은 비용을 감당하지 못하여 살던 곳에서 쫓겨나고 이로 인해 지역 전체의 구성과 성격이 변하는 것이다. 지역공동체 붕괴나 영세상인의 몰락을 가져온다는 문제가 제기되면서 젠트리피케이션에 대한 대책 마련도 시급한 상황이다.

22 만 10세 ~ 14세 미만으로 형벌에 처할 범법행위를 한 미성년자를 뜻하는 말은?

① 위법소년
② 소년범
③ 촉법소년
④ 우범소년

해설

촉법소년은 형법에 저촉되는 행위를 한 만 10세 이상 만 14세 미만인 소년, 소녀를 말한다.

23 자기에게 손해가 가지 않는다면 사회나 이웃의 일에는 무관심한 개인이기주의 현상은?

① 노비즘
② 루키즘
③ 프리거니즘
④ 맨해트니즘

해설

노비즘(Nobyism)은 이웃사회에 피해가 가더라도 자기에게 손해가 아니라면 무관심한 현상을 말한다.

24 각종 화재, 선박사고 등은 우리 사회가 얼마나 안전에 소홀했는지를 보여주었다. 이들 사례처럼 사소한 것 하나를 방치하면 그것을 중심으로 범죄나 비리가 확산된다는 이론은 무엇인가?

① 낙인 이론
② 넛지 이론
③ 비행하위문화 이론
④ 깨진 유리창 이론

해설

깨진 유리창 이론은 깨진 유리창 하나를 방치해 두면 그 지점을 중심으로 범죄가 확산되기 시작한다는 주장이다.

25 재활용품에 디자인 또는 활용도를 더해 그 가치를 더 높은 제품으로 만드는 것은?

① 업사이클링(Up-cycling)
② 리사이클링(Recycling)
③ 리뉴얼(Renewal)
④ 리자인(Resign)

해설

업사이클링(Up-cycling)은 쓸모없어진 것을 재사용하는 리사이클링의 상위 개념이다. 즉 자원을 재이용할 때 디자인 또는 활용도를 더해 전혀 다른 제품으로 생산하는 것을 말한다.

26 대도시 지역에서 나타나는 열섬 현상의 원인으로 적절하지 않은 것은?

① 인구의 도시 집중　　　　　　　② 콘크리트 피복의 증가
③ 인공열의 방출　　　　　　　　　④ 옥상 녹화

해설
옥상 녹화는 건물의 옥상이나 지붕에 식물을 심는 것으로, 주변 온도를 낮추어 도시의 열섬 현상을 완화시킨다.

27 2007년 환경부가 도입한 제도로서 온실가스를 줄이는 활동에 국민들을 참여시키기 위해 온실가스를 줄이는 활동에 대해 각종 인센티브를 제공하는 제도는?

① 프리덤 푸드　　　　　　　　　② 탄소발자국
③ 그린워싱　　　　　　　　　　　④ 탄소포인트제

해설
① 프리덤 푸드 : 동물학대방지협회가 심사·평가하여 동물복지를 실현하는 농장에서 생산된 축산제품임을 인증하는
　　제도
② 탄소발자국 : 개인 또는 단체가 직·간접적으로 발생시키는 온실기체의 총량
③ 그린워싱 : 실제로는 환경에 유해한 활동을 하면서 마치 친환경적인 것처럼 광고하는 행위

28 다음 중 바이오에너지에 대한 설명으로 적절하지 않은 것은?

① 직접연소, 메테인발효, 알코올발효 등을 통해 얻을 수 있다.
② 산업폐기물도 바이오에너지의 자원이 될 수 있다.
③ 재생 가능한 무한의 자원이다.
④ 브라질이나 캐나다 등의 국가에서 바이오에너지가 도입 단계에 있다.

해설
브라질, 캐나다, 미국 등에서는 알코올을 이용한 바이오에너지 공급량이 이미 원자력에 맞먹는 수준에 도달해 있다.

29 오존층 파괴물질의 규제와 관련된 국제협약은?

① 리우선언
② 교토의정서
③ 몬트리올 의정서
④ 런던 협약

해설

① 리우선언 : 환경보전과 개발에 관한 기본원칙을 담은 선언문
② 교토의정서 : 기후변화협약(UNFCCC)에 따른 온실가스 감축을 이행하기 위한 의정서
④ 런던 협약 : 바다를 오염시킬 수 있는 각종 산업폐기물의 해양투기나 해상 소각을 규제하는 협약

30 다음 중 탄소배출권에 대한 설명으로 옳은 것은?

① 유엔기후변화협약에서 발급한다.
② 상품처럼 시장에서 거래할 수 없다.
③ 일산화탄소, 메탄, 아산화질소 배출권은 제외된다.
④ 온실가스 배출에 대한 영구적 권리를 의미한다.

해설

탄소배출권은 지구온난화를 일으키는 일산화탄소, 메탄, 아산화질소와 3종의 프레온가스, 6개 온실가스를 일정기간 배출할 수 있는 권리를 의미한다. 유엔기후변화협약에서 발급하며, 발급된 탄소배출권은 시장에서 상품처럼 거래할 수 있다. 주로 온실가스 배출을 줄여야 하는 의무를 지는 국가와 기업이 거래한다.

31 다음 〈보기〉에서 설명하는 협약은 무엇인가?

보기

정식 명칭은 '물새서식지로서 특히 국제적으로 중요한 습지에 관한 협약'으로, 환경올림픽이라고도 불린다. 가맹국은 철새의 번식지가 되는 습지를 보호할 의무가 있으며 국제적으로 중요한 습지를 1개소 이상 보호지로 지정해야 한다.

① 런던 협약
② 몬트리올 의정서
③ 람사르 협약
④ 바젤 협약

해설

① 런던 협약 : 선박이나 항공기, 해양시설로부터의 폐기물 해양투기나 해상소각을 규제하는 국제협약
② 몬트리올 의정서 : 지구의 오존층을 보호하기 위해 오존층 파괴물질의 사용을 규제하는 국제협약
④ 바젤 협약 : 유해폐기물의 국가 간 교역을 규제하는 국제협약

32 다음에서 설명하고 있는 것은 무엇인가?

> 이것은 유기물이 분해되어 형성되는 바이오 가스에서 메탄만을 정제하여 추출한 연료로, 천연가스 수요처에서 에너지로 활용할 수 있다.

① 질 소 　　　　　　　　　　　　② 이산화탄소
③ 바이오-메탄가스 　　　　　　　④ LNG

해설

생물자원인 쓰레기, 배설물, 식물 등이 분해되면서 만들어지는 바이오 가스에서 메탄을 추출한 바이오-메탄가스는 발전이나 열 에너지원으로 이용할 수 있다.

33 다음 중 온실효과를 일으키는 물질로만 짝지어진 것은?

① 이산화탄소(CO_2), 메탄(CH_4)
② 질소(N), 아산화질소(N_2O)
③ 프레온(CFC), 산소(O_2)
④ 질소(N), 이산화탄소(CO_2)

해설

질소(N), 산소(O_2) 등의 기체는 가시광선이나 적외선을 모두 통과시키기 때문에 온실효과를 일으키지 않는다. 교토의정서에서 정한 대표적 온실가스에는 이산화탄소(CO_2), 메탄(CH_4), 아산화질소(N_2O), 과불화탄소($PFCs$), 수소불화탄소($HFCs$), 육불화유황(SF_6) 등이 있다.

34 핵가족화에 따른 노인들이 고독과 소외로 우울증에 빠지게 되는 것을 무엇이라 하는가?

① LID 증후군 　　　　　　　　　② 쿠바드 증후군
③ 펫로스 증후군 　　　　　　　　④ 빈둥지 증후군

해설

② 쿠바드 증후군 : 아내가 임신했을 경우 남편도 육체적·심리적 증상을 아내와 똑같이 겪는 현상
③ 펫로스 증후군 : 가족처럼 사랑하는 반려동물이 죽은 뒤에 경험하는 상실감과 우울 증상
④ 빈둥지 증후군 : 자녀가 독립하여 집을 떠난 뒤에 부모나 양육자가 경험하는 외로움과 상실감

35 2021년 품귀사태를 빚었던 요소수에 대한 설명으로 옳은 것은?

① 가솔린 차량에서 발생하는 질소산화물을 정화시키기 위한 물질이다.

② 유럽의 배출가스 규제인 유로6의 도입으로 사용이 의무화되었다.

③ 질소산화물을 물과 이산화탄소로 환원시킨다.

④ 요소수가 소모되어도 차량운행에는 문제가 없다.

해설

요소수는 디젤 차량에서 발생하는 질소산화물(NOx)를 정화하기 위한 물질로, 차량에 설치된 정화장치인 SCR에 사용된다. 배기가스가 지나는 통로에 요소수를 뿌리면 질소산화물이 물과 질소로 환원된다. 2015년에 유럽의 배기가스 규제인 유로6가 국내에 도입되면서, 디젤차량에 반드시 SCR을 탑재하고 요소수 소모 시 보충해야 한다. SCR이 설치된 디젤차량은 요소수가 없으면 시동이 걸리지 않는 등 운행할 수 없다.

36 호기성 미생물이 일정 기간 동안 물속에 있는 유기물을 분해할 때 사용하는 산소의 양을 말하며, 물의 오염된 정도를 표시하는 지표로 사용되는 것은?

① pH

② DO

③ COD

④ BOD

해설

생화학적 산소요구량(Biochemical Oxygen Demand) : 일반적으로 BOD로 부르며, 생물분해가 가능한 유기물질의 강도를 뜻한다. BOD 값이 클수록 오염 정도가 심한 물이고, BOD 값이 작을수록 깨끗한 물이다.

37 '생물자원에 대한 이익 공유'와 관련된 국제협약은?

① 리우선언

② 교토의정서

③ 나고야의정서

④ 파리기후협약

해설

나고야의정서는 다양한 생물자원을 활용해 생기는 이익을 공유하기 위한 지침을 담은 국제협약이다.

38 환경영향평가에 대한 설명으로 옳은 것은?

① 환경보존 운동의 효과를 평가하는 것

② 환경보전법, 해상환경관리법, 공해방지법 등을 총칭하는 것

③ 공해지역 주변에 특별감시반을 설치하여 환경보전에 만전을 기하는 것

④ 건설이나 개발 전에 주변 환경에 미치는 영향을 미리 측정하여 대책을 세우는 것

해설

환경영향평가

건설이나 개발 전에 주변 환경에 미치는 영향을 미리 측정하여 해로운 환경영향을 측정해보는 것이다. 정부나 기업이 환경에 끼칠 영향이 있는 사업을 수행하고자 할 경우 시행하게 되어 있다.

39 핵 폐기물의 국가 간 교역을 규제하는 내용의 국제 환경 협약은?

① 람사르 협약　　　　　　　　　　② 런던 협약

③ CBD　　　　　　　　　　　　　④ 바젤 협약

해설

① 람사르 협약 : 물새 서식지로서 특히 국제적으로 중요한 습지에 관한 협약

② 런던 협약 : 해양오염 방지를 위한 국제협약

③ 생물다양성협약(CBD) : 지구상의 동·식물을 보호하고 천연자원을 보존하기 위한 국제협약

40 지구상의 동·식물을 보호하고 천연자원을 보존하기 위한 국제협약으로 멸종 위기의 동식물을 보존하려는 것이 목적인 협약은?

① CBD　　　　　　　　　　　　　② 람사르 협약

③ WWF　　　　　　　　　　　　　④ 교토의정서

해설

① CBD는 생물다양성협약의 영문 약자이다.

② 람사르 협약 : 물새 서식지로서 특히 국제적으로 중요한 습지에 관한 협약

③ 세계 물포럼(WWF) : 세계 물 문제 해결을 논의하기 위해 3년마다 개최되는 국제회의

④ 교토의정서 : 기후변화협약(UNFCCC)에 따른 온실가스 감축을 이행하기 위한 의정서

04 과학 · 컴퓨터 · IT · 우주

01 운동법칙

뉴턴이 확립한 역학(力學)의 3대 법칙

물체의 운동에 관한 기본법칙으로 뉴턴의 운동법칙이라고도 부른다.

- **관성의 법칙(뉴턴의 제1법칙)**
  외부의 힘이 가해지지 않는 한 모든 물체는 자기의 상태를 그대로 유지하려는 성질이 있는데, 이것을 '관성의 법칙'이라고 한다. 즉 정지되어 있는 물체는 계속 정지하고 움직이는 물체는 계속 등속도 운동을 한다는 것이다. 관성은 물체의 질량이 클수록 크다.
  예 멈춰있던 차가 출발할 때 몸이 뒤로 가는 것, 달리던 차가 급정차할 때 몸이 앞으로 가는 것
- **가속도의 법칙(뉴턴의 제2법칙)**
  물체에 힘이 가해졌을 때 가속도의 크기는 힘의 크기에 비례하고, 질량에 반비례하며, 가속도의 방향은 힘의 방향과 일치한다는 법칙이다.
  예 같은 무게의 볼링공을 어른과 아이가 굴렸을 때 어른이 굴린 볼링공이 더 빠르게 굴러가는 것
- **작용 · 반작용의 법칙(뉴턴의 제3법칙)**
  두 물체 간에 작용하는 힘은 늘 한 쌍으로 작용하며, 그 방향은 서로 반대이나 크기는 같다.
  예 풍선에서 바람이 빠지며 날아가는 것, 노를 저으면 배가 앞으로 나아가는 것

02 엔트로피 Entropy

자연계의 무질서도를 나타내는 양

자연의 모든 현상은 엔트로피가 증가하는 방향으로 일어난다. 물에 잉크를 떨어뜨리면 잉크는 물 전체로 퍼져 나간다. 그러나 그 반대로는 되지 않는다. 처음의 잉크 방울 형태를 질서 있는 상태, 잉크가 퍼져 나간 상태를 무질서한 상태라고 할 때, 세상의 모든 물질은 반드시 엔트로피가 증가하는 방향, 즉 무질서한 상태로 되려는 경향이 있다.

03 pH Hydrogen Exponent

수용액의 수소 이온 농도를 나타내는 지표

pH란 수소 이온 농도의 역수의 상용log 값을 말한다. pH7(중성)보다 pH 값이 작은 수용액은 산성이고, pH 값이 7보다 크면 염기성, 즉 알칼리성이다. pH가 작을수록 수소 이온($H+$)이 많아 더욱 산성을 띠고, pH가 클수록 수소 이온이 적어 염기성이 강해진다.

여러 용액들의 pH 값

건전지에 이용되는 산	0.1~0.3	마시는 물	6.3~6.6
위 액	1.0~3.0	순수한 물	7.0
식 초	2.4~3.4	바닷물	7.8~8.3
탄산음료	2.5~3.5	암모니아수	10.6~11.6
재배토	6.0~7.0	세 제	14

04 프레온가스

염소, 플루오린, 탄소로만 구성된 화합물로, 오존층 파괴의 주범이 되는 물질

염화불화탄소(CFC ; Chloro Fluoro Carbon)를 말하며, 염소와 플루오린을 함유한 일련의 유기 화합물을 총칭한다. 가연성, 부식성이 없는 무색무미의 화합물로, 독성이 적으면서 휘발하기 쉽지만 잘 타지 않고 화학적으로 안정하여 냉매, 발포제, 분사제, 세정제 등으로 산업계에서 폭넓게 사용되고 있다. 그러나 화학적으로 안정되었기 때문에 대기권에서 분해되지 않고 오존이 존재하는 성층권에 올라가서 자외선에 의해 분해되어 오존층 파괴의 원인이 된다.

05 희토류

첨단산업의 비타민으로 불리는 비철금속 광물

희귀한 흙이라는 뜻의 희토류는 지각 내에 총 함유량이 300ppm(100만분의 300) 미만인 금속이다. 화학적으로 안정되고 열을 잘 전달하는 것이 특징이다. 물리·화학적 성질이 비슷한 란탄, 세륨 등 원소 17종을 통틀어서 희토류라고 부르며, 우라늄·게르마늄·세슘·리튬·붕소·백금·망간·코발트·크롬·바륨·니켈 등이 있다. 희토류의 이용 범위는 점차 넓어지고 있으며, 휴대전화, 반도체, 하이브리드카 등의 생산에 필수 자원으로 각광받고 있다.

06 OLED Organic Light Emitting Diodes

전기 자극을 받아 스스로 빛을 내는 자체 발광형 유기물질

OLED(유기 발광 다이오드)는 형광성 유기 화합 물질에 전류가 흐르면 자체적으로 빛을 내는 발광현상을 이용하는 디스플레이를 말한다. LCD보다 선명하고 보는 방향과 무관하게 잘 보이는 것이 장점이다. 화질의 반응 속도 역시 LCD에 비해 1,000배 이상 빠르다. 또한 단순한 제조 공정으로 인해 가격 경쟁면에서도 유리하다.

07 세슘 Cesium

은백색을 띠는 알칼리 금속원소

세슘은 핵반응시 발생하는 방사선 동위원소로 반감기는 30년이다. 호흡기를 통해 몸 안에 흡수되면 주로 근육에 농축된다. 인체에 오래 남아 위험도가 상대적으로 높지만, 정상적 대사 과정으로 방출되고 몸에 남는 양은 극히 적어 실제 생물학적 반감기는 100일 ~ 150일인 것으로 알려져 있다. 세슘에 많이 노출될 경우 폐암, 갑상선암, 유방암, 골수암, 불임증, 전신마비 등을 유발할 수 있다.

> **동위원소**
> 원자 번호는 같으나 질량수가 서로 다른 원소. 양성자의 수는 같으나 중성자의 수가 다르다.

08 플라스마 Plasma

기체상태의 중성물질이 고온에서 이온핵과 자유전자의 집합체로 바뀌는 상태

고체에 열을 가하면 액체가 되고, 액체에 열을 가하면 기체가 된다. 기체에 계속해서 열을 가하면 플라스마가 되는데 이를 제4의 물질 상태라고 한다. 플라스마 상태는 전기적으로 중성을 띠며 현재 네온사인, 형광등, PDP TV 등에서 사용되고 있다. 화석연료를 대체할 수 있고, 핵융합을 바탕으로 하는 인공태양 발전에도 쓰이기 때문에 각국에서는 플라스마를 이용한 대체에너지 개발을 연구하고 있다.

09 GI Glycemic Index

어떤 식품이 혈당을 얼마나 빨리, 많이 올리느냐를 나타내는 수치

GI, 즉 혈당지수는 어떤 식품이 혈당을 얼마나 빨리, 많이 올리느냐를 나타내는 수치이다. 예를 들어 혈당지수가 85인 감자는 혈당지수가 40인 사과보다 혈당을 더 빨리 더 많이 올린다. 일반적으로 혈당지수 55 이하는 저혈당지수 식품, 70 이상은 고혈당지수 식품으로 분류한다.

> 고혈당지수 식품(혈당지수 70 이상)
> • 곡류군 : 쌀밥, 흰 빵, 감자, 와플, 베이글
> • 과일군 : 수박

10 간의 기능

물질 대사, 알코올 대사, 호르몬 대사, 쓸개즙의 생성 및 배설, 해독과 방어 기능

간은 우리 몸의 모든 기능에 관여한다고 해도 지나치지 않을 정도로 많은 일을 한다. 간의 주요 기능은 다음과 같다.

물질 대사	탄수화물 대사, 단백질 대사, 지방 대사 모두에 관여한다. 그밖에도 비타민과 무기질의 저장 기능도 한다.
알코올 대사	알코올이 몸에서 제거되는 데 필요한 효소들이 간에 많이 있기 때문에 섭취한 알코올 중 많게는 80 ~90%가 간에서 분해된다.
호르몬 대사	간의 지배를 받는 호르몬도 있어 호르몬 분비량 조절에도 관여한다.

11 GMO Genetically Modified Organism

유전자변형농산물

병충해에 대한 내성과 저항력을 갖게 하거나 양적인 가치와 보존성을 높이기 위해 외래 유전자를 주입하여 키운 농산물을 일컫는다. 자연의 섭리를 거슬러 해당 작물에 종을 뛰어넘는 유전자를 주입하는 것에 대한 두려움과 공포 때문에 유럽에서는 '프랑켄슈타인식품'이라고 부른다.

12 줄기세포

여러 종류의 신체조직으로 분화 가능한 미분화세포

어떤 기관으로도 전환할 수 있는 만능 세포로 '배아줄기세포'와 '성체줄기세포'로 나뉜다. 줄기세포를 이용해 심장조직을 치료하는 심장근육세포, 뇌의 질병을 치료하는 신경세포 등을 만드는 연구가 진행되고 있다.

- 배아줄기세포 : 정자와 난자가 수정된 후 조직과 기관이 분화하는 8주까지의 초기 생명체인 배아에서 얻는다. 신체 모든 기관으로 분화 가능하다고 알려졌다.
- 성체줄기세포 : 사람의 피부, 골수 등에서 얻는다. 모든 기관으로 분화할 수는 없으나 정해진 장기나 조직으로 분화할 수 있다.

13 mRNA백신

바이러스의 유전정보가 담긴 mRNA를 체내에 주입해 항원을 만들게 하는 백신

핵 안의 유전정보를 세포질 내 리보솜에 전달하는 RNA백신이다. 기존의 백신이 바이러스 단백질을 체내에 직접 주입한다면, mRNA백신은 DNA상의 유전정보를 전령하는 방식으로 신체 면역반응을 유도해 '전령(메신저) RNA'라고 부른다. 기존 백신과 달리 바이러스 항원 배양 시간이 들지 않아 시간이 절약된다는 장점이 있다. 하지만 보관온도 등 주변 환경에 매우 취약하다는 단점도 있다. 코로나19 백신을 만드는 데 쓰였다.

14 온난화 현상

지구의 평균 온도가 온실 가스로 인해 상승하는 현상

지구의 평균 온도를 상승시키는 온실 가스에는 이산화탄소, 메탄, 프레온 가스가 있다. 지구의 기온이 점차 상승함에 따라 해수면이 상승하고 해안선이 바뀌며 생태계에 변화를 가져오게 된다. 이로 인해 많은 환경문제들이 야기되고 있어 세계적으로도 이산화탄소 배출량을 줄이기 위해 그린업그레이드 운동 등의 환경운동을 하고 있다.

유엔기후변화협약과 교토의정서
1992년 온실 가스의 인위적 방출을 규제하기 위한 '유엔기후변화협약(UNFCCC)'이 채택됐으며, 1997년 국가 간 이행 협약인 '교토의정서'가 만들어졌다. 교토의정서에서 온실 가스로 꼽힌 기체는 이산화탄소(CO_2), 메탄(CH_4), 아산화질소(N_2O), 수소불화탄소(HFCs), 과불화탄소(PFCs), 육불화황(SF_6) 등 6가지이다. 교토의정서는 2021년 파리기후협약으로 대체됐다.

15 불의 고리

환태평양 조산대의 별칭

세계의 주요 지진대와 화산대 활동이 중첩되는 환태평양 조산대를 가리키는 말이다. 남극의 팔머반도에서부터 남아메리카 안데스산맥, 북아메리카 산지와 알래스카, 쿠릴 열도, 일본 열도, 동인도 제도, 동남아시아 국가, 뉴질랜드와 태평양의 여러 섬으로 이어지는 지대로 이 지역에 분포하는 활화산을 연결한 것이 원 모양이어서 이러한 이름이 붙었다.

16 아르테미스 계획

미 항공우주국의 유인 달·우주탐사 계획

미 항공우주국(NASA)이 달에 다시 한 번 인류를 보낼 목적으로 추진 중인 우주 계획이다. 2024년까지 인류를 달에 보내고, 이후 달에 전초기지 등을 세워 유인우주탐사의 본격적인 발판으로 삼을 계획이다. 미국을 포함해 호주, 캐나다, 일본, 룩셈부르크, 이탈리아, 영국, 아랍에미리트(UAE), 우크라이나 등 20개국이 참가하고 있다. 우리나라는 지난 2021년 5월 한미정상회담에서 아르테미스 협정에 공식 서명해 브라질을 제치고 10번째 참여국이 되었다.

17 장보고과학기지

대한민국의 두 번째 남극과학기지

2014년에 완공된 대한민국의 두 번째 남극과학기지이다. 연면적 $4,458m^2$에 연구동과 생활동 등 16개동의 건물로 구성된 장보고과학기지는 겨울철에는 15명, 여름철에는 최대 60명까지 수용할 수 있다.

18 바이오시밀러 Biosimilar

특허가 만료된 바이오의약품의 복제약

바이오의약품을 복제한 약을 말한다. 오리지널 바이오의약품과 비슷한 효능을 갖도록 만들지만 바이오의약품의 경우처럼 동물세포나 효모, 대장균 등을 이용해 만든 고분자의 단백질 제품이 아니라 화학적 합성으로 만들어지기 때문에 기존의 특허받은 바이오의약품에 비해 약값이 저렴하다.

19 리튬폴리머 전지 Lithium Polymer Battery

안정성이 높고 에너지 효율성이 좋은 차세대 2차 전지

외부 전원을 이용해 충전하여 반영구적으로 사용하는 고체 전해질 전지로, 안정성이 높고 에너지 효율이 높은 2차 전지이다. 전해질이 고체 또는 젤 형태이기 때문에 사고로 인해 전지가 파손되어도 발화하거나 폭발할 위험이 없어 안정적이다. 또한 제조 공정이 간단해 대량 생산이 가능하며 대용량도 만들 수 있다.

20 카오스 이론

무질서하고 불규칙적으로 보이는 현상에 숨어 있는 질서와 규칙을 설명하려는 이론

무질서해 보이는 현상의 배후에 질서와 규칙이 감추어져 있음을 전제로 하는 이론이다. 카오스 연구는 예측 불가능한 현상 뒤의 알려지지 않은 법칙을 밝혀내는 것을 목적으로 한다. 즉, 카오스 이론은 안정적이면서도 안정적이지 않은, 안정적이지 않으면서도 안정적인 다양한 현상을 설명하고자 한다.

> **나비 효과**
> 작은 변화가 파급되어 예상하기 어려운 큰 변화를 일으키는 것을 일컫는 말이다. 미국의 기상학자 에드워드 로렌츠가 컴퓨터로 기상을 모의 실험하던 중 초기 조건의 값의 미세한 차이가 엄청나게 다른 결과를 가져온다는 것을 발견하면서 알려졌다. 즉 아마존 정글에서 파닥이는 나비의 날갯짓이 몇 주 또는 몇 달 후 미국 텍사스에서 토네이도를 일게 할 수 있다는 것으로 나비 효과는 카오스 이론의 토대가 되었다.

21 컴퓨터의 기본 구성

컴퓨터는 크게 하드웨어와 소프트웨어로 구성되어 작동한다.

하 드 웨 어	**중앙처리장치(Central Processing Unit)**	CPU라고 부른다. 입력장치, 기억장치로부터 받은 데이터를 분석·처리하는 역할을 하기 때문에 컴퓨터의 두뇌에 해당한다고 볼 수 있다.
	주기억장치(Main Memory Unit)	중앙처리장치가 처리해야 할 데이터를 보관하는 역할을 한다. ROM과 RAM으로 나뉘는데 롬(ROM)은 데이터를 한 번 기록해두면 전원이 꺼져도 남아 있고, 램(RAM)은 자유롭게 데이터 관리가 가능하지만 전원이 꺼지면 모든 데이터가 사라져버린다. 대부분의 컴퓨터가 램을 사용한다.
	보조기억장치(Secondary Memory Unit)	대부분의 컴퓨터가 램을 사용하는데 용량이 적고 전원이 꺼지면 데이터가 지워진다는 단점이 있어서 보조기억장치는 주기억장치를 보완하는 역할을 한다. 하드디스크나 CD-ROM, USB 메모리가 대표적이다.
	입력장치(Input Device)	컴퓨터에 자료나 명령어를 입력할 때 쓰이는 장치를 말하며 키보드, 마우스, 조이스틱 등이 대표적이다.
	출력장치(Output Device)	CPU에서 처리한 정보를 구체화해서 사용자에게 전달하는 장치로, 모니터, 프린터, 스피커 등이 대표적이다.
소 프 트 웨 어	**운영체제(Operating System)**	컴퓨터 시스템을 총괄하는 중요한 소프트웨어이다. 컴퓨터를 구성하는 모든 하드웨어, 응용 소프트웨어는 운영체제가 있어야만 제 기능을 할 수 있다. 운영체제의 성격에 따라 컴퓨터 전반의 성능과 기능이 달라진다. PC용 운영체제로는 마이크로소프트의 윈도우 시리즈가 대표적이다.
	응용 소프트웨어(Application Software)	워드프로세서, 스프레드시트와 같은 사무용 소프트웨어를 비롯해 게임, 동영상 플레이어를 포함하는 멀티미디어 소프트웨어 등 종류가 다양하다.

22 프롭테크 Proptech

부동산 산업에 빅데이터 분석, VR 등 하이테크 기술을 결합한 서비스

부동산(Property)과 기술(Technology)의 합성어로, 기존 부동산 산업과 IT의 결합으로 볼 수 있다. 프롭테크의 산업 분야는 크게 중개 및 임대, 부동산 관리, 프로젝트 개발, 투자 및 자금조달 부분으로 구분할 수 있다. 프롭테크 산업 성장을 통해 부동산 자산의 고도화와 신기술 접목으로 편리성이 확대되고, 이를 통한 삶의 질이 향상될 전망이다.

23 알고리즘 Algorithm

문제를 해결하기 위한 절차와 방법의 집합

수학과 컴퓨터 과학, 언어학 등에서 어떤 문제를 해결하기 위한 명령들로 구성된 일련의 순서화된 절차를 의미한다. 문제를 논리적으로 해결하기 위해 필요한 절차, 방법, 명령어들을 모아놓은 것, 이를 적용해 문제를 해결하는 과정을 모두 알고리즘이라고 한다. 알고리즘은 연산, 데이터 진행 또는 자동화된 추론을 수행한다.

24 피싱 Phishing

개인 정보를 불법적으로 알아내 이를 이용하는 사기수법

개인 정보(Private Data)와 낚는다(Fishing)라는 단어의 합성어로 사람들에게 메일을 보내 위장된 홈페이지로 접속하게 하거나, 이벤트 당첨, 사은품 제공 등을 미끼로 수신자의 개인 정보를 빼내 범죄에 악용하는 수법을 말한다. 주로 금융기관, 상거래 업체를 사칭해 개인 정보를 요구한다.

- 파밍(Pharming) : 해커가 특정 사이트의 도메인 자체를 중간에서 탈취해 개인 정보를 훔치는 인터넷 사기이다. 진짜 사이트 주소를 입력해도 가짜 사이트로 연결되도록 하기 때문에, 사용자들은 가짜 사이트를 진짜 사이트로 착각하고 자신의 개인 정보를 입력한다. 그렇게 되면 개인 아이디와 암호, 각종 중요한 정보들이 해커들에게 그대로 노출돼 피싱보다 더 큰 피해가 발생할 수 있다.
- 스미싱 : 문자 메시지(SMS)와 피싱(Phishing)의 합성어로, 인터넷 접속이 가능한 스마트폰의 문자 메시지를 이용한 휴대폰 해킹을 뜻한다.

25 웹2.0 Web2.0

사용자 중심의 UCC 인터넷 환경

누구나 손쉽게 데이터를 생산하고 인터넷에서 공유할 수 있도록 한 사용자 참여 중심의 인터넷 환경이다. 블로그, 위키피디아처럼 사용자들이 직접 만들어가는 플랫폼이 대표적이다.

- 웹1.0 : 포털사이트처럼 서비스 사업자가 정보를 모아 일방적으로 제공하는 인터넷 환경
- 웹3.0 : 지능화된 웹이 이용자가 원하는 콘텐츠를 개인별 맞춤 서비스로 제공하는데 이는 개인화, 지능화된 웹으로 진화하여 개인이 중심에서 모든 것을 판단하고 추론하는 방향으로 개발되고 활용될 전망

26 쿠키 Cookie

PC 사용자의 인터넷 웹 사이트 방문기록이 저장되는 파일

쿠키에는 PC 사용자의 ID와 비밀번호, 방문한 사이트 정보 등이 담겨 하드디스크에 저장된다. 이용자들의 홈페이지 접속을 도우려는 목적에서 만들어졌기 때문에 해당 사이트를 한 번 방문하고 난 이후에 다시 방문했을 때에는 별다른 절차를 거치지 않고 빠르게 접속할 수 있다는 장점이 있다. 하지만 개인 정보 유출, 사생활 침해 등 개인 정보가 위협받을 수 있다는 우려가 공존한다.

27 OTT Over The Top

인터넷을 통해 영화, TV 방송 등 각종 미디어 콘텐츠를 제공하는 서비스

'Top(셋톱박스)를 통해 제공됨'을 의미하는 것으로, 범용 인터넷을 통해 미디어 콘텐츠를 이용할 수 있는 서비스를 말한다. 시청자의 다양한 욕구, 온라인 동영상 이용의 증가는 OTT 서비스가 등장하는 계기가 되었으며 초고속 인터넷의 발달과 스마트 기기의 보급은 OTT 서비스의 발전을 가속화시켰다. 현재 전 세계적으로 OTT 서비스가 널리 제공되고 있고, 그중에서도 미국은 가장 큰 OTT 시장을 갖고 있다.

28 그래핀 Graphene

탄소원자 1개의 두께로 이루어진 아주 얇은 막으로 활용도가 뛰어난 신소재

흑연은 탄소들이 벌집 모양의 육각형 그물처럼 배열된 평면들이 층으로 쌓여 있는 구조를 하고 있는데, 이 흑연의 한 층을 그래핀이라 부른다. 그래핀은 구리보다 100배 이상 전기가 잘 통하고 실리콘보다 100배 이상 전자를 빠르게 이동시킨다. 강도는 강철보다 200배 이상 강하고, 열전도성은 다이아몬드보다 2배 이상 높다.

29 NFC Near Field Communication

근거리 무선통신

약 10cm 이내의 근거리에서 데이터를 교환할 수 있는 비접촉식 무선통신으로 13.56MHz 대역의 주파수를 사용한다. 스마트폰에 교통카드, 신용카드, 멤버십 카드, 쿠폰 등을 탑재할 수 있어 일상생활에 널리 쓰이고 있다. 짧은 통신 거리라는 단점이 있으나 기존 RFID 기술보다 보안성이 높다는 장점이 있다. 또한 기존 근거리 무선 데이터 교환 기술은 '읽기'만 가능했던 반면, NFC는 '읽기'뿐만 아니라 '쓰기'도 가능하다.

30 디도스 DDoS

특정 사이트를 마비시키기 위해 여러 대의 컴퓨터가 일제히 공격을 가하는 해킹수법

특정 컴퓨터의 자료를 삭제하거나 훔치는 것이 목적이 아니라 정당한 신호를 받지 못하도록 방해하는 '분산 서비스 거부공격'을 말한다. 여러 대의 컴퓨터가 일제히 공격해 대량접속이 일어나게 함으로써 해당 컴퓨터의 기능이 마비되게 한다. 자신도 모르는 사이에 악성코드에 감염돼 특정 사이트를 공격하는 PC로 쓰일 수 있는데, 이러한 PC를 좀비PC라고 한다.

31 랜섬웨어 Ransomware

사용자 컴퓨터 시스템에 침투하여 중요 파일에 대한 접근을 차단하고, 몸값을 요구하는 악성 프로그램

랜섬웨어는 몸값(Ransom)과 소프트웨어(Software)의 합성어다. 사용자 컴퓨터 시스템을 잠그거나 데이터를 암호화해서 사용할 수 없도록 만든 다음, 사용하고 싶다면 돈을 내라고 비트코인이나 금품을 요구한다. 주로 이메일 첨부파일이나 웹페이지 접속을 통해 들어오거나, 확인되지 않은 프로그램이나 파일을 내려받는 과정에서 들어온다.

32 마이데이터 Mydata 산업

여러 금융회사에 흩어진 개인의 금융정보를 통합관리하는 산업

일명 신용정보관리업으로 금융데이터의 주인을 금융회사가 아니라 개인으로 정의해, 각종 기관과 기업에 산재하는 신용정보 등 개인정보를 직접 관리하고 활용할 수 있는 서비스다. 데이터3법(개인정보보호법·신용정보법·정보통신망법) 개정으로 2020년 8월부터 사업자들이 개인의 동의를 받아 금융정보를 통합관리해주는 마이데이터산업이 가능해졌다.

33 DRM Digital Rights Management

디지털 콘텐츠 제공자의 권리를 보장하기 위해 무단사용을 방지하는 서비스

DRM은 우리말로 디지털 저작권 관리라고 부른다. 허가된 사용자만 디지털 콘텐츠에 접근할 수 있도록 제한해 비용을 지불한 사람만 콘텐츠를 사용할 수 있도록 하는 서비스, 또는 정보보호 기술을 통틀어 가리킨다. 불법 복제는 콘텐츠 생산자들의 권리와 이익을 위협하고, 출판, 음악, 영화 등 문화산업 발전의 걸림돌이 될 수 있다는 점에서 DRM은 점점 더 중요해지고 있다.

34 제로레이팅 Zero Rating

콘텐츠 사업자가 이용자의 데이터 이용료를 부담하는 제도

특정한 콘텐츠에 대한 데이터 비용을 이동통신사가 대신 지불하거나 콘텐츠 사업자가 부담하도록 하여 서비스 이용자는 무료로 이용할 수 있게 하는 것을 말한다. 예컨대 통신업체들이 넷플릭스나 페이스북 같은 특정 업체들의 사이트에서 영상과 음악, 게시물 등을 무제한 무료로 받을 수 있는 것이다.

> **망중립성(Network Neutrality)**
> 인터넷망 서비스를 전기·수도와 같은 공공서비스로 분류해, 네트워크 사업자가 관리하는 망이 공익을 위한 목적으로 사용돼야 한다는 원칙이다. 즉 네트워크 사업자는 모든 콘텐츠를 동등하게 취급해야 하며, 어떠한 차별도 있어서는 안 된다는 원칙이다. 따라서 인터넷망을 통해 오고가는 인터넷 트래픽에 대해 데이터의 유형, 사업자, 내용 등을 불문하고 이를 생성하거나 소비하는 주체를 차별 없이 동일하게 처리해야 한다는 것이다. 이에 따라 통신사업자는 막대한 비용을 들여 망설치를 하여 과부하로 인한 망의 다운을 막으려고 하지만, 스마트TV 생산 회사들이나 콘텐츠 제공업체들은 망중립성을 이유로 이에 대한 고려 없이 제품 생산에만 그쳐, 망중립성을 둘러싼 갈등이 불거지기도 하였다.

35 메타버스 Metaverse

가상과 현실이 융합된 초현실세계

가상·초월을 뜻하는 메타(Meta)와 현실세계를 뜻하는 유니버스(Universe)를 더한 말이다. 현실세계와 가상세계를 더한 3차원 가상세계를 의미한다. 자신을 상징하는 아바타가 게임, 회의에 참여하는 등 가상세계 속에서 사회·경제·문화적 활동을 펼친다. 메타버스라는 용어는 닐 스티븐슨이 1992년 출간한 소설 '스노 크래시(Snow Crash)'에서 처음 나왔다.

36 RFID Radio Frequency IDentification

IC칩을 내장해 무선으로 다양한 정보를 관리할 수 있는 차세대 인식 기술

생산에서 판매에 이르는 전 과정의 정보를 극소형 IC칩에 내장시켜 이를 무선주파수로 추적할 수 있도록 하는 기술이다. 실시간으로 사물의 정보와 유통 경로, 재고 현황까지 무선으로 파악할 수 있으며 바코드보다 저장 용량이 커 바코드를 대체할 차세대 인식 기술로 꼽힌다. 대형 할인점 계산, 도서관의 도서 출납관리 등 활용 범위가 다양하다.

37 N스크린 N Screen

하나의 콘텐츠를 다양한 정보통신 기기에서 이용할 수 있는 네트워크 서비스

하나의 콘텐츠를 여러 개의 디지털 기기들을 넘나들며 시간과 장소에 구애받지 않고 이용할 수 있도록 해주는 기술이다. 'N'은 수학에서 아직 결정되지 않은 미지수를 뜻하는데, 하나의 콘텐츠를 이용할 수 있는 스크린의 숫자를 한정짓지 않는다는 의미에서 N스크린이라고 부른다.

38 클라우드 컴퓨팅 Cloud Computing

다양한 소프트웨어나 데이터를 컴퓨터 저장장치에 담지 않고 웹 공간에 두어 마음대로 다운받아 쓰는 차세대 인터넷 컴퓨터 환경

인터넷상의 서버에 데이터를 저장해두고, 언제 어디서나 인터넷에 접속해 다운받을 수 있어서 시간과 공간의 제약 없이 원하는 일을 할 수 있다. 구름(Cloud)처럼 무형의 형태인 인터넷상의 서버를 클라우드라고 하며, 사용자가 스마트폰이나 PC 등을 통해 문서, 음악, 동영상 등 다양한 콘텐츠를 편리하게 이용할 수 있다.

39 딥러닝 Deep Learning

컴퓨터가 사람처럼 생각하고 배울 수 있도록 하는 기술

컴퓨터가 다양한 데이터를 이용해 마치 사람처럼 스스로 학습할 수 있게 하기 위해 만든 인공 신경망(ANN ; Artificial Neural Network)을 기반으로 하는 기계 학습 기술이다. 이는 컴퓨터가 이미지, 소리, 텍스트 등의 방대한 데이터를 이해하고 스스로 학습할 수 있게 돕는다. 딥러닝의 고안으로 인공지능(AI)이 획기적으로 도약하게 되었다.

40 5G 5th Generation Mobile Communications

28GHz의 초고대역 주파수를 사용하는 이동통신기술

5G는 2020년 상용화된 모바일 국제 표준을 말한다. 국제전기통신연합(ITU)은 5G의 공식 기술 명칭을 'IMT(International Mobile Telecommunication)2020'으로 정하고, 최대 20Gbps의 데이터 전송 속도와 어디에서든 최소 100Mbps 이상의 체감 전송 속도를 제공하는 것을 5세대 이동통신이라고 정의했다. 이 속도는 기존 이동통신 속도보다 70배가 빠르고 일반 LTE와 비교했을 때는 280배 빠른 수준이다.

41 블랙홀

빛마저도 빨려 들어갈 정도로 중력과 밀도가 무한대에 가깝게 큰 천체

행성이 폭발할 때 극단적으로 수축하면서 밀도와 중력이 어마어마하게 커진 천체이다. 이때 발생한 중력으로부터 빠져나오려면 빛보다 빨라야 하므로, 빛조차도 블랙홀 안으로 빨려 들어가고 있다고 추측된다. 만약 지구만한 행성이 블랙홀이 된다면 그 반지름은 겨우 0.9cm로 줄어들게 될 정도로 중력이 크다. 블랙홀이라는 명칭이 붙게 된 이유도 직접 관측할 수 없는 암흑의 공간이기 때문이다. 영국의 물리학자 스티븐 호킹은 아인슈타인의 상대성이론에 근거하여 블랙홀의 소멸 가능성을 주장하였다.

42 태양계

태양을 중심으로 공전하는 천체의 집합

태양을 중심으로 공전하는 수성, 금성, 지구, 화성, 목성, 토성, 천왕성, 해왕성을 일컫는다. 이 8개의 행성들과 그 위성들, 왜소행성, 수십만 개 이상의 소행성, 혜성, 유성 그리고 태양 주위를 공전하는 수많은 티끌 입자들도 태양계에 속한다. 이외에도 태양계에는 태양에서 방출하는 전자, 양성자, 중성자로 이루어진 태양풍 입자들이 행성 사이의 공간을 채우고 있다.

43 무궁화1호

우리나라 최초의 상용 방송·통신위성

1995년 8월 미국 플로리다 주 케이프커내버럴 우주 기지에서 발사된 우리나라 최초의 위성이다. 뉴미디어 시대를 열고, 미래의 우주 개발 경쟁에 대비하는 것을 목적으로 KT가 추진하였다. 무궁화1호는 위성의 공전 주기와 지구의 자전 주기가 같아 지표에서 보면 상공의 한 지점에 정지해 있는 것처럼 보이는 정지궤도 위성이다. 무궁화1호는 2005년 12월, 10년 4개월간의 임무를 끝마쳤다.

44 우리별1호

우리나라 최초의 인공위성

과학위성과 통신위성의 역할을 함께 하는 우리나라 최초의 인공위성이다. 한국과 영국이 공동 설계·제작하여 1992년 남아메리카 기아나 쿠루기지에서 아리안 42P로켓에 실려 발사되었다. 우리나라 최초의 국적위성으로 음성 방송과 통신 실험 등 각종 실험과 관측을 위한 과학위성이다.

45 아리랑1호

우리나라 최초의 다목적 실용위성

한국항공우주연구원에서 발사한 국내 최초로 다목적 실용위성으로, 지리정보시스템, 정지도 제작, 재해 예방 등에 사용된다. 우리나라의 주요 위성에는 아리랑 위성과 무궁화 위성이 있는데, 아리랑 위성은 관측을 주목적으로 제작된 것이고, 무궁화 위성은 통신을 주목적으로 제작된 것이다. 아리랑1호는 1999년 12월 21일 미국 캘리포니아주 반덴버그 발사장에서 발사되었다.

46 나로우주센터 NARO Space Center

전남 고흥에 위치한 국내 최초의 우주센터

2009년에 완공된 나로우주센터는 국내의 기술로 만들어진 우주센터로, 인공위성을 발사할 수 있으며 세계에서 13번째로 설립되었다. 로켓을 발사할 수 있는 로켓 발사대와 발사체를 통제하고 관리하는 발사 통제동, 발사된 로켓을 추적하는 추적 레이더, 광학 추적 장비 등을 갖추고 있다. 그밖에 로켓 전시관, 인공위성 전시관, 우주과학 전시관, 야외 전시장 등의 우주 과학관이 함께 있다.

47 미국 항공우주국 NASA

미국 대통령 직속의 우주항공 연구개발기관

소련이 미국보다 먼저 발사한 스푸트니크 위성의 충격으로, 미국에서 미국항공자문위원회를 해체시키고 1958년 발족한 대통령 직속 우주항공 연구개발기관이다. 미국 워싱턴에 위치한 본부 이외에 유인우주선(우주왕복선)센터, 케네디우주센터, 마샬우주센터 등의 부속기관이 있다. 아폴로 계획, 우주왕복선 계획, 우주정거장 계획, 화성탐사 계획, 스카이랩 계획 등을 추진했다.

48 블록체인 Block Chain

데이터 분산처리를 통해 거래정보를 참여자가 공유하는 기술

온라인 거래 시 거래 기록을 영구히 저장하여, 장부를 통한 증명으로 돈이 한 번 이상 지불되는 것을 막는 기술이다. 거래가 기록되는 장부가 '블록(Block)'이 되고, 이 블록들은 시간의 흐름에 따라 연결된 '사슬(Chain)'을 이루게 된다. 이렇게 생성된 블록은 네트워크 안의 모든 참여자에게 전송되는데 모든 참여자가 이 거래를 승인해야 기존의 블록체인에 연결될 수 있다. 이러한 과정의 반복으로 형성된 구조는 거래장부의 위·변조를 불가능하게 만든다.

49 빅데이터 Big Data

디지털 환경에서 생성되는 부피가 크고, 변화의 속도가 빠르며, 속성이 매우 다양한 데이터

기존 데이터베이스 관리도구의 데이터 수집·저장·관리·분석의 역량을 넘어서는 대량의 정형 또는 비정형 데이터 세트와 이러한 데이터로부터 가치를 추출하고 결과를 분석하는 기술을 의미한다. 대규모 데이터의 생성·수집·분석을 특징으로 하는 빅데이터는 과거에는 불가능했던 기술을 실현시키기도 하며, 전 영역에 걸쳐 인류에 가치 있는 정보를 제공한다.

04 출제예상문제

01 다음 중 건조주의보는 실효습도가 몇 % 이하로 지속될 것이 예상될 때 발효되는가?

① 25%
② 30%
③ 35%
④ 40%

> **해설**
> 기상청에서는 산불발생의 가능성을 경고하기 위해 실효습도를 관측·예측하여 건조주의보와 건조경보를 발표하고 있다. 건조주의보는 실효습도 35% 이하가 2일 이상 지속될 것이라 예상될 때, 건조경보는 실효습도 25% 이하가 2일 이상 지속되리라 예상될 때 발효된다.

02 다음 중 방사능과 관련 있는 에너지(량) 단위는?

① Bq
② J
③ eV
④ cal

> **해설**
> Bq(베크렐)은 방사능 물질이 방사능을 방출하는 능력을 측정하기 위한 방사능의 국제단위이다.

03 석회암이 물속의 탄산가스에 의해 녹거나 침전되어 생성되는 지형은?

① 드럼린 지형
② 카르스트 지형
③ 모레인 지형
④ 바르한 지형

> **해설**
> 카르스트 지형은 석회암이 물속에 함유된 탄산가스에 의해 용해되고 침전되어 만들어지는 지형을 말한다. 석회암 지역에서 나타나는 독특한 지형이다. 석회암 지반에서 빗물에 의해 용식작용이 일어나면서 구멍이 생기는데, 이 구멍으로 빗물이 침투하여 공간이 더욱 확장된다. 이렇게 공간이 확장된 석회암 지대는 석회동굴로 발전한다.

04 다음 중 우주밀도의 약 70%를 차지한다고 알려진 물질은?

① 암흑에너지

② 은하단

③ 중성자

④ 페르미 거품

해설

암흑에너지(Dark Energy)는 우주 공간의 약 70%를 차지하고 있다고 알려진 에너지의 한 형태로, 우주전체에 고르게 퍼져 있으며 그 실체는 아직 명확히 밝혀지지 않았다. 빅뱅으로 탄생한 우주는 점점 빠르게 팽창하고 있는데 이 팽창의 가속이 이뤄지는 원동력이 암흑에너지라고 추측되고 있다.

05 다음 중 밑줄 친 '이것'이 가리키는 것은?

> 탄수화물을 섭취하면 혈당이 올라가는데, 우리 몸은 이 혈당을 낮추기 위해 인슐린을 분비하고, 인슐린은 당을 지방으로 만들어 체내에 축적하게 된다. 하지만 모든 탄수화물이 혈당을 동일하게 올리지는 않는다. 칼로리가 같은 식품이어도 이것이 낮은 음식을 먹으면 인슐린이 천천히 분비되어 혈당 수치가 정상적으로 조절되고 포만감 또한 오래 유지할 수 있어 다이어트에 도움이 되는 것으로 알려졌다.

① GMO   ② 글루텐

③ GI   ④ 젖 산

해설

GI, 즉 혈당지수는 어떤 식품이 혈당을 얼마나 빨리, 많이 올리느냐를 나타내는 수치이다. 예를 들어 혈당지수가 85인 감자는 혈당지수가 40인 사과보다 혈당을 더 빨리 더 많이 올린다. 일반적으로 혈당지수 55 이하는 저혈당지수 식품, 70 이상은 고혈당지수 식품으로 분류한다.

06 다음 중 OLED에 대한 설명으로 옳지 않은 것은?

① 스스로 빛을 내는 현상을 이용한다.

② 휴대전화, PDA 등 전자제품의 액정 소재로 사용된다.

③ 화질 반응속도가 빠르고 높은 화질을 자랑한다.

④ 에너지 소비량이 크고 가격이 비싸다.

해설

OLED(Organic Light-Emitting Diode)는 형광성 유기화합물질에 전류를 흐르게 하면 자체적으로 빛을 내는 발광현상을 이용하는 디스플레이를 말한다. LCD보다 선명하고 보는 방향과 무관하게 잘 보이는 장점을 가진다. 화질의 반응 속도 역시 LCD에 비해 1,000배 이상 빠르다. 또한 단순한 제조공정으로 인해 가격 경쟁면에서 유리하다.

07 버스가 갑자기 서면 몸이 앞으로 쏠리는 현상은 무엇과 관련이 있는가?

① 관성의 법칙
② 작용·반작용의 법칙
③ 가속도의 법칙
④ 원심력

> **해설**
> 관성의 법칙은 물체가 원래 운동 상태를 유지하고자 하는 법칙이다. 달리던 버스가 갑자기 서면서 몸이 앞으로 쏠리는 것은 관성 때문이다.

08 대기 중에 이산화탄소가 늘어나는 것이 원인이 되어 발생하는 온도상승 효과는?

① 엘니뇨현상
② 터널효과
③ 온실효과
④ 오존층파괴현상

> **해설**
> 온실효과는 대기 중에 탄산가스, 아황산가스 등이 증가하면서 대기의 온도가 상승하는 현상으로 생태계의 균형을 위협한다.

09 다음 중 아폴로 11호를 타고 인류 최초로 달에 첫 발걸음을 내디딘 인물은 누구인가?

① 에드윈 올드린
② 닐 암스트롱
③ 알렉세이 레오노프
④ 이소연

> **해설**
> 닐 암스트롱은 1969년 7월 20일 아폴로 11호로 인류 역사상 최초로 달에 착륙했다.

10 다음 중 뉴턴의 운동법칙이 아닌 것은?

① 만유인력의 법칙
② 관성의 법칙
③ 작용·반작용의 법칙
④ 가속도의 법칙

> **해설**
> 뉴턴의 운동법칙으로는 관성의 법칙, 가속도의 법칙, 작용·반작용의 법칙이 있다. 만유인력은 뉴턴의 운동법칙이 아니다.

11 다음 중 희토류가 아닌 것은?

① 우라늄   ② 망 간

③ 니 켈   ④ 구 리

해설
구리는 금속물질이며, 희토류가 아니다.

12 전 세계의 모든 문자를 다룰 수 있도록 설계된 표준 문자전산처리 방식은?

① 아스키코드   ② 유니코드

③ BCD코드   ④ EBCDIC코드

해설
유니코드(Unicode)는 전 세계 모든 국가의 언어를 모두 표현하기 위한 코드로서, 운영체제나 프로그램과 상관없이 문자마다 고유한 값을 부여함으로써 모든 언어를 16진수로 표현할 수 있다. 각 언어를 통일된 방식으로 컴퓨터상에 나타내며, 1995년 9월에 국제표준으로 지정되었다.

13 다음 중 리튬폴리머 전지에 대한 설명으로 옳지 않은 것은?

① 안정성이 높고, 에너지 효율이 높은 2차 전지이다.

② 외부전원을 이용해 충전하여 반영구적으로 사용한다.

③ 전해질이 액체 또는 젤 형태이므로 안정적이다.

④ 제조 공정이 간단해 대량 생산이 가능하다.

해설
리튬폴리머 전지(Lithium Polymer Battery)
외부 전원을 이용해 충전하여 반영구적으로 사용하는 고체 전해질 전지로, 안정성이 높고 에너지 효율이 높은 2차 전지이다. 전해질이 고체 또는 젤 형태이기 때문에 사고로 인해 전지가 파손되어도 발화하거나 폭발할 위험이 없어 안정적이다. 또한 제조 공정이 간단해 대량 생산이 가능하며 대용량도 만들 수 있다.

14 특허가 만료된 바이오의약품과 비슷한 효능을 내게 만든 복제의약품을 무엇이라 하는가?

① 바이오시밀러   ② 개량신약

③ 바이오베터   ④ 램시마

해설
바이오시밀러란 바이오의약품을 복제한 약을 말한다. 오리지널 바이오의약품과 비슷한 효능을 갖도록 만들지만 바이오의약품의 경우처럼 동물세포나 효모, 대장균 등을 이용해 만든 고분자의 단백질 제품이 아니라 화학 합성으로 만들기 때문에 기존의 특허받은 바이오의약품에 비해 약값이 저렴하다.

15 매우 무질서하고 불규칙적으로 보이는 현상 속에 내재된 일정 규칙이나 법칙을 밝혀내는 이론은?

① 카오스이론　　　　　　　　　　　② 빅뱅이론
③ 엔트로피　　　　　　　　　　　　④ 퍼지이론

해설
카오스이론은 무질서하고 불규칙적으로 보이는 현상에 숨어 있는 질서와 규칙을 설명하려는 이론이다.

16 방사성 원소란 원자핵이 불안정하여 방사선을 방출하여 붕괴하는 원소이다. 다음 중 방사성 원소가 아닌 것은?

① 헬 륨　　　　　　　　　　　　　② 우라늄
③ 라 듐　　　　　　　　　　　　　④ 토 륨

해설
방사성 원소는 천연 방사성 원소와 인공 방사성 원소로 나눌 수 있다. 방사선을 방출하고 붕괴하면서 안정한 원소로 변한다. 안정한 원소가 되기 위해 여러 번의 붕괴를 거친다. 천연적인 것으로는 우라늄, 악티늄, 라듐, 토륨 등이 있고, 인공적인 것으로는 넵투늄 등이 있다. 헬륨은 방사성 원소가 아니라 비활성 기체이다.

17 장보고기지에 대한 설명으로 옳지 않은 것은?

① 남극의 미생물, 천연물질을 기반으로 한 의약품 연구 등 다양한 응용분야 연구가 이뤄진다.
② 대한민국의 두 번째 과학기지이며 한국해양연구원 부설기관인 극지연구소에서 운영한다.
③ 남극 최북단 킹조지섬에 위치한다.
④ 생명과학, 토목공학과 같은 응용 분야 연구에도 확장되고 있다.

해설
세종과학기지가 킹조지섬에 위치해 있다. 장보고기지는 테라노바만에 있다.

18 여러 금융회사에 흩어진 개인의 금융정보를 통합관리하는 산업은?

① 데이터경제산업　　　　　　　　　② 오픈뱅킹산업
③ 빅데이터산업　　　　　　　　　　④ 마이데이터산업

해설
마이데이터(Mydata)산업은 일명 신용정보관리업으로 금융데이터의 주인을 금융회사가 아니라 개인으로 정의해, 각종 기관과 기업에 산재하는 신용정보 등 개인정보를 직접관리하고 활용할 수 있는 서비스다.

19 기술의 발전으로 인해 제품의 라이프 사이클이 점점 빨라지는 현상을 이르는 법칙은 무엇인가?

① 스마트법칙　　　　　　　　　　② 구글법칙
③ 안드로이드법칙　　　　　　　　④ 애플법칙

> **해설**
> 안드로이드법칙은 구글의 안드로이드 운영체제를 장착한 스마트폰을 중심으로 계속해서 향상된 성능의 스마트폰이 출시돼 출시 주기도 짧아질 수밖에 없다는 법칙이다. 구글이 안드로이드를 무료로 이용할 수 있게 하면서 제품의 출시가 쉬워진 것이 큰 요인이다.

20 다음 중 딥러닝에 대한 설명으로 틀린 것은?

① 인공지능이 스스로 문제를 해결하도록 한다.
② 인공신경망을 기반으로 한다.
③ 머신러닝 이전에 먼저 개발되었다.
④ 인공지능의 획기적 도약을 이끌었다.

> **해설**
> 딥러닝(Deep Learning)은 컴퓨터가 다양한 데이터를 이용해 마치 사람처럼 스스로 학습할 수 있게 하기 위해 만든 인공신경망을 기반으로 하는 기계 학습 기술이다. 이는 컴퓨터가 이미지, 소리, 텍스트 등의 방대한 데이터를 이해하고 스스로 학습할 수 있게 돕는다. 딥러닝의 고안으로 인공지능이 획기적으로 도약하게 되었다. 딥러닝은 기존 머신러닝(기계학습)의 한계를 넘어선 것으로 평가된다.

21 다음에 나타난 게임에 적용된 기술은 무엇인가?

> 유저들이 직접 현실세계를 돌아다니며 포켓몬을 잡는 모바일 게임 열풍에 평소 사람들이 찾지 않던 장소들이 붐비는 모습을 보였다.

① MR　　　　　　　　　　　　　② BR
③ AV　　　　　　　　　　　　　④ AR

> **해설**
> 현실에 3차원의 가상물체를 겹쳐서 보여주는 기술을 활용해 현실과 가상환경을 융합하는 복합형 가상현실을 증강현실(AR, Augmented Reality)이라 한다.

22 컴퓨터 전원을 끊어도 데이터가 없어지지 않고 기억되며 정보의 입출력도 자유로운 기억장치는?

① 램　　　　　　　　　　　　　　② 캐시메모리
③ 플래시메모리　　　　　　　　　④ CPU

> **해설**
> 플래시메모리는 전원이 끊겨도 저장된 정보가 지워지지 않는 비휘발성 기억장치이다. 내부 방식에 따라 저장용량이 큰 낸드(NAND)형과 처리 속도가 빠른 노어(NOR)형의 2가지로 나뉜다.

23 클라우드를 기반으로 하는 이 서비스는 하나의 콘텐츠를 여러 플랫폼을 통해 이용할 수 있다. 이 서비스는 무엇인가?

① N스크린   ② DMB
③ IPTV   ④ OTT

해설

N스크린은 하나의 콘텐츠를 여러 개의 디지털 기기들을 넘나들며 시간과 장소에 구애받지 않고 이용할 수 있도록 해주는 기술이다. 'N'은 수학에서 아직 결정되지 않은 미지수를 뜻하는데, 하나의 콘텐츠를 이용할 수 있는 스크린의 숫자를 한정짓지 않는다는 의미에서 N스크린이라고 부른다.

24 이용자의 특정 콘텐츠에 대한 데이터 비용을 이동통신사가 대신 부담하는 것을 무엇이라 하는가?

① 펌웨어   ② 플러그 앤 플레이
③ 제로레이팅   ④ 웹2.0

해설

제로레이팅은 특정한 콘텐츠에 대한 데이터 비용을 이동통신사가 대신 지불하거나 콘텐츠 사업자가 부담하도록 하여 서비스 이용자는 무료로 이용할 수 있게 하는 것을 말한다.

25 다음은 무엇에 대한 설명인가?

> 악성코드에 감염된 다수의 좀비PC를 이용하여 대량의 트래픽을 특정 시스템에 전송함으로써 장애를 일으키는 사이버공격이다.

① 해 킹   ② 스푸핑
③ 크래킹   ④ 디도스

해설

디도스는 여러 대의 컴퓨터가 일제히 공격해 대량접속이 일어나게 함으로써 해당 컴퓨터의 기능이 마비되게 하는 것이다. 자신도 모르는 사이에 악성코드에 감염돼 특정 사이트를 공격하는 PC로 쓰일 수 있는데, 이러한 컴퓨터를 좀비PC라고 한다.

26 다음 중 RAM에 대한 설명으로 옳은 것은?

① 컴퓨터의 보조기억장치로 이용된다.
② 크게 SRAM, DRAM, ROM으로 분류할 수 있다.
③ Read Access Memory의 약어이다.
④ SRAM이 DRAM보다 성능이 우수하나 고가이다.

해설

④ SRAM은 DRAM보다 몇 배나 더 빠르긴 하지만 가격이 고가이기 때문에 소량만 사용한다.
① 컴퓨터의 주기억장치로 이용된다.
② 크게 SRAM, DRAM으로 분류할 수 있다.
③ 'Random Access Memory'의 약어이다.

27 악성 코드에 감염된 PC를 조작해 이용자를 허위로 만든 가짜 사이트로 유도하여 개인정보를 빼가는 수법은 무엇인가?

① 스미싱   ② 스피어피싱
③ 파 밍   ④ 메모리해킹

해설

③ 파밍은 해커가 특정 사이트의 도메인 자체를 중간에서 탈취해 개인정보를 훔치는 인터넷 사기이다. 진짜 사이트 주소를 입력해도 가짜 사이트로 연결되도록 하기 때문에, 사용자들은 가짜 사이트를 진짜 사이트로 착각하고 자신의 개인정보를 입력하여 피해를 입는다.
① 스미싱은 문자메시지(SMS)와 피싱(Phishing)의 합성어로, 인터넷 접속이 가능한 스마트폰의 문자메시지를 이용한 휴대폰 해킹을 뜻한다.
② 스피어피싱은 대상의 신상을 파악하고 그것에 맞게 낚시성 정보를 흘리는 사기수법으로 주로 회사의 고위 간부들이나 국가에 중요한 업무를 담당하고 있는 사람들이 공격 대상이 된다.

28 넷플릭스를 통해 많은 사람들이 인터넷으로 TV드라마나 영화를 본다. 이렇듯 인터넷으로 TV 프로그램 등을 볼 수 있는 서비스를 무엇이라 하는가?

① NFC   ② OTT
③ MCN   ④ VOD

해설

OTT는 'Top(셋톱박스)를 통해 제공됨'을 의미하는 것으로, 범용 인터넷을 통해 미디어 콘텐츠를 이용할 수 있는 서비스를 말한다. 넷플릭스는 세계적으로 유명한 OTT 서비스제공업체이다.

29 어떤 문제를 해결하기 위한 절차, 방법, 명령어들의 집합을 뜻하는 말은?

① 프로세스　　　　　　　　　　② 프로그래밍
③ 코 딩　　　　　　　　　　　　④ 알고리즘

해설

알고리즘(Algorithm)은 어떤 문제를 해결하기 위한 명령들로 구성된 일련의 순서화된 절차를 의미한다. 문제를 논리적으로 해결하기 위해 필요한 절차, 방법, 명령어들을 모아놓은 것과 이를 적용해 문제를 해결하는 과정을 모두 알고리즘이라고 한다.

30 인터넷 사용자가 접속한 웹사이트 정보를 저장하는 정보 기록 파일을 의미하며, 웹사이트에서 사용자의 하드디스크에 저장되는 특별한 텍스트 파일을 무엇이라 하는가?

① 쿠 키　　　　　　　　　　　　② 피 싱
③ 캐 시　　　　　　　　　　　　④ 텔 넷

해설

쿠키에는 PC 사용자의 ID와 비밀번호, 방문한 사이트 정보 등이 담겨 하드디스크에 저장된다. 이용자들의 홈페이지 접속을 도우려는 목적에서 만들어졌기 때문에 해당 사이트를 한 번 방문하고 이후에 다시 방문했을 때에는 별다른 절차를 거치지 않고 빠르게 접속할 수 있다는 장점이 있다.

31 인터넷 주소창에 사용하는 'HTTP'의 의미는?

① 인터넷 네트워크망　　　　　　② 인터넷 데이터 통신규약
③ 인터넷 사용경로 규제　　　　　④ 인터넷 포털서비스

해설

HTTP(HyperText Transfer Protocol)는 WWW상에서 클라이언트와 서버 사이에 정보를 주고 받는 요청/응답 프로토콜로 인터넷 데이터 통신규약이다.

32 기업이나 조직의 모든 정보가 컴퓨터에 저장되면서, 컴퓨터의 정보 보안을 위해 외부에서 내부 또는 내부에서 외부의 정보통신망에 불법으로 접근하는 것을 차단하는 시스템은?

① 쿠 키　　　　　　　　　　　　② DNS
③ 방화벽　　　　　　　　　　　　④ 아이핀

해설

화재가 발생했을 때 불이 번지지 않게 하기 위해서 차단막을 만드는 것처럼, 네트워크 환경에서도 기업의 네트워크를 보호해주는 하드웨어, 소프트웨어 체제를 방화벽이라 한다.

33 하나의 디지털 통신망에서 문자, 동영상, 음성 등 각종 서비스를 일원화해 통신·방송서비스의 통합, 효율성 극대화, 저렴화를 추구하는 종합통신 네트워크는 무엇인가?

① VAN
② UTP케이블
③ ISDN
④ RAM

해설

ISDN(Integrated Sevices Digital Network)은 종합디지털서비스망이라고도 하며, 각종 서비스를 일원화해 통신·방송서비스의 통합, 효율성 극대화, 저렴화를 추구하는 종합통신네트워크이다.

34 다음 중 증강현실에 대한 설명으로 옳지 않은 것은?

① 현실세계에 3차원 가상물체를 겹쳐 보여준다.
② 스마트폰의 활성화와 함께 주목받기 시작했다.
③ 실제 환경은 볼 수 없다.
④ 위치기반 서비스, 모바일 게임 등으로 활용 범위가 확장되고 있다.

해설

가상현실(VR) 기술은 가상환경에 사용자를 몰입하게 하여 실제 환경은 볼 수 없지만, 증강현실(AR) 기술은 실제 환경을 볼 수 있게 하여 현실감을 제공한다.

35 스마트TV와 인터넷TV 각각의 기기는 서버에 연결되는 방식이 서로 달라 인터넷망 사용의 과부하가 발생할 수밖에 없다. 최근에 이와 관련해 통신사와 기기회사 사이에 갈등이 빚어졌는데 무엇 때문인가?

① 프로그램 편성
② 요금징수체계
③ 수익모델
④ 망중립성

해설

망중립성은 네트워크사업자가 관리하는 망이 공익을 위한 목적으로 사용돼야 한다는 원칙이다. 통신사업자는 막대한 비용을 들여 망설치를 하여 과부하로 인한 망의 다운을 막으려고 하지만, 스마트TV 생산 회사들이나 콘텐츠 제공업체들은 망중립성을 이유로 이에 대한 고려 없이 제품 생산에만 그쳐, 망중립성을 둘러싼 갈등이 불거졌다.

36 다음 인터넷 용어 중 허가된 사용자만 디지털콘텐츠에 접근할 수 있도록 제한해 비용을 지불한 사람만 콘텐츠를 사용할 수 있도록 하는 서비스는?

① DRM(Digital Rights Management)

② WWW(World Wide Web)

③ IRC(Internet Relay Chatting)

④ SNS(Social Networking Service)

> **해설**
> ① DRM은 우리말로 디지털 저작권 관리라고 부른다. 허가된 사용자만 디지털 콘텐츠에 접근할 수 있도록 제한해 비용을 지불한 사람만 콘텐츠를 사용할 수 있도록 하는 서비스 또는 정보보호 기술을 통틀어 가리킨다.
> ② 인터넷에서 그래픽, 음악, 영화 등 다양한 정보를 통일된 방법으로 찾아볼 수 있는 서비스를 의미한다.
> ③ 인터넷에 접속된 수많은 사용자와 대화하는 서비스이다.
> ④ 온라인 인맥구축 서비스로 1인 미디어, 1인 커뮤니티, 정보 공유 등을 포괄하는 개념이다.

37 다음 내용에서 밑줄 친 이것에 해당하는 용어는?

> • 이것은 웹2.0, SaaS(Software as a Service)와 같이 최근 잘 알려진 기술 경향들과 연관성을 가지는 일반화된 개념이다.
> • 이것은 네트워크에 서버를 두고 데이터를 저장하거나 관리하는 서비스이다.

① 클라우드 컴퓨팅(Cloud Computing)

② 디버깅(Debugging)

③ 스풀(SPOOL)

④ 멀티태스킹(Multitasking)

> **해설**
> ② 디버깅(Debugging) : 원시프로그램에서 목적프로그램으로 번역하는 과정에서 발생하는 오류를 찾아 수정하는 것
> ③ 스풀(SPOOL) : 데이터를 주고받는 과정에서 중앙처리장치와 주변장치의 처리 속도가 달라 발생하는 속도 차이를 극복해 지체 현상 없이 프로그램을 처리하는 기술
> ④ 멀티태스킹(Multitasking) : 한 사람의 사용자가 한 대의 컴퓨터로 2가지 이상의 작업을 동시에 처리하거나, 2가지 이상의 프로그램들을 동시에 실행시키는 것

38 우리나라 최초의 인공위성은 무엇인가?

① 무궁화1호   ② 우리별1호

③ 온누리호   ④ 스푸트니크1호

> **해설**
> 우리나라 최초의 인공위성은 우리별1호(1992)이고, 세계 최초의 인공위성은 구소련의 스푸트니크1호(1957)이다.

문화 · 미디어 · 스포츠

01 세계유산

유네스코에서 인류의 소중한 문화 및 자연 유산을 보호하기 위해 지정한 유산

유네스코는 1972년부터 세계유산협약에 따라 역사적 중요성, 뛰어난 예술성, 희귀성 등을 지니고 인류를 위해 보호해야 할 가치가 있는 유산을 세계유산으로 지정하고 있다. 세계유산은 '문화유산', '자연유산', '복합유산'으로 나누어 관리한다.

구 분	등록현황
세계문화유산	석굴암·불국사(1995), 해인사 장경판전(1995), 종묘(1995), 창덕궁(1997), 수원화성(1997), 경주역사유적지구(2000), 고창·화순·강화 고인돌 유적(2000), 조선왕릉(2009), 안동하회·경주양동마을(2010), 남한산성(2014), 백제역사유적지구(2015), 산사·한국의 산지승원(2018), 한국의 서원(2019), 한국의 갯벌(2021), 가야고분군(2023)
세계자연유산	제주화산섬과 용암동굴(2007)

02 세계기록유산

사회적·문화적 가치가 높다고 인정되는 기록물을 보존하기 위해 지정하는 유산

유네스코가 지정하는 세계유산 중 가치가 높다고 인정되는 기록물을 대상으로 지정한다. 인류의 소중한 기록유산을 보존·활용하기 위해 1997년부터 2년마다 국제자문위원회의 심의를 통해 유네스코 사무총장이 선정한다. 무형문화재 가운데 선정되는 세계무형유산과는 구별되며 별도로 관리된다.

구 분	등록현황
우리나라 세계기록유산	훈민정음(1997), 조선왕조실록(1997), 직지심체요절(2001), 승정원일기(2001), 해인사 대장경판 및 제경판(2007), 조선왕조 의궤(2007), 동의보감(2009), 일성록(2011), 5·18 민주화운동 기록물(2011), 난중일기(2013), 새마을운동 기록물(2013), 한국의 유교책판(2015), KBS 특별 생방송 '이산가족을 찾습니다' 기록물(2015), 조선왕실 어보와 어책(2017), 국채보상운동 기록물(2017), 조선통신사 기록물(2017), 4·19혁명 기록물(2023), 동학농민혁명 기록물(2023)
우리나라 세계무형유산	종묘제례 및 종묘제례악(2001), 판소리(2003), 강릉단오제(2005), 강강술래(2009), 남사당놀이(2009), 영산재(2009), 처용무(2009), 제주칠머리당영등굿(2009), 가곡(2010), 대목장(2010), 매사냥(2010), 택견(2011), 줄타기(2011), 한산모시짜기(2011), 아리랑(2012), 김장문화(2013), 농악(2014), 줄다리기(2015), 제주해녀문화(2016), 씨름(2018), 연등회(2020), 한국의 탈춤(2022)

03 국보·보물

보물은 국가가 법적으로 지정한 유형문화재이고, 그 중 가치가 크고 유례가 드문 것이 국보이다.

보물과 국보는 모두 유형문화재로, '보물'은 건조물·전적·서적·고문서·회화·조각·공예품·고고자료·무구 등의 문화재 중 중요한 것을 문화재청장이 문화재위원회의 심의를 거쳐 지정하고, '국보'는 보물에 해당하는 문화재 중 제작 연대가 오래되고 시대 특유의 제작 기술이 뛰어나며 형태나 용도가 특이한 것을 문화재위원회의 심의를 거쳐 지정한다. 따라서 국보보다 보물이 많다.

구 분	1호	2호	3호
국 보	서울 숭례문(남대문)	원각사지 10층 석탑	북한산 신라 진흥왕순수비
보 물	서울 흥인지문(동대문)	서울 보신각종	대원각사비
사 적	경주 포석정지	김해 봉황동 유적	수원화성
무형문화재	종묘제례악	양주 별산대놀이	남사당놀이

서울4대문
- 동대문 - 흥인지문
- 서대문 - 돈의문
- 남대문 - 숭례문
- 북대문 - 숙청문

04 베른조약

문학·예술 저작물의 국제적인 저작권 보호 조약

1886년 스위스의 수도 베른에서 체결된 조약으로, 외국인의 저작물을 무단 출판하는 것을 막고 다른 가맹국의 저작물을 자국민의 저작물과 동등하게 대우하도록 한다. 무방식주의에 따라 별도의 등록 없이 저작물의 완성과 동시에 저작권이 발생하는 것으로 보며, 보호 기간은 저작자의 생존 및 사후 50년을 원칙으로 한다.

05 카피레프트 Copyleft

지적 창작물에 대한 권리를 모든 사람이 공유할 수 있도록 하는 것

1984년 리처드 스톨먼이 주장한 것으로 저작권(Copyright, 카피라이트)에 반대되는 개념이며 정보의 공유를 위한 조치이다. 카피레프트를 주장하는 사람들은 지식과 정보는 소수에게 독점되어서는 안 되며 모든 사람에게 열려 있어야 한다고 주장한다.

카피라이트	카피레프트
창작자에게 독점권 권리 부여	저작권 공유 운동
창작의 노고에 대한 정당한 대가 요구	자유로운 정보 이용으로 창작 활성화
궁극적으로 문화 발전을 유도	지식과 정보는 인류 전체의 공동 자산

06 노벨상 Noble Prizes

인류 문명의 발달에 공헌한 사람이나 단체에 수여하는 상

다이너마이트를 발명한 알프레드 노벨의 유산을 기금으로 하여 해마다 물리학·화학·생리의학·경제학·문학·평화의 6개 부문에서 인류 문명의 발달에 공헌한 사람이나 단체를 선정하여 수여하는 상이다. 1901년 제정되어 매년 12월 10일 스웨덴의 스톡홀름에서 시상식이 열리고, 평화상 시상식만 노르웨이의 오슬로에서 열린다. 한국인으로는 2000년에 김대중 전 대통령이 최초로 노벨평화상을 수상한 바 있다.

2023년 수상자
- 생리의학상 : 커털린 커리코, 드루 와이스먼
- 물리학상 : 피에르 아고스티니, 페렌츠 크러우스, 안 륄리에
- 화학상 : 문지 바웬디, 루이스 브루스, 알렉세이 예키모프
- 평화상 : 나르게스 모하마디
- 경제학상 : 클로디아 골딘
- 문학상 : 욘 포세

07 아카데미상 Academy Award, OSCAR

미국 영화계에서 가장 권위 있는 영화상

1929년에 시작되었으며, 오스카상으로도 불린다. 전년도에 발표된 미국 영화 및 LA에서 1주일 이상 상영된 외국 영화를 대상으로 우수한 작품과 그 밖의 업적에 대하여 해마다 봄철에 시상한다.

> 2023년 주요 수상자(작품)
> - 작품상 : 〈에브리씽 에브리웨어 올 앳 원스〉
> - 감독상 : 다니엘 콴, 〈에브리씽 에브리웨어 올 앳 원스〉
> - 남우주연상 : 브렌던 프레이저, 〈더 웨일〉
> - 여우주연상 : 양자경, 〈에브리씽 에브리웨어 올 앳 원스〉
> - 각본상 : 다니엘 콴, 다니엘 쉐어너트, 〈에브리씽 에브리웨어 올 앳 원스〉

08 토니상 Tony Awards

미국 브로드웨이에서 수여하는 연극상

매년 미국 브로드웨이에서 상연된 연극과 뮤지컬의 우수한 업적에 대해 수여하는 상으로, 연극의 아카데미상이라고도 불린다. 해마다 5월 하순 ~ 6월 상순에 최종 발표와 시상식이 열리고, 연극 부문인 스트레이트 플레이와 뮤지컬 부문인 뮤지컬 플레이로 나뉘어 작품상, 남녀 주연상, 연출상 등이 수여된다.

09 에미상 Emmy Awards

TV 프로그램 및 관계자의 우수한 업적에 대해 수여하는 미국 최대의 프로그램상

TV의 아카데미상으로 불리는 이 상은 1948년 창설되어 뉴욕에서 시상식이 개최되며, 미국 텔레비전예술과학아카데미가 주최한다. 본상격인 프라임타임 에미상과 주간 에미상, 로스앤젤레스 지역 에미상, 국제 에미상 등의 부문으로 나누어 수상작을 발표한다.

10 세계 3대 영화제

베니스영화제, 칸영화제, 베를린영화제

• 베니스 영화제(이탈리아) : 최고의 작품상(그랑프리)에는 '황금사자상'이 수여되고, 감독상에는 '은사자상'이, 남녀 주연상에는 '볼피컵상'이 수여된다. 2021년 9월 개막한 제78회 베니스 영화제에는 한국인 최초로 봉준호 감독이 심사위원장에 위촉됐다.
• 칸 영화제(프랑스) : 대상은 '황금종려상'이 수여되며 시상은 경쟁 부문과 비경쟁 부문, 주목할 만한 시선 부문 등으로 나뉜다. 2019년 제72회 시상식에서 봉준호 감독의 〈기생충〉이 황금종려상을 받았다.
• 베를린 영화제(독일) : 최우수작품상에 수여되는 '금곰상'과 심사위원 대상·감독상·주연상·조연상 등에 수여되는 '은곰상' 등이 있다.

11 미장센 Mise-en-scene

영화에서 연출가가 모든 시각적 요소를 배치하여 단일한 쇼트로 영화의 주제를 만들어내는 작업

몽타주와 상대적인 개념으로 쓰이며, 특정 장면을 찍기 시작해서 멈추기까지 한 화면 속에 담기는 모든 영화적 요소와 이미지가 주제를 드러내도록 하는 것을 말한다. 관객의 능동적 참여를 요구하고, 주로 예술 영화에서 강조되는 연출 기법이다.

12 국악의 빠르기

진양조 → 중모리 → 중중모리 → 자진모리 → 휘모리

진양조	가장 느린 장단으로 1장단은 4분의 24박자이다.
중모리	중간 속도로 몰아가는 장단으로, 4분의 12박자이다.
중중모리	8분의 12박자 정도이며 춤추는 대목, 통곡하는 대목 등에 쓰인다.
자진모리	매우 빠른 12박으로, 극적이고 긴박한 대목에 쓰인다.
휘모리	매우 빠른 8박으로, 급하고 분주하거나 절정을 묘사한 대목에 쓰인다.

13 판소리

한 명의 소리꾼이 창(소리) · 아니리(말) · 발림(몸짓)을 섞어가면서 긴 이야기를 노래하는 것

- 판소리의 유파

동편제	전라도 동북 지역의 소리, 단조로운 리듬, 짧고 분명한 장단, 씩씩하고 담백한 창법
서편제	전라도 서남 지역의 소리, 부드럽고 애절한 창법, 수식과 기교가 많아 감상적인 면 강조
중고제	경기도와 충청도 지역의 소리, 동편제와 서편제의 절충형, 상하성이 분명함

- 판소리의 3대 요소

창	판소리에서 광대가 부르는 노래이자 소리로, 음악적인 요소
아니리	창자가 한 대목에서 다음 대목으로 넘어가기 전에 장단 없이 자유로운 리듬으로 말하듯이 사설을 엮어가는 것, 문학적인 요소
발림	판소리 사설의 내용에 따라 몸짓을 하는 것으로, 춤사위나 형용 동작을 가리키는 연극적 요소이다. 비슷한 말인 '너름새'는 몸짓으로 하는 모든 동작을 의미

14 사물놀이

꽹과리, 장구, 북, 징의 네 가지 악기로 연주하도록 편성한 음악 또는 연주

사물놀이는 네 가지 악기, 즉 사물(四物)로 연주하도록 편성된 음악이다. 농민들이 하던 대규모 풍물놀이에서 앞부분에 배치되어 있던 악기 중 꽹과리, 장구, 북, 징의 4가지 악기를 빼서 실내 무대에서도 공연이 가능하도록 새롭게 구성한 것으로, 1970년대 후반에 등장했다. '사물놀이'라는 이름도 그 무렵 만들어진 것이다.

15 음악의 빠르기

라르고(Largo) → 아다지오(Adagio) → 안단테(Andante) → 모데라토(Moderato) → 알레그레토(Allegretto) → 알레그로(Allegro) → 비바체(Vivace) → 프레스토(Presto)

라르고(Largo) : 아주 느리고 폭넓게 → 아다지오(Adagio) : 아주 느리고 침착하게 → 안단테(Andante) : 느리게 → 모데라토(Moderato) : 보통 빠르게 → 알레그레토(Allegretto) : 조금 빠르게 → 알레그로(Allegro) : 빠르게 → 비바체(Vivace) : 빠르고 경쾌하게 → 프레스토(Presto) : 빠르고 성급하게

16 르네상스 3대 거장

레오나르도 다빈치, 미켈란젤로, 라파엘로

- 레오나르도 다빈치 : 〈암굴의 성모〉, 〈성모자〉, 〈모나리자〉, 〈최후의 만찬〉 등의 작품을 남겼고, 해부학에서도 큰 업적을 남겼다. 또한 천문학, 물리학, 지리학, 토목학, 병기 공학, 생물학 등 다양한 분야에서 독창적인 연구를 하였으며, 음악에도 뛰어난 재능이 있었다.
- 미켈란젤로 : 작품에 〈최후의 심판〉, 〈천지창조〉 등의 그림과 〈다비드〉 조각이 있으며, 건축가로서 산피에트로 대성당의 설계를 맡기도 하였다.
- 라파엘로 : 아름답고 온화한 성모를 그리는 데에 재능이 뛰어나 미술사에 독자적인 자리를 차지하고 있으며, 조화로운 공간 표현·인체 표현 등으로 르네상스 고전 양식을 확립하였다.

17 비엔날레

2년마다 열리는 국제 미술전

이탈리아어로 '2년마다'라는 뜻으로 미술 분야에서 2년마다 열리는 전시 행사를 일컫는다. 세계 각지에서 여러 종류의 비엔날레가 열리고 있지만, 그중에서도 가장 역사가 길며 그 권위를 인정받고 있는 것은 베니스 비엔날레이다.

- 세계 3대 비엔날레 : 베니스 비엔날레, 상파울루 비엔날레, 휘트니 비엔날레
- 광주 비엔날레 : 1995년 한국 미술문화를 새롭게 도약시키자는 목표로 창설
- 트리엔날레 : 3년마다 열리는 미술행사
- 콰드리엔날레 : 4년마다 열리는 미술행사

18 미국의 3대 방송사

NBC, CBS, ABC

NBC (National Broadcasting Company)	1926년 라디오 방송으로 출발하여, 1941년 TV방송을 시작했다. 미국 3대 네트워크 중 가장 오랜 역사를 지니고 있다. 쇼, 영화, 모험 드라마와 사건 취재 등에 강하다.
CBS (Columbia Broadcasting System)	1927년 설립되어 1931년 미국 최초로 TV 정기방송을 시작한 데 이어 1951년 미국 최초로 컬러 TV방송을 도입했다. 대형 스타들을 기용하고 뉴스에 역점을 두며 네트워크 중 우세를 차지하기도 했다.
ABC (American Broadcasting Company)	1943년 설립되어 1948년 처음 TV방송을 시작한 ABC는 1996년 월트디즈니사에 인수되었다. 뉴스로 명성이 높으며 올림픽 중계 등 스포츠에서 강세를 보여왔다.

19 게이트키핑 Gate Keeping

뉴스 결정권자가 뉴스를 취사선택하는 과정

뉴스가 대중에게 전해지기 전에 기자나 편집자와 같은 뉴스 결정권자(게이트키퍼)가 대중에게 전달하고자 하는 뉴스를 취사선택하여 전달하는 것이다. 객관적 보도의 가능성과 관련한 논의에서 자주 등장한다.

20 오프더레코드 Off-the-record

보도하지 않는 것을 전제로, 기록에 남기지 않는 비공식 발언

소규모 집회나 인터뷰에서 뉴스 제공자가 오프더레코드를 요구하는 경우, 기자는 그것을 공표하지 않겠다고 약속하고 발언자의 이야기를 정보로서 참고만할 뿐 기사화해서는 안 된다. 취재기자는 오프더레코드를 지키는 것이 기본자세이지만 반드시 지켜야 할 의무는 없다.

21 엠바고 Embargo

일정 시간까지 뉴스의 보도를 미루는 것

본래 특정 국가에 대한 무역·투자 등의 교류 금지를 뜻하지만 언론에서는 뉴스 기사의 보도를 한시적으로 유보하는 것을 말한다. 즉, 정부 기관 등의 정보 제공자가 뉴스의 자료를 제보하면서 일정 시간까지 공개하지 말 것을 요구할 경우 그때까지 보도를 미루는 것이다. 흔히 '엠바고를 단다'고 말하며 정보 제공자 측과의 관계를 고려하여 되도록 지켜주는 경우가 많다.

22 저널리즘 유형

매스미디어를 통해 시사적 문제에 대한 보도 및 논평을 하는 언론 활동의 유형

저널리즘의 유형	특 징
가차 저널리즘 (Gotcha Journalism)	'I got you'의 줄임말로, '딱 걸렸어!'라는 의미가 되는데, 사안의 맥락과 관계없이 유명 인사의 사소한 실수나 해프닝을 흥미 위주로 집중 보도하는 저널리즘
경마 저널리즘 (Horse Race Journalism)	• 경마를 구경하듯 후보자의 여론 조사 결과 및 득표 상황만을 집중 보도하는 선거 보도 형태 • 선거에 필요한 본질적인 내용보다는 흥미 위주의 보도
뉴 저널리즘 (New Journalism)	• 1960년대 이후 기존 저널리즘의 관념을 거부하며 등장 • 속보성·단편성을 거부하고 소설의 기법을 이용해 심층적인 보도 스타일을 보임
블랙 저널리즘 (Black Journalism)	숨겨진 사실을 드러내는 취재 활동으로, 약점을 이용해 보도하겠다고 위협하거나 특정 이익을 위해 보도하기도 함
옐로 저널리즘 (Yellow Journalism)	• 독자들의 호기심을 자극하고 끌어들이기 위해 선정적·비도덕적인 보도를 하는 형태 • 황색언론이라고도 하며 범죄·스캔들·가십 등 원시적 본능을 자극하는 흥미 위주의 소재를 다룸
제록스 저널리즘 (Xerox Journalism)	극비 문서를 몰래 복사하여 발표하는 저널리즘으로, 비합법적인 폭로 기사 위주의 보도 형태
팩 저널리즘 (Pack Journalism)	• 취재방법 및 시각이 획일적인 저널리즘으로, 신문의 신뢰도 하락을 불러옴 • 정부 권력에 의한 은밀한 제한 및 강압에 의해 양산됨
하이에나 저널리즘 (Hyena Journalism)	권력 없고 힘없는 사람에 대해서 집중적인 매도와 공격을 퍼붓는 저널리즘

23 IPTV Internet Protocol Television

초고속 인터넷망을 이용해 멀티미디어 콘텐츠를 제공하는 방송·통신 융합 서비스

초고속 인터넷망을 통해 영화·드라마 등 시청자가 원하는 콘텐츠를 양방향으로 제공하는 방송·통신 융합 서비스이다. 가장 큰 특징은 시청자가 편리한 시간에 원하는 프로그램을 선택해 볼 수 있다는 것이다. TV 수상기에 셋톱박스를 설치하면 인터넷 검색은 물론 다양한 동영상 콘텐츠 및 부가 서비스를 제공받을 수 있다.

24 광고의 종류

광고의 종류	특 징
PPL 광고 (Product PLacement Advertisement)	• 영화나 드라마 등에 특정 제품을 노출시키는 간접 광고 • 엔터테인먼트 콘텐츠 속에 기업의 제품을 소품이나 배경으로 등장시켜 소비자들에게 의식·무의식적으로 제품을 광고하는 것
티저 광고 (Teaser Advertising)	• 처음에는 상품명을 감추거나 일부만 보여주고 궁금증을 유발하며 서서히 그 베일을 벗는 방법으로, 게릴라 마케팅의 일환으로 사용된다. • 티저는 '놀려대는 사람'이라는 뜻을 지니며 소비자의 구매욕을 유발하기 위해 처음에는 상품 광고의 주요 부분을 감추고 점차 공개하는 것이다.
비넷 광고 (Vignet Advertisement)	한 가지 주제에 맞춰 다양한 장면을 짧게 연속적으로 보여줌으로써 강렬한 이미지를 주는 광고 기법
트레일러 광고 (Trailer Advertising)	• 메인 광고 뒷부분에 다른 제품을 알리는 맛보기 광고 • 한 광고로 여러 제품을 다룰 수 있어 광고비가 절감되지만 주목도가 분산되므로 고가품에는 활용되지 않는다.

25 근대 5종 경기

한 경기자가 사격, 펜싱, 수영, 승마, 크로스컨트리(육상) 등의 5가지 종목을 치러 종합 성적을 겨루는 경기

근대 5종 경기는 원래 병사들의 종합 능력을 테스트할 목적으로 만들어졌다. 오랜 역사를 가진 종목으로 고대 그리스의 올림픽(BC 708년)까지 거슬러 올라간다. 1일 동안 펜싱, 수영, 승마, 복합(사격+육상) 경기 등 5개 종목을 순서대로 진행하며, 각 종목별 기록을 근대 5종 점수로 바꾸었을 때 총득점이 가장 높은 선수가 우승한다. '근대 5종'이라는 이름으로 1912년 제5회 올림픽 경기대회 때부터 정식 종목으로 채택되었다.

26 와일드카드 Wild Card

스포츠 종목에서 출전 자격을 얻지 못했지만, 특별히 출전이 허용되는 선수나 팀

와일드카드란 원래 카드 게임에서 '아무 카드나 대용으로 쓸 수 있는 카드', '동시에 다양한 용도로 쓰이는 카드'를 말한다. 여기서 의미가 확장되어 야구, 축구, 테니스 등 스포츠 종목에서 출전 자격을 얻지 못했지만, 특별히 출전이 허용되는 선수나 팀을 일컫는 말로도 사용되고 있다.

27 패럴림픽 Paralympic

장애가 있는 운동선수가 참가하는 국제스포츠대회

1988년 서울올림픽 이후부터 매 4년마다 올림픽이 끝나고 난 후 올림픽을 개최한 도시에서 국제패럴림픽위원회(IPC)의 주관으로 열린다. 원래 패럴림픽은 척추 상해자들끼리의 경기에서 비롯되었기 때문에 Paraplegic(하반신 마비)과 Olympic(올림픽)의 합성어였지만, 다른 장애인들도 경기에 포함되면서, 현재는 그리스어의 전치사 Para(나란히)를 사용하여 올림픽과 나란히 개최됨을 의미한다.

28 식스맨 Six Man

농구 경기에서 주전 5명을 제외한 후보 중 가장 기량이 뛰어난 선수

시합이 시작되면서부터 플레이하는 다섯 명의 선수를 스타팅 멤버라고 하는데, 이들은 팀에서 가장 실력이 출중하다고 평가되는 선수들로 구성된다. 경기를 하다가 스타팅 멤버의 체력이 떨어지거나 경기 분위기를 바꾸기 위해 다른 선수를 투입하기도 하는데, 이렇게 선수를 교체해야 할 때 대기 선수지만 중요한 순간에 게임에 투입되어 경기를 잘 운영할 수 있는 선수를 식스맨이라 한다.

29 트리플 더블 Triple Double

한 선수가 득점, 어시스트, 리바운드, 스틸, 블록슛 중 세 부문에서 2자리 수 이상을 기록하는 것

농구에서 한 선수가 한 경기에서 득점, 어시스트, 리바운드, 스틸, 블록슛 중 2자리 수 이상의 기록을 세 부문에서 달성하는 것을 말한다. 네 부문에서 달성하면 쿼드러플 더블(Quadruple Double)이라고 하고, 2개 부문에서 2자리 수 이상을 달성하는 것은 더블 더블(Double Double)이라고 한다.

30 드래프트시스템 Draft System

신인 선수를 선발하는 제도

일정한 기준에서 입단할 선수들을 모은 뒤 각 팀의 대표가 선발회를 구성, 각 팀이 후보자를 1회씩 순차적으로 뽑는 선발 방법이다. 이를 통해 스카우트 경쟁을 방지하고 우수선수를 균형 있게 선발해 각 팀의 실력 평준화와 팀 운영의 합리화를 꾀한다. 원래는 야구용어였으나 현재는 배구, 축구, 농구 등 스포츠 분야에서 광범위하게 사용되고 있다.

31 퍼펙트게임 Perfect Game

야구에서 투수가 상대팀에게 한 개의 진루도 허용하지 않고 승리로 이끈 게임

한 명의 투수가 선발로 출전하여 단 한 명의 주자도 출루하는 것을 허용하지 않은 게임을 말한다. 국내 프로야구에서는 아직 달성한 선수가 없으며, 120년 역사의 메이저리그에서도 단 24명만이 퍼펙트게임을 기록했다.

32 가린샤 클럽 Garrincha Club

월드컵 본선에서 골을 넣은 뒤 파울로 퇴장당한 선수

1962년 칠레 월드컵에서 브라질의 스트라이커 가린샤가 칠레와의 4강전에서 2골을 넣은 뒤 상대 수비수를 걷어차 퇴장당하면서부터 가린샤 클럽이라는 용어가 생겼다.

> **가린샤 클럽 멤버**
> 1962년 가린샤(브라질), 1998년 하석주(한국), 2002년 살리프 디아오(세네갈), 2002년 호나우지뉴(브라질), 2006년 지네딘 지단(프랑스), 2022년 뱅상 아부바카(카메룬)

33 해트트릭

축구 경기에서 1명의 선수가 1경기에서 3득점을 하는 것

1명의 선수가 1경기에서 3득점을 하는 것을 말한다. 크리켓(Cricket)에서 3명의 타자를 연속으로 삼진 아웃시킨 투수에게 그 명예를 기리는 뜻으로 선물한 모자(Hat)에서 유래한 이름이다.

34 골프 Golf

골프채(Club)로 공을 쳐서 가장 적은 타수로 홀에 넣는 것으로 순위를 가리는 경기

각 홀마다 승패를 결정하는 매치 플레이(Match Play)와 정규 라운드에서 최소 타수를 기록한 선수가 우승하는 스트로크 플레이(Stroke Play), 각 홀의 1위 선수가 홀마다 걸린 상금을 획득하는 방식인 스킨스 게임(Skins Game)이 있다. 골프채는 골프 클럽(Golf Club)이라고 하는데 한 경기에서 사용할 수 있는 클럽은 14개 이하이며, 상황에 따라 드라이버(Driver), 우드(Wood), 아이언(Iron), 웨지(Wedge), 퍼터(Putter) 등을 사용한다.

> **우드와 아이언**
> 타구면이 있는 골프채의 머리 부분이 나무로 된 것은 우드, 쇳덩이로 된 것은 아이언이라 한다. 우드는 볼을 멀리 보내기 위한 클럽이고 아이언은 알맞은 거리에 따라 골라 쓰는 클럽으로, 우드가 아이언보다 길다.

35 펜싱 Fencing

검으로 찌르기, 베기 등의 기술을 사용하여 겨루는 스포츠

유럽에서 유래하였으며, 국제 표준 용어는 모두 프랑스어가 사용된다. 사용하는 검에 따라 플뢰레, 에페, 사브르의 3종류가 있으며, 남녀 개인전과 단체전이 있다.

플뢰레 (Fleuret)	프랑스어의 꽃을 뜻하는 fleur에서 나온 말로 칼날의 끝이 꽃처럼 생겨서 붙여졌다. 플뢰레는 심판의 시작 선언 후 먼저 공격적인 자세를 취한 선수에게 공격권이 주어진다. 공격을 당한 선수는 반드시 방어해야만 공격권을 얻을 수 있으며 유효 타깃은 얼굴, 팔, 다리를 제외한 몸통이다.
에 페 (Epee)	창, 검 등을 의미하는 그리스어에서 유래했다. 에페는 먼저 찌르는 선수가 득점을 하게 된다. 마스크와 장갑을 포함한 상체 모두가 유효 타깃이며 하체를 허리 부분부터 완벽하게 가릴 수 있는 에이프런 모양의 전기적 감지기 옷이 준비되어 있다. 에페는 빠르게 찌르는 선수가 점수를 얻지만 1/25초 이내에 서로 동시에 찌를 경우는 둘 다 점수를 얻는다.
사브르 (Sabre)	검이란 뜻으로 베기와 찌르기를 겸할 수 있는 검을 사용한다. 베기와 찌르기가 동시에 가능하다. 유효 타깃은 허리뼈보다 위이며 머리와 양팔도 포함된다.

36 골프 4대 메이저 대회

구 분	4대 메이저대회
PGA	• PGA 챔피언십(PGA Championship, 1916) • US 오픈(US Open, 1895) • 브리티시 오픈(British Open, 1860) • 마스터스(Masters, 1930)
LPGA	• AIG 브리티시 여자오픈 • US 여자오픈 • KPMG 위민스 PGA 챔피언십(구 LPGA챔피언십) • ANA 인스퍼레이션(구 크래프트 나비스코 챔피언십)

라이더컵(Ryder Cup)
1927년 미국과 영국 대결로 처음 시작돼 현재 유럽, 미국 등에 랭킹 순위가 높은 남자 골퍼들이 국가를 대표해 경기를 치르고 있다. 현재는 2년에 한 번씩 미국과 유럽에서 개최되고 있으며 타이거 우즈, 로리 맥킬로이, 필 미켈슨 등 세계적인 골퍼들이 참가했다.

37 데이비스컵 Davis Cup

테니스 월드컵이라고도 불리는 세계 최고 권위의 남자 테니스 국가 대항 토너먼트

1900년 미국과 영국의 대결에서 처음 시작되었다. 데이비스는 우승컵을 기증한 드와이트 필리 데이비스의 이름에서 따온 것이다. 해마다 지역 예선을 거친 세계 16개 나라가 토너먼트식으로 대전하여 우승국을 결정한다. 데이비스컵 대회는 매년 열리며 우승컵인 데이비스컵은 그 해의 우승 국가가 1년간 보관한다. 데이비스컵 보유국을 '챔피언네이션(Championnation)'이라 한다.

38 세계 4대 모터쇼

프랑크푸르트, 디트로이트, 파리, 도쿄 모터쇼

세계 최초의 모터쇼는 1897년 독일에서 열린 프랑크푸르트 모터쇼이다. 그 후 세계 각국에서 모터쇼를 개최하였는데, 그중에서 1898년 처음 개최된 프랑스의 파리 모터쇼, 1907년 처음 개최된 미국의 디트로이트 모터쇼, 1954년 처음 열린 일본의 도쿄 모터쇼를 통틀어, 세계 4대 모터쇼라고 부른다. 여기에 제네바 모터쇼를 합해 세계 5대 모터쇼로 부르기도 한다.

- 파리 오토 살롱 : 가장 많은 차종이 출품된다는 점에서 '자동차 세계 박람회'로 불리기도 한다. 화려한 컨셉트카나 쇼카 전시를 피하고 양산차 위주로 진행된다.
- 프랑크푸르트 모터쇼 : 자동차 기술을 선도하는 독일 메이커들이 중심이 되어 기술적 측면이 강조된 테크니컬쇼로 유명하다. 또 홀수 해에는 승용차 중심, 짝수 해에는 상용차 모터쇼가 열린다.

39 국제올림픽위원회 IOC

올림픽 운동의 감독 기구

IOC는 1894년에 창설되어 올림픽 개최 도시를 선정하며, 각 올림픽 대회마다 열리는 올림픽 종목도 IOC에서 결정한다. IOC 조직과 활동은 올림픽 헌장을 따른다.

40 유럽 4대 축구리그

프리미어리그, 세리에 A, 라리가, 분데스리가

일반적으로 영국 프리미어리그, 이탈리아 세리에 A, 스페인 라리가, 독일 분데스리가를 유럽 4대 축구리그로 부르고 있다.

01 미국 브로드웨이에서 연극과 뮤지컬에 대해 수여하는 상은 무엇인가?

① 토니상 ② 에미상
③ 오스카상 ④ 골든글로브상

해설
토니상은 연극의 아카데미상이라고 불리며 브로드웨이에서 상연된 연극과 뮤지컬 부문에 대해 상을 수여한다.

02 다음 중 판소리 5마당이 아닌 것은?

① 춘향가 ② 수궁가
③ 흥보가 ④ 배비장전

해설
판소리 5마당은 춘향가, 심청가, 흥보가, 적벽가, 수궁가이다.

03 다음 중 유네스코 세계문화유산이 아닌 것은?

① 석굴암·불국사 ② 종 묘
③ 경복궁 ④ 수원화성

해설
유네스코 세계문화유산
석굴암·불국사, 해인사 장경판전, 종묘, 창덕궁, 수원화성, 경주역사유적지구, 고창·화순·강화 고인돌 유적, 조선왕릉, 안동하회·경주양동마을, 남한산성, 백제역사유적지구, 산사·한국의 산지승원, 한국의 서원, 한국의 갯벌, 가야고분군

04 다음 중 성격이 다른 음악 장르는?

① 위령곡　　　　　　　　　　　② 광상곡
③ 레퀴엠　　　　　　　　　　　④ 진혼곡

해설

레퀴엠(Requiem)과 위령곡, 진혼곡은 모두 같은 의미를 가지고 있으며 가톨릭에서 죽은 이를 기리기 위한 위령 미사에서 사용되는 곡을 뜻한다. 광상곡은 카프리치오(Capriccio)라고도 불리며, 일정한 형식에 구속되지 않는 자유로운 요소가 강한 기악곡을 말한다.

05 다음 중 3대 영화제가 아닌 것은?

① 베니스 영화제　　　　　　　　② 베를린 영화제
③ 몬트리올 영화제　　　　　　　④ 칸 영화제

해설

세계 3대 영화제는 베니스, 베를린, 칸 영화제이다.

06 '새로운 물결'이라는 뜻을 지닌 프랑스의 영화 운동으로, 기존의 영화 산업의 틀에서 벗어나 개인적 · 창조적인 방식이 담긴 영화를 만드는 것은 무엇인가?

① 네오리얼리즘　　　　　　　　② 누벨바그
③ 맥거핀　　　　　　　　　　　④ 인디즈

해설

누벨바그는 '새로운 물결'이라는 뜻의 프랑스어로, 1958년경부터 프랑스 영화계에서 젊은 영화인들이 주축이 되어 펼친 영화 운동이다. 대표적인 작품으로는 고다르의 〈네 멋대로 해라〉, 트뤼포의 〈어른들은 알아주지 않는다〉 등이 있다.

07 음악의 빠르기에 대한 설명이 잘못된 것은?

① 아다지오(Adagio) : 아주 느리고 침착하게
② 모데라토(Moderato) : 보통 빠르게
③ 알레그레토(Allegretto) : 빠르고 경쾌하게
④ 프레스토(Presto) : 빠르고 성급하게

해설

③ 알레그레토(Allegretto) : 조금 빠르게

08 국보 1호와 주요 무형문화재 1호를 각각 바르게 연결한 것은?

① 숭례문 – 남사당놀이
② 숭례문 – 종묘제례악
③ 흥인지문 – 종묘제례악
④ 흥인지문 – 양주별산대놀이

> **해설**
> 흥인지문은 보물 1호, 양주별산대놀이와 남사당놀이는 각각 무형문화재 2호와 3호이다.

09 다음 중 유네스코 지정 세계기록유산이 아닌 것은?

① 삼국사기
② 훈민정음
③ 직지심체요절
④ 5・18 민주화운동 기록물

> **해설**
> 유네스코 세계기록유산
> 훈민정음, 조선왕조실록, 직지심체요절, 승정원일기, 해인사 대장경판 및 제경판, 조선왕조 의궤, 동의보감, 일성록, 5・18 민주화운동 기록물, 난중일기, 새마을운동 기록물, 한국의 유교책판, KBS 특별 생방송 '이산가족을 찾습니다' 기록물, 조선왕실 어보와 어책, 국채보상운동 기록물, 조선통신사 기록물, 4・19혁명 기록물, 동학농민혁명 기록물

10 2년마다 주기적으로 열리는 국제 미술 전시회를 가리키는 용어는?

① 트리엔날레
② 콰드리엔날레
③ 비엔날레
④ 아르누보

> **해설**
> 비엔날레는 이탈리아어로 '2년마다'라는 뜻으로, 미술 분야에서 2년마다 열리는 전시 행사를 일컫는다. 가장 역사가 길며 그 권위를 인정받고 있는 것은 베니스 비엔날레이다.

11 다음 중 사물놀이에 쓰이는 악기로 해당하지 않는 것은?

① 꽹과리
② 장 구
③ 징
④ 소 고

> **해설**
> 사물놀이는 꽹과리, 징, 장구, 북을 연주하는 음악 또는 놀이이다.

12 국악의 빠르기 중 가장 느린 장단은?

① 휘모리   ② 중모리

③ 진양조   ④ 자진모리

해설

국악의 빠르기 : 진양조 → 중모리 → 중중모리 → 자진모리 → 휘모리

13 미국 하버드대학교의 과학잡지사에서 수여하는 상으로 기발한 연구나 업적을 대상으로 하는 상은?

① 이그노벨상   ② 프리츠커상

③ 뉴베리상   ④ 콜더컷상

해설

이그노벨상은 1991년 미국 하버드대학교의 유머과학잡지인 〈기발한 연구 연보(The Annals of Improbable Research)〉가 제정한 상으로 '흉내 낼 수 없거나 흉내 내면 안 되는 업적'에 수여되며 매년 진짜 노벨상 수상자가 발표되기 1 ~ 2주 전에 시상식이 열린다. 이그노벨상은 상금이 주어지지 않으며 실제 논문으로 발표된 과학업적 가운데 재미있거나 기발한 연구에 수여한다.

14 다음 중 르네상스 3대 화가가 아닌 사람은?

① 레오나르도 다빈치   ② 미켈란젤로

③ 피카소   ④ 라파엘로

해설

피카소는 20세기 초 입체파의 대표 화가이다.

15 베른조약에 따르면 저작권의 보호 기간은 저작자의 사후 몇 년인가?

① 30년   ② 50년

③ 80년   ④ 100년

해설

베른조약은 1886년 스위스의 수도 베른에서 체결된 조약으로, 외국인의 저작물을 무단 출판하는 것을 막고 다른 가맹국의 저작물을 자국민의 저작물과 동등하게 대우하도록 한다. 보호 기간은 저작자의 생존 및 사후 50년을 원칙으로 한다.

16 저작권에 반대되는 개념으로 지적 창작물에 대한 권리를 모든 사람이 공유할 수 있도록 하는 것은?

① 베른조약   ② WIPO
③ 실용신안권   ④ 카피레프트

> **해설**
>
> 카피레프트는 저작권(Copyright)에 반대되는 개념이며 정보의 공유를 위한 조치이다.

17 조선시대 국가의 주요 행사를 그림 등으로 상세하게 기록한 책은 무엇인가?

① 외규장각   ② 조선왕실의궤
③ 종묘 제례   ④ 직지심체요절

> **해설**
>
> 조선왕실의궤는 조선시대 국가나 왕실의 주요 행사를 그림 등으로 상세하게 기록한 책이다. '의궤'는 의식과 궤범을 결합한 말로 '의식의 모범이 되는 책'이라는 뜻이다.
> ① 외규장각은 1782년 정조가 왕실 관련 서적을 보관할 목적으로 강화도에 설치한 규장각의 부속 도서관이다.
> ③ 종묘제례는 조선 역대 군왕의 신위를 모시는 종묘에서 지내는 제사이다.
> ④ 직지심체요절은 고려 시대의 것으로, 현존하는 세계에서 가장 오래된 금속활자본이다.

18 오페라 등 극적인 음악에서 나오는 기악 반주의 독창곡은?

① 아리아   ② 칸타타
③ 오라토리오   ④ 세레나데

> **해설**
>
> ② 아리아 · 중창 · 합창 등으로 이루어진 대규모 성악곡
> ③ 성경에 나오는 이야기를 극화한 대규모의 종교적 악극
> ④ 17 ~ 18세기 이탈리아에서 발생한 가벼운 연주곡

19 영화의 한 화면 속에 소품 등 모든 시각적 요소를 동원해 주제를 드러내는 방법은?

① 몽타주   ② 인디즈
③ 미장센   ④ 옴니버스

> **해설**
>
> ① 미장센과 상대적인 개념으로 따로 촬영된 짧은 장면들을 연결해서 의미를 창조하는 기법
> ② 독립 영화
> ④ 독립된 콩트들이 모여 하나의 주제를 나타내는 것

20 다음 중 올림픽에 관한 설명으로 옳지 않은 것은?

① 한국은 1948년에 최초로 올림픽에 출전했다.
② 국제올림픽위원회 본부는 스위스 로잔에 있다.
③ 한국 대표팀이 최초로 메달을 획득한 구기 종목은 핸드볼이다.
④ 근대 5종 경기 종목은 펜싱, 수영, 승마, 사격, 크로스컨트리 등이다.

> **해설**
> 1976년 몬트리올 올림픽에서 여자 배구가 첫 메달(동메달)을 획득했으며, 1984년 로스앤젤레스 대회에서는 여자 농구와 핸드볼이 은메달을 획득했다. 또한 1988년 서울 대회에서 여자 핸드볼이 단체 구기종목 사상 최초로 올림픽 금메달을 획득했다.

21 독립영화만을 다루는 세계 최고의 권위 있는 국제영화제는?

① 선댄스영화제
② 부산독립영화제
③ 로테르담국제영화제
④ 제라르메 국제판타스틱영화제

> **해설**
> 선댄스영화제(The Sundance Film Festival)는 세계 최고의 독립영화제로 독립영화를 다루는 권위 있는 국제영화제이다. 할리우드식 상업주의에 반발해 미국 영화배우 로버트 레드포드가 독립영화제에 후원하면서 시작됐다.

22 내용은 보도해도 되지만 취재원을 밝혀서는 안 되는 것을 뜻하는 취재용어는?

① 백그라운드브리핑   ② 딥백그라운드
③ 오프더레코드   ④ 엠바고

> **해설**
> 딥백그라운드(Deep Background)는 취재원을 인터뷰한 내용을 쓸 때 특별한 경우를 제외하고 취재원 정보를 보도하지 않거나 익명으로 보도하는 관례이다. 딥백그라운드는 익명의 제보자를 뜻하는 딥스로트(Deep Throat)의 신변보호를 위해 취재원의 정보를 공개하지 않는다.

23 매스커뮤니케이션의 효과 이론 중 지배적인 여론과 일치되면 의사를 적극 표출하지만 그렇지 않으면 침묵하는 경향을 보이는 이론은 무엇인가?

① 탄환 이론
② 미디어 의존 이론
③ 모델링 이론
④ 침묵의 나선 이론

> **해설**
> 침묵의 나선 이론은 지배적인 여론 형성에 큰 영향력을 행사한다.

24 다음 중 미국의 4대 방송사가 아닌 것은?

① CNN
② ABC
③ CBS
④ NBC

> **해설**
> 미국의 4대 방송사는 NBC, CBS, ABC, FOX이다.

25 광고의 종류에 관한 설명이 잘못 연결된 것은?

① 인포머셜 광고 – 상품의 정보를 상세하게 제공하는 것
② 애드버토리얼 광고 – 언뜻 보아서는 무슨 내용인지 알 수 없는 광고
③ 레트로 광고 – 과거에 대한 향수를 느끼게 하는 회고 광고
④ PPL 광고 – 영화나 드라마 등에 특정 제품을 노출시키는 간접 광고

> **해설**
> ② 애드버토리얼 광고는 신문·잡지에 기사 형태로 실리는 논설식 광고다. 신세대의 취향을 만족시키는 것으로 언뜻 보아서는 무슨 내용인지 알 수 없는 광고는 '키치 광고'이다.

26 언론을 통해 뉴스가 전해지기 전에 뉴스 결정권자가 뉴스를 취사선택하는 것을 무엇이라고 하는가?

① 바이라인
② 발롱데세
③ 게이트키핑
④ 방송심의위원회

> **해설**
> 게이트키핑은 게이트키퍼가 뉴스를 취사선택하여 전달하는 것으로, 게이트키퍼의 가치관이 작용할 수 있다.

27 처음에는 상품명을 감췄다가 서서히 공개하면서 궁금증을 유발하는 광고 전략을 무엇이라 하는가?

① PPL 광고
② 비넷 광고
③ 트레일러 광고
④ 티저 광고

> **해설**
> ① 영화나 드라마의 장면에 상품이나 브랜드 이미지를 노출시키는 광고 기법
> ② 한 주제에 맞춰 다양한 장면을 짧게 보여주면서 강렬한 이미지를 주는 기법
> ③ 메인광고 뒷부분에 다른 제품을 알리는 맛보기 광고. '자매품'이라고도 함

28 오락거리만 있고 정보는 전혀 없는 새로운 유형의 뉴스를 가리키는 용어는?

① 블랙 저널리즘(Black Journalism)
② 옐로 저널리즘(Yellow Journalism)
③ 하이프 저널리즘(Hype Journalism)
④ 팩 저널리즘(Pack Journalism)

> **해설**
> ① 감추어진 이면적 사실을 드러내는 취재 활동
> ② 독자들의 관심을 유도하기 위해 범죄, 성적 추문 등의 선정적인 사건들 위주로 취재하여 보도하는 것
> ④ 취재 방법이나 취재 시각 등이 획일적이어서 개성이나 독창성이 없는 저널리즘

29 선거 보도 형태의 하나로 후보자의 여론조사 결과 및 득표 상황만을 집중적으로 보도하는 저널리즘은 무엇인가?

① 가차 저널리즘(Gotcha Journalism)
② 경마 저널리즘(Horse Race Journalism)
③ 센세이셔널리즘(Sensationalism)
④ 제록스 저널리즘(Xerox Journalism)

> **해설**
> ① 유명 인사의 사소한 해프닝을 집중 보도
> ③ 스캔들 기사 등을 보도하여 호기심을 자극
> ④ 극비 문서를 몰래 복사하여 발표

30 다음 중 IPTV에 관한 설명으로 잘못된 것은 무엇인가?

① 방송·통신 융합 서비스이다.
② 영화·드라마 등 원하는 콘텐츠를 제공받을 수 있다.
③ 양방향 서비스이다.
④ 별도의 셋톱박스를 설치할 필요가 없다.

> **해설**
> IPTV의 시청을 위해서는 TV 수상기에 셋톱박스를 설치해야 한다.

31 미국 콜롬비아대 언론대학원에서 선정하는 미국 최고 권위의 보도·문학·음악상은?

① 토니상
② 그래미상
③ 퓰리처상
④ 템플턴상

> **해설**
> **퓰리처상**
> 미국의 언론인 퓰리처의 유산으로 제정된 언론·문학상이다. 1917년에 시작되어 매년 저널리즘 및 문학계의 업적이 우수한 사람을 선정하여 19개 부분에 걸쳐 시상한다.

32 언론의 사실적 주장에 관한 보도로 피해를 입었을 때 자신이 작성한 반론문을 보도해줄 것을 요구할 수 있는 권리는 무엇인가?

① 액세스권
② 정정보도청구권
③ 반론보도청구권
④ 퍼블릭액세스

해설
① 언론 매체에 자유롭게 접근·이용할 수 있는 권리
② 언론에 대해 정정을 요구할 수 있는 권리로 사실 보도에 한정되며 비판·논평은 해당하지 않는다.
④ 일반인이 직접 제작한 영상물을 그대로 반영하는 것

33 다음 뉴스의 종류와 그에 대한 설명이 바르게 연결되지 않은 것은?

① 디스코 뉴스 – 뉴스의 본질에 치중하기보다 스타일을 더 중요시하는 형태
② 스폿 뉴스 – 사건 현장에서 얻어진 생생한 뉴스로, 핫뉴스라고도 한다.
③ 패스트 뉴스 – 논평·해설 등을 통해 잘 정리되고 오보가 적은 뉴스
④ 스트레이트 뉴스 – 사건·사고의 내용을 객관적 입장에서 보도하는 것

해설
③ 패스트 뉴스 : 긴 해설이나 설명 없이 최신 뉴스를 보도하는 형태이다. 자세한 논평과 해설을 통해 잘 정리된 기사를 보도하는 형태의 뉴스는 '슬로 뉴스'이다.

34 숨겨진 사실을 드러내는 것으로 약점을 보도하겠다고 위협하거나 특정 이익을 위해 보도하는 저널리즘은 무엇인가?

① 블랙 저널리즘(Black Journalism)
② 뉴 저널리즘(New Journalism)
③ 팩 저널리즘(Pack Journalism)
④ 하이에나 저널리즘(Hyena Journalism)

해설
② 뉴 저널리즘 : 속보성과 단편성을 거부하고 소설의 기법을 이용해 심층적인 보도 스타일을 보이는 저널리즘
③ 팩 저널리즘 : 취재 방법 및 시각이 획일적인 저널리즘으로, 신문의 신뢰도 하락을 불러온다.
④ 하이에나 저널리즘 : 권력 없고 힘없는 사람에 대해서 집중적인 매도와 공격을 퍼붓는 저널리즘

35 다음 중 미디어렙에 관한 설명으로 옳지 않은 것은?

① Media와 Representative의 합성어이다.
② 방송사의 위탁을 받아 광고주에게 광고를 판매하는 대행사이다.
③ 판매 대행시 수수료는 따로 받지 않는다.
④ 광고주가 광고를 빌미로 방송사에 영향을 끼치는 것을 막아준다.

> **해설**
> 미디어렙은 방송광고판매대행사로, 판매 대행 수수료를 받는 회사이다.

36 매스컴 관련 권익 보호와 자유를 위해 설립된 기구 중 워싱턴에 위치하고 외국 수뇌 인물들의 연설을 듣고 질의·응답하는 것을 주 행사로 삼는 기구는?

① 내셔널프레스클럽   ② 세계신문협회
③ 국제언론인협회   ④ 국제기자연맹

> **해설**
> ② 1948년 국제신문발행인협회로 발족한 세계 최대의 언론 단체이다.
> ③ 1951년 결성된 단체로 언론인 상호 간의 교류와 협조를 통해 언론의 자유를 보장하는 것을 목적으로 매년 1회씩 대회가 열린다.
> ④ 본부는 브뤼셀에 있으며 3년마다 '기자 올림픽'이라 불리는 대규모 총회가 열린다.

37 신제품 또는 기업에 대하여 언론이 일반 보도로 다루도록 함으로써 결과적으로 무료로 광고 효과를 얻게 하는 PR의 한 방법은?

① 콩로머천드(Conglomerchant)
② 애드버커시(Advocacy)
③ 퍼블리시티(Publicity)
④ 멀티스폿(Multispot)

> **해설**
> 퍼블리시티는 광고주가 회사·제품·서비스 등과 관련된 뉴스를 신문·잡지 등의 기사나 라디오·방송 등에 제공하여 무료로 보도하도록 하는 PR방법이다.

38 다음 중 건물의 외벽에 LED 조명을 이용하여 영상을 표현하는 미술기법은?

① 데포르마숑   ② 미디어 파사드

③ 실크스크린   ④ 옵티컬아트

> **해설**
>
> 미디어 파사드(Media Facade)에서 파사드는 건물의 외벽을 의미하는 말로, 건물 외벽을 스크린처럼 이용해 영상을 표시하는 미술 기법을 말한다. LED 조명을 건물의 외벽에 설치하여 디스플레이를 구현한다. 옥외광고로도 이용될 수 있어, 통신망을 통해 실시간으로 광고판에 정보를 전달하는 디지털 사이니지(Digital Signage)의 한 종류로 분류된다.

39 다음 중 국경 없는 기자회에 대한 설명으로 틀린 것은?

① 프랑스 파리에 본부를 두고 있다.

② 중동을 제외한 4개 대륙에 지부를 두고 있다.

③ 살해당하거나 체포된 언론인의 현황을 공개하고 있다.

④ 세계 언론인들의 인권 보호를 위해 설립되었다.

> **해설**
>
> 국경 없는 기자회(Reporters sans frontières)는 1985년에 설립된 세계언론 단체로 본부는 프랑스 파리에 있다. 언론인들의 인권 보호와 언론 자유의 신장을 위해 설립되었다. 아프리카·아메리카·아시아·중동·유럽 등 5개 대륙에 9개의 지부를 두고 있다. 부당하게 살해당하거나 체포된 언론인들의 현황을 조사하고, 각국의 언론자유지수를 발표하고 있다.

40 시청자가 원하는 콘텐츠를 양방향으로 제공하는 방송·통신 융합 서비스로 시청자가 편리한 시간에 원하는 프로그램을 선택해 볼 수 있는 방송 서비스는?

① CATV   ② Ustream

③ Podcasting   ④ IPTV

> **해설**
>
> ① 동축케이블을 이용해 프로그램을 송신하는 유선 TV
> ② 실시간 동영상 중계 사이트
> ③ 사용자들이 인터넷을 통해 새로운 방송을 자동으로 구독할 수 있게 하는 미디어

41 스위스에 있는 올림픽 관리 기구는 무엇인가?

① IOC ② IBF
③ ITF ④ FINA

> **해설**
> ① IOC(International Olympic Committee) : 국제올림픽위원회
> ② IBF(International Boxing Federation) : 국제복싱연맹
> ③ ITF(International Tennis Federation) : 국제테니스연맹
> ④ FINA(Federation Internationale de Natation) : 국제수영연맹

42 골프의 일반적인 경기 조건에서 각 홀에 정해진 기준 타수를 'Par'라고 한다. 다음 중 Par보다 2타수 적은 스코어로 홀인하는 것을 뜻하는 용어는 무엇인가?

① 버디(Birdie) ② 이글(Eagle)
③ 보기(Bogey) ④ 알바트로스(Albatross)

> **해설**
> 기준 타수보다 2타수 적은 스코어로 홀인하는 것을 이글이라 한다.
> ① 버디 : 기준 타수보다 1타 적은 타수로 홀인하는 것
> ③ 보기 : 기준 타수보다 1타수 많은 스코어로 홀인하는 것
> ④ 알바트로스 : 기준 타수보다 3개가 적은 타수로 홀인하는 것

43 다음 육상 경기 중 필드경기에 해당하지 않는 것은?

① 높이뛰기 ② 창던지기
③ 장애물 경기 ④ 멀리뛰기

> **해설**
> 필드경기는 크게 도약경기와 투척경기로 나뉜다. 도약경기에는 멀리뛰기, 높이뛰기, 장대높이뛰기, 세단뛰기 등이 있으며, 투척경기에는 창던지기, 원반던지기, 포환던지기, 해머던지기 등의 종목이 있다.

44 다음 중 야구에서 타자가 투스트라이크 이후 아웃이 되는 상황이 아닌 것은?

① 번트파울　　　　　　　　　　② 헛스윙
③ 파울팁　　　　　　　　　　　④ 베이스온볼스

해설

투스트라이크 이후 번트는 쓰리번트라고 하여 성공하지 못하고 파울이 되면 아웃이며, 파울팁은 타자가 스윙을 하여 배트에 살짝 스친 뒤 포수에게 잡히는 공이다. 베이스온볼스(Base On Balls)는 볼넷을 의미한다.

45 다음 중 야구를 통계·수학적 방법으로 분석하는 방식을 뜻하는 말은?

① 핫코너　　　　　　　　　　　② 피타고리안 기대 승률
③ 세이버매트릭스　　　　　　　④ 머니볼

해설

세이버매트릭스(Sabermetrics)는 야구를 통계적, 수학적인 방법으로 분석하는 방법론을 말한다. 기록의 스포츠인 야구를 객관적으로 분석하기 위한 기법이다. 선수 개개인의 기록과 경기의 통계 수치를 종합해 다음 혹은 향후 선수와 경기흐름에 대해 분석하고 예측하는 것을 말한다.

46 골프의 18홀에서 파 5개, 버디 2개, 보기 4개, 더블보기 4개, 트리플보기 3개를 기록했다면 최종 스코어는 어떻게 되는가?

① 이븐파　　　　　　　　　　　② 3언더파
③ 9오버파　　　　　　　　　　④ 19오버파

해설

파 5개(0) + 버디 2개(−2) + 보기 4개(+4) + 더블보기 4개(+8) + 트리플보기 3개(+9) = 19오버파

47 남자부 4대 골프 대회에 속하지 않는 것은?

① 마스터스　　　　　　　　　　② 브리티시 오픈
③ 맥도널드 오픈　　　　　　　④ US 오픈

해설

• 남자부 4대 골프 대회 : 마스터스, 브리티시 오픈(영국 오픈), PGA 챔피언십, US 오픈
• 여자부 4대 골프 대회 : AIG 브리티시 여자오픈, US 여자오픈, KPMG 위민스 PGA 챔피언십, ANA 인스퍼레이션

48 농구에서 스타팅 멤버를 제외한 벤치 멤버 중 가장 기량이 뛰어나 언제든지 경기에 투입할 수 있는 투입 1순위 후보는?

① 포스트맨   ② 스윙맨

③ 식스맨   ④ 세컨드맨

> **해설**
>
> 벤치 멤버 중 투입 1순위 후보는 식스맨이라고 한다. 포스트맨은 공을 등지고 골 밑 근처에서 패스를 연결하거나 스스로 공격하는 선수이고, 스윙맨은 가드·포워드 역할을 모두 수행할 수 있는 선수이다.

49 축구 경기에서 해트트릭이란 무엇인가?

① 1경기에서 1명의 선수가 1골을 넣는 것

② 1경기에서 1명의 선수가 2골을 넣는 것

③ 1경기에서 1명의 선수가 3골을 넣는 것

④ 1경기에서 3명의 선수가 1골씩 넣는 것

> **해설**
>
> 크리켓에서 3명의 타자를 삼진 아웃시킨 투수에게 명예를 기리는 뜻으로 선물한 모자(Hat)에서 유래했으며, 한 팀이 3년 연속 대회 타이틀을 석권했을 때도 해트트릭이라고 한다.

50 다음 중 유럽의 국가와 국가별 프로 축구 리그의 연결로 옳은 것은?

① 스페인 – 세리에 A

② 독일 – 분데스리가

③ 이탈리아 – 프리미어리그

④ 잉글랜드 – 라리가

> **해설**
>
> ① 스페인 – 라리가
> ③ 이탈리아 – 세리에 A
> ④ 잉글랜드 – 프리미어리그

51 다음 중 골프 용어가 아닌 것은?

① 로진백   ② 이 글

③ 어프로치샷   ④ 언더파

해설

로진백은 투수나 타자가 공이 미끄러지지 않게 하기 위해 묻히는 송진 가루나 로진이 들어있는 작은 주머니이다. 손에 묻힐 수는 있어도 배트, 공, 글러브 등에 묻히는 것은 금지되어 있다. 그밖에 역도나 체조 선수들도 사용한다.

52 월드컵 본선에서 골을 넣은 뒤 파울로 퇴장당한 선수들을 일컫는 용어는?

① 가린샤 클럽   ② 블랙슈즈 클럽

③ 170 클럽   ④ 벤치맙 클럽

해설

가린샤 클럽은 1962년 칠레 월드컵에서 브라질의 공격수 가린샤가 골을 넣은 뒤 퇴장을 당하면서 생긴 용어이다.

53 세계 5대 모터쇼에 포함되지 않는 모터쇼는?

① 토리노 모터쇼   ② 도쿄 모터쇼

③ 제네바 모터쇼   ④ 북미 국제 오토쇼

해설

세계 5대 모터쇼 : 파리 모터쇼, 프랑크푸르트 모터쇼, 제네바 모터쇼, 북미 국제 오토쇼(디트로이트 모터쇼), 도쿄 모터쇼

54 미국과 유럽을 오가며 2년마다 개최되는 미국과 유럽의 남자 골프 대회는?

① 데이비스컵
② 라이더컵
③ 프레지던츠컵
④ 스탠리컵

> **해설**
> ② 라이더컵은 영국인 사업가 새뮤얼 라이더(Samuel Ryder)가 순금제 트로피를 기증함으로써 그 이름을 따서 붙인, 미국과 유럽의 남자 골프 대회이다.
> ① 데이비스컵은 테니스 월드컵이라고도 불리는 세계 최고 권위의 국가 대항 남자 테니스 대회이다.
> ③ 프레지던츠컵은 미국과 유럽을 제외한 인터내셔널팀 사이의 남자 프로 골프 대항전이다.
> ④ 스탠리컵은 북아메리카에서 프로아이스하키 리그의 플레이오프 우승 팀에게 수여되는 트로피를 가리킨다.

55 다음 중 2스트라이크 이후에 추가로 스트라이크 판정을 받았으나 포수가 이 공을 놓칠 경우(잡기 전에 그라운드에 닿은 경우도 포함)를 가리키는 말은 무엇인가?

① 트리플 더블
② 낫아웃
③ 퍼펙트게임
④ 노히트노런

> **해설**
> ① 트리플 더블 : 한 선수가 득점, 어시스트, 리바운드, 스틸, 블록슛 중 세 부문에서 2자리 수 이상을 기록하는 것을 가리키는 농구 용어
> ③ 퍼펙트게임 : 야구에서 투수가 상대팀에게 한 개의 진루도 허용하지 않고 승리로 이끈 게임
> ④ 노히트노런 : 야구에서 투수가 상대팀에게 한 개의 안타도 허용하지 않고 승리로 이끈 게임

56 근대 5종 경기는 기원전 708년에 실시된 고대 5종 경기를 현대에 맞게 발전시킨 것으로 근대 올림 픽을 창설한 쿠베르탱의 실시로 시작하게 되었다. 이와 관련된 근대 5종 경기가 아닌 것은?

① 마라톤
② 사 격
③ 펜 싱
④ 승 마

> **해설**
> 근대 5종 경기는 한 경기자가 사격, 펜싱, 수영, 승마, 크로스컨트리(육상) 5종목을 겨루어 종합 점수로 순위를 매기는 경기이다.

일반상식 | 한국사

한국사란 한반도를 중심으로 전개된 우리나라의 역사를 말한다. 구석기 시대부터 시작하여 최초 국가인 고조선의 성립부터 현대 대한민국까지 발전되어온 역사이며, 각 시대구분에 따라 통사적으로 정리되어 있다.

세부유형

한국사 · 세계사

한국사 · 세계사는 주로 한국사의 내용이 대다수를 차지한다. 한국사는 한반도에 사람이 살기 시작한 구석기 시대부터 출발하여, 철기시대 초기 국가로 형성된 고조선의 역사부터 최근 근현대사까지를 한국사의 범위에 포함한다. 세계사는 엄밀히 말하면 한국사에 내포되는 것은 아니지만, 우리나라의 역사에서 영향을 미친 주변국의 역사는 한국사에 속하기 어렵기 때문에 세계사의 범위에 포함된다.

01 선사시대

문헌 사료가 전혀 존재하지 않는 문자로 기록되기 이전의 시대

구 분	특 징
구석기	• 약 70만년 전 • 수렵 · 어로 생활, 무리 · 이동 생활 • 뗀석기(주먹도끼 · 긁개)와 뼈도구 사용, 불의 발견과 이용
신석기	• 기원전 8000년경 • 농경(밭농사)의 시작, 평등사회, 원시종교 출현 • 간석기와 토기(이른민무늬 토기, 빗살무늬 토기), 가락바퀴 등의 도구 사용

02 고인돌

거대한 바위를 이용해 만들어진 선사시대 거석기념물로 한국 청동기시대의 대표적인 무덤양식

청동기시대에 성행한 무덤 형식의 하나로, 지상에 묘실을 설치한 뒤 그 위에 덮개돌을 올린 북방식과 지하에 묘실을 만들어 그 위에 덮개돌을 놓고 돌을 괴는 남방식으로 구분된다. 고인돌을 세우는 데는 많은 인력이 필요했으므로 고인돌의 주인이 권력과 경제력을 갖춘 지배층이었음을 알 수 있다.

03 8조법

'한서지리지'에 남아 있는 고조선의 기본법

현재 3개 조목만 전해지는 8조법을 통해 고조선이 당시 사유재산을 인정하고 노비가 존재하는 신분제 계급 사회로서 개인의 생명을 중시하고, 가부장적인 가족 제도가 확립되었음을 짐작할 수 있다.
• 사람을 죽인 자는 즉시 사형에 처한다.
• 남에게 상처를 입힌 자는 곡물로써 배상한다.
• 남의 재산을 훔친 사람은 노비로 삼고, 용서받으려면 한 사람마다 50만전을 내야 한다.

04 연맹왕국

고대국가 이전 원시사회에서 부족사회로 발전하면서 한반도에 성립하여 발전된 국가 형태

부 여	고구려	옥 저	동 예	삼 한
• 만주 송화강 유역, 5부족 연맹체, 사출도 • 반농, 반목 • 순장, 1책12법, 형사취수제, 우제점법 • 12월 영고	• 동가강 유역 졸본 지방, 5부족 연맹체, 제가회의 • 약탈경제, 부경 • 서옥제, 형사취수제 • 10월 동맹	• 함경도 해안의 평야 지대 중심, 군장(읍군과 삼로)이 통치 • 소금, 해산물 풍부, 고구려에 공물 • 민며느리제, 가족공동묘	• 강원도 북부 동해안 중심, 군장(읍군과 삼로)이 통치 • 단궁, 과하마, 반어피 등 생산, 방직기술 발달 • 족외혼, 책화 • 10월 무천	• 한강 이남 지역, 제정 분리(군장인 신지, 읍차와 제사장인 천군) • 벼농사, 풍부한 철 생산(낙랑, 일본에 수출) • 두레 • 5월 수릿날, 10월 계절제

05 고대국가의 성립

대내적으로는 중앙집권 국가체제의 기틀을 마련하고, 대외적으로는 활발한 정복활동으로 영토 확장

고구려	부여계 유이민과 압록강 유역 토착민을 중심으로 건국하여 옥저를 복속, 낙랑을 압박하였으며 5부 체제 발전 및 고씨 왕위 세습을 통한 중앙집권 국가의 기반 형성
백 제	고구려계 유이민과 한강 유역 토착민을 중심으로 건국하여 한 군현과 항쟁, 한강 유역 장악, 율령 반포, 관등제 정비, 관복제 도입을 통한 중앙집권 국가의 기반 형성
신 라	유이민 집단(박·석·김)과 경주 토착세력을 중심으로 건국하여 국가 발전의 지연, 낙동강 유역 진출, 왜구 격퇴(호우명그릇) 및 김씨 왕위 세습, 마립간 왕호 사용 등을 통한 중앙집권 국가의 기반 형성
가 야	낙동강 하류 변한지역에서 6가야 연맹을 형성하여 농경문화, 철 생산, 중계무역으로 발전하였으나, 금관가야 멸망(532), 대가야 멸망(562)으로 중앙집권 국가로 성립하지 못하고 신라에 흡수됨

06 광개토대왕릉비

광개토대왕의 업적을 기리기 위해 장수왕 2년(414년)에 만주에 세운 비석

광개토대왕이 죽은 후 광개토대왕의 정복 사업과 영토 확장 등의 업적을 기리기 위해 현재의 중국 지린성 지안현 통구 지역에 세운 비석으로, 우리나라에서 가장 큰 비석이다. 한편, 일본은 비문의 '신묘년 기사(신묘년에 왜가 바다를 건너와 백제와 신라를 정복하고 신민으로 삼았다)'를 근거로 하여 임나일본부설을 주장하기도 했다.

07 독서삼품과

신라시대의 관리선발 제도

신라 원성왕 4년에 국학 내에 설치한 일종의 관리 임용 제도이다. 학문적 능력 위주로 관리를 채용하기 위한 것으로, 국학 학생들의 유교 경전 독해 능력을 3등급으로 구분하여 관리의 임용에 적용하였다. 신라 하대로 갈수록 골품제의 폐쇄성과 국학의 중요성이 약해지면서 비중이 점차 줄었지만, 유학 보급에 중요한 역할을 하였다.

> 고대 국가의 교육기관
> - 고구려 : 태학(유교 경전과 역사서), 경당(한학과 무술)
> - 백제 : 5경, 의·역박사(유교 경전과 기술학)
> - 신라 : 국학(충효의 유교 윤리 교육), 독서삼품과(한문과 유학 보급)
> - 발해 : 주자감(귀족 자제들에게 유학 경전 교육)

08 발해

대조영이 고구려 유민과 말갈족을 연합하여 698년에 건국한 국가

발해는 고구려의 계승국임을 밝히며, 상류 지배층인 고구려 유민이 하류층인 말갈족을 지배했다. 당나라의 제도를 받아들여 3성 6부 체제의 정치 조직을 지녔고, 독자적인 연호를 사용하며 '해동성국'이라는 칭호를 얻을 정도로 강성했으나 926년 거란족(요나라)에 의해 멸망당했다.

09 사심관 제도

지방 세력을 견제하기 위해 중앙의 고관이 된 자로 하여금 자기 고향의 사심관이 되게 하는 제도

고려 태조는 지방 통치를 강화하고 지방 호족들을 견제하기 위해 유력 호족 출신의 중앙 관료를 출신 지역의 사심관으로 임명하여 부호장 이하의 관직을 맡게 하는 사심관 제도를 시행하였다. 사심관은 부호장 이하의 향리를 임명할 수 있었으며 그 지역에서 발생한 일에 대해 연대책임을 지도록 하였다.

10 기인 제도

지방 세력의 통제를 위해 호족의 자제를 인질로 수도에 머물게 하는 제도

지방 호족 및 토호의 자제로서 중앙에 볼모로 와서 그 출신 지방의 행정상 고문 구실을 하던 사람이나 그 제도를 이르는 말이다. 고려 태조가 중앙집권을 강화하고 지방 세력을 견제하기 위해 마련한 정책으로 신라의 상수리 제도에서 유래되었다.

> **상수리 제도**
> 지방 세력을 효과적으로 감시·통제하기 위해 마련한 제도이다. 이후 고려시대의 기인 제도, 조선시대의 경저리 제도로 이어졌다.

11 공음전

고려시대 5품 이상의 관료에게 지급되어 세습이 허용된 토지

5품 이상의 관료들에게 지급한 임야와 토지로 세습이 가능했기 때문에 음서 제도와 함께 문벌귀족의 기득권 유지에 기여하면서 경제적 기반이 되었다.

> **고려시대 토지 제도**
> - 군인전 : 중앙 군인에게 지급한 토지 → 세습 인정
> - 구분전 : 하급 관리나 군인들의 유가족에게 지급한 토지
> - 한인전 : 6품 이하의 자제로서 관직에 오르지 못한 사람에게 지급한 토지
> - 공해전 : 중앙과 지방의 각 관아의 경비 충당을 위해 지급한 토지
> - 외역전 : 지방 향리에게 지급한 토지 → 세습 인정
> - 내장전 : 왕실의 경비를 충당하기 위해 지급된 토지 → 세습 인정

12 상평창

고려시대의 물가조절기관

풍년으로 곡물의 값이 쌀 때 사들이고 흉년에 값을 내려 팔아 물가를 조절하는 기관으로 고려 성종 12년(993년)에 설치되었다. 백성들의 생활을 안정시키기 위해 마련한 제도이며 조선시대에는 선혜청이라는 이름으로 존속·시행되었다.

> 고려시대의 사회 구호 제도
> • 흑창(태조) : 양곡 대여, 춘대추납
> • 제위보(광종) : 기금 조성, 이자로 빈민구제
> • 의창(성종) : 흑창을 의창으로 개칭, 농민 보호
> • 혜민국(예종) : 질병 치료 및 구제기관, 무료 의약 제공

13 도병마사

고려시대 중요 사안을 심의·결정하던 국가 최고의 회의기관

중서문하성의 재신과 중추원의 고관(추밀)으로 구성되었으며 국방상 중요한 문제와 국가의 정책을 협의·결정하는 기관이었다. 고려 후기에는 원의 간섭하에 도평의사사로 개편되어 국정 전반의 문제를 합의했으며 조선 전기에는 의정부로 개편되었다.

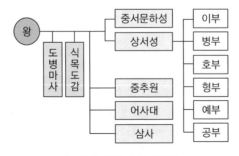

[고려의 중앙 정부 구조]

14 묘청의 난

서경천도를 주장하던 묘청이 개경 문벌귀족에 대해 일으킨 반란

김부식을 중심으로 한 개경세력과 묘청, 정지상을 중심으로 한 서경세력 간의 대립이 발생했다. 서경세력은 서경천도와 칭제건원, 금국정벌을 주장하였으나 받아들여지지 않자 서경에서 반란을 일으켰다. 신채호는 '조선상고사'에서 이 사건을 '조선 천년 역사에서 최고의 사건'이라 말하며 묘청의 서경천도운동을 자주성의 측면에서 높이 평가하였다.

15 교정도감

고려 무신정권기에 최충헌이 세운 정치기관

고려 후기 무신정권 당시 최고 의결 기관으로, 조세 징수권과 관리 감찰 등 국정을 총괄하며 막강한 권력을 지니면서 최씨 정권을 뒷받침하였다.

> **무신집권기 최씨 정권의 권력 기구**
> - 교정도감 : 최충헌 설치, 국정을 총괄하는 최고 권력 기구
> - 정방 : 최우 설치, 인사 행정 기구
> - 서방 : 최우 설치, 능력 있는 문신을 등용하여 자문을 구하는 기구
> - 도방 : 경대승 설치, 무신정권의 사병 기관
> - 삼별초 : 최우가 설치한 군사 조직, 치안과 전투 담당

16 중방

무신정권이 성립된 후 권력을 행사하던 상장군과 대장군의 회의기구

집권한 무신들이 문반(文班)과 무반(武班)의 고위관직을 차지한 뒤 중방에 모여 국가의 크고 작은 모든 문제를 공동으로 처리하면서 그 기능과 권한이 확대·강화되었다. 구체적으로 궁성수비와 일반치안을 위한 병력 배치, 형옥치죄권 행사, 도량형 도구의 검사와 통일, 관직의 증감 및 관리의 임면 등의 중요 안건에 대해 논의하였다.

17 직지심체요절

세계 최초의 금속활자본

고려시대에 청주 흥덕사에서 간행된 세계에서 가장 오래된 금속활자본으로 직지심경이라고도 한다. 1377년 간행된 것으로 구텐베르크보다 80년 앞서 있으며 현재 프랑스 국립도서관에 소장되어 있고 2001년 유네스코 기록유산으로 등록되었다.

18 공민왕의 개혁정치

대외적으로 반원 세력을 몰아내고, 대내적으로 왕권을 강화하기 위한 개혁 정책 추진

배 경	원·명 교체기의 혼란 이용, 주원장의 명 건국(1368)
개혁 방향	• 반원자주정책 : 친원파 숙청(기철), 정동행성 이문소 폐지, 쌍성총관부 공격(유인우)으로 철령 이북의 땅 수복, 관제 복구, 요동 공략(지용수, 이성계), 몽골풍 일소, 원의 침입 격퇴(최영, 이성계) • 왕권강화정책 : 정방 폐지, 전민변정도감 설치(신돈 기용), 과거 제도 정비를 통한 신진사대부의 등용
개혁 실패	• 권문세족의 반발 : 친원파의 도평의사사 장악 및 토지 독점 • 원의 압력과 개혁 추진 세력(신진사대부) 미약으로 왕권 약화 • 홍건적과 왜구의 침입으로 인한 사회 혼란

19 삼국사기와 삼국유사

고려시대에 편찬된 대표적인 역사서

삼국사기는 고려 인종의 명을 받은 김부식 등이 편찬하였는데 이는 현존하는 최고(最古)의 역사서로서 유교적 합리주의 사관에 기초하여 기전체 형식으로 서술되었으며 신라 계승 의식을 많이 반영하고 있다. 반면에 삼국유사는 원 간섭기에 일연이 쓴 역사서로 불교사를 바탕으로 기록되어 왕력과 함께 기이(紀異)편을 두어 고대의 민간 설화나 전래 기록을 수록하였다. 특히 단군을 우리 민족의 시조로 여겨 단군 건국 설화를 수록하였다.

20 경국대전

조선시대 통치의 근간이 된 기본 법전

조선 초의 법전인 '경제육전'의 원전과 속전 및 그 뒤의 법령을 종합해 만든 것으로, 세조가 편찬을 시작하여 성종 대에 완성되었다. 먼저 재정·경제의 기본이 되는 '호전'을 완성한 뒤 '형전'을 완성했으며, 이전·호전·예전·병전·형전·공전 등 6전으로 이루어졌다.

21 과전법

신진사대부의 경제적 기반을 마련한 토지 제도의 개혁

고려 말, 국가 재정의 고갈 문제를 해결하기 위해 권문세족이 불법으로 점유한 토지를 몰수하여 관리들에게 급료로 토지를 분급한 제도로, 경기 지방 토지에 한하여 전·현직 관리에게 지급되었다. 해당 관리는 과전에서 나오는 세금을 거두는 수조권을 부여받았는데, 이는 조선 초 토지 제도의 근간을 이루었다.

22 사화

사림파와 훈구파 사이의 대립으로 사림파가 큰 피해를 입은 4가지 사건

세조 이후 공신들을 중심으로 정치적 실권을 장악하고 중앙집권체제를 강조한 훈구파에 맞서 성리학에 투철한 사족들이 영남과 호서 지방을 중심으로 지방에서 세력 기반을 쌓으며 왕도정치를 강조하였다. 이러한 사림 세력이 성장하여 훈구파를 비판하면서 대립과 갈등을 빚기 시작했다. 양대 세력의 갈등이 네 차례의 사화로 이어지면서 사림파가 큰 피해를 입었다.

조선시대 사화

무오사화	1498년 (연산군)	• 훈구파와 사림파의 대립 • 연산군의 실정, 세조의 왕위 찬탈을 비판한 김종직의 조의제문 • 유자광, 이극돈
갑자사화	1504년 (연산군)	• 폐비 윤씨 사건이 배경 • 무오사화 때 피해를 면한 일부 훈구 세력까지 피해
기묘사화	1519년 (중종)	• 조광조의 개혁 정치 • 위훈 삭제로 인한 훈구 세력의 반발 • 주초위왕 사건
을사사화	1545년 (명종)	• 인종의 외척 윤임(대윤파)과 명종의 외척 윤원형(소윤파)의 대립 • 명종의 즉위로 문정왕후 수렴청정 • 집권한 소윤파가 대윤파를 공격

23 광해군의 중립외교

광해군이 명과 후금 사이에서 실리를 추구하였던 실리 정책

임진왜란 이후 여진의 성장으로 후금이 건국되었고 힘이 약화된 명을 위협하면서 전쟁을 선포하였다. 이에 명이 조선에 원군을 요청하자 조선은 명과 후금 사이에서 중립외교 정책을 실시하였고 명을 지원하러 갔던 조선군 사령관 강홍립이 광해군의 밀명으로 후금에 항복하면서 마찰을 피하였다. 이후 계속된 명의 지원 요청을 거절하고 후금과 친선 관계를 추구하였던 중립 외교 정책은 대의명분을 강조한 서인과 남인의 불만을 초래하였고 이후 인조반정의 원인이 되기도 하였다.

24 대동법

방납의 폐단을 시정하기 위하여 공물을 쌀로 바치도록 한 제도

농민의 부담을 줄이고 부족한 국가 재원을 확충하기 위해 광해군 1년(1608년) 대동법을 실시하였고, 토지결 수에 따라 공물을 쌀로 징수하였다. 이후 숙종 때에 이르러 평안도와 함경도를 제외한 전국에서 대동법을 시행하였다. 대동법의 실시 이후 국가에서 필요한 물품은 공인이 조달하며, 이를 바탕으로 상품 화폐 경제 가 발달하게 되었다.

25 균역법

조선 영조 때 백성들의 군역 부담을 덜기 위해 실시한 제도

역을 균등히 한다는 취지에서 만들어진 것으로, 기존의 군포를 2필에서 1필로 줄이는 대신 어업세·선박세 등의 징수로 이를 보충했다. 그러나 점차 농민의 부담이 증가하고 폐단이 나타나면서 19세기 삼정의 문란의 하나로 여러 폐단이 발생하게 되었다.

> **삼정의 문란**
> 전정(토지에 따른 징수), 군정(군역 대신에 베 한필 징수), 환곡(봄에 곡식을 빌려주고 가을에 이자를 합쳐 받는 빈민 구제책)의 세 가지 행정이 부패해진 것을 이르는 말이다.

26 동학

1860년 최제우가 창시한 민족종교

수운(水雲) 최제우가 서학(천주교)에 대항하고자 민간신학에 유(儒)·불(佛)·선(仙)의 교의를 혼합하여 창시하였다. '후천개벽(後天開闢)'과 '인내천(人乃天)'의 사상으로 19세기 조선 후기의 사회불안에 동요하던 민중들에게 급속히 보급되었다. 1894년의 동학혁명에 영향을 주었으며 이후 손병희에 의해 천도교로 개칭되었다.

27 강화도조약

운요호 사건으로 1876년 일본과 맺어진 불평등 조약

1876년(고종 13년) 2월 강화부에서 조선과 일본 사이에 체결된 조약으로 정식 명칭은 〈조일수호조규(朝日修好條規)〉이며, '병자수호조약(丙子修好條約)' 혹은 '강화도조약'이라고도 한다. 부산, 인천, 원산 등 3개 항구의 개항과 치외법권의 인정 등 불평등한 내용의 12개조로 구성된 근대 조약을 체결하였다. 이 조약을 맺음으로써 일본, 미국, 영국, 독일, 프랑스 등 열강의 제국주의가 본격적으로 조선에 침입하기 시작했다.

> **운요호 사건**
> 조선이 계속되는 통상요구를 거절하자 일본이 운요호를 한강으로 침투시켜 강화도 사병과 충돌하게 하였다. 이후 사건에 대한 사죄와 함께 통상을 요구하면서 강화도조약을 체결하였다.

28 임오군란

신식 군대인 별기군에 비해 차별 대우를 받던 구식 군대를 주축으로 일어난 반란

임오군란은 1882년 서울에서 하급군관들과 도시빈민들이 개항 이후 시행된 개화정책과 집권세력에 저항하여 일으킨 사건이다. 조선 정부는 군란의 수습을 위해 청의 원군을 요청하면서 조선의 내정·외교 문제에 적극적으로 간섭하여 청의 종주권이 강화되었다. 일본 정부는 임오군란 시 군인들의 일본 공사관 침입을 빌미삼아 일본 경비병의 주둔 허용과 배상금 지불을 요구하면서 제물포 조약을 체결하게 되었다.

> • 제물포 조약의 주요 내용 : 사과 사절단의 파견, 주모자 처벌, 배상금 지불, 공사관 경비병의 주둔 인정
> • 조청 상민 수륙 무역 장정 : 청 상인의 개항장 밖의 내륙 통상권과 연안 무역권을 인정하였으며 치외법권과 점포 개설권까지 부여하는 청나라의 특권으로 일관된 불평등 조약

29 동학농민운동 - 집강소

1894년 전봉준이 중심이 되어 일으킨 반봉건 · 반외세 농민운동

고부 군수 조병갑의 불법착취, 농민 수탈의 강화와 농촌 경제의 파탄, 일본의 침략, 동학교도에 대한 탄압 등을 이유로 확산된 아래로부터의 반봉건적 · 반침략적 민족운동이다. 동학농민군은 전주성을 점령하는 한편 집강소를 설치하여 12개조의 폐정개혁안을 발표하였으나 우금치 전투에서 관군과 일본의 연합군에 패배했다. 이는 갑오개혁과 청일 전쟁을 유발하는 계기가 되었다.

30 갑오개혁

1894년 일본의 강압으로 실시한 근대적 개혁

일본의 강압으로 정치 · 경제 · 사회 · 문화 전반에 걸쳐 실시한 근대적 개혁으로 근대화의 출발점이 되었으나 보수적 봉건 잔재로 인해 기형적 근대화를 초래했다. 갑오개혁의 홍범 14조에는 청의 종주권 부인과 개국기원 사용, 과거제 폐지 및 노비해방, 신교육령 실시 등의 내용이 포함되어 있다.

> 홍범 14조
> 갑오개혁 이후 정치적 근대화와 개혁을 위해 제정된 국가기본법으로, 청에 대한 종주권을 부인하여 자주독립의 기초를 세울 것을 선포했고, 종신과 외척의 정치 관여를 용납하지 않음으로써 대원군과 명성황후의 정치개입을 배제했다.

31 황성신문

1898년 장지연, 박은식, 남궁억 등이 중심이 되어 창간된 일간 신문

대한제국 때인 1898년 남궁억과 나수연 등이 창간한 일간 신문으로 한자와 한글을 섞어 만들었으며, 국민들을 계몽하고 민족의식을 높이는 데 앞장섰다. 장지연은 을사늑약의 부당함을 알리는 사설 '시일야방성대곡'을 실었다가 구금되고 신문은 정간되기도 하였다가 1910년 결국 폐간되었다.

32 국채보상운동

1907년 일본으로부터 빌린 차관 1,300만원을 갚기 위한 민족경제 자립운동

일본은 조선정부를 경제적으로 예속하기 위해 차관을 제공했는데, 이를 갚기 위해 서상돈 등이 국채보상기성회를 조직하였다. 대한매일신보, 제국신문, 황성신문 등 언론 기관도 앞장서서 전 국민의 적극적인 참여 속에 국채를 갚으려는 운동이 전개되었으나, 일본 통감부의 압력과 매국적 정치단체인 일진회의 방해로 결국 실패하였다.

> **물산장려운동**
> 1922년 조만식을 중심으로 일어난 민족경제 자립실천운동으로, 일제의 경제적 수탈에 맞서 국산품 애용과 근검절약·자급자족·민족기업의 육성 등을 추진하였다. 그러나 일제의 탄압으로 큰 성과를 거두지 못하였다.

33 일제의 조선 통치 정책

무단통치 → 문화통치 → 민족말살통치

구 분	정책 내용
무단통치 (1910년대)	조선총독부 설치(1910년), 헌병경찰의 즉결 처분권, 언론·출판·집회·결사의 자유 박탈, 105인 사건 등을 일으켜 독립운동 탄압, 토지조사사업
문화통치 (1920년대)	3·1 운동 이후 보통 경찰제 실시, 식민 통치를 은폐하기 위한 기만적 정책, 우민화 교육, 친일파 세력 양성을 통한 민족 분열, 산미증식계획 실시(1920 ~ 1934년)
민족말살통치 (1930년대 이후)	내선일체, 황국신민화, 창씨개명, 우리말 사용과 국사 교육 금지, 강제징용·징병, 일본군 위안부, 1937년 중일 전쟁 이후 병참기지화 정책으로 물자와 인력 수탈

34 3·1 운동

1919년 일제 식민 지배에 저항하며 일어난 대규모 민족 만세운동

- 배경 : 도쿄 유학생들의 2·8 독립선언 발표, 미국 윌슨 대통령의 민족자결주의 제창
- 과정 : 1919년 3월 1일 탑골공원에서 민족 대표 33인의 이름으로 독립선언서를 발표하고 전국과 외국으로 독립 만세운동이 퍼져나감
- 결과 : 일본의 통치방식이 문화통치로 전환, 대한민국 임시정부 수립에 큰 영향, 민족 주체성의 확인과 독립 문제를 세계에 알림

35 대한민국 임시정부

1919년 광복을 위해 중국 상하이에 수립한 임시정부

우리나라 최초의 민주공화정체로서 1대 대통령은 이승만, 2대 대통령은 박은식이었다. 연통제 실시와 군자금 조달, 애국공채 발행, 독립신문 간행 등 독립 운동의 중요한 역할을 담당하는 대표기관이었다.

36 신간회

1927년 민족주의 세력과 사회주의 세력이 합작하여 발족한 항일단체

조선의 독립을 위해 좌우익 세력이 합작하여 결성한 항일단체로 민족주의를 표방하면서 단결을 공고히 하였고 기회주의를 배격하였다. 강연회 개최 및 한국어 교육에 대한 연구 활동을 하였으며 1929년 광주학생 항일운동이 발생하자 진상 조사단을 파견하고 전국적 항일독립운동으로 확산시키는 등의 지원을 하였다.

37 4 · 19 혁명

부패한 독재 정권을 학생과 시민의 힘으로 무너뜨린 민주 혁명

1960년에 이승만과 자유당 정권의 3·15 부정선거의 대한 항의로 4·19 혁명이 발발하였다. 그 결과 이승만이 하야하고 수립된 과도 정부는 부정선거를 단행한 자유당 간부들을 구속하였으며, 국회는 내각 책임제와 양원제를 골자로 한 개헌안을 통과시켰다. 이후 구성된 국회를 통해 윤보선이 대통령으로 선출되었고, 장면이 국무총리로 지명되어 장면 내각이 성립되었다.

38 경제개발 5개년 계획

1962년에서 1982년까지 박정희 정부가 경제 발전을 목표로 추진한 정책

제1, 2차 경제개발 5개년 계획	• 경공업 육성, 노동집약적 산업 중심 • 사회간접자본 확충 노력 • 1960년대 말 국제 경기 악화와 원리금 상환 부담으로 위기
제3, 4차 경제개발 5개년 계획	• 중화학 공업 육성, 자본 집약적 산업 중심 • 2차 산업 비중이 1차 산업을 추월 • 고부가가치 산업구조로 개편

39 6월 민주항쟁

1987년 6월에 전국에서 일어났던 범국민적인 민주화 운동

전두환 군사정권의 장기집권을 저지하기 위해 일어난 범국민적 민주화 운동으로 1987년 1월 박종철 고문치사 사건이 발생하고 그해 5월 천주교정의구현사제단에 의해 이 사건이 은폐·축소된 것이 밝혀지면서 시위가 확산되었다. 그러던 중 시위 과정에서 이한열이 심한 부상으로 사경을 헤매게 되면서 산발적으로 전개되던 민주화 투쟁이 전국적으로 확산되었다.

40 남북 정상 회담

세 차례 이루어진 남북 최고 지도자들의 회담

1945년 분단 이후 남한과 북한은 세 차례에 걸쳐 정상 회담을 가졌는데 2000년 6월, 2007년 10월, 2018년 4월 남한과 북한의 최고당국자가 직접 만나 남북한의 현안을 포함한 제반문제에 대해 협의하면서 판문점 선언에 합의하였다. 이후 9월에 평양에서 열린 3차 회담의 평양공동선언을 통해 '실질적 종전'을 선언하였다.

41 4대 문명

기원전 3000년을 전후하여 세계에서 가장 먼저 문명을 이루고 발전시킨 4대 지역

구 분	특 징	강	공통점
메소포타미아 문명 (기원전 3500년)	쐐기문자·60진법 사용, 함무라비 법전 편찬, 태음력 제정	티그리스강, 유프라테스강	• 기후가 온화함 • 관개가 용이함 • 토지가 비옥함
이집트 문명 (기원전 3000년)	폐쇄적 지형, 상형문자·10진법 사용, 피라미드·스핑크스 제작	나일강	
황하 문명 (기원전 3000년)	동아시아에서 가장 오래된 문명, 갑골문자·달력 사용	황하강	
인더스 문명 (기원전 2500년)	청동기·그림문자 사용, 발달된 도시문명, 엄격한 신분제도	인더스강	

42 십자군 전쟁

중세 서유럽의 그리스도교 국가들이 이슬람교도들로부터 성지를 탈환하기 위해 벌인 전쟁

그리스도교 국가들이 이슬람교도로부터 성지 예루살렘을 회복하기 위해 1096 ~ 1270년까지 8차례에 걸쳐 대규모 십자군 원정을 일으켰다. 원정이 거듭되면서 본래의 순수한 목적에서 벗어나 교황권 강화, 영토 확장 등 세속적 욕구를 추구했고 결국 내부 분쟁으로 인해 실패하였다.

43 백년 전쟁

1337 ~ 1453년까지 영국과 프랑스 사이에서 벌어진 전쟁

프랑스의 왕위 계승 문제와 플랑드르의 양모 공업을 둘러싼 경제적 문제가 얽혀 영국군이 침입하면서 시작되었다. 초기에는 영국이 우세했으나 1492년 잔다르크의 활약에 힘입어 프랑스가 영토를 회복하였다. 봉건 제후와 귀족들이 몰락하고 중앙집권적 국가로 진입하는 계기가 됐다.

> 장미 전쟁
> 1455 ~ 1485년 영국의 왕위 계승을 둘러싸고 요크 가문과 랭커스터 가문이 대립하며 발생한 내란으로, 각 가문이 집안의 상징 표시로 장미를 사용했기 때문에 장미 전쟁이라 부른다. 이 전쟁은 랭커스터가의 헨리 7세가 요크가의 엘리자베스를 왕비로 맞아들여 튜더 왕조를 여는 것으로 끝났다. 튜더 왕조는 중앙집권체제 국가의 기틀을 마련하였고 봉건 무사 계급이 몰락하며 절대왕조가 수립되었다.

44 종교개혁

16세기 교회의 세속화와 타락에 반발하여 출현한 그리스도교 개혁운동

로마 가톨릭교회가 16세기에 지나치게 세속화되면서 금전적인 목적으로 면죄부를 판매하는 등 타락하자 1517년 독일의 마틴 루터가 이를 비판하는 95개조의 반박문을 발표한 것을 시작으로 종교개혁운동이 일어났다. 이후 스위스의 츠빙글리, 프랑스의 칼뱅 등에 의해 전 유럽으로 퍼졌고 그 결과 가톨릭으로부터 이탈한 프로테스탄트라는 신교가 성립되었다.

45 프랑스 혁명

구제도를 타파하고 자유·평등·박애 사회를 건설하기 위해 일어난 시민혁명

1789~1794년 프랑스에서 일어난 시민혁명으로, 당시 절대 왕정이 지배하던 앙시앵 레짐으로 인해 평민들의 불만이 증가하고 있었다. 이에 시민들이 바스티유 감옥을 습격하면서 혁명이 시작됐고 그 결과 새로운 헌법을 정하고 프랑스 공화정이 성립되었다. 프랑스 혁명은 정치권력이 왕족과 귀족에서 시민으로 옮겨진 역사적 전환점이 되었다.

46 양무운동

청 말기에 서양 기술의 도입으로 부국강병을 이루고자 한 근대 자강운동

19세기 후반 관료들의 주도하에 이루어진 근대화 운동으로 유럽의 근대기술을 도입하여 난국을 타개하고자 했다. 당시 아편 전쟁과 애로호 사건을 겪으며 서양의 군사적 위력을 알게 된 청조는 서양 문물을 도입하고 군사·과학·통신 등을 개혁함으로써 부국강병을 이루고자 했으나 1894년 청일 전쟁의 패배로 좌절되었다.

47 제1차 세계대전

1914~1918년 유럽 국가와 미국, 러시아 등이 참여한 최초의 세계대전

1914년 사라예보 사건을 계기로 하여 동맹국(독일·오스트리아)과 연합국(프랑스·영국·러시아·이탈리아·일본) 사이에서 벌어진 전쟁으로 대규모 세계대전으로 발전하였다. 4년 4개월간 지속된 전쟁은 독일의 항복과 연합국의 승리로 끝났으며, 연합국과 독일은 1919년 베르사유조약을 맺었다.

- 사라예보 사건 : 오스트리아 황태자 프란츠 페르디난트와 그의 왕비가 사라예보에서 세르비아인 청년에게 암살당한 사건으로, 오스트리아가 세르비아에 선전포고를 하면서 제1차 세계대전의 시발점이 되었다.
- 베르사유조약 : 제1차 세계대전 후 독일과 연합국 사이에 체결된 조약으로 독일은 해외 식민지를 모두 포기하고 전쟁에 대한 막대한 배상금을 부과했다.

48 제2차 세계대전

1939 ~ 1945년 유럽, 아시아, 태평양 등지에서 추축국과 연합국 사이에 벌어진 세계전쟁

독일이 폴란드를 침공함으로써 발발하였으며, 3국 조약의 추축국을 이룬 독일·이탈리아·일본과 미국·영국·소련 등 연합국 사이에 벌어진 전쟁이다. 1943년 이탈리아를 항복시킨 연합군은 노르망디 상륙작전으로 프랑스를 해방시키고 1945년 독일의 항복을 받아낸 후 일본에 원폭을 투하하여 2차 세계대전을 승리로 이끌었다. 인류 역사상 가장 많은 인명·재산 피해를 남긴 전쟁으로 전쟁 후 국제연합이 설립되었다.

> **국제연합(UN)**
> 제2차 세계대전 후 설립된 국제기관으로, 전쟁 방지 및 세계평화의 유지와 인류복지의 향상을 목적으로 한다.

49 문화대혁명

1966 ~ 1976년 마오쩌둥의 주도하에 벌어졌던 중국의 사회적·정치적 투쟁

급진적 경제 개발 정책인 대약진 운동이 실패하고 덩샤오핑 중심의 실용주의파가 부상하자 위기를 느낀 마오쩌둥(모택동)이 부르주아 세력과 자본주의 타도를 위해 대학생·고교생 준군사조직인 홍위병을 조직하고 대중을 동원해 일으킨 정치적 투쟁이다. 이 과정에서 정치적·경제적 혼란이 지속되며 사회가 경직화되었고 마오쩌둥의 죽음과 덩샤오핑의 부활로 1997년 공식 종료되었다.

50 스와라지 운동

1906년 인도의 간디가 영국으로부터의 독립을 위해 일으킨 자치운동

인도에서 간디가 주도한 독립·자치 운동으로, 영국의 지배를 벗어나서 독립을 획득하고자 했다. 영국은 벵골분할령으로 인도에 대한 식민지배를 강화하려 하였고 이에 반발해 인도인의 민족주의 운동과 영국제품·영화에 대한 불매·배척 운동으로 전개되었다.

01 다음 유물이 처음 사용된 시대의 생활 모습으로 옳은 것은?

① 거친무늬 거울을 사용하였다.
② 주로 동굴이나 막집에서 살았다.
③ 빗살무늬 토기에 식량을 저장하였다.
④ 철제 농기구를 이용하여 농사를 지었다.

해설

제시된 유물은 가락바퀴로 신석기시대의 유물이다. 가락바퀴는 실을 뽑는 도구로 신석기시대에 원시적 형태의 수공예가 이루어졌음을 알 수 있는 증거이다. 빗살무늬 토기는 신석기시대를 대표하는 토기로, 서울 암사동 유적지에서 출토된 밑이 뾰족한 모양의 토기가 대표적이다.

02 한서지리지에 다음의 법 조항을 가진 나라로 소개되는 국가는?

• 사람을 죽인 자는 즉시 사형에 처한다.
• 남에게 상처를 입힌 자는 곡물로써 배상한다.
• 남의 재산을 훔친 사람은 노비로 삼고, 용서받으려면 한 사람당 50만전을 내야 한다.

① 고구려   ② 고조선
③ 발 해   ④ 신 라

해설

고조선의 '8조법'의 내용이다. 현재 3개의 조목만 전해지는 8조금법을 통해 고조선은 사유재산제의 사회로서 개인의 생명 보호를 중시했으며 계급사회였음을 알 수 있다.

03 다음 자료에 해당하는 나라에 대한 설명으로 옳은 것은?

> 혼인할 때는 말로 미리 정하고, 여자 집에서는 본채 뒤편에 작은 별채를 짓는데, 그 집을 서옥이라 부른다. 해가 저물 무렵에 신랑이 신부의 집 문 밖에 도착하여 자기 이름을 밝히고 절하면서, 신부의 집에서 머물기를 청한다. … (중략) … 자식을 낳아 장성하면 아내를 데리고 집으로 돌아간다.
>
> – 〈삼국지 동이전〉

① 12월에 영고라는 제천 행사를 열었다.
② 제가회의에서 국가의 중대사를 결정하였다.
③ 특산물로 단궁, 과하마, 반어피 등이 있었다.
④ 제사장인 천군과 신성 지역인 소도가 있었다.

해설

제시된 사료는 고구려의 서옥제라는 혼인풍습에 대한 것이다. 남녀가 혼인을 하면 신부집 뒤꼍에 서옥이라는 집을 짓고 살다가, 자식을 낳아 장성하면 신부를 데리고 자기 집으로 가는 풍습이다. 제가회의는 고구려의 귀족회의로 유력 부족의 우두머리들이 모여 국가의 중대사와 주요 정책을 논의하고 결정하였다.

04 다음 자료와 관련된 설명으로 옳지 않은 것은?

> 진평왕 30년, 왕은 ㉠ 고구려가 빈번하게 강역을 침범하는 것을 근심하다가 수나라에 병사를 청하여 고구려를 정벌하고자 하였다. 이에 ㉡ 원광에게 군사를 청하는 글을 짓도록 명하니, 원광이 "자기가 살려고 남을 죽이도록 하는 것은 승려로서 할 일이 아니나, 제가 대왕의 토지에서 살고 대왕의 물과 풀을 먹으면서, 어찌 감히 명령을 좇지 않겠습니까?"라고 하며, 곧 글을 지어 바쳤다. … (중략) … 33년에 왕이 수나라에 사신을 보내어 표문을 바치고 출병을 청하니, ㉢ 수나라 양제가 이를 받아들이고 군사를 일으켰다.
>
> – 〈삼국사기〉 신라본기

① 당시 신라는 백제와 동맹을 맺어 고구려의 남진에 대처하고 있었다.
② ㉠ – 고구려는 한강 유역을 되찾기 위해 신라를 자주 공격하였다.
③ ㉡ – 원광은 세속오계를 지어 화랑도의 행동 규범을 제시하였다.
④ ㉢ – 고구려는 살수에서 대승을 거두고, 수나라의 침략을 격퇴하였다.

해설

고구려가 빈번하게 신라를 공격했던 시기는 신라가 진흥왕 이후 한강 하류 지역을 차지하고 팽창한 6세기 후반이다. 이때 고구려의 남하 정책에 대항하여 체결되었던 나제 동맹이 결렬되고 여제 동맹이 체결되었으며 신라는 고립을 피하기 위해 중국의 수·당과 동맹을 체결하였다. 고구려는 7세기에 중국의 혼란을 통일한 수의 침입을 살수 대첩으로 물리쳤으며, 신라는 진흥왕 때 화랑도를 국가 차원에서 장려하고 조직을 확대하였으며 원광의 세속 5계를 행동 규범으로 삼았다. 원광이 수에 군사를 청원하는 글을 쓴 것으로 보아 당시 불교는 호국불교적 성격이 강함을 알 수 있다.

05 (가), (나)에 대한 설명으로 옳지 않은 것은?

> - 임금과 신하들이 인재를 어떻게 뽑을까 의논하였다. 그래서 여러 사람들을 모아 함께 다니게 하고 그 행실과 뜻을 살펴 등용하였다. 그러므로 김대문이 쓴 책에서 "우리나라의 현명한 재상과 충성스러운 신하, 훌륭한 장수와 용감한 병졸은 모두 [(가)]에서 나왔다."라고 하였다.
> - [(나)]는(은) 예부에 속한다. 경덕왕이 태학으로 이름을 고쳤다. 박사와 조교가 예기·주역·논어·효경을 가르친다. 9년이 되도록 학업에 진척이 없는 자는 퇴학시킨다.

① (가)는 원시 사회의 청소년 집단에서 기원하였다.
② (가)에서는 전통적 사회 규범과 전쟁에 관한 교육을 하였다.
③ (나)는 유학 교육을 위하여 신문왕 때 설치하였다.
④ (나)에는 7품 이상 문무 관리의 자제가 입학하였다.

> **해설**
> (가)는 화랑도, (나)는 국학이다. 화랑도는 원시 사회의 청소년 집단 수련에 기원을 두고 있다. 귀족자제 중에서 선발된 화랑을 지도자로 삼고, 낭도는 귀족은 물론 평민까지 망라하였다. 국학은 신문왕 때 설립하였으며 관등이 없는 자부터 대사(12관등) 이하인 자들이 입학할 수 있었고, 논어, 효경 등의 유학을 가르쳤다.

06 다음 밑줄 친 제도와 같은 성격의 정책은?

> 고구려의 고국천왕이 을파소 등을 기용하여 왕 16년(194)에 실시한 <u>진대법</u>은 춘궁기에 가난한 백성에게 관곡을 빌려주었다가 추수인 10월에 관(官)에 환납케 하는 제도이다. 이것은 귀족의 고리 대금업으로 인한 폐단을 막고, 양민들의 노비화를 막으려는 목적으로 실시한 제도였다. 이러한 제도는 신라나 백제에도 있었을 것이며 고려의 의창 제도, 조선의 환곡 제도의 선구가 되었다.

① 실업자를 위한 일자리 창출 대책
② 출산율 상승을 위한 출산장려금 정책
③ 생활무능력자를 대상으로 한 공공부조
④ 초등학생을 대상으로 한 무상급식 제도

> **해설**
> 고구려의 진대법, 고려의 의창 제도, 조선의 환곡 제도는 흉년이나 춘궁기에 곡식을 빈민에게 대여하고 추수기에 이를 환수하던 제도이다. 이와 같은 성격을 지닌 오늘날의 제도는 어려운 사람들의 의식주를 돕기 위한 공공부조라고 할 수 있다.

07 다음 연표에 활동했던 백제의 왕을 소재로 영화를 제작하려고 한다. 등장할 수 있는 장면으로 옳은 것은?

> 346 백제 제13대 왕위 등극
> 369 왜 왕에게 칠지도 하사
> 황해도 치양성 전투에서 태자 근구수의 활약으로 고구려군을 상대하여 승리함
> 371 평양성 전투에서 고구려 고국원왕을 전사시킴

① 중앙집권을 위해 율령을 반포하는 장면
② 동맹국인 신라의 왕에게 배신당하여 고민하고 있는 장면
③ 사상의 통합을 위해 불교를 공인하는 장면
④ 〈서기〉라는 역사책을 편찬하는 고흥

해설

제시된 연표의 칠지도, 고국원왕 전사 등을 통해 연표의 왕이 근초고왕임을 알 수 있다. 근초고왕은 4세기 백제의 왕으로 고구려, 신라보다 앞서 국가를 흥성시켰다. 또 다른 업적으로는 요서·산둥·규슈 진출, 왕위 부자 상속, 고흥의 역사서 〈서기〉 편찬 등이 있다.

08 다음 중 발해에 관한 설명으로 옳지 않은 것은?

① 대조영이 고구려 유민과 말갈족을 연합하여 건국했다.
② 당나라의 제도를 받아들여 독자적인 3성 6부 체제를 갖췄다.
③ 독자적인 연호를 사용하고 '해동성국'이라는 칭호를 얻었다.
④ 여진족의 세력 확대로 인해 여진족에게 멸망당하였다.

해설

발해는 거란족의 세력 확대와 내분 때문에 국력이 약해져 926년 거란족(요나라)에 의해 멸망당하였다.

09 다음에서 설명하고 있는 삼국시대의 왕은?

> • 한반도의 한강 이남까지 영토를 늘렸다.
> • 신라의 요청으로 원군을 보내 왜구를 격퇴하였다.
> • 후연과 전쟁에서 승리하여 요동지역을 확보하였다.

① 미천왕　　　　　　　　　② 소수림왕
③ 장수왕　　　　　　　　　④ 광개토대왕

해설

광개토대왕은 후연, 동부여, 백제 등과의 전쟁에서 승리하고 남으로는 한강이남 지역, 북으로는 요동 등으로 영토를 넓혔다.
① 미천왕 : 낙랑군, 대방군 등을 정복하였다.
② 소수림왕 : 율령반포, 불교공인 등 내부체제를 정비하였다.
③ 장수왕 : 도읍을 평양으로 옮기는 등 남하정책을 펼쳤다.

10 공민왕의 개혁 정치에 대한 설명으로 옳지 않은 것은?

① 친원파와 기씨 일족을 숙청했다.
② 원·명 교체의 상황에서 개혁을 추진했다.
③ 신진사대부를 견제하기 위해 정방을 설치했다.
④ 관제를 복구하고 몽골식 생활 풍습을 금지했다.

해설

정방은 고려 무신집권기 최우가 설치한 인사 담당 기관인데, 공민왕은 정방을 폐지했다.

11 음서 제도와 공음전이 고려 사회에 끼친 영향은?

① 농민층의 몰락을 방지하였다.
② 문벌 귀족 세력을 강화시켰다.
③ 국가 재정의 확보에 공헌하였다.
④ 개방적인 사회 분위기를 가져왔다.

해설

문벌 귀족은 고위 관직을 독점하고 음서의 특권으로 승진하였으며, 공음전 등의 경제적 특권을 누리기도 했다.

12 (가), (나) 역사서에 대한 설명으로 옳지 <u>않은</u> 것은?

(가) 삼국사기   (나) 삼국유사

① (가) - 김부식이 주도하여 편찬하였다.
② (가) - 유교적 합리주의 사관에 기초하였다.
③ (나) - 신라와 발해를 남북국이라 하였다.
④ (나) - 단군의 건국 이야기가 수록되어 있다.

> **해설**
> ③은 조선 후기 실학자 유득공이 발해에 관해 쓴 역사서인 〈발해고〉의 내용으로 발해의 역사·문화·풍습 등을 9부문으로 나누어 서술했고, 신라와 발해를 남북국이라고 칭하였다.

13 다음은 고려 무신집권기의 기구명과 그에 대한 특징이다. (가)에 들어갈 내용으로 옳은 것은?

기구명	특 징
중 방	고위 무신들의 회의 기구
교정도감	국정을 총괄하는 최고 권력 기구
정 방	(가)

① 법률과 소송을 관장한 기구
② 곡식의 출납 및 회계 담당 기구
③ 최우가 설치한 인사 행정 담당 기구
④ 역사서의 편찬과 보관을 담당한 기구

> **해설**
> 무신정권의 실질적인 권력자였던 최우는 교정도감을 통하여 정치권력을 행사하였고, 독자적인 인사 기구인 정방을 설치하여 인사권을 장악하였다.

14 고려 태조 왕건이 실시한 정책으로 옳지 않은 것은?

① 사심관 제도와 기인 제도 등의 호족 견제 정책을 실시했다.

② 연등회와 팔관회를 중요하게 다룰 것을 강조했다.

③ 과거 제도를 실시하여 신진 세력을 등용했다.

④ '훈요십조'를 통해 후대의 왕들에게 유언을 남겼다.

> **해설**
> 광종(재위 949~975)은 과거 제도를 시행하여 신진 세력을 등용하고 신·구세력의 교체를 꾀하는 한편 노비안검법 실시, 호족과 귀족세력 견제 등 개혁적인 정치를 단행하여 강력한 왕권을 확립하였다.

15 다음에서 설명하고 있는 고려의 기구는 무엇인가?

> 고려시대 변경의 군사문제를 의논하던 국방회의기구로 중서문하성과 중추원의 고위 관료들이 모여 국가의 군기 및 국방상 중요한 일을 의정하던 합의기관이다. 무신정변 이후에는 군사적 문제뿐 아니라 민사적 문제까지 관장하는 등 권한이 강화되었으며, 왕권을 제한하는 역할도 하였다.

① 도병마사   ② 식목도감

③ 중서문하성   ④ 비변사

> **해설**
> 고려의 독자적인 기구인 도병마사에 대한 내용이다. 도병마사는 변경의 군사 문제를 의논해 결정하는 것이었으나 무신정변 이후 도당이라 불리며 국사전반에 걸쳐 권한이 확대되었다. 원간섭기에는 도평의사사로 개칭되고 국가의 모든 중대사를 회의해 결정하는 기관으로 변질되었다.

16 다음 중 고려시대에 '정혜쌍수(定慧雙修)', '돈오점수(頓悟漸修)'를 주장하고, 수선사 결사 운동을 주도한 승려는?

① 지 눌   ② 원 효

③ 의 천   ④ 도 선

> **해설**
> 보조국사 지눌대사는 조계종을 중심으로 한 선종과 교종의 통합운동을 전개하였으며 수선사 결사 제창, 정혜쌍수·돈오점수를 통해 선교일치 사상의 완성을 이루었다.

17 다음 시의 내용에 나타난 폐단을 개혁하기 위해 실시했던 제도에 대한 설명으로 가장 적절한 것은?

> 우리라고 좋아서 이 짓 하나요?
> 간밤에도 관가에서 문서가 날아 왔죠.
> 내일 아침 높은 손님 맞아서 연희를 성대히 벌인다고
> 물고기 회치고 굽고 모두 다 이 강에서 나갑니다.
> 자가사비 문절망둑 쏘가리 잉어 어느 것 없이 거둬 가지요
> 물고기 잡아다 바치라 한 달에도 너덧 차례
> 한 번 바치는데 적기나 한가요 걸핏하면 스무 마리 서른 마리
> 정해진 마릿수 채우지 못하면 장터에 나가 사다가 바치고
> 혹시 잡다가 남으면 팔아서 양식에 보태지요
>
> – 〈작살질〉, 송명흠

① 군적의 문란이 심해지면서 농민의 부담이 다시 가중되었다.
② 지주는 결작이라고 하여 토지 1결당 미곡 2두를 납부하게 되었다.
③ 농민은 1년에 베 1필씩만 부담하면 과중한 납부량에서 벗어날 수 있었다.
④ 토지가 없거나 적은 농민에게 과중하게 부과되었던 부담이 다소 경감되었다.

해설

①·②·③은 균역법과 관련된 내용이다. 제시된 시의 내용은 공납의 폐단에 관한 것으로, 관가에서 공납을 바치라며 양과 내용에 관계없이 따라야 하는 어민들의 어려움을 얘기하고 있다. 공납은 정해진 양을 채우지 못하면 시장에서 사서 납부해야 하는 등 백성들에게 많은 부담을 주었다. 이러한 공납의 폐단을 개선하기 위해 특산물을 현물로 내는 대신 쌀이나 돈으로 납부하게 하고, 공납을 토지에 부과하도록 하는 대동법을 시행하였다. 대동법은 토지가 없거나 적은 농민들의 부담을 다소 경감시키는 효과가 있었다.

18 다음 그림과 관련하여 당시 대외 관계에 대해 옳게 설명한 것은?

① 이종무의 쓰시마 섬 정벌로 인하여 우리나라 사신을 맞는 일본의 태도가 정중하였다.
② 왜구의 소란으로 조선에서는 3포 개항을 불허하고 일본 사신의 파견만을 허용하였다.
③ 왜란 이후 끌려간 도공과 백성들을 돌려받기 위하여 조선 정부는 매년 통신사를 파견하였다.
④ 일본은 조선의 문화를 받아들이고 에도 막부의 권위를 인정받기 위해 통신사 파견을 요청하였다.

제시된 그림은 임진왜란 이후 우리나라에서 일본에 파견한 통신사 그림이다. 일본은 조선의 선진 문화를 받아들이고, 도쿠가와 막부의 쇼군이 바뀔 때마다 권위를 인정받기 위하여 조선의 사절 파견을 요청하였다. 이에 따라 조선은 1607년부터 1811년까지 12회에 걸쳐 많을 때는 400~500명에 달하는 인원의 통신사를 파견하였다.

19 다음 중 조선시대의 신분 제도에 대한 설명으로 옳은 것은?

① 서얼은 양반으로 진출하는 데 제한을 받지 않았다.
② 노비의 신분은 세습되지 않았다.
③ 서리, 향리, 기술관은 직역 세습이 불가능했다.
④ 양인 이상이면 과거에 응시할 수 있었다.

① 서얼은 관직 진출이 제한되었고, ② 노비의 신분은 세습되었고 매매·양도·상속의 대상이었으며, ③ 직역 세습과 신분 안에서 혼인이 가능했다.

20 조선시대 기본법전인 '경국대전'에 관한 설명으로 옳지 않은 것은?

① 세조가 편찬을 시작하여 성종 대에 완성되었다.
② 조선 초의 법전인 '경제육전'의 원전과 속전 및 그 뒤의 법령을 종합해 만들었다.
③ '형전'을 완성한 뒤, 재정·경제의 기본이 되는 '호전'을 완성했다.
④ 이전·호전·예전·병전·형전·공전 등 6전으로 이루어졌다.

1460년(세조 6년) 7월에 먼저 재정·경제의 기본이 되는 호전을 완성했고, 이듬해 7월에는 형전을 완성하여 공포·시행하였다.

21 조선시대 4대 사화를 시대 순으로 바르게 연결한 것은?

① 무오사화 → 기묘사화 → 갑자사화 → 을사사화
② 무오사화 → 갑자사화 → 기묘사화 → 을사사화
③ 갑자사화 → 무오사화 → 을사사화 → 기묘사화
④ 갑자사화 → 기묘사화 → 갑자사화 → 을사사화

해설

무오사화	1498년 (연산군)	• 훈구파와 사림파의 대립 • 연산군의 실정, 세조의 왕위 찬탈을 비판한 김종직의 조의제문 • 유자광, 이극돈
갑자사화	1504년 (연산군)	• 폐비 윤씨 사건이 배경 • 무오사화 때 피해를 면한 일부 훈구 세력까지 피해
기묘사화	1519년 (중종)	• 조광조의 개혁 정치 • 위훈 삭제로 인한 훈구 세력의 반발 • 주초위왕 사건
을사사화	1545년 (명종)	• 인종의 외척 윤임(대윤파)과 명종의 외척 윤원형(소윤파)의 대립 • 명종의 즉위로 문정왕후 수렴청정 • 집권한 소윤파가 대윤파를 공격

22 다음의 설명에 해당하는 조선 후기의 실학자는 누구인가?

> • 농민을 위한 제도 개혁을 주장한 중농학파
> • 목민심서, 경세유표 편찬
> • 과학 기술의 발전을 주장하고 실학을 집대성

① 유형원   ② 이 익
③ 정약용   ④ 박지원

해설
• 목민심서 : 정약용이 관리들의 폭정을 비판하며 수령이 지켜야 할 지침을 밝힌 책
• 경세유표 : 정약용이 행정기구의 개편과 토지 제도와 조세 제도 등 제도의 개혁 원리를 제시한 책

23 조선 후기에 발생한 사건들을 시대 순으로 바르게 나열한 것은?

① 임오군란 → 갑신정변 → 동학농민운동 → 아관파천
② 임오군란 → 아관파천 → 동학농민운동 → 갑신정변
③ 갑신정변 → 임오군란 → 아관파천 → 동학농민운동
④ 갑신정변 → 아관파천 → 임오군란 → 동학농민운동

임오군란(1882년)	별기군 창설에 대한 구식 군인의 반발, 청의 내정간섭 초래
갑신정변(1884년)	급진적 개혁 추진, 청의 내정간섭 강화
동학농민운동(1894년)	반봉건·반침략적 민족운동, 우금치 전투에서 패배
아관파천(1896년)	명성황후가 시해당한 뒤 고종과 왕세자가 러시아 공관으로 대피

24 다음과 같은 내용이 발표된 배경으로 가장 적절한 것은?

> 옛날에는 군대를 가지고 나라를 멸망시켰으나 지금은 빚으로 나라를 멸망시킨다. 옛날에 나라를 멸망케 하면 그 명호를 지우고 그 종사와 정부를 폐지하고, 나아가 그 인민으로 하여금 새로운 변화를 받아들여 복종케 할 따름이다. 지금 나라를 멸망케 하면 그 종교를 없애고 그 종족을 끊어버린다. 옛날에 나라를 잃은 백성들은 나라가 없을 뿐이었으나, 지금 나라를 잃은 백성은 아울러 그 집안도 잃게 된다. … 국채는 나라를 멸망케 하는 원본이며, 그 결과 망국에 이르게 되어 모든 사람이 화를 입지 않을 수 없게 된다.

① 우리나라 최초의 은행인 조선은행이 설립되면서 자금 조달이 어려워졌다.
② 외국 상인의 활동 범위가 넓어지면서 서울을 비롯한 전국의 상권을 차지하였다.
③ 정부의 상공업 진흥 정책으로 회사 설립이 늘어나면서 차관 도입이 확대되었다.
④ 일제는 화폐 정리와 시설 개선 등의 명목으로 거액의 차관을 대한제국에 제공하였다.

자료는 국채보상운동에 관한 내용이다. 국채보상운동은 일본이 조선에 빌려준 국채를 갚아 경제적으로 독립하자는 운동으로 1907년 2월 서상돈 등에 의해 대구에서 시작되었다. 대한매일신보, 황성신문 등 언론기관이 자금 모집에 적극 참여했으며, 남자들은 금연운동을 하였고 부녀자들은 비녀와 가락지를 팔아 이에 호응하였다. 일제는 친일 단체인 일진회를 내세워 국채보상운동을 방해하였고, 통감부에서 국채보상회의 간사인 양기탁을 횡령이라는 누명을 씌워 구속하는 등 적극적으로 탄압했다. 결국 양기탁은 무죄로 석방되었지만 국채보상운동은 좌절되고 말았다.

25 다음 개화기 언론에 대한 설명으로 옳지 않은 것은?

① 황성신문은 국·한문 혼용으로 발간되었고, '시일야방성대곡'을 게재하였다.
② 순한글로 간행된 제국신문은 창간 이듬해 이인직이 인수하여 친일지로 개편되었다.
③ 독립신문은 한글과 영문을 사용하였으며, 근대적 지식 보급과 국권·민권 사상을 고취하였다.
④ 우리나라 최초의 신문인 한성순보는 관보의 성격을 띠고 10일에 한 번 한문으로 발행되었다.

제국신문은 1898년부터 1910년까지 순한글로 발행한 신문으로 여성과 일반 대중을 독자로 언론 활동을 전개하였다. 이인직이 인수하여 친일지로 개편한 신문은 천도교계의 만세보로서 1907년부터 '대한신문'으로 제호를 바꾸어 발간하였다.

26 다음과 같은 활동을 한 '이 단체'는 어디인가?

> '이 단체'의 깃발 밑에 공고한 단결을 이루기가 뼈저리게 힘들다고 고민할망정 결국 분산을 재촉한 것은 중대한 과오가 아닌가. 계급운동을 무시한 민족 당일당 운동이 문제가 있는 것과 같이 민족을 도외시하고 계급운동만 추구하며 민족주의 진영을 철폐하자는 것도 중대한 과오이다. … (중략) … 조선의 운동은 두 진영의 협동을 지속적으로 추구해야 할 정세에 놓여 있고, 서로 대립할 때가 아니다. 두 진영의 본질적 차이를 발견하기 어려운 만큼 긴밀히 동지적 관계를 기할 수 있는 것이다.

① 신민회　　　　　　　　　　② 정우회
③ 신간회　　　　　　　　　　④ 근우회

해설

신간회는 좌우익 세력이 합작하여 결성된 대표적 항일단체로, 민족적·정치적·경제적 예속을 탈피하고, 언론 및 출판의 자유를 쟁취하였으며, 동양척식회사 반대, 근검절약운동 전개 등을 활동목표로 전국에 지회와 분회를 조직하여 활동하였다.

27 3·1운동 이후 1920년대 일제의 식민통치 내용으로 옳지 않은 것은?

① 회사령 폐지　　　　　　　　② 산미증식계획
③ 경성제국대학 설립　　　　　④ 헌병경찰제 실시

해설

1910년대에 무단 통치(헌병 경찰 통치)를 하던 일제는 3·1운동(1919) 이후 1920년대부터 통치방법을 변화해 문화통치(보통 경찰 통치)를 실시했다. 경성제국대학은 1924년에 설립됐으며, 회사령은 1910년 12월에 조선총독부가 공포했다가 1920년에 폐지했다.

28 다음 중 홍범 14조에 관한 설명으로 옳지 않은 것은?

① 갑오개혁 이후 정치적 근대화와 개혁을 위해 제정된 국가기본법이다.
② 왜에 의존하는 생각을 끊고 자주독립의 기초를 세울 것을 선포했다.
③ 납세를 법으로 정하고 함부로 세금을 거두어 들이지 못하도록 했다.
④ 종실·외척의 정치관여를 용납하지 않음으로써 대원군과 명성황후의 정치개입을 배제했다.

해설

홍범 14조는 갑오개혁 후 선포된 우리나라 최초의 근대적 헌법으로 청에 의존하는 것을 끊음으로써 청에 대한 종주권을 부인했고, 종실·외척의 정치개입 배제 및 조세법정주의 등의 내용을 담고 있다.

29 시일야방성대곡이 최초로 실린 신문은 무엇인가?

① 한성순보 ② 황성신문
③ 독립신문 ④ 대한매일신보

> **해설**
> 시일야방성대곡은 을사늑약의 부당함을 알리고 을사오적을 규탄하기 위해 장지연이 쓴 논설로, 황성신문에 게재되었다. 이 논설로 황성신문은 일제에 의해 정간이 되기도 했다.

30 다음 중 3 · 1 운동에 대한 설명으로 옳지 않은 것은?

① 33인의 민족대표가 탑골공원에서 독립선언서를 발표하는 것으로 시작됐다.
② 비폭력 투쟁에서 점차 폭력 투쟁으로 발전하였다.
③ 기미독립운동이라고도 불린다.
④ 대한민국 임시 정부 수립의 영향을 받아 일어났다.

> **해설**
> 3 · 1 운동을 계기로 1919년 4월 11일 중국 상해에서 대한민국 임시정부가 수립됐다.

31 다음 법이 공포된 이후 나타난 일제의 지배 정책에 대한 설명으로 옳지 않은 것은?

> 제4조 정부는 전시에 국가총동원상 필요할 때는 칙령이 정하는 바에 따라 제국 신민을 징용하여 총동원 업무에 종사하게 할 수 있다.

① 마을에 애국반을 편성하여 일상생활을 통제하였다.
② 일본식 성과 이름으로 고치는 창씨개명을 시행하였다.
③ 여성에게 작업복인 '몸뻬'라는 바지의 착용을 강요하였다.
④ 토지 현황 파악을 위해 전국적으로 토지 소유권을 조사하였다.

> **해설**
> 제시된 자료는 국가총동원법(1938)이다.
> ④는 1910년대 토지조사사업에 대한 설명이다.

32 다음이 설명하는 운동에 대한 내용을 〈보기〉에서 고른 것은?

> • 광화문 광장 : 경무대와 국회의사당, 중앙청 등 국가 주요 기관이 광장 주변에 몰려있어 가장 격렬한 시위가 벌어졌다.
> • 마로니에 공원(옛 서울대학교 교수회관 터) : 대학 교수단이 시국 선언을 한 뒤 '학생의 피에 보답하라'는 현수막을 들고 가두 시위에 나섰다.
> • 이화장 : 대통령이 하야 성명을 발표하고 경무대를 떠나 사저인 이화장에 도착하였다.

> **보기**
> ㄱ. 4 · 13 호헌 조치의 철폐를 요구하였다.
> ㄴ. 신군부 세력의 집권이 배경이 되었다.
> ㄷ. 3 · 15 부정선거에 항의하는 시위에서 시작되었다.
> ㄹ. 대통령 중심제에서 의원 내각제로 변화되는 계기가 되었다.

① ㄱ, ㄴ   ② ㄱ, ㄷ
③ ㄴ, ㄷ   ④ ㄷ, ㄹ

해설
4 · 19 혁명에 대한 설명이다.
ㄱ. 전두환 정부의 4 · 13 호헌 조치에 반대하여 1987년 6월 민주항쟁이 전개되었다.
ㄴ. 1980년 신군부가 비상계엄을 전국으로 확대하였고, 이에 반대하여 5 · 18 광주 민주화 운동이 전개되었다.

33 (가) ~ (라)를 일어난 순서대로 옳게 나열한 것은?

> (가) 경부고속도로 준공
> (나) 100억 달러 수출 달성
> (다) IMF 구제 금융 지원 요청
> (라) 고속 철도 개통

① (가) – (나) – (다) – (라)
② (가) – (나) – (라) – (다)
③ (나) – (가) – (다) – (라)
④ (나) – (가) – (라) – (다)

해설
(가) 경부고속도로 준공(1970년, 박정희 정부)
(나) 수출 100억 달러 달성(1977년, 박정희 정부)
(다) IMF 구제 금융 요청(1997년, 김영삼 정부)
(라) 고속 철도 개통(2004년, 노무현 정부)

34 (가)에 들어갈 내용으로 옳은 것은?

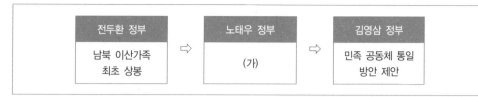

① 남북 조절 위원회 구성
② 경의선 복구 사업 시작
③ 남북 기본 합의서 채택
④ 7 · 4 남북 공동 성명 발표

해설
1991년 노태우 정부는 남북 기본 합의서를 채택하였다.
• 남북한 당국자 간의 통일 논의의 재개를 추진함으로써 남북 이산가족 고향 방문단 및 예술 공연단의 교환방문이 전두환 정부 때 성사되었다(1985).
• 민족 공동체 통일 방안(1994)은 한민족 공동체 통일 방안(1989)과 3단계 3대 기조 통일 정책(1993)의 내용을 종합한 것으로 공동체 통일 방안이라고도 한다. 김영삼 정부가 이를 북한에 제안하였고, 자주, 평화, 민주의 3대 원칙과 화해 협력, 남북 연합, 통일 국가 완성의 3단계 통일 방안을 발표하였다.

35 청동기 문화를 배경으로 기원전 3000년을 전후해 큰 강 유역에서 발생한 4대 문명에 해당하지 않는 것은?

① 메소포타미아 문명 ② 잉카 문명
③ 황하 문명 ④ 인더스 문명

해설

메소포타미아 문명(기원전 3500년)	티그리스강, 유프라테스강
이집트 문명(기원전 3000년)	나일강
황하 문명(기원전 3000년)	황하강
인더스 문명(기원전 2500년)	인더스강

36 세계 4대 문명 발상지 중 다음에서 설명하는 것과 관계가 깊은 것은?

> 쐐기문자, 60진법, 태음력 제정

① 황하 문명
② 마야 문명
③ 이집트 문명
④ 메소포타미아 문명

해설

티그리스강, 유프라테스강 유역을 중심으로 발전한 메소포타미아 문명은 기원전 3500년경에 발전하였으며 쐐기문자와 60진법을 사용하였고 함무라비 법전을 편찬하였으며 태음력을 제정하였다.

37 다음 중 헬레니즘 문화에 대한 설명으로 옳지 않은 것은?

① 실용적인 자연과학이 발전하였다.
② 알렉산드리아 지방을 중심으로 크게 융성하였다.
③ 신 중심의 기독교적 사고방식을 사상적 기초로 하였다.
④ 인도의 간다라 미술에 상당한 영향을 미쳤다.

해설

헬레니즘 문화는 그리스 문화가 오리엔트 문명과 융합되어 형성한 유럽문화의 2대 조류로, 로마 문화를 일으키고 인도의 간다라 미술을 탄생시켰던 인간 중심의 문화였다.

38 십자군 원정의 결과로 옳지 않은 것은?

① 교황권과 영주의 세력이 강화되었다.
② 동방 무역이 활발해지며 동양에 대한 관심이 높아졌다.
③ 상공업도시가 성장하면서 장원이 해체되었다.
④ 이슬람 문화가 유입되면서 유럽인들의 시야가 확대되었다.

해설

십자군 원정의 결과 교황권이 쇠퇴하였고, 영주의 세력이 약화된 반면 국왕의 권위가 강화되었다.

39 다음 〈보기〉의 전쟁들을 시대 순으로 바르게 나열한 것은?

> **보기**
> ㉠ 크림 전쟁 　　　　　　　　　　㉡ 십자군 전쟁
> ㉢ 장미 전쟁 　　　　　　　　　　㉣ 종교 전쟁
> ㉤ 백년 전쟁

① ㉠ - ㉡ - ㉢ - ㉣ - ㉤ 　　　　　② ㉡ - ㉤ - ㉢ - ㉣ - ㉠
③ ㉢ - ㉣ - ㉤ - ㉡ - ㉠ 　　　　　④ ㉣ - ㉠ - ㉡ - ㉢ - ㉤

해설

㉡ 십자군 전쟁 : 11 ~ 13세기 중세 서유럽의 그리스도교 국가들이 이슬람교도들로부터 성지를 탈환하기 위해 벌인 전쟁이다.

㉤ 백년 전쟁 : 1337 ~ 1453년 영국과 프랑스 사이에 벌어진 전쟁으로 봉건제후와 귀족들이 몰락하고 중앙집권적 국가로 발전하는 계기가 되었다.

㉢ 장미 전쟁 : 1455 ~ 1485년 영국의 왕위 계승을 둘러싸고 요크 가문과 랭커스터 가문이 대립하며 발생한 내란이다.

㉣ 종교 전쟁 : 종교개혁(16 ~ 17세기) 이후 낭트칙령으로 신앙의 자유를 얻기 전까지 구교와 신교 간의 대립으로 일어난 전쟁이다.

㉠ 크림 전쟁 : 1853~1856년 러시아와 오스만투르크, 영국, 프랑스, 프로이센, 사르데냐 연합군이 크림반도와 흑해를 둘러싸고 벌인 전쟁이다.

40 다음 밑줄 친 사상의 영향으로 일어난 사건은?

> 몽테스키외, 볼테르, 루소, 디드로 등에 의해 약 반세기에 걸쳐 배양되었고 특히 루소의 문명에 대한 격렬한 비판과 인민주권론이 <u>혁명사상</u>의 기초가 되었다. 기독교의 전통적인 권위와 낡은 사상을 비판하고 합리적인 이성의 계발로 인간생활의 진보와 개선을 꾀하였다.

① 영국에서 권리장전이 승인되었다.
② 칼뱅을 중심으로 종교개혁이 진행되었다.
③ 레닌이 소비에트 정권을 무너뜨렸다.
④ 시민들이 혁명을 통해 새로운 헌법을 정하고 프랑스 공화정이 성립되었다.

해설

이성과 진보를 강조하는 계몽주의는 프랑스 혁명의 사상적 배경이 되었다. 1789 ~ 1794년 프랑스에서 일어난 프랑스 혁명은 정치권력이 왕족과 귀족에서 시민으로 옮겨진 역사적 전환점이 되었다.

41 종교개혁의 발생 배경으로 적절하지 않은 것은?

① 왕권의 약화
② 교황권의 쇠퇴
③ 교회의 지나친 세속화와 극심한 타락
④ 개인의 신앙과 이성을 중시하는 사상의 확대

해설

종교개혁은 16세기 교회의 세속화와 타락에 반발하여 출현한 그리스도교 개혁운동으로 1517년 독일의 마틴 루터가 이를 비판하는 95개조의 반박문을 발표한 것을 시작으로 이후 스위스의 츠빙글리, 프랑스의 칼뱅 등에 의해 전 유럽에 퍼졌고 그 결과 가톨릭으로부터 이탈한 프로테스탄트라는 신교가 성립되었다.

42 미국의 독립혁명에 대한 설명으로 옳지 않은 것은?

① 보스턴 차 사건을 계기로 시작되었다.
② 프랑스·스페인·네덜란드 등의 지원을 받아 요크타운 전투에서 승리했다.
③ 1783년 파리조약으로 평화 협정을 맺고 영국이 독립을 인정했다.
④ 프랑스 혁명과 달리 영국으로부터 독립하는 것만을 목적으로 하였다.

해설

미국의 독립혁명(1775년)은 영국으로부터 독립하는 것이 주된 목적이었으나 절대군주제에 대항하며 자연적 평등과 권리를 주장했고, 민주적인 정치형태를 수립하고자 한 점에서 프랑스 혁명과 유사하다.

43 다음 중 청 말기 서양 기술의 도입으로 부국강병을 이루고자 한 근대화 운동은 무엇인가?

① 양무운동   ② 태평천국운동
③ 의화단 운동   ④ 인클로저 운동

해설

양무운동은 당시 아편 전쟁과 애로호 사건을 겪으며 서양의 군사적 위력을 알게 된 청조는 서양 문물을 도입하고 군사·과학·통신 등을 개혁함으로써 부국강병을 이루고자 했으나 1894년 청일 전쟁의 패배로 좌절되었다.

44 다음 중 시기적으로 가장 먼저 일어난 사건은 무엇인가?

① 청교도 혁명　　　　　　　　　② 갑오개혁
③ 프랑스 혁명　　　　　　　　　④ 신해혁명

해설

① 청교도 혁명(1640 ~ 1660년)
③ 프랑스 혁명(1789 ~ 1794년)
② 갑오개혁(1894 ~ 1896년)
④ 신해혁명(1911년)

45 다음의 사상을 바탕으로 전개된 중국의 민족 운동으로 옳은 것은?

> • 만주족을 몰아내고 우리 한족 국가를 회복한다.
> • 이제는 평민혁명에 의해 국민 정부를 세운다. 무릇 국민은 평등하게 참정권을 갖는다.
> • 사회·경제 조직을 개량하고 천하의 땅값을 조사하여 결정해야 한다.

① 양무운동　　　　　　　　　　② 신해혁명
③ 의화단운동　　　　　　　　　④ 태평천국운동

해설

쑨원이 제창하였던 민족주의, 민권주의, 민생주의의 삼민주의를 설명한 것이다. 이 사상을 바탕으로 한 신해혁명은 1911년에 청나라를 멸망시키고 중화민국을 세운 민주주의 혁명이다.

46 다음 중 제1차 세계대전 이후의 세계 정세에 대한 설명으로 옳지 않은 것은?

① 얄타 회담에서 전후 국제기구 설립에 합의하였다.
② 독일과 연합국 사이의 강화 조약으로 베르사유 조약이 체결되었다.
③ 세계 평화를 유지하기 위한 최초의 국제평화기구인 국제연맹이 만들어졌다.
④ 전후 문제 처리를 위하여 파리 강화 회의가 개최되었다.

해설

제2차 세계대전 이후 얄타 회담에서 전후 국제기구 설립에 합의하면서 국제연합이 창설되었다.

47 제2차 세계대전과 관련된 다음의 사건들 중 가장 먼저 일어난 것은?

① 얄타 회담

② 나가사키 원폭 투하

③ UN 창설

④ 카이로 회담

> **해설**
>
> 카이로 회담은 제2차 세계대전 때 이집트의 카이로에서 개최된 것으로 1943년 11월에 제1차 카이로 회담이, 그해 12월에 제2차 카이로 회담이 열렸다.
> ① 얄타 회담 : 1945년 2월 4 ~ 11일
> ② 나가사키 원폭 투하 : 1945년 8월 9일
> ③ UN 창설 : 1945년 10월 24일

48 국제연합에 대한 설명으로 옳지 않은 것은?

① 미국과 영국의 대서양 헌장을 기초로 결성되었다.

② 안전 보장 이사회의 상임 이사국은 거부권을 행사할 수 있다.

③ 소련과 미국이 참여함으로써 세계 중심 기구로 자리 잡았다.

④ 독일과 일본은 제2차 세계대전을 일으킨 국가로서 가입하지 못하였다.

> **해설**
>
> 국제연합은 미국의 루스벨트와 영국의 처칠이 발표한 대서양 헌장(1941년)을 기초로 결성되었다. 제1차 세계대전 후 결성된 국제연맹에 소련과 미국이 불참한 것과 달리 국제연합에는 소련과 미국이 참여함으로써 현재까지 세계 중심 기구로 활동하고 있다. 독일, 일본은 제2차 세계대전을 일으킨 국가였지만 국제연합에 가입되어 있다.

49 제1 · 2차 세계대전과 관련하여 열린 국제회담을 순서대로 바르게 나열한 것은?

① 베르사유 조약 – 카이로 회담 – 얄타 회담 – 포츠담 선언

② 카이로 회담 – 얄타 회담 – 포츠담 선언 – 베르사유 조약

③ 얄타 회담 – 포츠담 선언 – 베르사유 조약 – 카이로 회담

④ 포츠담 선언 – 베르사유 조약 – 카이로 회담 – 얄타 회담

> **해설**
>
> 베르사유 조약(1919) → 카이로 회담(1943) → 얄타 회담(1945.2) → 포츠담 선언(1945.7)

일반상식 | 윤 리

윤리란 인간이 마땅히 지켜야 하는 삶의 도리로 인간다움의 핵심이다. 다양한 종교와 철학자들이 윤리란 무엇인가를 탐구했는데, 그 견해들의 공통점을 종합하면 윤리는 인간의 존엄성 실현을 목적으로 하고 있다고 본다. 즉 법이 강제 성을 지녔다면, 윤리는 인간이 스스로를 통제하게 하여 사회적 삶의 유지와 발전에 필요한 것으로 본다.

세부유형

윤 리

윤리는 현대사회와 윤리에 관한 내용으로 도덕과 비슷한 개념이다. 그러나 도덕이 다수의 사회 성원이 무의식적으로 채용하고 있는 관습을 따르는 것이라면, 윤리란 인간의 본성과 욕구에 대한 지식을 바탕으로 한 신념이다. 따라서 윤리는 보다 상위적인 차원의 의미이다. 교과목으로서의 윤리에는 인간과 윤리, 동양윤리와 한국윤리, 서양윤리, 사회사상의 전개와 민주주의의 발전이 포함된다.

01 윤리

01 인간의 본성

인간의 본성에 대한 여러 견해

인간의 본성에 대한 견해는 크게 네 가지로 나눌 수 있다. 먼저 인간이 동물적 본성을 지녔다고 봐 종족 보존을 위한 본능과 충동이 있다는 것이다. 이는 찰스 다윈(C. Darwin)의 진화론의 대표 근거이다. 다음으로 인간의 이성적 본성이다. 인간이 동물과 구별되는 것으로 도구 사용, 문화적 욕구, 사회생활, 이성적으로 계획하고 예측 가능하다는 특징이 있다는 것이다. 또 인간의 존엄성(인간이 존엄하다는 근거)이 있다. 이 견해에서 인간이란 자율적인 도덕적 행위의 주체, 유한한 목숨을 지닌 존엄한 존재이다. 마지막으로 인간 본성에 관한 학설이 있는데 성선설을 주장한 맹자, 성악설을 주장한 순자, 성무성악설(백지설)을 주장한 고자와 로크가 있다.

02 인간의 본질과 특성

인간이란 어떤 존재인가에 대한 본질 탐구

① **도구적 존재** : 여러 가지 도구를 만들어 사용하는 존재
② **유희적 존재** : 생활상의 이해관계를 떠나 삶의 재미를 추구하는 존재
③ **문화적 존재** : 상징체계를 바탕으로 문화를 계승・창조하는 존재
④ **사회적 존재** : 사회화 과정을 거쳐야 온전한 인간으로 성장하게 되는 존재
⑤ **이성적 존재** : 이성적인 사고 능력을 가지고 있는 존재
⑥ **정치적 존재** : 국가를 이루며 정치 활동을 하는 존재
⑦ **종교적 존재** : 절대적 존재에 대한 믿음을 가지고 사는 존재
⑧ **윤리적 존재** : 도덕적 주체로서 스스로 가치 있다고 생각하는 것을 행할 수 있는 존재
⑨ **예술적 존재** : 예술 활동을 통해 아름다움을 추구하는 존재

03 윤리사상과 사회사상

사회적 삶을 위한 윤리사상과 사회사상의 필요성

윤리란 인간이 마땅히 지켜야 하는 삶의 도리로 인간다움의 핵심이다. 따라서 윤리사상은 사회적 삶의 유지와 발전에 반드시 필요하다. 이기적인 행위를 통제하고 이타적인 행위를 권장하기 때문이다. 다만 윤리가 법처럼 강제력이 있는 것은 아니고 스스로 통제하게 한다는 특징을 지닌다. 따라서 윤리적 인간이란 다양한 도덕규범을 준수하고, 도덕규범에 대해 반성적 사고를 하는 사람이다. 사회사상이란 인간의 삶에서 나타나는 현상에 대한 해석과 인간이 바람직하다고 생각하는 사회 모습 및 그것의 구현에 관한 체계적인 사유를 말한다. 따라서 윤리사상과 사회사상은 인간과 사회에 대해 탐구하고 인간 존엄성의 존중과 실현을 추구한다는 점에서 공통점을 지니며, 윤리 사상은 바람직한 인간의 모습을 제시하고 사회사상은 이상사회를 추구하여 바람직한 사회의 모습을 제시한다는 점에서 차이점을 지닌다.

04 이상사회

사람들이 가장 바람직하다고 여기며 이루어지기 바라는 사회

동양의 이상사회는 유교의 대동 사회(大同社會), 도교의 소국과민 사회, 불교의 정토와 미륵세상이 있다. 서양의 이상사회는 플라톤은 현명한 통치자들이 다스리는 사회를 '좋음의 이데아' 사회라 보고 이상 국가라 하였다. 또한 토마스 모어가 만든 용어인 유토피아는 모든 사람이 소유와 생산에 있어서 평등하고, 경제적으로 풍요로우며, 도덕적으로 타락하지 않는 이상사회를 말한다. 베이컨의 뉴아틀란티스는 계급제와 신분제는 존재하지만, 과학기술의 발전을 통해 빈곤이 해결되고, 인간의 건강, 행복, 능력이 증진되는 과학적 유토피아 사회를 말한다. 루소의 민주적 이상사회는 빈부의 차이가 없는 정치 공동체, 직접 민주주의 사회를 이상사회라 보았다. 마르크스는 사유 재산과 계급이 소멸한 공산 사회를 이상사회라 생각했다. 바쿠닌은 국가의 강제력이 없는 무정부 사회를 이상사회라고 했다.

05 윤리설

윤리적 가치의 근거를 삼는 기준에 대한 윤리학의 여러 관점

윤리학의 중요한 관점으로 상대론적 윤리설(결과론적 윤리설)과 절대론적 윤리설(비결과론적 윤리설)이 있다. 절대론적 윤리설은 다시 목적론적 윤리설과 법칙(의무)론적 윤리설로 구분된다. 상대론적 윤리설은 인간관계를 정의롭고 평화롭게 만들며 자아를 성취할 수 있게 하는 행위를 윤리행위라 보았다. 대표적인 학자는 소피스트, 에피쿠로스, 홉스, 벤담, 듀이가 있다. 절대론적 윤리설은 윤리 규범의 필요성을 구속적·당위적 입장에서 수용하는 행위를 윤리행위라 보았다. 소크라테스, 플라톤, 스피노자, 아리스토텔레스, 칸트, 헤겔이 대표 학자들이다. 절대론에서 파생된 목적론과 법칙론 중 목적론에 의하면 아리스토텔레스는 "모든 종류의 의도적인 활동은 어떤 선을 달성할 목표를 갖고 있다."고 하였다. 이런 목적을 거슬러 올라가면 인생의 궁극적인 목적에 도달하게 되고 이를 행복이라 하였다. 법칙론은 인간에게는 누구나 지켜야 할 행위의 법칙이 주어져 있다는 것이다. 법칙론자 중 대표적인 사람은 칸트이다.

06 윤리 문제 해결을 위한 이론

윤리적 탐구를 통해 윤리 문제를 해결하기 위한 여러 이론

① **공리주의** : 시비선악 판단의 기준을 인간의 이익과 행복 증진에 두고 문제를 해결
② **의무론** : 도덕의 근본 원리를 도덕 법칙에 따르는 의무에 두고 문제를 해결
③ **덕 윤리** : 덕을 함양하여 인격자가 됨으로써 도덕 문제를 해결하는 능력을 기름
④ **배려 윤리** : 정서적으로 돌보고 보살피는 배려에 의해 도덕 문제를 해결
⑤ **책임 윤리** : 행위가 미칠 영향과 결과에 대한 책임에 기초해서 도덕 문제를 해결
⑥ **담론 윤리** : 의사소통을 하여 상호 이해와 정당화된 도덕규범으로 도덕 문제를 해결

07 생명 윤리

생명에 관련된 윤리학적 탐구나 도덕적 문제를 다루는 학문

생명 윤리는 생명에 관련된 윤리·도덕의 문제를 다루는 학문으로, 생물학과 의학 분야의 기술적 발전에 따라 기존의 도덕적 관념과 배치될 수 있는 이슈에 관한 내용이 주를 이룬다. 생명의 존엄성 실현을 목적으로 한다. 장기 이식, 인체 실험이나 동물실험, 유전자 조작 문제 등이 바로 이러한 생명 윤리에서 논의가 활발한 분야이다. 주로 찬성과 반대의 의견을 두고, 윤리적 쟁점 사안에 대해 토의한다. 생명과학 분야의 뇌사, 인공임신중절, 안락사, 장기 이식 등 주로 의학 및 생물과학과 관련된 윤리문제를 다루는 학문 분야는 생명의 윤리학이라고 한다.

08 인공임신중절에 관한 윤리적 논쟁

자궁 내 태아를 모체 밖으로 배출시켜 임신을 중단하는 행위에 대한 윤리적 논쟁

생명 윤리 분야의 가장 오래된 쟁점 중 하나는 바로 태아를 모체 밖으로 배출시켜 임신을 중단시키는 인공임신중절에 대한 윤리적 논쟁이다. 인공임신중절은 보수주의자 관점에서는 도덕적으로 절대 허용될 수 없으며 산모의 생명을 구해야 할 경우에만 허용된다. 반면 자유주의자는 태아 성장, 주수와 상관없이 항상 도덕적으로 허용된다. 공리주의자는 중간적 입장을 취하는 데, 때에 따라서 해야 할지 말아야 할지 여부의 결과를 사정하여 허용 여부를 결정한다. 이는 임신중절의 행위 당사자라고 할 수 있는 여성의 선택권을 옹호하느냐, 아니면 전체 복리를 위해 공적 기관 등이 임신중절에 관한 의사결정에 참여하느냐에 따라 찬성과 반대로 나뉜다. 찬성측은 소유권 논거를 들어 여성은 아기 몸에 소유권을 지니고, 태아는 여성의 몸의 일부이기 때문에 태아에 대한 권리를 가진다고 본다. 이외에도 생산 논거, 자율권 논거, 평등권 논거, 정당방위 논거, 사생활 논거가 있다. 반대 측은 생명 옹호주의가 우선시 되어 태아의 생명의 존엄성을 들며, 신성불가침 논거, 잠재성 논거를 든다.

09 뇌사에 관한 윤리적 논쟁

뇌 활동이 불가능한 상태를 죽음으로 인정하느냐에 대한 윤리적 논쟁

뇌사란 뇌 활동이 불가능하여 뇌 기능이 완전히 정지된 회복 불능의 상태, 즉 뇌의 죽음을 말한다. 뇌사에 관한 생명 윤리 논쟁은 뇌사를 죽음으로 인정하느냐 마느냐에 대한 논쟁이다. 뇌사를 죽음으로 인정하는 경우는 다른 많은 생명을 살릴 수 있는 기회를 제공(실용적 관점)하고, 인간의 인간다움은 뇌에서 비롯되기 때문임을 근거로 삼는다. 치료 연장은 가족의 경제적 고통을 가져오기 때문에 뇌사를 죽음으로 인정하면 의료 자원의 비효율성을 막을 수 있다고 본다. 반면 뇌사를 죽음으로 인정하지 않는 경우는 심폐사를 죽음으로 인정한다. 인간의 생명은 실용적 가치로 따질 수 없는 존엄함, 심장 자체는 뇌의 명령 없이도 자발적으로 박동되기 때문이다. 또한 뇌사 판정 과정에서 오류 가능성이 제기될 수 있어 이것이 남용되거나 악용될 위험성이 있기 때문에 뇌사를 죽음으로 인정하는 것을 반대한다.

10 과학기술의 발달과 윤리

과학기술의 발달이 야기한 긍·부정적 측면에 대한 윤리적 담론

과학기술은 자연과학과 응용과학 등을 모두 포함하여 통칭하고 인간 생활에 편하도록 적용하는 학문분야이다. 과학기술의 진보는 인간의 물질적 풍요와 풍요로운 생활 가능, 생명 연장과 기아 문제 해결에 기여한 긍정적 성과를 가져왔다. 그러나 윤리적 측면에서는 부정적인 영향이 나타났다. 먼저 환경 윤리적 측면에서는 자원 고갈, 생태계 오염 및 파괴, 기상 이변 등의 현상을 불러왔다. 또한 생명 윤리적 측면에서 인공임신중절, 안락사, 생명 복제 등 생명의 존엄성 훼손, 인간의 정체성 규정에 부정적 영향을 미치는 윤리적 문제가 발생했다. 정보윤리적 측면에서는 인격적 인간관계의 파괴, 개인 정보 유출 등 사생활 침해, 거대한 감시 체제(Panopticon)의 운영에 대한 우려성이 커졌다. 또 경제 윤리적 측면에서는 국가 간, 계층 간의 부의 격차 심화 가능성이 증대되었다. 따라서 과학기술의 윤리적 책임으로 개인적 차원에서는 사회적 책임을 다하며 여러 정보를 표절하거나 날조해서는 안 되며, 사회 제도적 차원의 노력으로는 과학기술의 연구·개발 과정과 결과를 평가·감시·통제할 수 있는 국가 또는 기관 단위의 윤리 위원회 활동이 필요하다.

11 정보사회의 발전과 윤리

정보사회의 발전이 야기한 긍·부정적 측면에 대한 윤리적 담론

정보 통신 기술은 반도체 기술의 발달, 광케이블의 이용, 유비쿼터스의 등장, 프로슈머(Prosumer)의 등장 등으로 점차 발전하였다. 이러한 정보화 과정은 새로운 네트워크를 형성시키고 생산관리의 효율성을 극대화시켰으나, 개인정보유출, 익명성으로 인한 비윤리적 행위 증가 등 윤리적 문제를 야기했다. 정보사회의 윤리적 쟁점은 사생활과 관련된 개인 정보 보호 문제이다. 감시나 침해·남용으로부터 개인 정보를 보호해야 한다는 소극적 입장, 자신의 정보 유통에 대해 결정하고 통제해야 한다는 적극적 입장으로 나뉜다. 이러한 논쟁은 정보의 자기 결정권이나 잊힐 권리로 확대된다. 정보의 자기 결정권은 자신에 관한 정보를 보호받기 위하여 자율적으로 결정하고 관리할 수 있는 권리이다. 잊힐(잊혀질) 권리는 정보 주체가 온라인상 자신과 관련된 모든 정보에 대한 삭제 및 확산 방지를 요구할 수 있는 자기 결정권 및 통제 권리를 뜻한다.

12 사이버 공간과 윤리

익명성 · 개방성 · 다양성을 기반에 둔 사이버 공간에서의 윤리적 쟁점

사이버 공간은 누구인지 알 수 없는 익명성과 누구나 쉽게 접근 가능한 개방성, 다양한 정보가 넘쳐나는 다양성을 기반에 둔 시공간의 제약이 없는 공간이다. 사이버 공간은 이러한 특징 때문에 인간의 심리에 현실도피와 몰입, 집단행동 등의 영향을 미친다. 때문에 부정적인 영향으로 현실과 사이버상의 자아를 구별하지 못하는 자아정체성의 문제나, 사이버 폭력이 나타날 수도 있다. 이러한 문제를 해결하기 위해 정보통신 윤리를 지녀야 하는데, 여기에는 존중의 원칙 · 책임의 원칙 · 정의의 원칙 · 해악 금지의 원칙이 있다. 또한 사이버 공간에서의 표현의 자유는 한 사람의 인격권을 침해하는 범위까지 끼쳐서는 안 되며 어떤 경우라도 인간의 존엄성은 존중받아야 한다.

13 남북한 통일과 윤리적 과제

남북한 통일의 필요성과 민족 통합의 윤리적 과제

1953년 한국전쟁이 휴전되며 북위 38도선을 경계로 한반도는 남북으로 분단되었다. 이후 한반도는 현재까지 분단 상태이다. 장기간 분단으로 통일에 대해서는 찬반 의견이 분분하다. 찬성 측은 이산가족의 고통해소와 민족의 동질성 회복을 근거로 들고 있으며, 반대의견은 조세 증가에 대한 거부감과 통일 후 사회적 갈등 발생에 대해 우려하고 있다. 그러나 윤리적 차원에서 통일은 당위성을 지닌다. 그 이유로는 첫째, 민족사적 요청이다. 민족 문화의 전통을 계승 · 발전하고 민족적 자부심을 회복하기 위해서는 통일을 해야 한다. 둘째, 민족 동질성 회복의 요청이다. 다른 이념과 사상 속에서 정치 · 경제 · 사회 · 문화의 다른 길을 추구하다보면 전혀 상이한 문화 집단으로 변질될 우려가 있어 하루 빨리 통일해야 한다. 셋째, 인도주의적 요청이다. 동족상잔의 전쟁 재발에 대한 불안 제거와 이산가족들의 고통을 해소하기 위해 통일은 되어야 한다. 넷째, 민족 발전의 요청이다. 민족적 역량의 낭비를 방지하고 민족 번영의 기반을 확립하기 위해 통일은 이루어져야 한다. 다섯째, 국제 정치적 요청이다. 평화통일은 민족의 자주적인 역량을 세계에 발휘하고, 동북아와 세계 평화의 안정에 기여할 수 있다. 여섯째, 남북한이 통일하면 경제 규모 확대 · 통합으로 새로운 성장 동력 확보를 할 수 있다. 일곱째, 남북한 공간 통합으로 생활공간을 대륙으로 확장할 수 있다. 따라서 남북한 통일이라는 민족 통합의 윤리적 과제를 해결하기 위해 지속적인 실천이 필요하다.

14 동양 윤리사상 - 유교

유교 윤리 사상의 흐름

동양권 유교 사상의 흐름은 춘추전국시대부터 시작된다. 춘추전국시대에 공자는 주나라의 인문주의적 전통을 계승하여 인(仁)과 덕치(德治), 예치(禮治)를 강조했다. 또한 맹자와 순자는 인성론과 사회사상을 제시했다. 이 후 한(漢) 대에 들어 유교가 국학으로 자리 잡았으며, 훈고학(유교 경전 연구)이 발달했다. 송(宋) 대의 성리학은 주희가 집대성하여 세계와 인간에 대한 치밀한 탐구를 통해 실천적 수양을 강조했다. 명(明) 대의 양명학은 왕수인이 체계화했다. 청(淸) 대에 들어서는 성리학과 양명학이 공허하다는 비판정신에서 출발하여 현실에 바탕을 두고 사실을 밝히고자 한 실학이 융성하였다.

15 동양 윤리사상 - 도가 · 도교

도가 · 도교 윤리 사상의 흐름

동양권 도가 · 도교 사상은 춘추전국시대에 노자와 장자가 그 출발점이 된다. 노자와 장자는 노장사상을 통해 무위자연을 강조하였고, 도(道) 중심의 사상을 전개하였다. 한(漢) 대는 황로학(黃老學)이 대두 하였으며, 후한(後漢) 대는 신선 사상과 도가 사상을 수용한 오두미교(五斗米敎)가 체계를 갖췄다. 위 · 진(魏晉) 시대는 일신의 안위를 도모하고 은둔 생활을 즐기는 청담(淸談) 사상이 유행했다. 이 외에 도교는 동아시아 사회에 수용되어 국가적인 의식으로 행해지기도 하였고, 민간의 풍속과 결합되어 전개되었다.

16 동양 윤리사상 - 불교

불교 윤리 사상의 흐름

불교는 석가모니의 불교 사상을 통해 시작되었다. 석가모니란 석가족(釋迦族)에서 나온 성자(聖者)라는 뜻이다. 불타(佛陀, Buddha : 깨달은 사람이란 뜻)라고도 한다. 석가모니의 불교 사상은 인도 전통 사상에 대한 비판적 수용을 통해 구체화되었다. 불교의 이론화는 소승 불교 시대에 경전 체계가 구체화되며 이루어졌다. 이후 대승 불교가 등장하여 개인의 해탈, 대중 구제에 대한 관심과 실천이 체계화되고 공(空) 사상이 확립되었다. 불교는 후한(後漢) 시대에 중국에 전래되어 경전에 대한 재해석 과정을 거치면서 다양한 종파로 나뉘어 발전하였으며 동양권 종교에서 가장 막대한 영향력을 끼치게 되었다.

17 한국 윤리사상

우리나라의 윤리 사상 흐름

단군의 홍익인간(弘益人間)을 바탕으로 둔 우리나라의 인간관은 인간존중과 평등사상이 기반이 된다. 통일 신라 이후부터 고려 시대까지는 윤리 사상으로 불교가 중심을 이루었지만, 유교 역시 국가 운영의 원리로서 기능하였다. 불교는 원효의 화쟁 사상을 계승하여 교종과 선종의 조화를 위해 노력하였으며, 의천의 교관겸수, 지눌의 돈오점수와 정혜쌍수가 대표적인 이론이다. 조선시대는 성리학이 국가 운영의 중심 이념이자 개인과 사회의 윤리 사상으로 정착되어 본격적인 유교 사회의 길을 걸었다. 성리학에 대한 비판으로 조선 후기에 실학 등장하면서 당시 사회 문제를 해결하는 데 주목하였다. 19세기에는 국난 극복을 위한 노력으로 위정척사 사상, 개화사상, 강화 학파 등이 등장하였다. 한말에는 다양한 사상들이 의병운동과 애국 계몽 운동으로 이어졌으며, 신흥종교들이 출현하여 유·불·도 사상을 융합해 백성들에게 새로운 이상을 제시하였다. 20세기에 이르러서는 서양 윤리 사상의 본격적 수용과 전통 윤리 사상에 대한 새로운 변화를 모색하고 있다.

18 공자의 윤리사상

인, 예, 정명, 덕치를 추구한 공자

공자는 춘추전국시대 인물로, 인, 예, 정명, 덕치, 재화의 고른 분배 등을 강조하고 군자와 대동 사회를 추구했다. 그의 인(仁) 사상(내면적 도덕성)은 맹목적·무조건적인 사랑이 아닌, 선행을 좋아하고 악을 미워하는 사람이 행하는 참된 사랑을 말한다. 그 실천 덕목으로 효제(孝悌), 충서(忠恕), 정명(正名)을 들었다. 공자는 사회·정치 사상으로 정명 사상, 덕치 사상, 이상사회로서 대동 사회를 주장했다. 또한 예(禮) 사상으로 극기복례(克己復禮)을 들어 자신의 사욕을 극복한 진정한 예를 회복하는 것이라 했으며, 진정한 예는 인(仁)을 바탕으로 하며, 인과 예는 건전한 사회 질서 유지의 필수적 원리라고 보았다. 고로 군자(君子)란 인을 바탕으로 예를 실천하는 이상적 인간이라고 했다.

19 맹자의 윤리사상

성선설·의 사상을 주장한 맹자

맹자는 성선설을 주장하였다. 인간은 본래부터 착한 본성을 가지고 있으며, 남에게 차마 어찌하지 못하는 착한 마음씨(측은지심, 수오지심, 시비지심, 사양지심)를 지니고 있다고 보았다. 또한 의(義) 사상은 맹자가 강조한 덕목으로, 옳고 그름을 분명하게 구분하는 사회적 정의가 의라고 보았다. 그는 이상적 인간상을 대장부 또는 대인으로 보았는데 여기서 대장부는 호연지기를 갖춘 사람을 말한다. 맹자의 정치사상은 왕도 사상, 민본주의적 혁명 사상이었다.

20 순자의 윤리사상

성악설을 주장한 순자

순자는 성악설을 주장해, 인간은 자신의 욕구 충족만을 추구하는 옳지 못한 성품을 가지고 태어난다고 하였다. 인간이 악하다고 보았기 때문에 교화의 대상으로서 사회 혼란의 원인과 극복 방안으로 화성기위(化性起僞)를 주장했다. 이는 인간의 본성을 변화시켜 선하게 만들려는 인위적(人爲的)인 시도이다.

21 이황의 유교사상

이기호발설을 주장한 이황

이황은 주자의 이기론을 수용하였다. 이기론은 '이(理)'란 우주 만물의 근원이 되는 이치로서 '기(氣)'의 활동 근거가 되는 것이고, '기(氣)'란 만물을 구성하는 재료로서 사물을 낳는 도구라고 보는 입장이다. 이황은 이기호발설(理氣互發說)이라는 학설을 통해 사단(四端)과 칠정(七情)을 각각 이발(理發)과 기발(氣發)로 나누어 이기론을 설명하였다. 또한 경(敬) 사상을 주장해 엄숙하고 차분한 자세로 항상 옳은 일에 몰두하는 것을 강조하였다. 이는 이황의 성리학에서 실천적인 가치 개념의 핵심이다. 『성학십도』라는 저서를 집필하여 선조가 성군이 되기를 바라는 뜻에서 군왕의 도에 관한 학문의 요체를 도식으로 설명하였다.

22 이이의 유교사상

기발이승일도설을 주장한 이이

이이는 주희의 이통기국(理通氣局) 이기론을 수용하였다. 이는 본체로서 두루 통하고, 기는 형체가 있어 제한되어 특수한 것이라고 보는 입장이다. 또한 기발이승일도설(氣發理乘一途說)을 주장하여 모든 만물 구조가 이(理)와 기(氣)로 되어 있는데, 발하는 기 위에 이가 올라타 있는 상하구조를 이룬다고 보았다. 즉 운동·변화하는 것은 기이며, 이는 스스로 움직이지 못한다고 하였다. 사단과 칠정의 관계도 사단과 칠정은 모두 기가 발한 것으로, 칠정 가운데 순선한 부분이 사단이라 하였다. 또한 그는 수양론으로서 경(敬)의 실천으로 성(誠)에 이름을 강조하였으며, 사회 경장론을 통해 정치와 경제, 교육과 국방 등에 대해 전반적인 개혁을 도모하였다.

23 조선 후기의 실학사상

17~19세기까지 조선 후기에 나타난 실용을 중시하는 학풍

실학이란 실생활에 도움이 되는 실용적인 학문을 의미하는 것으로 양란 이후 성리학의 사변적 성격에 대한 비판의식을 바탕으로 시작되었다. 실학의 주요 경향은 실사구시, 경세치용, 이용후생이다. 학파의 흐름은 학자별로 다르게 분류화 되는데 경세치용학파는 중농 실학으로, 농업의 혁신을 통해 민생안정과 사회발전 등 현실 사회 문제를 해결하고자 하는 경향성을 띤다. 대표학자는 유형원(균전론), 이익(한전론), 박지원(한전론), 정약용(여전론, 정전론)이 있다. 이중 정약용은 성기호설(性嗜好說)을 통해 인간의 마음에는 선악을 선택할 수 있는 자유의지(自主之權)가 있다고 보았다. 북학파(이용후생학파)는 중상적 실학으로 청나라의 발달된 문물을 배워서 상공업의 진흥을 통한 경제 성장과 사회복지 달성을 주장했다. 대표 학자로는 홍대용, 박지원, 박제가가 있다. 실사구시학파는 실증적 자세로 우리 자신의 역사, 지리, 문헌 등을 연구하여 민족에 대한 관심과 민족적 정체성의 형성에 기여했다. 과학적인 연구 방법(고증학)을 가지고 우리 고대사의 새로운 발굴에 기여한 대표 학자는 김정희가 있다.

24 한국의 불교사상

우리나라에서 전개된 불교 사상의 흐름

우리나라에 불교는 통일신라 때 이차돈의 순교 이후 본격적으로 전개되었다. 통일신라 때의 불교는 교종으로 부처의 말씀인 경전을 바탕으로 깨달음을 얻어야 성불(成佛)할 수 있다고 보았다. 이때 원효는 백성들에게 일심과 화쟁사상을 전파하여 민중 생활 속 실천 불교로의 대중화에 기여했다. 고려 때는 호족 세력의 영향이 커지며 지방호족 등이 주로 믿던 선종의 영향력이 커졌다. 선종은 자기 마음 속의 깨달음을 얻어야 한다고 보고 수행을 강조했다. 조선으로 넘어가면서는 숭유억불 정책이 시행되며 지배체제의 억압 속에서 민중적이고 토착적인 모습으로 발전하였다.

25 한국의 도가 · 도교사상

우리나라에서 전개된 도가 · 도교 사상의 흐름

우리나라의 도교 사상의 특징은 민간신앙이라는 점이다. 도교는 우리나라의 단군신화를 뿌리로 하여 한국 전통 사상과 융합되어 선가설(仙家說)로 전개되었다. 또 우리나라 도교는 도교의 제례인 재초를 통하여 국가의 재앙을 막고 복을 비는 의례적인 도교로서의 특징을 지닌다. 산신사상이나 신선사상, 팔관회 등이 바로 이러한 것들이다. 조선시대에는 도참 · 비기 등 예언이 등장하기도 하였다. 다른 특징으로는 우리나라 지식인들 사이에 도교는 수련의 방식으로 자리 잡았다는 점을 들 수 있다. 양생법, 풍수지리 사상들이 바로 그 예이다.

26 소크라테스의 윤리사상

정신적 덕과 주지주의를 주장한 소크라테스

소크라테스는 절대주의적·보편주의적 진리관을 통해 보편적 이성으로 실재하는 진리를 추구했다. 그는 도덕적인 삶을 주장하여 선(善)과 정신적인 가치 추구했는데 이는 덕을 갖춘 삶을 말한다. 사람들이 악(惡)을 행하는 이유는 옳고 그름을 알지 못해서라고 보았다. 그의 유명한 명언인 '너 자신을 알라.'는 무지의 자각을 의미한다. 소크라테스의 중요한 이론 중 하나는 주지주의인데, 지덕복합일설을 통해 덕에 대한 앎을 가진 사람은 덕이 있는 사람이 되며 결과적으로 행복한 삶을 보장한다고 보았다. 소크라테스의 교육 방법은 문답법(반어법, 산파법), 변증술이 대표적이다.

27 플라톤의 윤리 사상

이상주의를 주장한 플라톤

플라톤의 사상은 이상주의에 바탕에 두고 있다. 그는 이데아(Idea)라는 개념을 통해 완전한 사물의 본질인 이데아의 세계를 모방해야 한다고 보았다. 또한 철인 통치를 주장했는데, 인격과 지혜를 구비한 철학자가 나라를 통치할 때 이상 국가가 달성될 수 있다고 생각했다. 여기서 철인(철학자)이란 선의 이데아를 모방·실현하는 이상적인 인간, 4주덕(지혜, 용기, 절제, 정의)을 갖춘 사람을 말한다. 4주덕(四主德)이란 인간의 영혼은 정욕, 기개, 이성의 세 부분으로 구분하여 이에 각각 대응되는 절제·용기·지혜의 덕이 조화를 이룰 때 정의의 덕을 이루고 행복한 삶이 실현된다고 보는 입장이다. 따라서 플라톤의 이상국가론은 개인의 4주덕(四主德)이 사회 속에서 실현될 때, 정의(正義)로운 사회 혹은 이상(理想) 국가가 이루어진다고 보았다.

28 아리스토텔레스의 윤리 사상(니코마코스 윤리학)

목적론적 세계관과 중용의 덕을 주장한 아리스토텔레스

아리스토텔레스의 기본 사상은 이성을 포함한 인간의 모든 기능을 탁월하게 수행함으로써 바람직한 삶이 가능하다고 본다. 그의 입장에서 선의 실현이란, 선은 현실 세계에만 존재하고 현실 세계에서 실현되는 것으로 선에 대한 앎을 추구했다. 덕(德)에 대해서는 행복하려면 필수적으로 선(善)이 요구된다고 보았고, 지성적인 덕·품성적인 덕·중용의 덕으로 나누었다. 그의 목적론적 세계관을 보면 모든 사물은 자신의 고유한 목적을 가지고 있다고 보았고, 고로 행복은 각자의 주관적인 느낌이 아니라 인간의 존재 방식, 즉 이성에 알맞은 덕스러운 활동이라 하였다. 그리하여 최고선 즉 인생의 궁극적 목적을 이룰 수 있다고 했다. 인간만이 가지고 있는 고유한 이성을 잘 발휘하면 가장 좋은 상태에 오를 수 있다고 보았다.

29 에피쿠로스 학파

쾌락주의와 아타락시아를 주장한 에피쿠로스 학파

에피쿠로스(Epikouros) 학파는 헬레니즘 시대에 전개된 윤리적 사상이다. 스토아학파의 금욕주의나 아파테이아(정념이 없는 마음의 상태, Apatheia) 상태와는 반대되는 주장을 하였다. 에피쿠로스 학파는 쾌락주의를 추구하여 감각적·본능적 욕구의 충족을 중시하였고, 쾌락은 유일한 선(善)이며 고통은 유일한 악(惡)이고 쾌락은 행복한 생활의 시작이며 인생의 목적이라 하였다. 그들은 쾌락을 마음이 평온한 상태, 아타락시아(Ataraxia)라고 하여, 평정심을 유지시켜주는 바람직한 가치라 생각하였다. 이는 후대에 근대 영국의 경험론과 공리주의 윤리설에 영향을 미쳤다.

30 경험주의 윤리사상

경험주의를 지향한 베이컨, 홉스, 흄의 윤리사상

베이컨(F. Bacon)의 윤리 사상은 행복한 삶의 실현을 말하며 관찰과 실험에 의해 인간과 외부 사물을 인식하여 얻어 낸 지식을 강조했다. 그는 우상론을 제거의 대상이라 생각했는데 여기서 우상론이란 인간이 인식하지 못하게 하는 선입견이나 편견을 말한다. 따라서 그는 인식 즉 "아는 것이 힘이다."라는 말을 통해 과학적 지식을 통한 자연의 개척을 주장했다. 홉스(T. Hobbes)는 인간 선악의 판단 기준을 외부 사물에 대한 감각적 경험의 욕구도에 따라 다르다고 보았다. 또한 성악설을 주장하여, 자연 상태에서의 인간은 이기적이며 자기 자신의 보존만을 추구하는 존재라고 하였다. 따라서 계약의 준수가 자기 보존에 도움이 된다는 윤리적 이기주의, 사회계약설을 주장했다. 흄(D. Hume)의 사상은 행동을 도덕적으로 판단하는 기준이 이성이 아니라 감정이라 하였다. 사회적으로 타당한 도덕이란 사회적으로 인정을 받을 수 있는 것으로 상대주의적 윤리관을 주장했다. 공감과 이타심을 중시하여, 이기심은 공감을 통해서 억제할 수 있으며, 이타심(利他心)만이 오직 선하고 인류의 행복을 보장하다고 하였다.

31 이성주의 윤리사상

이성주의를 지향한 데카르트와 스피노자의 윤리사상

데카르트(R. Descartes)는 감각적 경험을 통한 지식은 불완전하며, 사유를 통해 완전하고 확실한 지식을 추구한다고 보며 경험론을 비판했다. 경험론이 보는 지식이 단편적·우연적 지식이라는 것이다. 따라서 그는 진리 탐구 방법으로 방법적 회의를 제안했다. 사유의 제1원리가 "나는 생각한다. 그러므로 나는 존재한다."이다. 이러한 철학적 사유(思惟), 이성적 활동을 통한 완전하고 확실한 지식을 추구하여 근대 합리주의적 사고의 전형이 되었으며, 이성에 근거한 보편적 지식을 추구(이성적 진리관)하였다. 반면 스피노자(B. Spinoza)는 해탈의 윤리 사상이라고 볼 수 있다. 유한한 인간이 신의 무한성과 자유에 참여하여 완전한 능동적 상태, 즉 범신론을 얻는 것이라 보았다. 행복관은 지성이나 이성을 가능하면 최대로 완성하는 일이라 하였다. 인간의 삶을 영원의 한 부분으로서 인식하고 최고선은 모든 것을 이성적으로 관조하는 데서 오는 평온한 행복이라고 하였다.

32 벤담과 밀의 공리주의

벤담과 밀의 고전적 공리주의 사상

벤담과 밀은 고전적 공리주의 사상의 대표 학자들로, 벤담은 쾌락주의 행복론을 통해 도덕적 행위는 고통의 양을 최소화하고 쾌락의 양을 최대화하여 행복을 가져오는 행위라 보았으며, 양적(量的) 공리주의를 주장했다. 그는 쾌락의 기준을 세워 강도·지속성·확실성을 들어 쾌락을 계산하였다. 인간의 도덕적 행위를 위한 신체적·도덕적·정치적·종교적 제재(制裁)가 필요하다는 제재론을 주장했으며, '최대 다수의 최대 행복'이라는 행위 원칙과 유용성의 원리를 내세웠다. 반면 밀은 질적(質的) 공리주의를 추구했으며, 인격의 존엄을 바탕으로 하는 쾌락의 추구가 행복의 근원이라고 보았다. 내적인 양심의 제재로 자신의 쾌락과 행복만을 추구하지 않고 타인의 행복까지도 실현되기를 원하는 이타심, 즉 동정(同情)과 인애(仁愛)라는 사회적 감정이라 하였다. 도덕의 본질은 동정과 인애를 토대로 공익과 정의를 실현하는 것이라 하였다.

33 칸트의 윤리 사상

칸트의 의무적 윤리 사상

칸트는 의무적 윤리를 주장하였는데, 의무적 윤리란 우리가 마땅히 지켜야 할 도덕 법칙에 대해서 행위의 옳고 그름이 결정된다는 이론이다. 때문에 칸트의 윤리 사상에서 윤리적 목표는 인간의 내면적 자유의지와 인격으로부터 자율적인 도덕 법칙을 확립하는 것을 말한다. 인간이란 동물의 욕구를 지녔지만 동시에 자유 의지를 갖고 자신의 행동에 책임을 져야하는 이중적 존재로 보았다. 따라서 의무론적 윤리로서 인간은 실천 이성의 명령을 따르고, 선의지에 지배를 받아야 한다고 주장하였다. 만약 각 개인이 자유롭고 평등한 목적 의 주체로서 조화롭게 공존하는 이상적인 사회체계라 보고 이를 목적의 왕국이라 하였다. 칸트주의는 현대 의 롤스의 정의론에 영향을 끼쳐 보편주의와 공평입장에서의 자율적 정의 원칙 선택이라는 주장을 펼치게 되었다.

34 실존주의 윤리와 생명존중사상

참된 실존 회복을 말한 실존주의와 생명존중사상

실존주의는 키르케고르(S. A. Kierkegaard)와 하이데거(M. Heidegger)의 사상이 대표적이다. 키르케고르 는 불안과 죽음의 문제를 극복하고 참된 실존을 회복하기 위해 '신 앞에 선 단독자(單獨者)'로서 인간의 주체적 결단을 강조했다. 하이데거는 인간은 죽음을 자각하고 직시할 때 본래적인 실존을 회복할 수 있다고 하였다. 반면 생명 존중의 사상의 배경은 환경 파괴와 인간 생명에 대한 위협이 증가하면서 대두되었다. 이는 생명에 대한 신비와 존엄성을 강조하는 사상적 성격을 띠었다. 슈바이처(A. Schweitzer)의 사상이 대표적인데 그는 생명 외경(畏敬) 사상을 통해 생명을 지키고 그것을 촉진하는 것이 선(善)이며, 생명을 죽이고 그것에 상처를 입히는 것은 악(惡)이라고 주장했다.

35 책임 윤리

자신의 행위에 대한 책임을 강조하는 윤리

책임 윤리는 막스 베버가 심정 윤리(행위에 선한 의도를 중시)와 대비하면서 처음 사용한 개념으로, 예견할 수 있는 행위의 결과에 대한 개인의 엄중한 책임을 중시한다. 요나스는 현대 과학기술 문명이 초래한 위기를 극복하는 방안으로 책임 윤리를 제창하였다. 그는 윤리적 공백이란 과학기술의 발달과 그것을 따라가지 못하는 윤리 간의 차이가 발생한다고 보았으며, 기존의 윤리가 인간 삶의 전 지구적 조건과 미래, 즉 인류의 존속이라는 문제를 진지하게 고려하지 않는다고 비판했다. 따라서 인간은 책임을 질 수 있는 유일한 존재로 인간이 책임질 수 있는 능력을 지녔다는 것 자체가 책임을 져야만 한다는 의무로 연결된다고 주장하여, 인류의 존속이라는 무조건적 명령을 이행하기 위한 자연과 미래 세대에 대한 책임을 강조했다.

36 배려 윤리

정의 윤리를 비판하고 도덕성과 배려를 강조한 윤리

배려 윤리는 근대 윤리나 정의 윤리의 한계를 비판하며 등장했다. 정의 윤리에 없는 연민, 관계 중시, 동정, 유대감 등을 강조했고, 여성주의 윤리의 영향을 받았다. 도덕성의 원천을 감정에서 찾는 것이 특징이다. 구체적인 상황을 중시하여 지식적인 부분과 더불어 정서적인 부분의 중요성을 부각했다. 대표학자로는 길리건과 나딩스가 있다. 배려 윤리는 정의 윤리에서 주장했던 도덕성 개념에 조화, 공감, 보살핌 등이 더해져 도덕성에 대한 이해를 넓혔다. 그러나 감정이나 정서에만 한정되는 감정적 요소만 강조해, 보편성을 가지지 못하고 윤리적 상대주의에 빠질 수 있는 한계를 지닌다.

37 사회사상

사회공동체가 나아가야 할 방향과 생각을 구체화한 사상

사회사상은 인간이 사회적 존재로서 자신이 속한 공동체가 나아가야 할 방향과 이에 대한 생각을 체계화한 것이다. 인간은 그 사회가 윤리적이고 올바른 사회일 때 인간다운 삶을 살아갈 수 있기 때문이다. 사회사상은 가변성, 개혁성, 실천성, 다양성의 특징을 지닌다. 또한 사회사상은 사회적 현상과 구성원들의 삶의 가치를 올바르게 이해할 수 있는 틀을 제공하는 개념적 가치를 지니며, 사회 구성원들의 삶이 특정한 방식으로 이루어지는지를 설명하는 설명적 가치를 지닌다. 그 사회를 정당화시키거나 비판하는 규범적 기준을 제시하는 규범적 가치가 있고, 사회 구성원이 자신의 삶을 선택할 때 선택의 범위를 확정시키는 기능을 하는 실천적 가치를 지닌다.

38 롤스의 정의론

복지국가 개입을 통해 사회정의와 평등 실현을 주장한 롤스의 정의론

롤스의 정의론의 이론적 기초는 밀, 그린(적극적 자유), 라스키의 최선아(最善我) 실현에서 왔다. 정의론의 원칙은 첫째로 평등한 자유의 원칙이며, 둘째로는 차등의 원칙이다. 차등의 원칙은 사회경제적 불평등을 해소하기 위해 최소 수혜자에게 최대의 이익을 보장하도록 조정하고, 불평등의 계기가 되는 직위와 지위는 공정한 기회균등의 원칙에 따라 모든 사람에게 개방한다. 두 원칙의 충돌 시 평등한 자유의 원칙이 차등의 원칙보다 우선시된다. 그리하여 최소 수혜자에게 최대의 이익을 보장한다는 특징이 있다. 누진세, 무거운 상속세, 광범위한 공공교육 등 복지정책과 복지제도의 필요성 인정하였으며 실질적 기회균등을 보장할 수 있는 사회장치를 만들고자 했다. 이러한 복지국가적 개입에 의해 사회정의와 평등을 실현할 것을 주장했다.

39 공동체주의

구성원 간의 사회적 유대감과 책임감, 공동체의 유지와 발전을 강조하는 사상

공동체주의는 개인주의에 바탕을 둔 자유주의를 비판하고 공동체가 인간의 삶에서 느끼는 중요성을 강조하는 사상이다. 따라서 개인보다는 공동체를 우선시한다. 이들은 구성원 간의 사회적 유대감과 책임감, 공동체 구성원에 대한 배려와 사랑과 같이 공동체의 유지와 발전을 위한 필수적인 가치를 강조한다. 여기서 공동체의 범주는 가정, 지역 공동체, 국가 공동체, 세계 공동체로 확장된다. 공동체주의의 특징은 인간은 공동체를 중심으로 자신의 정체성을 형성하고, 공동체에 뿌리를 둔 존재라 하였고 공동체와 개인은 상호 보완적 관계에 있다고 하였다. 회사나 동호회 정당은 개인이 자신의 이익을 목표로 도구로 선택하는 구성적 공동체이며, 개인의 자아 정체성을 구성하고 삶의 방향 등을 형성하는 데 기반이 되는 공동체, 자아에 깊이 스며드는 공동체관은 구성적 공동체라 보았다. 공동선과 개인적 선의 조화를 추구하였다.

40 민주주의의 가치

국가의 주권이 국민에게 있고 국민을 위하여 정치를 행하는 민주주의의 가치

민주주의는 모든 국민이 통치 작용에 동의하고 또 그 통치 작용에 자유롭고 평등한 입장에서 참여하는 국민이 지배하는 정치체제를 의미하는 정치 원리이자 실천 원리이다. 민주주의의 대표적인 가치는 인권존중, 자유, 평등이다. 먼저 인권존중은 모든 사람의 천부적 권리를 존엄하게 생각하고 모든 개인을 무한한 가치를 지니고 있는 존재로 파악하고 존중하는 사상으로, 민주주의의 근본이념이 된다. 자유는 외부로부터 부당한 지배 및 강제를 받지 않는 상태를 말하며, 민주주의에서는 인간은 사회적 존재이므로 인간이 누리는 자유도 '사회에서의 자유'로서의 자유를 말한다. 따라서 이때의 자유는 책임이 뒤따른다. 평등의 가치는 인간존중의 평등, 법 앞에서의 평등, 정치적·경제적·사회적 평등을 말한다.

41 민주주의의 기본원리

국가의 주권이 국민에게 있고 국민을 위하여 정치를 행하는 민주주의의 기본원리

민주주의는 그 기본원리로 국민주권, 대의정치, 권력분립, 다수결, 법치주의를 들고 있다. 국민주권의 원리는 바람직한 국가의 정치 형태를 최종적으로 결정하는 권력이 국민에게 있다는 것으로 사회계약설에서 그 이론적 기초가 출발했다. 대의정치란 국민이 투표를 통해 일정 기간 권력의 행사를 자신들이 선택한 자에게 위탁하는 방식으로, 국민에 의한 선출방식과 선출된 지도자의 정치권력에 대한 견제라는 두 가지 요인이 모두 갖춰져야 한다. 권력분립은 국가작용을 하는 입법·사법·행정을 각기 다른 구성을 가진 독립 기관이 담당하게 하여 기관 상호간 견제 균형을 유지하도록 하는 제도로, 권력의 집중과 남용을 방지한다. 다수결의 원칙은 다수의 결정을 국민 전체의 합의로 인정하는 것이다. 다수결의 의사결정 이후에는 반대 의사들도 승복의 태도를 지녀야 한다. 법치주의는 정해진 법에 의해 정치를 한다는 원리이다.

42 사회주의

인간 개개인의 의사와 자유보다는 사회 전체의 이익을 중시하는 이데올로기

사회주의는 플라톤의 이상 국가론에 사상적 기원을 두고 있으며, 마르크스의 공산당 선언에 의해서 이론화되었다. 마르크스는 자신의 사상을 '과학적 사회주의'로 명명하였으며, 자본주의 붕괴와 프롤레타리아(노동자 계급) 독재 및 계급 없는 사회의 도래를 역사적 필연성의 차원에서 설명하였다. 주요 이론으로는 유물론이 있으며 그에 따르면 국가는 가진 자들의 이익에 봉사하기 위한, 계급의 지배를 영속화하기 위한 것에 지나지 않는다고 보아 평등주의적 분배를 주장했다. 이러한 사회주의의 영향으로 소련, 유고, 중국 등이 사회주의 길을 걸었으며 소련의 붕괴 이후는 일부 민주 사회주의의 형태를 띠며 발전했다.

43 야경국가

소극적 복지 정책을 강조하는 근대 자유주의적 국가

근대 자유주의적 국가로는 야경국가가 있다. 야경국가는 개인의 자유보장, 형식적 원리 존중, 소극적 정치, 시민민주주의를 특징으로 지닌다. 야경국가에서 국가는 필요악이며, 국가의 임무는 대외적인 국방과 대내적인 치안 유지 확보 및 최소 한도의 국가 존립에 관한 것에 국한하고 개인의 자유에 방임하려는 소극적 의미의 자유주의적 국가관이다. 이에 반대되는 적극적인 국가관은 국가가 국민을 적극적으로 돌보아야 한다고 보는 복지국가로 현대의 국가들은 대체로 복지국가에 해당한다.

44 국민의 의무

국민이 지켜야 할 4대 의무

헌법에 규정되어 있는 의무는 교육의 의무, 근로의 의무, 납세의 의무, 국방의 의무, 환경 보전의 의무 여섯가지이나, 보통 국민의 의무는 4대 의무를 말한다. 첫째, 국방의 의무로 외부의 공격에 대해 국가를 방어할 의무를 지는 것이다. 둘째, 납세의 의무로 국가의 유지에 필요한 경비를 부담해야 하는 것은 국민의 기본적인 의무이다. 셋째, 교육의 의무로 국민 개개인이 보호하는 자녀에게 초등교육과 법률이 정하는 교육을 받게 할 의무이다. 넷째, 근로의 의무이다. 개인의 기본적인 생활을 유지하며 행복을 누리고, 국가의 경쟁력을 향상시키기 위해 근로를 해야 하는 의무이다.

45 인권 존중 사상

인간은 소중한 존재로 존엄하게 대우받아야 한다는 사상

인간은 성별, 종교, 피부색, 국적, 빈부 차이, 사회적 지위 등의 조건에 관계없이 누구나 평등하게 존엄성을 존중받아야 한다는 사상이다. 여기서 인간의 존엄성은 인간이 가지는 천부적 인권이자 기본적인 인권이다. 인권이란 인간이 마땅히 누려야 할 권리, 인간 존엄성을 유지하며 자유롭고 평등하게 살아갈 권리를 말한다. 칸트는 인간은 자유롭고 평등하며, 수단이 아닌 목적으로 대우해야 할 존엄한 존재라 했으며, 로크는 인간은 남에게 양도할 수 없는 자연권(생명권, 자유권, 재산권)을 지니고 있다고 했다. 인권은 보편성, 천부성, 불가침성, 항구성의 특징을 지닌다. 인권존중의 실천을 위해서는 인간 존엄성을 바르게 이해하고 인권 감수성을 기르도록 노력해야 한다.

46 국가와 복지

현대 국가와 사회 복지

복지란 건강, 생활, 환경 등의 삶의 질에 대한 기준을 높여 행복을 누릴 수 있도록 하는 것을 말한다. 현대 국가에서의 복지는 사람은 누구나 행복하게 살 권리가 있으며, 이를 보장하는 것은 국가의 책무로 보는 것이다. 따라서 국가는 사회보험, 공적 부조 등을 통해 기본적인 생활 수준을 보장해야 한다. 사회 복지는 사회 구성원이 기본적 욕구를 충족시킬 수 있게 하기 위한 사회적인 체계이며, 사회보장 제도는 사회적 위험으로부터 국민을 보호하고 삶의 질을 향상시키는 데 필요한 소득·서비스를 국가가 보장하는 정책으로 사회부조, 공공부조, 사회복지 서비스 등이 있다. 복지는 생활 안정을 통한 인간 존엄성의 실질적 보장, 소득 재분배를 통한 사회 불평등 극복, 사회 안정이라는 긍정적 기능이 있으나, 복지에 의존하면서 생산성과 효율성 저하, 국가의 재정 악화, 비용 부담 증가에 따른 조세 저항이라는 부정적 측면도 있다.

01 인간의 본성에 대한 설명으로 틀린 것은?

① 다윈의 진화론으로 인해 인간의 동물적 본성에 대한 관심이 증대되었다.
② 순자는 인간의 본성이 악하지만 선하게 교화할 수 있으므로, 정치는 성품의 교화에 초점을 맞추어
   야 한다고 하였다.
③ 인간성은 선천적으로 정해져 있으므로 사회적 관계에 따른 변화는 없다.
④ 인간의 이성은 목적에 알맞은 계획과 예측을 가능하게 한다.

> 해설
> 자연 과학의 발전으로 인간성도 경험에 따라 변한다는 인간관을 내세우게 되었다.

02 다음 내용에서 추론할 수 있는 인간의 특성은?

> • 짐승은 필요한 만큼 먹고 마시며 과식을 하지 않으나, 인간은 과음 과식을 하여 소화불량에 걸릴
>   수 있다. 짐승은 본능에 따라 욕구를 쉽게 자동 조절할 수 있으나, 인간은 그때그때마다 자기반성
>   을 통해 자기를 제어해야 한다.
> • "먼저 사람이 되어야 한다."라는 말이 있다. 여기서 '사람'은 '사람다운 사람'을 의미한다.

① 도구적 존재   ② 윤리적 존재
③ 유희적 존재   ④ 사회적 존재

> 해설
> 인간만이 자기반성을 할 수 있고 자기 제어를 할 수 있다는 것은 윤리적 존재로서의 특징을 나타내는 것이다. 인간은
> 자유의지와 반성의 능력을 가지고 있기에 윤리적 존재로서 살아간다.

03 다음 중 나머지 세 인물과 윤리설을 달리하는 인물은?

① 밀   ② 야스퍼스
③ 벤 담   ④ 에피쿠로스

> 해설
> 야스퍼스는 실존주의 윤리 사상을 주장하였다. 밀, 벤담, 에피쿠로스는 모두 공리주의 윤리 사상을 주장하였거나 영향을
> 받은 철학자이다.

04 상대론적 윤리설과 윤리학적 회의론의 배경으로 적절하지 않은 것은?

① 종교에 의지한 전통 윤리의 쇠퇴
② 자연과학의 눈부신 발달
③ 세계 질서와 사회 양상의 급격한 변동
④ 이성 중심의 인간관 확립

해설

사회가 급격하게 발전하고 이성을 중시하던 인간관이 무너지며, 인간성도 경험에 따라 변한다는 인간관이 나타나게 되었다.

05 다음 중 인공임신중절에 대한 공리주의자들의 견해로 알맞은 것은?

① 인공임신중절 허용과 비허용의 절대적인 기준을 마련한다.
② 인공임신중절에 대한 법률적 지정을 반대한다.
③ 태아의 성장 상태가 아닌 인격체 여부를 기준으로 인공임신중절을 판단해야 한다.
④ 인공임신중절이 본인과 가족들에게 미치는 결과를 고려해 허용 여부를 결정한다.

해설

공리주의는 자유주의, 보수주의 입장에 서지 않고, 해당 시점에서의 인공임신중절이 여성 본인과 가족들에게 미치는 영향에 대해 고려한 후 결정해야 한다고 주장한다.

06 다음 관점에서 지지할 수 있는 진술로 옳지 않은 것은?

> 태아는 수정된 순간부터 인간과 동일한 지위를 지닌 존재이므로, 인간과 마찬가지로 죽임을 당하지 않을 권리를 갖는다. 태아의 권리는 근본적인 것이며, 어떠한 경우라도 침해될 수 없다.

① 태아는 생명의 존엄성을 지닌 존재이다.
② 인공임신중절은 잘못이 없는 인간을 해치는 행위이다.
③ 여성의 권리가 태아의 생명권보다 우선한다.
④ 태아는 인간으로 성장할 잠재성을 가지고 있다.

해설

제시문은 태아가 수정된 순간부터 인간과 동일한 지위를 갖는다는 관점으로, 어떠한 경우에도 생명은 침해될 수 없다고 본다. 이 관점에서는 태아의 생명을 인간과 마찬가지로 존엄하게 여기고, 태아를 해치는 것은 잘못이 없는 인간을 해치는 것과 동일하게 본다. 따라서 ③ '여성의 권리가 태아의 생명권보다 우선한다'를 지지하는 진술이 아니다.

07 다음 중 밑줄 친 '이것'에 대한 설명으로 옳은 것은?

> • <u>이것</u>은 외부의 구속을 받지 않고 어떤 목적을 스스로 세우고 실행할 수 있는 의지를 말한다.
> • <u>이것</u>은 윤리의 전제 조건이다.

① 이것 때문에 인간은 자연법칙에 따라 결정론적인 삶을 산다.
② 이것은 도덕적 책임을 부과하는 전제 조건이 된다.
③ 이것은 동물과 인간의 공통점이다.
④ 이것이 없는 사람은 인격을 갖춘 사람이다.

해설
제시문의 '이것'은 자유의지이다. 자유의지는 인간으로 하여금 자신의 선택과 행위를 통제할 수 있도록 해 주는 것으로 도덕적 책임의 전제조건이며 인간이 자율적 존재라는 것에 대한 근거가 된다.

08 다음 중 우리나라의 도교와 도가 사상에 대한 설명으로 틀린 것은?

① 오늘날 한국 사회에서도 불교나 기독교보다는 도교적인 요소가 뚜렷하게 드러난다.
② 양반들은 도가 사상을 이해하였고, 백성들과 천인, 부녀자들은 종교로서의 도교에 더욱 친숙하였다.
③ 도교는 도가 사상에서 이론을 빌려 오지만 노장 사상과는 다른 기반에서 출발하였고, 추구하는 목적도 다르다.
④ 농민과 민중을 주체로 하는 도교를 '민중도교'라 한다.

해설
오늘날의 한국 사회에서 도교는 불교나 기독교처럼 뚜렷하게 드러나지 않는다. 그러나 한국인의 의식 구조 속에는 도가 사상 또는 도교적인 요소가 깊이 깔려 있다.

09 다음 중 우리나라의 불교에 대한 설명으로 옳은 것을 모두 고른 것은?

> ㄱ. 원효는 중관학파와 유가학파의 사상적 통일이라는 대승불교 최고의 과제를 『대승기신론소』를 통해 매우 훌륭하게 해냈다.
> ㄴ. 고려시대 의천의 돈오점수설은 주체를 강조하는 선 중심의 교선일치사상이었다.
> ㄷ. 조선시대의 숭유억불정책은 조선 왕조의 유지를 위한 정치적 목표 가운데 하나였다.

① ㄱ, ㄴ   ② ㄱ, ㄷ
③ ㄴ, ㄷ   ④ ㄱ, ㄴ, ㄷ

해설
ㄴ. 고려시대 지눌의 돈오점수설은 주체를 강조하는 선 중심의 교선일치사상이었다.

10 '이기적인 욕심은 착한 본성을 가려 서로 미워하게 만들고 두려움은 의(義)로운 일 앞에서 주저하게 만든다.'라고 하여, 사회 혼란의 원인을 욕심과 두려움에서 찾았던 인물은?

① 순 자
② 장 자
③ 맹 자
④ 이 이

> **해설**
> 맹 자
> 도덕 윤리의 내면을 추구해 '의'와 같은 덕목을 보다 강화시켜 나갔다. 인간만이 선한 본성을 가지고 태어나며, 인간에게 주어진 과제는 타고난 선한 본성을 잘 간직하고 기르는 것이다.

11 다음과 같이 죽음에 대해 설명한 서양의 사상가는?

> 살아 있는 동안에는 죽음을 경험할 수 없으므로 죽음을 두려워할 필요가 없다.

① 플라톤
② 에피쿠로스
③ 하이데거
④ 야스퍼스

> **해설**
> ① 플라톤 : 육체에 갇혀 있는 영혼이 죽음을 통해 영원불변한 이데아의 세계로 들어감
> ③ 하이데거 : 죽음에 대한 자각을 통해 삶을 더욱 의미 있고 가치 있게 살 수 있음
> ④ 야스퍼스 : 죽음은 인간이 피할 수 없는 한계상황임

12 다음 괄호 안에 들어갈 알맞은 말은?

> (   )은/는 과학의 산물, 과학적 인식을 지나치게 높이 평가하여 그 외의 사고방식이나 의식 구조를 무시하는 입장이다.

① 쾌락주의
② 도구적 이성
③ 과학 지상주의
④ 개인주의

> **해설**
> 과학 지상주의
> 모든 과학의 산물, 과학적 인식과 사고방식을 지나치게 높이 평가한 나머지, 그 외의 모든 사고 방식이나 의식 구조, 특히 도덕적·심미적·종교적 가치를 무시하는 입장을 의미한다.

13 다음 윤리 사상에 대한 설명으로 옳은 것은?

> 꽃의 모습은 다양하지만 우리가 꽃이라고 말할 수 있기 위해서는 영원히 변하지 않는 꽃의 실재를 전제해야만 하는 것과 마찬가지로, 시시각각으로 변하는 감각 세계와는 근본적으로 다른 본질적 세계가 존재한다.

① 육체적 쾌락과 정신적 쾌락을 동일시하였다.
② 개인 윤리를 사회 윤리와 결부시키고자 하였다.
③ 현상의 세계는 이데아 세계의 모방에 불과한 것이다.
④ 인간의 본성을 이성에 의한 사유 활동이라고 보았다.

해설

플라톤은 이 세상의 모든 사물마다 이데아가 있으며, 그 가운데 최고의 이데아를 '선의 이데아'라고 하였는데, 이 선의 이데아를 모방해서 도덕적인 삶을 살아가야 한다고 보았다.

14 요나스의 책임 윤리에 대한 설명으로 옳은 것은?

① 인간 중심적 자연관을 옹호한다.
② 도덕적 의무를 강조하는 전통 윤리를 옹호한다.
③ 확정적인 미래에 대한 책임만 제기한다.
④ 미래 세대를 위한 환경도 보전해야 한다고 강조한다.

해설

요나스는 인간 중심적 자연관을 비판한다. 요나스는 도덕적 의무만을 강조하는 전통 윤리에서 벗어나 인간과 자연의 관계로 윤리의 영역을 넓히고, 불확실한 미래까지 책임의 범위를 넓혀야 한다고 강조한다.

15 밑줄 친 '이것'과 가장 관련 있는 내용은?

> 이것은 어떠한 물질적 이익도 효용도 없는 행위로서 시간을 낭비하는 불건전한 활동으로 여기는 경향도 있었지만, 오늘날에는 문화 활동을 발전시키는 원동력이 되고 있다.

① 여러 가지 도구를 만들어 사용하는 존재이다.
② 생활상의 이해관계를 떠나 삶의 재미를 추구하는 존재이다.
③ 상징체계를 바탕으로 문화를 계승하고 창조하는 존재이다.
④ 도덕적 주체로서 스스로 가치 있다고 생각하는 것을 행할 수 있는 존재이다.

해설

제시문의 '이것'은 여가이다. 여가는 일을 할 수 있는 충전의 계기가 되며, 삶에서의 흥미를 찾게 해주는 역할을 한다. 선택지 중 여가와 가장 관련 있는 내용은 유희적 존재에 대해 설명한 ②이다.

16 다음의 윤리 사상과 사회사상의 관계에 대한 설명으로 옳은 것은?

> 잘못된 윤리 사상과 사회사상은 사회와 인류에 커다란 재앙을 불러오기도 한다. 게르만족이 가장 우수하다는 잘못된 가치관을 지닌 히틀러는 제2차 세계대전 당시 수백만 명의 유대인을 독가스로 학살하고, 수많은 사람들을 고통으로 몰아넣었다.

① 개인의 윤리 사상이 공동체 전체에 영향을 끼치는 사회사상으로 나타날 수도 있다.
② 윤리 사상 대신 사회사상을 통해 이상사회를 추구해야 한다.
③ 인간과 사회의 정체성 측면에서 윤리 사상과 사회사상은 상호 배타적이다.
④ 윤리 사상은 사회사상을 실현하는 수단이다.

해설
히틀러 한 사람의 잘못된 윤리 의식으로 수많은 유대인들이 학살당한 사례를 통해 개인의 윤리사상이 사회에 큰 영향을 끼칠 수 있다는 것을 알 수 있다.
② 실천적인 관점에서 윤리 사상과 사회사상은 서로 깊이 관련되어 있다.
③ 윤리 사상과 사회사상은 상호 의존적이다.
④ 윤리 사상과 사회사상은 상호 보완적으로, 윤리 사상이 사회사상을 실현하는 수단이 되는 것은 아니다.

17 다음 중 플라톤의 이상국가론에 대한 설명으로 옳은 것은?

① 나라 안의 전체에게 최대의 행복을 주려고 노력하는 국가
② 투쟁 상태를 피하기 위한 소극적인 성격의 국가
③ 공공선을 실현하기 위한 시민들의 자유로운 계약 결과의 국가
④ 개인이 자연권을 계약에 의해 국가에 위임함으로써 형성된 국가

해설
플라톤의 이상국가
사유 재산이 금지되고, 그곳에서는 공동으로 거주하고 공동으로 식사하며 가족 제도도 폐지한다. 즉, 일부일처제도 없으며 수호자 계급으로 선발된 여자들은 수호자로 선발된 남자들 모두의 공동 소유이고, 그 자식들도 공동 소유로서 폴리스(도시 국가) 전체 차원에서 양육된다. 여성도 한 사람의 시민으로 정치적·군사적 지위에 있어서 남자와 동등해야 한다며 남녀평등이 주장되었다. 또한 국가는 교육을 담당해야 하며 평생 의무교육을 하도록 보장해야 한다고 역설하고 있다. 즉, 나라 안의 전체에게 최대의 행복을 주려고 노력하는 국가를 말한다.
②는 홉스, ③은 루소, ④는 로크의 국가관이다.

18 야경국가에 대한 설명으로 옳은 것은?

① 국민의 공공복리를 주요한 기능으로 하는 국가이다.
② 치안 유지와 개인의 자유에 대한 침해의 제거를 목적으로 하는 국가이다.
③ 고도의 발전 단계에 이른 일부 국가에 한정되어 있다.
④ 국민이 국가에 지나치게 의존하거나 소외감을 가져올 수 있다.

해설

야경국가는 정부의 권력을 최대한으로 줄이고 개인의 자유를 침해하지 않게 하면서 개인의 자유와 재산, 그리고 생명을 보장하려는 국가이다.
①·③·④는 복지국가의 설명이다.

19 다음 밑줄 친 '그'의 사상으로 옳지 않은 것은?

> <u>그</u>는 공자가 살았던 당시보다 더욱 혼란해진 전국 시대의 상황에서 옳고 그름을 판단하여 정의를 밝힘으로써 현실 사회의 혼란을 극복하기 위해 인(仁)보다 의(義)를 강조하였다.

① 인간이란 선천적으로 순선한 존재라고 주장하였다.
② 인간은 누구나 사단(四端)을 가지고 태어난다.
③ 왕도 정치를 추구하였다.
④ 이상적인 사회를 대동 사회로 보았다.

해설

제시문은 맹자에 대한 내용으로 맹자는 성선설을 주장하였으며, 이상적인 인간을 대인(大人) 또는 대장부로 보았다. 또한 왕도 정치를 추구하였으며, 인간은 누구나 사단을 가지고 태어난다고 보았다. ④는 공자에 대한 설명이다.

20 다음 갑과 을의 대화를 읽고, 을의 관점과 일치하는 주장을 〈보기〉에서 모두 고르면?

> 갑 : 과학기술은 그 자체로 선하지도 악하지도 않습니다.
> 을 : 아닙니다. 과학기술 자체에 대한 반성적 자세가 필요합니다.

보기

ㄱ. 과학기술은 가치중립적이어야 한다.
ㄴ. 과학기술에는 도덕적 판단이 포함되어야 한다.
ㄷ. 과학기술에는 사회적 책임이 전제되어야 한다.
ㄹ. 과학기술은 참과 거짓의 사실적 판단 대상일 뿐이다.

① ㄱ, ㄴ   ② ㄱ, ㄷ
③ ㄴ, ㄷ   ④ ㄷ, ㄹ

제시문에서 갑은 과학기술이 그 자체로 가치 판단의 대상이 될 수 없다는 가치중립적 입장을 취하고 있는 데 반해, 을은 과학기술이 윤리의 인도를 받아야 한다고 주장하고 있다. 을의 관점에 따르면, 과학기술은 인간의 삶에 큰 영향을 끼칠 수 있으므로 사회적 책임과 도덕적 판단을 전제하고 있어야 한다.

21 다음 중 뇌사 판정에 관련된 설명으로 옳은 것은?

① 뇌사 판정을 받은 환자는 의식 회복이 전혀 불가능하다.
② 뇌사 판정은 전적으로 의사의 판단에 따라 내려져야 한다.
③ 뇌사는 개인의 죽음과 관련되므로 사회적 합의와는 무관하다.
④ 뇌사 판정은 엄격한 기준에 의해 신중하게 내려야 한다.

뇌사 판정을 받은 환자가 의식을 되찾는 경우가 드물게 있으므로 뇌사 판정은 엄격한 기준에 의해 신중하게 내려야 한다. 죽음을 어떻게 규정하는가에 대한 문제는 윤리적·의료적 선택에 중요한 의의가 있으므로 사회적 합의를 도출하도록 노력해야 한다.

22 다음에서 설명하는 사상가는?

> 동물도 삶의 주체로서 자신의 삶을 누릴 권리가 있어 인간을 위한 수단으로 간주해서는 안 된다고 주장한 동물 중심주의 윤리의 대표적 사상가이다.

① 싱 어   ② 벤 담
③ 레 건   ④ 아퀴나스

레건은 인간과 동물은 자기의 삶의 주체일 수 있기 때문에 동물은 고유의 가치를 가지며, 그들을 존중해야 한다고 주장하였다.

23 다음에 해당하는 불교 사상은?

> 모든 사물에 변하지 않는 실체는 없으며 너와 내가 본질적으로 다른 존재가 아니며 서로 사랑하고
> 봉사해야 한다는 것이다.

① 사성제설   ② 연기설
③ 삼법인설   ④ 공(空) 사상

해설
① 인간이 달성해야 할 목표와 올바른 삶의 방법을 총체적으로 제시하는 고집멸도의 네 가지 진리인 공성제, 집성제,
 멸성제, 도성제를 의미한다.
② 어떤 사물도 생겨날 원인에 의하여 존재하고, 그 원인이 소멸되었을 때 소멸한다는 것이다.
③ 세상의 모든 현상과 존재의 참다운 모습에 대한 불타의 깨달음을 의미한다.

24 쾌락의 획득과 고통의 회피가 인간을 행복하게 한다고 주장한 에피쿠로스 학파가 감정적 · 정신적
동요나 혼란이 없는 평정심의 상태를 표현한 말은?

① 아타락시아   ② 정신의 자유
③ 만민 평등 사상   ④ 아파테이아

해설
아타락시아(Ataraxia)는 헬레니즘 시대의 인간의 자연스러운 본성에 근거하여 쾌락의 획득과 고통의 회피가 인간을 행복
하게 한다고 주장한 에피쿠로스 학파가 감정적 · 정신적 동요나 혼란이 없는 평정심의 상태를 표현한 말이다. 스토아학파
의 아파테이아(Apatheia)와 자주 비교되는 용어이다.

25 현대의 '덕' 윤리의 모태가 된 사상가는 누구인가?

① 소크라테스   ② 플라톤
③ 아리스토텔레스   ④ 벤 담

해설
현대의 '덕' 윤리의 모태가 된 사상가는 아리스토텔레스이다.

26 목적론적 윤리설의 내용으로 옳은 것은?

① 바르게 사는 것이 선(善)이다.

② 쾌락을 주는 것이 선(善)이다.

③ 결과보다 동기를 중요시한다.

④ 정(正)과 부정(不正)을 중요시한다.

해설

목적론적 윤리설

잘 사는 것과 선을 목적으로 추구하였으며, 대표적 사상으로는 쾌락주의(키레네학파, 에피쿠로스 학파)와 공리주의를 들 수 있다.

①·③·④는 의무론적 윤리설에 속하는 내용이다.

27 과학 지상주의의 문제점으로 적절한 것은?

① 가치 판단의 기준으로 타산성이나 효율성을 경시한다.

② 인간의 도구적 이성을 과도하게 중시한 나머지 지적·창의적 특성마저 무시한다.

③ 도덕적·종교적 신념들을 과학적으로 증명될 수 없다는 이유로 무조건 받아들인다.

④ 인간 공동의 이상·역사·생활 양식과 같은 심정적인 연대를 심각하게 위협한다.

해설

인간 공동의 이상·역사·생활 양식과 같은 심정적인 연대는 합리성을 최고의 가치로 추구하는 도구적 이성만으로는 이룩되기 어렵다.

28 소피스트 윤리 사상의 한계에 대한 설명 중 옳지 않은 것은?

① 세속적 가치를 중시하고 감각적 경험을 가치 판단으로 보았다.

② 사회 붕괴를 초래할 위험성에 대한 대안을 제시하지 못하였다.

③ 사회 질서를 유지하는 데 도움이 되었지만 다양한 가치와 차이를 수용하지 못하였다.

④ 일체의 권위와 도덕을 무시하고 가치관의 혼란과 윤리의 타락을 초래하였다.

해설

③은 보편주의 윤리, 즉 소크라테스 사상의 한계점을 말한 것이다.

29 사회사상의 의미에 대한 설명으로 옳지 않은 것은?

① 사회사상은 사회의 변화와 발전을 위한 이론적 토대를 제공한다.
② 사회적 삶에서 나타나는 현상을 설명하고 해석하는 체계적인 사유이다.
③ 인간이 바람직하다고 생각하는 사회에 관한 체계적인 생각이나 태도를 말한다.
④ 인간은 근본적으로 사회생활을 영위하는 존재이므로 공동체의 가치를 개인보다 우선한다.

해설
사회사상은 사회를 종합적으로 이해하는 이성의 작용으로 사회의 바람직한 모습에 관한 체계적인 생각이나 태도이며 다양한 사회 현상을 설명해 주고 또 그것을 이해하기 위한 이론적 틀을 제공해 준다. 그러나 사회사상은 다양성을 그 특징으로 하므로 개인보다 공동체의 가치를 우선한다고 볼 수 없다.

30 통일 당위성의 현실적 측면이 아닌 것은?

① 전쟁의 공포에서 해방
② 이산가족의 재결합
③ 세계 평화 이바지
④ 과도한 분단 비용 절약

해설
③은 통일의 당위성의 이념적 측면에 대한 내용이다.

31 다음 중 윤리와 윤리학에 대한 설명으로 옳지 않은 것은?

① 윤리란 인간이 살아가면서 지켜야 할 도덕적 행동의 기준이다.
② 윤리학이란 도덕적 행동의 기준이나 규범을 탐구하는 학문이다.
③ 서양에서의 윤리는 이성적 사고 능력을 나타내는 로고스(Logos)에서 유래한다.
④ 동양에서는 인간관계의 이치와 도리를 이해하고 실천하는 데 관심을 보인다.

해설
서양에서의 윤리(Ethics)라는 표현은 고대 그리스어로 보편적인 도덕적·이성적 속성을 나타내는 에토스(Ethos)에서 유래한다.

32 다음 중 공리주의의 단점으로 옳지 않은 것은?

① 다수결의 원리를 무시하여 근대 민주주의 성립을 지연시켰다.

② 쾌락을 삶의 목적으로 설정해 내면적 동기를 소홀히 여긴다.

③ 최대 다수의 행복을 추구하다 보면 개인 또는 소수의 권익을 침해할 수 있다.

④ 유용성을 계산할 때 고려하는 설정 범위에 따라 그 범위 밖에 있는 존재에 대한 차별이 생길 수 있다.

> **해설**
> 공리주의는 다수결의 원리와 연결되어 근대 민주주의의 성립에 기여하였다.

33 다음 내용의 주제로 가장 적절한 것은?

> 기존의 근대 윤리는 남성 중심적이고 정의중심적인 윤리였다고 볼 수 있다. 길리건은 이를 비판하면서 여성과 남성의 도덕적 지향성이 동일하지 않다고 주장한다. 남성은 주로 권리와 의무, 정의의 원리를 중시하지만 여성은 개별적인 관계, 특히 배려를 중시한다. 따라서 그는 도덕 판단을 할 때 남성과 여성이 중시하는 것이 서로 다르다는 사실을 고려해야 한다고 주장한다.

① 배려 윤리의 등장 배경은 무엇인가

② 덕 윤리가 강조하는 것은 무엇인가

③ 배려 윤리의 범위는 어디까지인가

④ 자연법 윤리에 영향을 준 것은 무엇인가

> **해설**
> 제시문은 배려 윤리적 접근에 대한 설명이다. 배려 윤리는 기존의 남성 중심의 윤리에 반대하며, 여성의 경험과 특성을 반영한 새로운 윤리학을 강조한다.

34 다음 내용에 해당하는 제목으로 가장 적절한 것은?

> • 수정과 동시에 인간으로 인정해야 한다.
> • 기관을 형성하는 시기인 수정 후 3주부터 인간으로 인정해야 한다.
> • 태아의 성장과 성숙이 일어나는 태아기(수정 후 9~10주)부터 인간으로 인정해야 한다.
> • 태아가 모체에서 분리되어 생존이 가능한 분만 이후의 시기부터 인간으로 인정해야 한다.

① 인공임신중절을 인정해야 하는가
② 태아와 배아의 구별은 가능한가
③ 인간 배아를 인간으로 보아야 하는가
④ 어느 시점부터 인간으로서의 지위를 인정할 것인가

> **해설**
> 제시문은 인공임신중절과 관련된 논쟁을 포함하지만 직접적으로는 어느 시점부터 인간으로서의 지위를 인정할 것인지의 문제에 해당한다.

35 다음 중 과학기술의 성과로 올바른 내용을 모두 고른 것은?

> ㄱ. 대중문화의 발달　　　　　ㄴ. 인류의 건강 증진
> ㄷ. 물질적 풍요로움　　　　　ㄹ. 환경 문제 해결

① 1개　　　　　　　　　　② 2개
③ 3개　　　　　　　　　　④ 4개

> **해설**
> 과학기술의 성과로 올바른 내용은 ㄱ・ㄴ・ㄷ이다. 자연 환경을 개발하고 활용하는 과정에서 오히려 환경 문제가 심화되었다.

36 다음 중 사이버 공간의 특징을 모두 고른 것은?

> ㄱ. 익명성　　　　　　　　　ㄴ. 대면성
> ㄷ. 시공간의 초월성　　　　　ㄹ. 정보의 개방성

① ㄱ, ㄴ　　　　　　　　　② ㄷ, ㄹ
③ ㄱ, ㄷ, ㄹ　　　　　　　④ ㄴ, ㄷ, ㄹ

> **해설**
> 사이버 공간은 직접적으로 대면하지 않는 비대면성이 특징이다.

37 다음에서 설명하고 있는 사회 정의는 무엇인가?

> 어떤 잘못에 대해 처벌과 배상이 피해의 정도에 맞게 공정하게 정해졌는지를 보는 것으로 법적 정의와 관련이 깊다.

① 교정적 정의   ② 분배적 정의
③ 특수적 정의   ④ 절차적 정의

해설
교정적 정의는 잘못에 대한 대응이 공정한지에 대한 정의로, 국가의 법을 집행해서 실현하는 배상 또는 형벌적 정의이다.

38 다음 중 인권과 관련된 설명이 옳지 않은 것은?

① 불가침성은 인권을 향유하는 것으로 누구도 침범할 수 없는 권리라는 것이다.
② 천부성은 인권은 살아가면서 얻게 되는 권리라는 것이다.
③ 보편성은 인종, 성별, 종교, 사회적 신분에 관계없이 모든 인간이 보편적으로 누려야 한다는 것이다.
④ 항구성은 인권은 박탈당하지 않고 영구히 보장되는 권리라는 것이다.

해설
천부성은 인권은 사람이면 누구나 처음부터 가지고 태어난다는 것을 말한다.

39 다음에서 설명하고 있는 개념으로 옳은 것은?

> 한 문화에 속해 있는 사람들이 공유하는 동질감이나, 자신의 문화에 대해 갖는 자긍심을 의미한다.

① 문화적 정체성   ② 문화적 상대성
③ 문화적 동질성   ④ 문화적 통일성

해설
문화적 정체성은 개인의 자아 형성과 사회 통합의 과정에서 중요한 역할을 한다.

40 다음 글과 관련 있는 국제 정의의 실현 노력으로 가장 적절한 것은?

> 시흐리트 카흐 국제 연합 개발 계획(UNDP) 총재보는 '한국형 원조 스타일'의 장점으로 선진 한국을 일구어 낸 '개발 노하우'를 꼽았다. 그는 "한국형 원조 스타일이 수혜국의 혁신 역량을 높이는 데 도움을 줄 것"이라며 큰 기대감을 내비쳤다. 그는 천연자원 없이 원조를 받는 나라에서 원조하는 나라로 성장한 대한민국은 수혜국에게 커다란 귀감이 될 것임을 강조하며, 우리나라와 국제 연합 개발 계획이 공동으로 콜롬비아, 아이티 등에서 진행하는 직업훈련 및 창업 지원 프로그램을 그 사례로 꼽았다.
>
> – 동아일보 기사 중

① 형사적 정의와 분배적 정의를 실현하여 정의로운 국제 사회를 만들고자 한다.
② 국제 형사 재판소를 상설화하여 형사적 정의를 실현하고자 한다.
③ 공적 개발 원조를 통해 분배적 정의를 실현하고자 한다.
④ 반(反)인도주의적 범죄의 가해자를 처벌하고 국제 사회의 교정적 정의를 실현하고자 한다.

해설

제시문은 선진국에서 개발도상국이나 국제기관에 도움을 주는 공적 개발 원조에 대한 내용으로, 그중에서도 특히 재화의 공정한 분배를 통해 실현되는 분배적 정의와 관련된 내용이다. 국제 형사 재판소를 상설화하여 반(反)인도주의적 범죄의 가해자를 처분하는 것은 국제 사회의 형사적 정의를 실현하는 것이다.

PART4

부산광역시 역사 · 문화 · 시정현황

홀륭한 가정만한 학교가 없고, 덕이 있는 부모만한 스승은 없다.

– 마하트마 간디 –

01 부산광역시 역사

01 명칭유래

'부산'이란 이름이 언제부터 사용되었는지 정확한 시기는 알 수 없으나 1402년(태종 2년) 1월 28일 〈태종실록〉에 富山이라는 명칭이 처음 보인다. 〈경상도지리지(1425)〉, 〈세종실록지리지(1454)〉, 〈경상도속찬지리지(1469)〉 등에 '동래부산포(東萊富山浦)'라 하였고, 1471년 편찬된 신숙주의 〈해동제국기〉에도 '동래지부산포(東萊之富山浦)'라 하고, 같은 책 〈삼포왜관도(三浦倭館圖)〉에도 '동래현부산포(東萊縣富山浦)'라고 기록해 놓고 있다. 이때의 부산포는 '부자 富'를 사용하였다.

1470년(성종 1년) 12월 15일자의 〈성종실록〉에 釜山이라는 명칭이 처음 나타나는데, 1474년 4월 남제(南悌)가 그린 〈부산포지도〉에는 여전히 富山이라 쓰고 있어 이 시기는 富山과 釜山을 혼용하여 쓰여졌다. 그러나 이후의 기록은 부산포(釜山浦)로 기록하고 있다. 따라서 부산의 지명변천을 가장 잘 나타내고 있는 〈동국여지승람(1481)〉이 완성된 15세기 말엽부터는 釜山이라는 지명이 일반화된 것으로 추정된다.

1481년(성종 12)에 편찬된 〈동국여지승람〉 산천조에 보면, '釜山은 동평현(오늘날 당감동 지역)에 있으며 산이 가마꼴과 같으므로 이같이 일렀는데, 그 밑이 곧 부산포(釜山浦)이다. 항거왜호가 있는데 북쪽 현에서 거리가 21리다.'라고 하여 산 모양이 가마꼴과 같아 부산(釜山)이라고 하였다. 그 후 기록들은 이를 그대로 인용하여 釜山이라고 기록하고 있다.

또한 〈동래부지(1740)〉 산천조에 '부산은 동평현에 있으며 산이 가마꼴과 같으므로 이 같이 일렀는데 밑에 부산·개운포 양진(兩鎭)이 있고, 옛날 항거왜호(恒居倭戶)가 있었다.'라고 하였고, 〈동래부읍지(1832)〉에도 같은 내용으로 기록되어 있다. 이 같은 사실로 미루어 보아 〈동국여지승람(1481)〉 편찬 이전에는 富山이라는 이름으로 불리어 오다가 이후 어느 시기에 釜山이라는 이름으로 바뀐 것으로 보인다.

02 시대별 부산역사

1. 선사시대

(1) 구석기시대

부산지역에 사람이 살기 시작한 것은 구석기시대부터인데, 해운대 좌동·중동·청사포 유적에서 발견된 각종 석기의 존재를 통해서 알 수 있다. 해운대 구석기 유적에서 발견된 석기는 돌도끼, 찍개, 밀개, 긁개, 돌날 등 각종 뗀석기로, 후기 구석기시대에 해당되는 20,000년 전에서 15,000년 전의 것으로 추정된다. 금정구 노포동에서도 구석기 유물이 채집되었다.

(2) 신석기시대

8,000년 전에서 7,000년 전 쯤에는 식량자원이 풍부한 해안가를 중심으로 사람들이 모여 살면서 조개무지(패총)·집자리·무덤 등을 형성하면서 부산지역의 신석기시대가 시작된다. 영도구 동삼동·조도·영선동 패총 등이 이 시기의 대표적 유적인데, 이외에도 해안에 인접한 다대동·암남동·범방패총과 낙동강 가까이에 위치한 금곡동 율리 암음유적 등 18개소에 이른다.

(3) 청동기시대

지금으로부터 BC 3,000년을 전후하여 신석기시대가 끝나고 새로운 청동기시대가 시작되었다. 청동기인들은 농경문화를 가지고 만주를 거쳐 들어와 선주민인 빗살무늬 토기인들을 정복·동화시키면서 오늘날 한국인의 주류를 이루었던 것이다. 부산의 청동기문화는 한반도의 가장 남단이라는 지리적인 조건 때문에 다른 지역보다 늦게 도착했던 것으로 추측된다. 부산지역의 청동기시대 유적과 유물은 구서동·온천동·장전동·금사동·거제동·사직동·수영동·부곡동·낙민동·대신동·괴정1,2동·감천동 등 전 지역에서 고루 발견된다. 또한 신석기시대에 비하여 그 유적 수가 훨씬 많고 종류도 다양하며, 위치도 바닷가에서 떨어진 내륙 구릉지대로 옮겨가면서 인구가 증가했고, 생활 및 경제형태 또한 많은 변화를 보였다.

이 시대의 주민들은 지석묘, 석관묘, 옹관묘 등 여러 가지 형태의 무덤을 사용하였다. 청동기의 사용과 함께 농경중심의 정착생활과 생산력의 증대, 인구의 증가는 새로운 사회의 형성을 촉진하였다. 부산지역의 청동기문화는 일본의 야요이문화 발생에 큰 영향을 주었으며, 기원전 1세기를 전후한 시기에 철기문화, 즉 원삼국시대로 계승 발전되어 역사시대를 열었다.

(4) 철기시대

철기시대는 기원전 150년 전후부터 대략 300년간을 말하며, 삼한 또한 삼국시대 초기에 해당한다. 이 무렵 삼국은 아직 강력한 고대국가로 발전하지 못하였으며, 고고학상으로는 석기와 청동기가 소멸되고 철기 사용이 본격화된 시기이다. 부산지역을 비롯한 우리나라의 남부지방은 철기문화의 유입이 훨씬 늦어져 기원을 전후한 시기에 비로소 철기를 사용하기 시작하였다.

철기는 농기구와 무기를 만드는데 사용되었고, 또 화폐처럼 물물교환의 매개물로 이용되었다. 이러한 사실을 보면 철은 당시의 사회문화 수준의 척도로서 기능하였음이 틀림없다. 부산지방과 낙동강 하류지방에서 많이 생산한 철은 이들 지방의 농경문화와 전반적인 사회경제를 발전시킨 기반이 되었을 것이며, 또 새로 등장하는 가야문화 발전의 촉진제가 되었다. 이와 같이 부산지역의 삼국시대 문화는 철기문화를 바탕으로 하여 발전한 것이다.

2. 고려시대

부산(동래)은 고려시대 동래현, 동평현으로 존재하였다고 볼 수 있다. 그리고 동래온천은 고려시대에도 널리 알려져 그 온도는 달걀도 익힐 수 있는 정도이며, 병을 가진 사람도 목욕만 하면 낫는다고 전할만큼 유명하였다. 또 당시 지식인이었던 이규보 등도 동래 온천을 찬양하는 시(詩)를 지었다. 또 절영도가 목장으로서 이름을 널리 알렸던 것으로 보인다. 특히 후삼국 중에서 서로 자웅을 다투던 후백제의 견훤이 부산의 절영도 명마 한 필을 고려 태조 왕건에게 선물하였다는 고사는 유명하다.

고려 말 부산은 왜구가 침입하여 노략질이 심하여 피해가 가장 심하였던 곳으로, 왜구의 활동 범위는 광대하였는데, 그 중에서도 특히 많은 피해를 입은 곳이 우리나라 남쪽의 해안지방이었다.

3. 조선시대

부산이란 지명은 부산포에서 유래된 것으로 15세기의 전반기까지만 하더라도 부산포(富山浦)라 하였고, 15세기 후반에 이르러 지금 동구 좌천동에 있는 증산의 모양을 따서 부산(釜山)이라 불렀다. 그러나 조선시대의 부산포는 당시의 독립된 지방행정 단위는 아니었다. 초기에는 동래현과 그 속현이었던 동평현의 관할 아래에 있었고, 그 후에는 계속해서 동래도호부(東萊都護府)의 구역 내에 포함되었다.

군사적으로는 고려 말부터 계속되는 왜구의 창궐로 그 폐해가 심하였다. 이에 태종 7년(1407) 부산포와 내이포 두 곳에 왜관을 두어 일본인의 내왕과 함께 교역을 허용하였으나, 왜구의 침탈이 계속되자 세종 원년(1419) 왜구의 소굴이었던 대마도를 정벌하였다. 이후 왜의 국교 재개의 간청에 따라 세종 5년(1423)에는 부산포와 내이포에 다시 왜관을 두고, 동왕 9년에는 울산 염포에도 왜관을 설치하였다. 세종 25년(1443)에 계해약조를 맺어 무역선의 수와 세사미두의 수량을 제한하기도 하였다. 그리고 삼포의 왜관은 지역을 제한하고, 임진왜란 이후에도 동래부사가 일본사신을 접견하였으며, 왜관에서만 왜인들의 거주가 허락되었다. 왜관 주위에는 복병막소를 설치하여 왜인은 물론 조선인의 출입을 통제하였고, 허가를 받은 사람만 출입이 허용되었다.

부산(동래)은 나라의 관문이었기 때문에 국방상 요충지였다. 금정산성은 국내 최대규모의 산성이며 국방시설도 발달하여, 지금의 수영에는 경상좌도 수군절도사영이, 부산진에는 부산진영이 설치되어 있었다.

4. 개항기

19세기 중반 이후 조선은 대내적으로 봉건사회의 위기에 직면하였고, 대외적으로는 구미열강의 제국주의 침략에 직면하였다. 1866년 프랑스함대의 강화도 침범으로 병인양요가, 1871년 미국 함대의 침략으로 신미양요가 야기되자, 조선은 척화론(斥和論)이 더욱 득세했고, 일본의 수차에 걸친 교섭요청도 받아들이지 않았다. 그러한 가운데 일본은 1875년 5척의 군함으로 부산항에서 무력시위를 전개한데 이어 강화도에도 운양호(운요호)사건을 도발하여 1876년 일본정부는 소위 운양호 포격사건에 대한 책임을 묻는다는 구실로 군함 7척을 거느리고 강화도에 보내어 조약체결을 강요하여 1876년 2월 강화도조약이 체결되었다.

한편, 1883년 영국은 부산에 영사관을 설치하였으며, 영선산 일대를 부지로 삼아, 바다 매립공사 때 그 일부를 사용하기도 하였다. 1905년 러일전쟁의 승리로 독점적인 지위를 갖게된 일본은 동년 11월 을사보호조약을 강제로 체결하여 조선의 외교권을 빼앗고 통감부가 설치되면서 내정을 실질적으로 관장하였다.

5. 일제강점기

조선을 강점한 일제는 1910년 9월 30일 조선총독부관제, 조선총독부 지방관제를 반포하여 10월 1일 이를 실시하였다. 당시 지방제도는 전국을 13도, 12부, 317군을 두고 부에는 부윤, 군에는 군수를 임명하였다. 1906년에 설치한 부산이사청을 폐지하고, 부산부를 설치하여 동래부 사무를 인계하고 관할하였다. 그 후

1914년 4월 군, 면의 통합에 따라 옛 동래부의 일부와 기장군을 합하여 동래군으로 재편하여 경상남도에 속하게 하여 부산부와 구별하는 행정구역이 되었다.

일본은 전차시설과 시내선 개통, 수도시설 확장공사, 항만시설 건설 등 주요사업을 집중적으로 추진하였다. 이는 일본의 군사적, 경제적 욕구를 충족시키기 위해 추진된 것이다. 부산부청은 부산부 설치 당시부터 부산이사청사로 사용했으나 통제 정책의 강화를 위해 1936년 3월 31일에 부산부청이 준공되었다.

6. 광복 이후

1945년 8월 15일 광복을 맞이했으나 미군정의 실시로 부산에 미군이 주둔하여 군정을 실시하였다. 그러나 미군정 당국의 행정체계는 일제강점기 행정체계를 그대로 계승하였다. 이후 1947년 10월에는 일본식 동명을 우리말로 바꾸어 동명의 기본체계를 갖추게 되었다.

1948년 8월 15일 대한민국정부가 수립되면서, 부산은 새로운 행정체제 속에서 민주적 법치행정의 실시를 추진하였다. 1949년 8월 15일 부제(府制)가 시제(市制)로 개칭되어 비로소 부산시가 되었다. 이러한 노력은 1950년 한국전쟁의 발발로 정부 부처의 부산 이전으로 부산이 임시수도로서의 역할을 수행하였다.

7. 부산직할시

1963년 1월 1일을 기하여 정부 직할시 승격으로, 제3차 행정구역이 확장되어 동래군의 구포읍과 사상, 북면, 기장읍 송정리를 편입하여, 6구(중구, 서구, 동구, 영도구, 부산진구, 동래구), 7출장소(대연, 사상, 사하, 북면, 수영, 구포, 해운대), 136동으로 편제되었다. 이후 부산은 급격한 발전을 거듭하여 1960년 중반 부산의 인구는 광복 당시보다 무려 5배 증가한 150만 명에 시역이 373.23km²로 확장됨으로써 대도시 특유의 기능체제를 갖추게 되었고, 1989년 1월 1일 제5차 행정구역 확장으로 면적이 525.95km²로 거대도시의 면모를 보여주게 되었다. 이로써 부산은 인구 400만을 수용하는 세계적 도시로 발전하여 국제도시의 성격을 갖추게 되었다.

1991년 3월 26일 부산직할시 시의원 및 자치구 기초의원 선거가 실시되어 시의원 51명과 기초의원 303명이 선출되었고, 6월 26일에 제1대 부산직할시의회가 개원되어, 부산은 지방자치제의 실현과 함께 주민이 직접 참여하여 만들어 가는 진정한 민주사회의 새로운 장을 열게 되었다.

8. 부산광역시

1995년 1월 1일 「지방자치법」 개정으로 부산직할시에서 부산광역시로 개칭되었고, 제6차 행정구역 확장으로 경상남도 양산군 동부 5개 읍면(기장읍·장안읍·일광면·정관면·철마면)을 편입시켜 기장군에 편제하였고, 진해시 웅동2동 등 일부가 강서구 녹산동에 편입되면서 면적은 749.17km²로 확장되었다. 3월 1일에는 기존의 동래구를 분구하여 연제구를, 남구를 분구하여 수영구를, 북구를 분구하여 사상구를 신설하여 16개 구(군)이 되었다.

2000년 1월 12일 4개 시·도관할구역에 관한 법률에 의거 행정구역의 조정으로 강서구 녹산동 일부(1.03km²)를 김해시에 편입하고, 김해시 일부(1.03km²)를 강서구 녹산동에 편입하였다. 2001년 5월 23일 부산전시컨벤션센터(BEXCO)의 준공으로 국제회의도시의 서막을 열게 되었다.

1. 위 치

부산은 한반도의 남동단에 자리잡고 있고, 바다에 면한 남쪽을 제외하고는 경상남도와 접하고 있으며, 남으로는 대한해협에 면해 있고, 북으로는 울산광역시와 양산시의 동면과 물금읍, 서로는 김해시의 대동면과 경계를 이루고 있다.

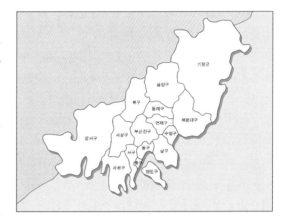

먼저 기후대적 위치로 보면, 온대 계절풍 기후대와 대륙 동안 기후대에 속하며, 부산이 대한해협에 면해있기 때문에 해양의 영향을 크게 받아 해양성기후의 특징이 잘 나타난다. 따라서 부산은 해양성기후의 영향으로 여름과 겨울의 기온차가 크지 않으며 4계절의 변화가 뚜렷하여 사람이 살기에 적합한 도시이다.

둘째, 관문적 위치로는 우리나라 제1의 국제무역항이자 국제공항을 갖고 있어 가까운 일본은 물론 멀리 서부유럽의 여러 나라와 연결하는 관문역할을 다하고 있다. 부산의 국제항로를 보면, 일본의 도쿄를 비롯하여 오사카 및 시모노세키·후쿠오카·나고야와 중국의 상해·북경과 연결되어 있고, 해상항로인 여객선의 경우 오사카와 시모노세키와 중국의 엔타이와 연결되어 있으며, 무역항로는 세계를 총망라하는 선으로 연결되어 있고, 최근에는 러시아·중국과 정기항로가 개설되었다.

한편, 역사적으로 보면 부산은 반도국으로서의 지정학적 관계 때문에 대륙과 해양 세력의 교두보 역할을 담당해 온 곳이기도 하다. 그러나 1970년대 이후 국력의 신장과 세계의 국제경제권이 대서양 연안국가에서 태평양 연안국가로 전환되면서 부산은 태평양시대를 주도할 수 있는 전진기지로서 그 역할을 다하고 있다.

2. 면 적

부산은 15구 1개군을 가진 광역시로서 그 면적은 총 769.89km^{2}에 달한다. 기장군이 가장 큰 면적을 차지하여 전체의 28.36%이고, 다음으로 강서구 23.58%, 금정구 8.51% 순이다. 부산의 도심지에 해당하는 중구와 동구는 각각 0.37%와 1.28%에 그치고 있어 가장 적은 면적을 차지하고 있다.

3. 기 후

부산은 동아시아 계절풍이 탁월한 유라시아 대륙의 동쪽 한반도의 남동단에 위치하고 있기 때문에 4계절이 뚜렷한 온대기후를 나타낸다.

봄은 3월 초순에 시작하여 6월 말경에 끝나는 계절이다. 시베리아 고기압의 세력이 약화됨에 따라 기온이 영상으로 올라가며, 평균기온은 14.9℃다. 인근 지방인 울산이나 통영지방보다 기온이 높은 편이나, 봄바람이 무척 강하기(평균 4.4m/s) 때문에 체감온도는 상당히 낮아 봄이 없는 것처럼 느껴지는 것이 특징이다.

여름은 6월 말에 시작하여 9월 초순까지로, 6월 말부터 8월 초까지 장마가 시작된다. 7월의 월평균기온은 23.9℃이고 기온의 일교차가 5.3℃로서 아주 작은 편이다. 그러나 강수량이 가장 많은 계절로, 연 총 강수량 50~60%가 내린다. 7월 하순부터 8월 중순까지 일 최고기온 32℃ 이상의 무더위가 수주일간 계속되기도 한다. 또 밤 최저기온이 25℃ 이상이 되어 잠 이루기 힘든 열대야가 수주일간 나타나기도 한다.

가을은 9월 초순에서 11월 말까지의 계절로, 대륙의 고기압이 점차 발달하여 부산지역은 맑은 날을 맞는다. 또한 이동성 고기압의 영향으로 날씨가 주기적으로 변하여 9월에 들어서면 아침저녁으로는 서늘해지기 시작한다. 부산의 9월 평균기온은 21.8℃, 10월은 17℃이나, 11월부터는 한랭한 북서풍이 강하게 불어 기온은 급강하하기 시작한다.

마지막으로 겨울은 11월 말부터 이듬해 2월 말경에 끝나는 계절이다. 시베리아 기단에서 발생한 한랭한 북서계절풍의 영향으로 차고 매서운 바람이 불어 들며, 기온이 자주 영하로 내려간다. 그러나 북서계절풍은 3~4일을 주기로 강하기도 하고 약해지면서 이른바 '삼한사온'의 현상을 나타내기도 한다. 부산의 겨울 평균기온은 3.8℃ 정도로서 우리나라에서는 제주도 다음으로 겨울철이 온화하다.

4. 지 형

부산은 한반도의 남동단에 위치한 부산만을 모태로 성장된 도시로서 지형적으로 한반도의 척량산맥인 태백산맥의 말단인 포항구조분지에서 남서방향으로 진로를 바꿔 달리다가 대한해협에 몰입하여 소반도와 섬, 그리고 만입이 발달하는 리아스식 해안의 특성을 나타내고 있다. 배후에는 고도 500m 내외의 구릉성 산지가 독립적으로 분포하고 여기서 뻗어 나온 산각은 완만한 경사로서 해안에 몰입하고 있다.

첫째, 동부구릉성지대는 낙동강의 동쪽지대로, 해안으로는 다대포 몰운대의 남단으로부터 기장군 장안읍 효암리의 동단에 이르고, 육지로는 금정산(801.5m)에서 다대포 몰운대에 이르는 남서방향의 산지와 금정산에서 해운대의 장산(634m)에 이른 남동방향의 산지 사이에 놓인다. 대부분은 고도 400~800m의 구릉성산지로 부산만을 병풍처럼 둘러싸고 있다. 그러나 이들 산지로부터 한 단계 낮은 독립구릉과 산각이 발달하고 있으며, 곳에 따라 이들 산지와 낮은 구릉산지의 특성을 나타내고 있다. 해안은 바로 이러한 산지의 특성 때문에 전형적인 리아스식 해안으로 해안선의 출입이 심하고 해안 평야의 발달이 미약한 것이 특징이다.

둘째, 서부평야지대는 한반도의 대하천인 낙동강의 하구일대에 발달한 거대한 삼각주에 해당된다. 양산천이 낙동강 본류에 합류하는 물금부근에서 낙동강 하구를 향해 넓게 펼쳐지는 평야지대로 동쪽으로는 금정산맥과 북쪽에서 서쪽으로 달리는 신어산맥으로 둘러싸인 하나의 분지를 이루고 있다. 남쪽이 대한해협에 열려있는 서부평야지대는 1만년 이상의 오랜 세월을 통해 낙동강 상류에서 운반되어 퇴적된 평균 60m 이상의 두터운 충적층으로 구성되어 경작지로서 생산성이 높은 비옥한 충적평야로 잘 알려져 있다. 낙동강의 유수와 앞바다의 연안류에 의해 형성된 수많은 사주(砂州)가 해안선에 평행하여 발달하고 있다.

5. 해 안

(1) 사질해안

사질해안은 암석해안과는 달리 대체로 수려한 모래로 구성된 해안으로 송정만, 수영만, 부산만, 감천만, 다대만 등의 내만(內灣)에서 잘 나타나고 낙동강의 하구 해안도 이에 해당된다. 사질해안은 다시금 구성물질의 종류에 따라 순수한 모래로 된 사빈(沙濱)과 자갈로 된 역빈, 그리고 뻘로 된 이빈으로 구분된다. 사빈은 현재 해수욕장으로 이용되고 있으며, 해운대 해수욕장을 비롯하여 송정 해수욕장, 광안리 해수욕장 등이 이에 속한다.

부산의 해안 중에서 역빈은 사빈에 비해 규모는 크지 않으나 모양새가 좋은 둥근 옥돌로 되어 있는 것이 특징이고, 주로 두각지 사이의 소만입부에 분포한다. 또한 지금은 역빈의 옛모습을 찾아볼 수 없으나, 용미산(구 시청자리)에서 보수천 하구에 이르는 해안은 부산의 해안 중에서 가장 길고 넓은 역빈이었으며, 이러한 연유에서 이곳이 자갈치로 불리게 되었다.

(2) 암석해안

암석해안은 해안을 구성하는 물질이 기반암으로 되어 있고 자갈이나 모래, 실트 등과 같은 퇴적물을 찾아볼 수 없는 해안으로 주로 외해(外海)에 면한 반도, 두각지 또는 여러 섬들의 선단에 잘 나타난다. 해운대의 고두말과 동백섬, 우암반도, 오륙도, 영도, 장군반도, 두송반도, 몰운반도 그리고 가덕도와 같은 대부분의 해안이 이에 속한다. 이들 해안은 대부분 파도의 침식이 강한 외해에 면해 있으며, 곳에 따라 강한 파도의 침식으로 수십m에 달하는 해식애가 발달하는가 하면 해안선 부근에 평탄한 암반으로 된 파식대도 많이 형성되어 있다.

(3) 해 안

부산의 해안은 양산단층과 울산단층에 지배된 태백산맥의 지맥인 금정산맥과 금련산맥 그리고 김해의 신어산맥의 말단부가 대한해협에 몰입하여 형성된 해안으로, 해안선의 출입이 심한 리아스식 해안의 특색을 나타낸다. 특히 북동, 남서 방향의 양산과 울산단층의 구조곡과 이에 사교하는 북서, 남동 방향의 미세한 구조선이 크고 작은 만입과 하곡을 형성하고 있으며, 이들 만입 및 하곡 사이에는 소반도와 두각지, 그리고 섬들이 분포하여 전체적으로 해안선이 복잡한 침수해안의 특색을 나타내고 있다. 또 해안을 이루는 구성물질이 다양한 것도 하나의 특색으로 꼽을 수 있다.

6. 인 구

부산은 1876년 근대 국제항으로 개항과 함께 우리나라의 무역·상공업 중심지로서 발전하면서, 1914년 4월 부제(府制)를 실시했을 당시 인구는 20,000명을 조금 넘었으나, 시역(市域)의 확장과 항만의 발달로 점차 증가하여 1925년에는 116,853명으로 불어났다. 이후 일제의 대륙침략을 위한 관문으로서 무역량이 증가하고, 1936년과 1942년 시역확장으로 도시의 발달이 촉진됨에 따라 인구는 1942년에 334,318명으로 증가되었다가, 광복 이후 1945년에는 281,160명으로 일본인이 물러감에 따라 일시 줄어들기도 했다. 1949년 8월 부산시(釜山市) 개칭과 1950년 6월 한국전쟁이 발발하자 전국각지에서 피난민이 몰려들고 임시수도가 되면서 인구는 급증하여 1951년 844,134명으로, 1955년 1,049,363명으로 100만 명을 돌파하였다. 이후 1963년 1월 정부 직할시 승격과 행정구역 확장으로 1963년의 인구는 1,360,630명으로 증가하였다. 또한 경제개발 5개년 계획의 추진으로 경제발전과 도시화가 촉진되면서 인구는 점차 급증하기 시작하여 1970년에는 1,842,259명으로 불어났고, 1978년 행정구역 확장으로 김해 일부 지역이 편입되면서 2,879,570명으로 급격히 늘어났다.

1980년에는 3,159,766명으로 300만 명이 넘는 대도시로 성장하였다. 그러나 1990년에 3,798,113명으로 인구 증가는 둔화되면서, 1992년 3,887,278명으로 전년도보다 0.1%가 감소하였다.

1995년 1월 광역시(廣域市) 개칭과 3월 행정구역 확장으로 양산군의 5개 읍·면이 편입되면서 인구는 3,892,972명으로 약간의 증가가 있었다. 이후 경제침체에 따른 영세기업의 역외 이전과 출산율 감소로 인구가 감소하기 시작하였다. 이후 부산 인구는 계속 줄어들고 있는데, 2023년 12월 기준으로 총 인구수는 3,349,556명이고 남성은 51%, 여성 49%의 성비 비율을 가지고 있다.

04 부산의 역대 시장(민선 이후)

구 분	시 장	재임기간
민선 9~10대	박형준	2021.4.8 ~ 현재
민선 8대	오거돈	2018.7.1 ~ 2020.4.22
민선 7대	서병수	2014.7.1 ~ 2018.6.30
민선 4~6대	허남식	2004.6.6 ~ 2014.6.30
민선 2~3대	안상영	1998.7.1 ~ 2004.2.4
민선 1대	문정수	1995.7.1 ~ 1998.6.30

01　부산의 상징

1. 지역상징

(1) 동백꽃

① 시화 : 동백꽃(1970. 3. 1 지정)

② 시목 : 동백나무(1970. 7. 1 지정)

③ 진녹색의 잎과 진홍색의 꽃의 조화는 푸른 바다와 사랑이 많은 시민의 정신을 그려내고, 싱싱하고 빛이 나는 진녹색 활엽은 시민의 젊음과 의욕을 나타낸다.

(2) 갈매기

① 시조 : 갈매기(1978. 7. 1 지정)

② 새하얀 날개와 몸은 백의민족을 상징한다. 끈기 있게 먼 뱃길을 따라 하늘을 나는 갈매기의 강인함은 부산 시민의 정신을 잘 나타내기 때문에 부산의 새로 선정되었다.

(3) 고등어

① 시어 : 고등어(2011. 7. 6 지정)

② 'Dynamic, Powerful, Speedy' : 태평양을 누비는 강한 힘으로 목표를 향해 끊임없이 도약하는 해양수산도시 부산을 상징한다.

2. 기관상징

(1) 상징마크

부산(BUSAN)의 영문 이니셜 B와 S를 모티브로 형상화하고, 각도·색감 등을
통해 부산의 비전과 가치를 상징화했다. 자주색과 파란색의 자연스러운 연계
를 통해 부산시민의 포용과 화합을 상징화하며, 입체적인 색감으로 부산의
과거와 현재, 미래가 부드럽게 연계되어 있는 모습을 입체적으로 표현했다.

(2) 마스코트

① **마스코트** : 부비(BUVI)

② 꿈과 희망을 상징하는 태양을 활발하고 힘차게 역동하는 부산 이미지
로 표현하여 21세기 세계일류도시를 꿈꾸는 부산의 비전과 진취적인
시민의 정서를 나타낸다.

    ㉠ 원 : 부산바다에 떠오르는 밝고 희망찬 해를 상징

    ㉡ 선 : 출렁이는 바다물결과 새롭게 태어남을 상징

3. 브랜드 슬로건

① 'Busan is good'은 부산에 대한 부산시민의 자긍심과 만족감을
Good(좋다)으로 표현했다. 특히, 국문 '부산이라 좋다'는 다른 도
시에서 경험할 수 없는 부산이라는 도시 자체의 유일함과 독창성
을 상징하고 있다.

② Good은 세계적이고(Global), 특색 있는(Original), 개방적인
(Open), 다이내믹한(Dynamic) 부산을 의미한다.

③ 자주색, 파란색은 부산광역시 심벌마크와 연계하여 부산시민의 포용과 화합을 상징한다.

1. 주요 국보

(1) 동궐도(東闕圖)

동아대학교박물관에서 소장하고 있는 동궐도는 조선왕조의 정궁인 경복궁 동쪽에 위치하고 있는 창덕궁과 창경궁을 함께 그린 그림으로 거대한 궁궐과 산수가 어우러져 일대 장관을 보여주고 있다. 16첩 병풍으로 꾸며져 있다.

(2) 심지백 개국원종공신녹권(沈之伯 開國原從功臣錄券)

공신녹권은 왕조의 창업이나 국가적 중대사에 직접·간접으로 공을 세운 신하들에게 발급된 공신증명서이다.

(3) 조선왕조실록 태백산사고본(朝鮮王朝實錄 太白山史庫本)

조선 태조 때부터 철종에 이르기까지 25대 472년간의 역사적 사실을 연월일 순에 의하여 편년체로 편찬한 기록이다. 이 실록은 원래 경상북도 봉화군의 태백산사고(太白山史庫)에 보관되었던 태백산본으로 1539권, 848책으로 되어 있다.

(4) 백자 달항아리

백자항아리

(5) 전 산청 석남암사지 납석사리호(傳 山淸 石南巖寺址 蠟石舍利壺)

통일신라 때 납석으로 만들어진 항아리

(6) 금동보살입상(金銅菩薩立像)

정면을 향해 가슴을 펴고 당당하게 서 있는 금동보살상

2. 주요 사적

(1) 임시수도 대통령관저

임시수도 대통령관저는 일제강점기에는 경상남도지사의 관사로, 한국전쟁기에 3년여 동안 임시수도의 대통령관저로 사용되면서 한국전쟁을 승리로 이끈 역사적 현장이라는 점을 생각할 때 한국근대사에서 큰 역사적 의미를 지닌 건축물이라 할 수 있다.

(2) 부산 금정산성

금정산성은 길이 18,845m, 성벽 높이 1.4m~2.6m 정도로 우리나라 산성 중에서 가장 규모가 큰 성곽이다. 낙동강 하구와 동래 지역이 내려다보이는 요충지에 위치하고 있어, 바다로 침입하는 적에 대비하기 위해 쌓은 금정산성의 성벽은 금정산의 능선을 따라 지형의 굴곡과 높낮이에 맞춰 쌓았고, 높은 봉우리들을 이용하여 봉우리 자체가 성벽 역할을 할 수 있도록 하였다.

(3) 부산 동삼동 패총

동삼동 패총은 한반도의 최남단에 위치하고 있으며, 남해안 일대에서는 가장 규모가 큰 패총이다. 또한 신석기 초기부터 말기까지 오랜 기간에 걸쳐 여러 문화층이 겹쳐 있기 때문에, 우리나라 남해안의 신석기시대 유적을 대표하는 표준 유적으로 알려져 있다.

3. 주요 천연기념물

(1) 부산 범어사 등나무군락

등나무는 콩과에 속하는 낙엽덩굴성 식물로서 보통 참등, 자등(紫藤)이라고도 하는데, 5월에 보랏빛 꽃을 피우고 열매는 9월에 익으며, 작은 가지는 밤색 또는 회색의 얇은 막으로 덮여 있다. 등나무가 무리를 지어 자라는 것이 매우 드물다는 점에서 범어사 등나무군락은 생물학적인 연구 자료로서의 가치가 매우 높다.

(2) 부산 좌수영성지 푸조나무

푸조나무는 느릅나무과에 속하며, 전라도와 경상도 등 따뜻한 남부 지방의 해발 700m 이하 지역과 경기도 이남의 해안 및 마을 부근에서 자생하는 낙엽교목이다. 좌수영성지 푸조나무는 오랜 세월 동안 지역 주민들의 관심 속에 마을을 보호해 주는 신목(神木)으로 여겨져 온 나무로 민속적, 생물학적 가치가 높은 귀중한 자연유산이다.

(3) 구포동 당숲

구포동 당숲은 포구가 있던 이곳 마을의 안녕과 풍어를 기원하는 숲으로 신성시되고 있다. 당숲의 형태를 잘 유지하고 있을 뿐 아니라 당제(堂祭)도 남아 있어, 기존의 천연기념물인 팽나무와 함께 소나무, 당집 등을 포함한 당숲 전체를 천연기념물로 지정하였다.

4. 주요 국가무형문화재

(1) 자수장

자수는 여러 색깔의 실을 바늘에 꿰어 바탕천에 무늬를 수놓아 나타내는 조형활동이다. 우리나라의 부녀자들은 모두 수를 즐겨 놓았으며 수법을 면면히 전승하여 내려왔다. 수를 놓는 일은 하나의 수련이었고, 자수는 수를 놓는 이의 마음의 여유가 깃들인 정서적인 것이라고 할 수 있다. 부산에는 최유현이 1996년 자수장 보유자로 인정되어 꾸준히 자수의 전통을 전승·보존하는 데 힘쓰고 있다.

(2) 동해안 별신굿

마을의 무속적 축제의 하나로 부산지방에서는 일반적으로 풍어제라 하고 있으나, 예전에는 별신굿 또는 뱃선굿이라 호칭하였다. 동해안 별신굿은 어민들의 풍어제적 성격을 띠고 있으나, 동제와 같이 마을의 평안과 풍어 및 선원의 안전을 기원하는 마을축제이다.

(3) 좌수영어방놀이

좌수영어방놀이는 수영 지역이 도시화되면서 수영만 연안에서 더 이상 멸치잡이를 하지 않게 되자 전통예술로서 귀중한 가치가 있는 어로요가 사라지는 것을 안타까이 여긴 현지 주민들이 1970년대에 이를 전승, 보존하려는 목적으로 멸치잡이 후리소리를 중심으로 연희화하였고, 1978년에 중요무형문화재로 지정되어 지금까지 전승되고 있다.

---

03 부산지역 경승지

1. 해운대(海雲臺)

해운대는 중동 일대의 수려한 사빈해안과 배후의 송림, 동백나무 자생지로 유명한 동백섬 등이 조화를 이룬 절경지다. 해운대라는 지명은 신라 말기의 문인 최치원이 동백섬 일대를 거닐다가 절경에 심취하여 동백섬 남쪽 암벽에 새긴 '해운(海雲)'과 높은 곳에 형성된 지역을 일컫는 대(臺)가 합성된 것이다. 해운대는 빼어난 자연환경을 갖춘 사포지향(산·강·바다·온천)이다.

2. 태종대(太宗臺)

태종대는 영도의 남동쪽 끝에 위치하는 구릉지역으로 암석해안 명승지다. 파도의 침식으로 형성된 100m 높이의 해안절벽이 있다. 태종대의 남쪽 해안은 융기 파식대인 신선암이고, 북쪽 해안은 태종암이다. 신선암은 태종대를 대표하는 명소로 약 12만년 전인 신생대 제4기 최종 간빙기에 생성됐다. 태종대라는 명칭은

신라 태종무열왕이 순행하였던 곳이라 하여 지어졌다. 태종대는 '신선대'라고도 하는데 용당동의 신선대와
혼동될 수 있어 쓰이지는 않는다.

3. 신선대(神仙臺)

신선대는 용당동 해변에 위치한 바닷가 절벽과 산정(山頂)을 총칭한다. 신선대라는 명칭은 최치원이 신선이
되어 유람한 곳이라 하여 지어졌다고도 하고, 산봉우리에 신선의 발자국과 신선이 탄 백마의 발자취가 있는
'무제등'이라는 큰 바위가 있어 붙었다고도 한다. 예부터 신선대 가까이에 가면 신선들이 노는 풍악소리가
들려 왔다고 전한다. 1972년 부산광역시 문화재 기념물 제29호로 지정됐다.

4. 몰운대(沒雲臺)

몰운대는 사하구 다대동, 낙동강 하구의 최남단에서 바다와 인접한 곳에 위치한다. 명칭은 낙동강 하구에
안개와 구름이 끼는 날이면 섬 전체가 안개와 구름 속에 잠겨 보이지 않는다는 데서 유래했다. 학이 날아가
는 지형을 띠고 있다. 다대팔경 중 제1경인 '몰운관해'는 몰운대에서 바라보는 바다의 아름다운 경관을 말한
다. 또 하나의 제1경인 '화손낙조'는 몰운대 동쪽 끝자락 '화손대'에 깔리는 노을의 경치를 뜻한다.

5. 오륜대(五倫臺)

오륜대는 오륜대 저수지 안에 우뚝 솟은 바위를 지칭하나, 넓게는 금정구 회동동·선두구동·오륜동·금사
동·부곡동 등 5개동에 걸쳐 위치한 뛰어난 경관을 가지고 있는 오륜대 저수지 일대를 의미하기도 한다.
저수지가 조성되기 전에는 기암괴석이 모여 있고 숲이 우거져 있었다고 한다. 현재는 오륜동에서 회동동으
로 향하는 수원지 서쪽 모서리에서 저수지를 향하여 불쑥 내밀고 서 있는 기암절벽으로 남아 있다.

6. 의상대(義湘臺)

의상대는 금정산에 있는 바위로 금정팔경 가운데 하나로 꼽힐 정도로 풍광이 수려하다. 〈범어사창건서적〉
에는 신라 흥덕왕 때 왜구가 침입하자 금정산 바위 아래에 의상대사를 초빙해 칠일 밤낮을 독경하였더니,
왜구가 격퇴되어 이를 계기로 금정산 아래에 범어사를 창건했다는 설화가 전해진다. 이때 설화에 등장하는
금정산 바위를 '의상대'라고 이름 지었다고 한다.

7. 겸효대(謙孝臺)

겸효대는 고려 후기에 선인(仙人)이라고 불렸던 문신인 김겸효가 지낸 곳이다. 이 겸효대의 아름다운 경치
를 노래한 시가 〈동래부지〉, 〈동국여지승람〉 등에 전해지고 있다. 겸효대 주변의 아름다운 절경과 확 트인
해운대 앞바다를 바라다보는 경관에 시인·묵객들이 유상처로 많이 찾았다. 겸효대가 있었던 주변에는 삼
한시대 옛 지명인 거칠산국의 유적으로 추정되는 '배산성지'가 있다.

8. 강선대(降仙臺)

강선대는 매년 음력 11월 1일이면 신선이 지상으로 내려와 이곳에서 목욕을 하고 노닐다 갔다고 하여 붙여진 이름이다. 신선이 노닐었다는 이곳에서 주민들이 만든 동약(洞約)의 규정에 따라 동제(洞祭)를 지냈다. 지금도 주민들은 마을의 안녕과 화합을 위해 '덕포동 상강선대 당산제'를 지내며 전통을 이어오고 있다.

9. 이기대(二妓臺)

이기대는 용호도 해안일대의 암반으로 명칭 유래에 대해서는 여러 이야기가 전한다. 먼저 〈동래영지〉에는 "좌수영에서 남쪽으로 15리에 있으며 위에 두 기생의 무덤이 있어서 이기대라 부른다"라고 기록돼 있다. 다음으로는 경상 좌수사가 두 기생과 풍류를 즐기던 장소라 하여 이기대라고 하였다고도 전한다. 또한 임진 왜란 때 왜군들이 수영성을 함락시키고 연회를 열었는데, 의로운 기녀가 자청해 연회에 참가해 술에 취한 왜장을 안고 물속에 떨어져 죽었다고 하여 붙은 이름이라는 설도 있다.

10. 시랑대(侍郎臺)

시랑대는 기장군 기장읍 시랑리 동암마을 남쪽 해변에 있는 바위다. 조선 영조 9년에 시랑직(이조 참의)을 지낸 권적이 기장현감으로 부임하여, '이곳 바위에서 놀며 바위 위에 시랑대라 새기고 이를 시제로 삼아 시를 지었다'하여 이러한 이름이 붙었다고 전한다. 시랑대는 바위 가운데가 넓고 평평한 형태로 되어 있으며, 뒤쪽으로는 기암괴석이 병풍처럼 둘러싸고 있다.

11. 삼성대(三聖臺)

삼성대는 기장군 일광면 삼성리 삼성마을 남쪽에 있는 해변일대다. 삼성대의 '삼성'은 삼성교(三聖敎)에서 모시는 환인·환웅·단군 등을 가리킨다는 설과 원효·의상·윤필 등을 가리킨다는 설, 고려 말의 문인인 이색·정몽주·이숭인 등을 가리킨다는 설이 있다. 또 삼성대라는 명칭이 '세미성대'라는 말에서 유래했다는 설도 있다. 삼성대는 광해군 13년에 유배를 온 윤선도가 동생과 이별하면서 시 2수를 지은 곳으로도 유명하다. 2005년 4월 이를 기념한 '고산 윤선도 선생 시비'가 세워졌다.

12. 황학대(黃鶴臺)

황학대는 기장군 기장읍 죽성리 해안에 있는 바위다. 기장오대 중 하나로, 기장과 인근 지역 선비들이 풍류를 즐기며 시상을 떠올리던 곳으로 전한다. 1618년 윤선도가 6년간 유배생활을 하면서 시·서·제문 등 29수를 남긴 곳이다. 황색의 바위가 바다를 향해 돌출되어 있는 모양이 마치 '황학이 날개를 펼치고 있는 모양 같다'하여 황학대라고 이름 붙었다.

13. 적선대(謫仙臺)

적선대는 기장군 기장읍 연화리 서암마을 동쪽에 있는 대로 읍파정(揖波亭)터라 부르고 있다. 옛날 이곳에는 해송이 우거져 있어 일출이 신비롭고 장관을 이루었다고 한다. 이곳은 신선이 죄를 짓고 귀양 와서 기거했던 곳이라 전한다. 예로부터 원앙대(시랑대)·삼성대·황학대와 더불어 기장의 4대 경승지로 손꼽혔을 정도로 경치가 수려했다고 한다.

14. 용두대(龍頭臺)

용두대는 기장군 기장읍 죽성리 해안에 있는 산봉우리가 세 겹으로 둘러 쌓인 야산이다. 산의 지세나 형태가 용머리처럼 생겼다고 하여 이름 붙였다. 풍수적 명당으로 알려져 〈기장읍지〉에서 4대 경승지 가운데 하나로 꼽고 있다. 용두대의 지맥을 보면, 용의 머리에 붙은 목 부분이 잘록하여 두 사람이 함께 걷기 어려우며 양면이 날카롭게 생겼다. 용의 허리는 완만하게 세 번 굽어지고, 꼬리는 뚜렷이 한쪽으로 뻗어 있어 한 마리의 용이 바다에 떠 있는 형국이다.

15. 소학대(巢鶴臺)

소학대는 기장군 정관읍 매학리에 매바우라 불리는 거대한 암산을 말한다. 100여 척의 층암이 깎아 세운 듯 우뚝 솟아 있고, 정상은 편편한 대를 이루고 있다. 이곳은 백운산의 주봉인 망월산(望月山)이다. 백운산은 기장의 주산으로 항상 흰 구름 속에 잠겨 있다 하여 이러한 이름이 붙여졌다. 소학대 동쪽에 있었던 망일암(望日庵)은 '법당에서 바라보는 동해의 일출 광경을 방안에서 볼 수 있다'하여 붙여진 이름이다.

---

04 부산의 인물

1. 향토수호(충신)

- **송상현(1551 ~ 1592년)**
  임진왜란 때 동래읍성 전투에서 순절한 문신이다. 임진왜란 8개월 전인 1591년 8월 동래부사로 임명돼, 동래읍성에서 왜군의 공격에 끝까지 항전하다가 순절했다.

- **노개방(1563 ~ 1592년)**
  임진왜란 때 동래읍성 전투에서 순절한 문신이다. 1588년에 과거 급제 후 동래부 교수(敎授)로 근무했다. 동래읍성 정원루에서 왜군에 항거하다가 동래부사 송상현 등과 함께 순절했다.

- **조영규(1535 ~ 1592년)**
  임진왜란 때 동래읍성 전투에서 순절한 무신이다. 1592년 양산군수로 있을 때 왜군이 부산을 진격한다는 소식을 듣고 곧장 달려가 동래부사 송상현과 동래읍성에서 항전하다가 순절했다.

- 정발(1553 ~ 1592년)

  임진왜란 때 부산진성 전투에서 순절한 무신이다. 1592년 부산진성의 사령관격인 부산진첨절제사로 임명됐다. 왜군이 부산진성을 공격하자 군·관·민을 독려하여 끝까지 싸우다 순절했다.

- 이정헌(? ~ 1592년)

  임진왜란 때 부산진성 전투에서 순절한 무신이다. 1591년 무과에 급제한 후 정발을 도와 적의 침입을 방어하는 장수(조방장)가 됐다. 왜군이 부산진성을 공격하자 정발과 함께 항전하다가 순절했다.

- 윤흥신(? ~ 1592년)

  임진왜란 때 다대진성 전투에서 순절한 문신이다. 1592년 다대진 첨절제사에 임명됐다. 왜군이 부산진성을 함락하고 다대진성을 공격하자, 동생 윤흥제와 함께 싸우다 순절했다.

- 임란 동래 24공신(? ~ 임란 이후)

  임진왜란 때 전국에서 왜군과 싸우다가 전사한 동래부민 24명을 말한다. 임진왜란 때 동래읍성이 함락된 후 동래부민들은 고향을 떠나 전국 각지에서 봉기하고 있던 의병에 참가하여 항전했다.

- 수영 25의용(? ~ 임란 이후)

  임진왜란 때 좌수영성에서 왜군에 저항한 25인을 말한다. 임진왜란 때 좌수영의 수군과 성 안에 지내던 백성 25인은 죽기를 각오하고 유격전으로 왜군에 대항하다가 순절했다.

- 사명대사(1544 ~ 1610년)

  조선 중기의 승려로 법명은 유정(惟政)이다. 임진왜란 당시 부산에서 활동했는데, 부산진성을 수축하는 데 일조했다. 1604년 일본과의 외교 담판으로 3,000여명의 포로와 함께 귀국했다.

- 박인로(1561 ~ 1642년)

  조선 후기 경상좌수영 통주사를 지낸 무신이다. 임진왜란 때 의병활동을 전개했고, 이후 정유재란이 끝난 뒤에도 우리나라 바다에서 철수하지 않은 왜군을 격퇴했다.

- 안용복(? ~ ?)

  조선 후기에 울릉도와 독도를 수호한 어부다. 1693년과 1696년 두 차례에 걸쳐 일본으로 건너가 울릉도와 독도가 조선 땅임을 자인하도록 활약했다.

- 이안눌(1571 ~ 1637년)

  조선 후기 동래부사를 지낸 문신이다. 1608년에 동래부사로 임명됐고, 임진왜란으로 폐허가 된 부산 지역을 복구하고 민심을 다독이는 데 힘썼다.

- 조엄(1719 ~ 1777년)

  조선 후기 동래부사를 지낸 문신이다. 1757년에 동래부사로 부임하여 대일외교와 무역과정에서 발생한 폐단을 바로잡았다. 1763년 통신사로 일본에 다녀오면서 고구마를 가져와 재배하도록 했다.

- 강필리(1713 ∼ 1767년)

  조선 후기 동래부사를 지낸 문신이다. 1764년 동래부사로 부임하여 처음으로 고구마 재배에 성공하고 고구마 재배를 권장하기 위해 〈감저보〉를 저술했다. 동래온천을 대대적으로 개·증축했다.

- 정현덕(1810 ∼ 1883년)

  조선 후기 동래부사를 지낸 문신이다. 1867년에 동래부사로 부임하여 동래읍성을 개축하고 관아의 대문인 독진대아문을 중수했다. 군사훈련 등 유사시를 위한 대비도 철저히 했다.

2. 독립운동가

- 김갑(1889 ∼ 1933년)

  1909년에 항일운동 단체인 대동청년단에 가입하여 활동했다. 1919년 대한민국 임시정부 임시의정원의 경상도 대표의원이 됐고, 1927년 8월에 임시정부 재무부장이 되어 재정마련을 위해 힘썼다.

- 김명규(1893 ∼ 1977년)

  동래지역의 3·1운동을 엄진영과 함께 준비하고 1919년 3월 13일 동래장터 만세시위에 참가했다. 의열단의 활동자금을 조달하며 독립운동을 이어갔다.

- 김법린(1899 ∼ 1964년)

  범어사 불교전문강원·지방학림·명정학교의 학생들을 규합해 독립운동을 전개했다. 일제의 탄압으로 상하이로 건너가 임시정부 특파원으로 활동하며 불교계 혁신운동도 전개했다.

- 김병태(1899 ∼ 1946년)

  의열단의 첫 거사인 부산경찰서 폭탄투척 의거를 위해 박재혁에게 자금을 전달했다. 김원봉의 비서와 조선의용대 간부로 활동하다가 한국광복군으로 편입했다.

- 박영출(1908 ∼ 1938년)

  일제의 부당함에 맞서 동래고등보통학교 동맹 휴학과 장산 촛불시위를 주도했다. 동래와 일본에서 조국독립을 위한 강연과 집회 등을 주도했고, 1934년 조선광복회를 조직해 활동했다.

- 박재혁(1895 ∼ 1921년)

  1920년 8월에 김원봉을 만나 의열단에 입단했다. 1920년 9월 14일 고서적 상인으로 위장하고 부산경찰서로 찾아가 폭탄을 투척한 후 현장에서 체포됐다.

- 박차정(1910 ∼ 1944년)

  근우회 사건으로 구속되었다가 풀려난 후 중국으로 망명했다. 망명 후 의열단의 핵심 멤버로 활약했고, 남편 김원봉과 독립운동을 전개했다. 곤륜산 전투에서 입은 부상 후유증으로 세상을 떠났다.

- 안희제(1885 ~ 1943년)

  고향의 전답을 팔아 부산에 백산상회를 설립하여 해외 독립자금을 조달했다. 1933년에 만주로 망명하여 독립운동을 전개했다.

- 양한나(1892 ~ 1976년)

  마산 의신학교에서 교사로 재직 중 학생들과 항일운동을 전개했다. 3·1운동을 전후한 시기에 중국으로 건너가 대한민국 임시정부에서 활동했고, 해방 이후 부산 최초 복지단체인 자매여숙을 설립했다.

- 윤현진(1892 ~ 1921년)

  일제강점기에 부산에서 수학한 독립운동가로 구명학교를 제1회로 졸업한 뒤 구포저축주식회사에 주주로 참가했다. 유학 후 대동청년단의 비밀결사운동을 전개했고, 대한민국 임시정부 개혁을 위해 노력하다가 과로로 생을 마감했다.

- 이봉우(1873 ~ 1921년)

  1908년에 간도로 건너가 민족학교를 설립하여 국권회복을 위한 인재양성에 힘썼다. 항일운동 단체의 통일과 규합을 위해 상하이로 가던 중 일본인에게 피살됐다.

- 장건상(1882 ~ 1974년)

  대한민국 임시정부에서 독립운동을 전개했고, 광복 후 임정 요인의 한 사람으로 귀국했다. 1950년에 제2회 부산진 국회의원으로 선출됐다.

- 최천택(1896 ~ 1961년)

  박재혁의 부산경찰서 폭파 사건 등 의열단원의 국내활동을 도왔다. 신간회 부산지회에서 독립운동을 전개했고, 광복 후에는 민주중보 사장으로 취임했다.

- 한형석(1910 ~ 1996년)

  독립운동가이자 음악가다. '아리랑' 등 항일가곡과 광복군가집(제1~2집) 등 군가를 작곡·간행하여 보급했다. 광복 이후 부산에서 공연활동을 했다.

- 한흥교(1885 ~ 1967년)

  일제강점기에 중국으로 망명해 독립운동을 전개했다. 광복 후 귀국하여 경남 도립마산병원의 병원장으로 근무하다가 1948년 부산에서 내과를 개업했다.

- 윤정은(1852 ~ 1920년)

  1919년 서울의 3·1운동 소식을 접하자 68세의 노령으로 앞장서서 참여했다. 구포장터 만세운동의 주동자로 체포된 후 옥고를 견디지 못하고 부산형무소에서 순국했다.

• 구수암(1901 ~ 1920년)

1919년 기장면에서 일어난 3·1운동에 주도적으로 참여했다. 체포되어 대구감옥소에서 옥고를 치렀고, 고문 후유증으로 병보석으로 가출옥했으나 21세의 나이로 생을 마감했다.

• 김도엽(1899 ~ 1937년)

기장면에서 일어난 3·1운동에 주도적으로 참여했다가 옥고를 치렀다. 이후 중국과 국내에서 항일운동을 전개하다가 구금과 고문의 후유증으로 1937년에 생을 마감했다.

• 김상헌(1893 ~ 1945년)

김법린과 함께 범어사 3·1운동을 주도했다. 이후 상하이로 망명해 대한민국 임시정부 군자금 모금활동을 했다. 독립운동 자금을 송금하다 적발돼 옥고를 치른 후 범어사로 돌아와 승려의 훈육에 힘썼다.

• 홍재문(1897 ~ 1958년)

부산공립보통학교의 교사로 재직하면서 3·1운동에 참여했다. 조선독립신문을 발행하고 임시정부에 군자금을 조달하다 체포되어 옥고를 치렀다.

• 김선갑(1921 ~ 1942년)

부산제2상업학교 재학 중 경남학도전력증강국방경기대회에서 일본인 심판의 부당행위에 항의하는 부산항일학생의거를 주도하다가 검거됐다. 출옥 후 고문 후유증으로 순국했다.

• 곽상훈(1896 ~ 1980년)

독립선언서를 가지고 고향인 동래에 내려와 동래장터 3·1운동을 주도했다. 상하이에서 중국본부한인청년동맹에 참여해 독립운동을 했고, 해방 후 한국민주당 창당에 참여했다.

• 문시환(1897 ~ 1973년)

일본 유학 후 동아일보사 부산지국에서 기자 활동을 하다가 의열단에 입단해 독립운동을 했다. 해방 후 경상남도지사로 임명됐다.

3. 학자 및 교육자

• 최치원(857 ~ ?)

신라의 학자 겸 문장가다. 전국을 방랑할 때 부산의 바닷가에 잠시 머물렀는데, 이때 동백섬 인근 바위에 자신의 자(字)를 따서 '해운대(海雲臺)'라는 글씨를 새겼다.

• 정서(1115 ~ ?)

고려 전기의 문신이다. 고려 인종의 총애로 10년 동안 승진을 거듭했으나 의종이 즉위한 후 모반 사건에 엮여 동래로 귀양을 왔다. 귀양살이를 하면서 의종을 그리며 〈정과정곡〉이라는 노래를 지었다.

• 장영실(? ～ ?)

조선 전기의 부산 출신 과학기술자다. 장영실의 어머니는 동래현의 관노였다. 자동물시계인 자격루와 측우기 등을 발명하여 조선 과학기술 발전에 기여했다.

• 이선(1632 ～ 1692년)

조선 후기 기장에 유배됐던 문신이다. 1689년 기사환국이 일어나 기장으로 유배됐는데, 유배생활을 하면서 〈송강가사(松江歌辭)〉를 비롯한 송강 정철 문집 일부를 정리했다.

• 한상동(1901 ～ 1976년)

고신대학교를 설립한 신학교육자다. 일제의 신사참배강요에 저항하고 반대운동을 전개했다. 친일청산을 위한 교회쇄신 운동을 전개하고, 고신대학교를 설립해 신학교육에도 힘썼다.

• 박원표(1910 ～ 1986년)

향토사학자로 전문적인 향토사 연구를 위해 부산향토연구회를 조직해 부산 향토사 연구의 개척자 역할을 했다. 〈부산 변천사〉 등 부산의 역사와 관련된 저술활동을 했다.

• 박필채(1842 ～ 1925년)

부산에서 활동한 교육자다. 유림의 추천으로 동래부의 면훈장(面訓長)이 됐다. 신학문을 배울 것을 권하면서 신식학교 설립과 교육에 참여했다. 1910년 국권침탈 후 교육활동을 중단했다.

• 손진태(1900 ～ ?)

부산 출신의 역사민속학자다. 1920년대와 1930년대 초반 수차례 경상남도 해안 일대 등을 답사하면서 설화·민요 등의 민속자료를 수집하고 민속문화 연구에 힘썼다.

• 우장춘(1898 ～ 1959년)

부산에서 활동한 육종학자다. 1936년 종의 합성 이론으로 박사학위를 취득해 육종학자로서의 입지를 굳혔다. 한국농업과학연구소를 운영하기 위해 귀국했고, 동래온천장의 원예시험장에서 한국적 토양에 맞는 농법개발에 힘썼다.

• 윤인구(1903 ～ 1986년)

부산대학교를 설립한 교육자다. 3·1운동에 참여한 후 일제의 압박이 심해져 일본으로 유학을 갔다. 광복 직후 경상남도 내무부 학무과장이 됐고, 부산대학교 재건에도 매진해 1953년 부산대학교는 종합대학으로 재탄생할 수 있었다. 이후 부산대학교 초대총장에 취임했다.

• 조명기(1905 ～ 1988년)

부산 출신 한국불교학자다. 일본 유학시절에 흩어져 있던 원효대사 관련 자료들을 수집·연구했다. 광복 직후 불교혁신운동을 전개하고 팔만대장경 번역 등 불교의 대중화에 노력했다.

- 정중환(1914 ～ 2001년)

  부산에서 활동한 역사학자다. 광복 후 부산대·동아대학교 교수로 재직하면서 역사연구와 교육에 힘썼다. 부산시 문화재위원·시사편찬위원 등의 활동을 하며 문화재 보존·관리에도 노력했다.

- 최한복(1895 ～ 1968년)

  부산 출신 교육자 겸 향토사학자다. 약 40년 동안 초등학교에서 민족정신과 애향심을 실천하고 교육했다. 부산 수영에 관한 역사자료와 민속자료 발굴·보존을 위해 노력하고, 〈수영야류〉를 정리했다. 또한 수영 지역의 역사를 기록한 〈수영유사〉를 집필했다.

4. 사회운동가

- 경허(1849 ～ 1912년)

  근대불교를 중흥시킨 승려다. 범어사 계명선사 설립에 적극적으로 관여했다. 범어사에 머무르면서 〈선문촬요〉 등을 짓고, 선(禪)의 생활화·일상화를 통해 선풍을 진작하는 데 크게 기여했다.

- 동산(1890 ～ 1965년)

  범어사에서 1950년대 불교정화운동을 주도한 승려다. 범어사에서 출가한 뒤 각처 선원에서 참선 수행을 했다. 범어사, 범어사 내원암, 범어사 금어선원 등의 조실을 지냈다.

- 매견시(Mackenzie)(1865 ～ 1956년)

  부산에서 활동한 호주 선교사로 1910년 부산에 와서 선교와 교육·의료봉사 활동을 했다. 한센병 치료에 힘쓰고, 여성교육을 위해 일신여학교를 설립하기도 했다.

- 소재건(Aloysius Schwartz)(1930 ～ 1992년)

  부산에서 고아와 빈민들의 재활에 힘쓴 종교인이다. 1957년 12월 천주교 부산교구 소속 신부가 된 이후 고아와 빈민들의 구호를 위해 고아원, 무료의료시설, 무료교육시설을 설립하고 운영했다.

- 이종률(1902 ～ 1988년)

  부산에서 활동한 사회운동가다. 6·25전쟁이 끝날 무렵 부산대학교 정치학과 교수로 부임하면서 부산에 정착했다. 남북협상통일론을 설파했고, 5·16 군사쿠데타 이후 반국가 행위로 옥고를 치렀다. 출옥 후에는 후학 양성에 힘썼다.

- 장기려(1911 ～ 1995년)

  부산지역에서 활동한 의사다. 1950년 12월 3일에 월남하여 부산에 정착했다. 무료 구제 병원인 고신대병원을 설립하여 1976년까지 원장으로 재직했다. 1969년에 우리나라 최초의 의료보험조합인 '청십자의료보험조합'을 설립했다.

- 박기출(1909 ～ 1977년)

  부산 출신 의사이자 사회운동가로 1943년에 광본외과를 개업하여 운영했다. 경상남도 의사회 회장과 대한의사협의회 회장을 역임했다. 정치가뿐만 아니라 체육·문화사업가로서도 활동했다.

- 허정(1896 ～ 1988년)

  부산 출신 정치인이다. 해방 후 한국민주당에 참여했고 경상남도 도당 총무로 선출됐다. 1948년 5·10 선거에서 부산 을구에 출마하여 당선됐다. 4·19혁명 이후에는 과도정부의 대통령 권한대행 겸 내각 수반이 됐다.

- 박기종(1839 ～ 1907년)

  부산 출신 지방관리다. 1869년에 동래부 하급 통역관으로 임명됐다. 근대적 기업을 설립하기 위해 노력했고, 부산 최초의 신식학교인 개성학교를 설립했다.

5. 기업인

- 강석진(1907 ～ 1984년)

  부산지역에서 활동한 기업인이다. 1925년에 가구 점포를 겸한 제재소인 동명제재소를 설립했다. 1949년에 동명목재상사로 이름을 바꾸고, 1961년 최초로 합판 수출을 시작했다. 1978년 동명대학교를 설립하기도 했다.

- 구인회(1907 ～ 1969년)

  부산의 대표적인 기업가다. 1945년에 조선흥업사를 창립하고 미군정이 발급한 무역업 허가 1호를 취득하여 무역업을 시작했다. 1947년 락희화학공업사를 설립하고, 1959년에는 국내 최초의 전자회사인 금성사를 설립하여 수많은 전자제품을 국내 최초로 생산했다.

- 신덕균(1909 ～ 1999년)

  부산 출신의 경제인이자 사회사업가다. 일제강점기 말에 부산지역 7개 정미소를 통합한 부산합동곡산주식회사의 사장이 됐다. 해방 후 부산 3대 정미소를 불하받으면서 정미업계를 대표하는 자본가가 됐다. 1971년 눌원문화재단을 설립하여 장학사업, 문화사업 등을 벌였다.

- 윤상은(1887 ～ 1984년)

  구포은행을 설립한 경제인이다. 1907년에 구포구명학교를 개교했고, 개항기 조선인 자본가들을 지원하기 위해 구포저축주식회사를 설립했다. 미군정기에는 경상남도 재무부장을 맡기도 했다.

6. 문화예술인

- 변박(18세기 추정)

  조선 후기 동래부에서 활약한 화가다. 일본 통신사에 참여하였고, 화가로서 많은 활동을 했다. 〈부산진순절도〉, 〈동래부순절도〉와 〈초량왜관도〉를 그렸으며, '동래독진대아문'의 현판 글씨를 썼다.

- 고두동(1903 ~ 1994년)

 부산에 활동한 시조 시인이다. 동아일보에 시 〈월야〉 등을 발표하여 등단했다. 광복 후 부산향토문화연구회에서 활동했다. 1963년 〈황산시조집〉을 간행하고 한국문인협회 회장을 역임했다.

- 김말봉(1901 ~ 1962년)

 부산에서 활동한 소설가로 1935년에 동아일보에 〈밀림〉을 연재하고, 1년 뒤 조선일보에 〈찔레꽃〉을 연재하면서 소설가로 이름을 떨쳤다. 6·25전쟁 때 부산에서 여러 문인에게 경제적 도움을 준 바 있다. 〈바람의 향연〉 등 많은 소설집을 발간했다.

- 김정한(1908 ~ 1996년)

 부산 출신의 문학인이다. 조선일보 신춘문예에 단편 소설 〈사하촌〉이 당선되면서 본격적으로 문단에 나섰다. 소외된 민중의 삶과 부조리한 사회를 비판한 〈모래톱 이야기〉 등 다수의 작품을 발표했다. 1959년에 부산시 문화상을 수상했다.

- 이영도(1916 ~ 1976년)

 부산에서 활동한 시조 시인이자 수필가다. 1956 ~ 1959년까지 부산여대 강사로 지내면서 가장 왕성하게 작품활동을 했다. 시조집인 〈청저집〉, 수필집 〈춘근집〉 등 다수 작품을 남겼다.

- 이주홍(1906 ~ 1987년)

 부산에서 활동한 문학가다. 1958년 부산아동문학회를 결성하고 동인지 〈윤좌〉 등을 창간했다. 부산 수산대(현 부경대학교) 교수로 재직하면서 부산의 연극활동과 아동문학창작을 이끌었다. 이주홍의 소설과 희곡작품을 갈무리한 〈이주홍 소설 전집〉, 〈이주홍 극문학 전집〉이 출간됐다.

- 조향(1917 ~ 1984년)

 부산에서 활동한 시인이다. 6·25전쟁 시기 피난지 부산에서 초현실주의 문학운동을 주도했고, 1973년에 초현실주의연구회를 조직했다. 동인지 〈낭만파〉·〈현대문학〉 등을 이끌었다.

- 최계락(1930 ~ 1970년)

 부산에서 활동한 문학가다. 1958년 이주홍과 함께 부산아동문학회를 결성하고 부산 아동문학의 초석을 다졌다. 번역소설 〈알프스의 소녀〉, 시집 〈꽃씨〉·〈철뚝길의 들꽃〉 등을 발간했다.

- 강이문(1923 ~ 1992년)

 부산에서 활동한 무용평론가다. 6·25전쟁으로 피난을 오면서 부산에 정착했다. 무용 평론의 1세대이면서 무용 이론 정립의 선구자다. 대학에서 무용 미학 등을 강의했다. 전국 최초의 직업무용단인 부산시립무용단 창단에도 크게 공헌했다.

- 강태홍(1893 ~ 1957년)

 부산에서 활동한 가야금 연주자다. 부산 동래에서 자신의 예술세계의 결정체인 〈강태홍류 가야금 산조〉를 완성하였고, 1989년에는 부산시 무형문화재 제8호로 지정됐다. 한국음악무용연구소와 강태홍무용연구소를 설립하여 제자를 양성했다.

• 금수현(1919 ~ 1992년)

부산 출신의 작곡가로 일본에서 성악을 전공했다. 1941년 부산좌(현 부산극장)에서 독창회를 가졌다. 1946년에 경남음악협회를 결성하고 초대 회장을 역임했다. 1952년 경남여자중학교 교장으로 취임하여 지역 음악교육에 크게 기여했다.

• 김종식(1918 ~ 1988년)

부산에서 활동한 미술가다. 1946년 '김종식 유화전'을 시작으로 19차례 개인전을 개최했다. 1953년 토벽회 동인 활동으로 부산지역 화단의 구심점 역할을 했다. 부산의 풍경과 일상을 소재로 작품활동을 했고, 1984년에 부산시 문화상과 국민훈장 동백장을 수상했다.

• 오제봉(1908 ~ 1991년)

부산에서 활동한 서예가다. 1955년 부산에 이주해 온 후 미화당백화점에서 개인작품전을 개최했다. 부산 최초의 서예학원인 동명서화원을 운영하기도 했다. 10회에 걸쳐 대한민국 미술전람회에서 입선하였고, 1964년에는 부산시 문화상을 수상했다.

• 오태균(1922 ~ 1995년)

부산에서 활동한 음악가다. 부산의 첫 실내악단인 '현악 4중주단'을 창단했다. 다양한 연주회를 열고 제자 양성에 노력했다. 부산대학관현악단을 창설하여 부산의 초기 관현악 운동을 주도했다. 1964년에 부산시 문화상을 수상했다.

• 윤이상(1917 ~ 1995년)

부산과 독일에서 활동한 음악가다. 부산사범학교 교사로 재직하면서 음악활동을 했다. 노래하자회를 조직하여 개창운동을 했다. 부산음악협회 정회원이었고 부산대에서 서양음악사를 강의하기도 했다.

• 이상근(1922 ~ 2000년)

부산지역에서 활동한 작곡가다. 부산고등학교 교사로 부임한 뒤 합창단을 육성했다. 부산음악교육연구회 회장을 맡았으며, '창악회', '향신회' 등을 만들어 부산 작곡계 발전에 선구적인 역할을 했다. 〈부산성사람들〉 등 다수 작품을 남겼고, 1959년에 부산시 문화상을 수상했다.

• 이석우(1928 ~ 1987년)

부산지역에서 활동한 화가다. 1953년과 1955년에 부산 미국공보원에서 개인전을 가진 이후 수차례 개인전을 가지면서 왕성하게 활동했다. 대표적인 작품으로 〈재건의 육제〉, 〈총화〉 등이 있다. 1969년에 부산시 문화상을 수상했다.

• 현인(1919 ~ 2002년)

부산 출신의 가수다. 〈신라의 달밤〉 음반으로 공전의 히트를 기록했다. 〈고향만리〉, 〈굳세어라 금순아〉 등을 잇달아 히트시켰다. 1950년대 초 부산에서 활발한 공연활동을 했다.

7. 자랑스러운 시민상(2020년대)

연도(대수)	내 용
2020년(제36대)	대상 유정록, 애향본상 조미자, 애향장려 고주복, 봉사본상 김규분, 봉사장려 고숙자·김은비, 희생본상 허정훈
2021년(제37대)	대상 故김희로, 애향본상 강의구, 애향장려 장경준, 봉사본상 이정화, 봉사장려 김수환, 희생본상 김문하, 희생장려 정규석
2022년(제38대)	대상 양재생, 애향본상 문헌관, 애향장려 김종갑, 봉사본상 박종건·박정희, 희생장려 박희술
2023년(제39대)	대상 이희숙, 애향본상 강인중, 애향장려 이진수, 봉사본상 김무성, 봉사장려 손기찬, 희생본상 박찬일, 희생장려 서진욱

Chapter

03 부산광역시 시정현황

01 도시비전과 목표

1. 도시비전 : 부산 먼저 미래로 그린스마트 도시 부산

2. 도시슬로건 : 다시 태어나도 살고 싶은 부산

3. 도시목표

① 시민행복도시

② 글로벌허브도시

③ 창업금융도시

④ 디지털혁신도시

⑤ 저탄소그린도시

⑥ 문화관광매력도시

02 2024년 분야별 주요시책

1. 모두가 살고 싶은 시민행복도시

(1) 시민행복 15분 도시 조성 확산

15분 도시 대표생활권 사업을 추진하고, 공동체의 교류와 소통의 기반을 조성한다. 아울러 정책추진에 시민의 참여를 활성화하고, 갈맷길 조성 등을 통해 15분 행복도시 조성을 확산한다.

(2) 품격 있는 시민 삶터 조성 및 주거복지 실현

시민 체감형으로 주거환경을 정비하고 도시재생사업에 나선다. 부산다운 공공건축·공공디자인 혁신을 이루고, 맞춤형 주거복지를 실현해 품격 있는 시민들의 삶터를 조성하는 동시에 시민의 삶의 질을 제고할 것이다.

(3) 친환경 그린생태도시 조성

부산의 친환경 생태 복원을 추진한다. 아울러 도심 속 공원과 유원지를 정비하고 명품공원을 조성해, 시민 생활권에 녹지공간을 확충할 것이다. 이를 통해 부산을 친환경 녹색·생태도시로 조성할 계획이다.

(4) 맑은 물·공기·자원 선순환의 탄소중립도시 선도

부산형 탄소저감 전략을 실행해 기후위기에 대응한다. 또한 취수원을 다변화하고 오염원을 관리하는 동시에, 자원순환 활성화를 통해 깨끗한 대기와 하천 환경을 조성하는 등 탄소중립을 실현할 것이다.

(5) 체계적인 재난·재해 대응의 시민안전도시 조성

도시 안전관리의 체계적인 기반을 구축하고 선제적인 재난·재해 예방대책을 강화한다. 더불어 재난·재해에 신속히 대응하고 대비하는 태세를 구축해 빈틈없는 시민안전도시를 실현할 계획이다.

(6) 공공의료 강화를 통한 시민건강도시 조성

공공보건의료의 인프라를 확충하고 필수의료 인력을 확보할 것이다. 아울러 시민 건강돌봄을 강화하는 등 지역의 책임의료체계 구축을 강화할 계획이다. 또한 철저한 감염병 예방·대응에 나서 시민건강도시를 구현할 계획이다.

(7) 촘촘하고 두터운 부산형 복지·돌봄 실현

'부산, 함께돌봄(부산형 통합돌봄)' 체계를 확대하고, 부산형 사회서비스 및 복지지원체계를 강화한다. 사회 취약계층에 대한 촘촘한 보살핌을 통해 사각지대 없는 복지도시를 실현할 계획이다.

(8) 모두가 행복한 양성평등 및 평생학습도시 구현

양성평등 문화와 가족친화 환경 조성에 나선다. 여성과 아동·청소년의 보호와 지원정책을 강화하고, 평생학습의 기반을 확대해 모두가 행복한 공동체 환경을 조성할 것이다.

(9) 지속가능한 스마트 대중교통 친화도시 조성

수소차와 자율주행차 등 친환경·첨단 모빌리티 도입을 확대하고, 교통수단 간의 융·복합을 연계할 계획이다. 이를 통해 편리하고 지속가능한 대중교통 환경을 조성하고, 지속가능한 대중교통 친화도시를 조성할 것이다.

(10) 미래 혁신을 위한 시민 중심의 소통·참여 시정 구현

새로운 도약을 준비하는 비전과 전략을 바탕으로 협치와 협력, 현장중심 규제혁신, 선진적인 도시브랜드 경영과 시민참여·자치역량 강화 등 시정 혁신기반을 강화할 계획이다.

2. 글로벌 물류 · 거점 도시

(1) 글로벌 허브도시 조성을 위한 핵심 기반 구축

가덕도신공항을 조속히 건설하고 배후 공항복합도시를 개발한다. 아울러 접근교통망을 구축해 부산을 글로벌 허브도시로 조성하기 위한 핵심 기반시설과 인프라를 구축할 계획이다.

(2) 글로벌 해양 · 항만 허브도시 육성

부산항의 북항 재개발 사업을 통한 국제적 관문의 친수 복합공간 조성에 나선다. 아울러 친수연안 및 호안을 조성하고 항만 인프라와 연관 산업을 육성해 글로벌 해양도시를 조성할 것이다.

(3) 도시균형발전 실현을 위한 인프라 확충 및 도시공간 혁신

서부산, 원도심, 동부산을 아우르는 균형발전 인프라를 확충한다. 또한 도시성장의 새로운 동력이 될 사업과 공간을 혁신하고, 연결 도로망을 확충해 도시균형발전 실현에 박차를 가할 것이다.

(4) 트라이포트 기반의 스마트 물류 중심도시 조성

트라이포트 기반의 동북아 물류플랫폼을 구축한다. 아울러 물류 허브기능을 확보하기 위해 철도시설을 재생하고 연결 철도망을 구축한다. 이로써 물류산업 육성을 통한 글로벌 물류중심도시를 조성한다.

(5) 영어하기 편한 도시 조성 및 국제교류 증진

영어교육 확대와 외국인 관광 · 정주여건 개선 등 영어하기 편한 도시환경을 조성한다. 또한 자매 · 우호협력 도시 교류 등 도시외교 활성화를 통해 글로벌 도시 역량을 확보한다.

3. 글로벌 금융 · 창업 도시

(1) 글로벌 디지털 금융중심지 완성

부산국제금융센터 3단계 개발과 국책 금융기관을 부산으로 이전하는 등 금융중심도시로써의 인프라를 구축한다. 더불어 첨단 디지털금융 생태계 조성을 통한 글로벌 디지털 금융도시 조성에 나설 계획이다.

(2) 청년이 정착하는 도시 조성

실효성 있는 청년 정책을 추진할 역량과 기반을 강화한다. 아울러 맞춤형 청년 일자리 지원과 청년 주거 · 생활안정 · 자립 지원 강화를 통해 청년의 부산 지역정착을 강화할 계획이다.

(3) 지역과 대학 혁신 기반의 지산학 협력 선도도시 조성

지역대학을 혁신하고 지자체-대학의 협력을 기반으로 하는 교육혁신에 나선다. 지산학 협력체계를 고도화해 선순환 하는 인재양성 및 산학연계 체계를 구축해 지역발전 혁신을 도모할 계획이다.

(4) 아시아 창업도시 조성

창업 컨트롤타워의 기능을 강화하고 창업 생태계를 확대한다. 민관이 협력하는 창업인프라를 확충하고, 창업기업과 창업인재 육성을 통해 아시아를 대표하는 창업도시로 도약할 것이다.

4. 글로벌 디지털·신산업 도시

(1) 지역경제 활력 제고 및 민생안정 강화

경제위기 대응을 위한 경제 컨트롤타워의 기능과 소통을 강화하고, 중소기업·소상공인에 대한 지원을 강화한다. 또한 지역화폐 활성화 등을 통해 지역경제 활력을 회복하고 민생안정을 도모할 계획이다.

(2) 전략적 투자 유치 활성화 및 유치 기반 조성

첨단 미래산업 분야의 전략적 투자 유치에 집중하는 동시에, 기업 투자유치 인프라를 구축하고 마케팅을 강화한다. 이 밖에도 혁신거점을 조성해 지역경제의 지속성장 동력을 확보한다.

(3) 첨단·ICT신기술의 디지털 혁신 기반 조성

AI, 양자정보기술, 빅데이터 등 첨단·ICT 신기술 기반의 산업 인프라를 조성한다. 또한 관련기업과 디지털 인재를 육성하는 등 디지털 신산업 생태계 조성에 역량을 집중할 계획이다.

(4) 주력산업 고도화 및 미래 신성장산업 생태계 조성

지역산업 경쟁력 강화를 위한 지역산업 고도화와 디지털 전환을 촉진한다. 아울러 첨단 전략산업을 육성하고 R&D 역량을 강화해 미래신산업 혁신 생태계를 조성한다.

(5) 미래에너지 전환 및 에너지 신산업 생태계 조성

신재생에너지 보급을 확대하고 분산에너지 등 에너지 효율화에 나선다. 더불어 경쟁력 있는 수소산업 생태계 육성을 통해 미래에너지로의 전환을 도모하고 신산업 기반을 조성한다.

(6) 전력반도체·융합방사선·바이오헬스 산업 특화 육성

부산이 가진 산업인프라와 강점을 살릴 수 있는 전력반도체, 융합방사선, 바이오헬스 산업을 집중 육성한다. 이로써 미래 신성장 동력 산업으로 특화해 발전하도록 한다.

(7) 해양·수산 혁신성장 기반 및 고부가가치 신산업 육성

미래 해양시대를 선도할 수 있는 과학기술 기반의 해양 신산업을 육성한다. 또한 수산·어업 인프라를 고도화해 글로벌 해양도시를 조성하고 스마트 농·축산업 기반을 구축한다.

5. 글로벌 문화 · 관광 도시

(1) 모두가 누리는 품격 있는 문화 · 예술 도시 조성

세계적 수준의 문화예술 인프라를 구축하고 생활문화를 확산한다. 아울러 예술인 창작활동을 지원하고 예술인의 복지를 실현하는 등 문화예술 생태계 조성을 통해 품격 있는 문화도시를 조성할 계획이다.

(2) 세계적인 문화유산도시 및 국제음악도시 조성

미래가치 창출을 위해 문화유산을 전승하고 보존하는 기반을 강화한다. 이와 함께 최고 수준의 전문 공연 · 예술시설을 확충해 세계적인 문화유산도시와 음악도시를 조성할 계획이다.

(3) K-문화를 선도하는 영상 · 콘텐츠 도시 조성

세계가 인정하는 영화도시 부산의 글로벌 브랜드를 강화하고, 영상 · 게임 등 다양한 콘텐츠 산업과 신한류 문화를 선도하는 국제적인 영상 · 콘텐츠 도시로 발전할 계획이다.

(4) 일상이 즐거운 생활체육 천국도시 조성

생활체육을 활성화하고 저변을 확대한다. 아울러 시민맞춤형 체육 인프라를 확충하고 국제 메가 스포츠 대회를 개최하는 등 15분 도시를 실현하는 생활체육천국도시를 조성할 것이다.

(5) 세계가 주목하는 글로벌 관광매력도시 조성

글로벌 IP · 콘텐츠 연계 · 확장 등 세계가 주목하는 특화된 부산 관광콘텐츠를 개발한다. 또한 다양한 유형의 관광 · 축제를 활성화해 세계 최고의 관광매력도시를 조성할 것이다.

(6) 세계적인 마이스 · 해양레저 관광 거점도시 육성

우수한 마이스 인프라를 조성하고 부산형 웰니스 · 의료관광을 활성화한다. 아울러 해양 레저 · 관광 인프라와 콘텐츠를 확충해 세계적인 마이스 · 해양레저 관광 거점도시로 육성할 계획이다.

(7) 반려동물 친화도시 조성

반려동물의 복지를 향상하고 문화 · 교육 인프라를 조성해 반려동물 친화도시를 실현할 계획이다.

01 다음 중 부산광역시의 시화는 무엇인가?

① 나팔꽃   ② 동백꽃

③ 백일홍   ④ 수선화

해설

부산의 시화는 동백꽃이고, 시목은 동백나무이다. 진녹색의 잎과 진홍색의 꽃의 조화는 푸른 바다와 사랑이 많은 시민의 정신을 그려내고, 싱싱하고 빛이 나는 진녹색 활엽은 시민의 젊음과 의욕을 나타낸다.

02 '부산(富山)'이라는 이름이 역사서에 처음 등장한 것은 언제인가?

① 조선 태종   ② 고려 고종

③ 고려 현종   ④ 조선 세종

해설

부산이란 이름이 언제부터 사용되었는지 정확한 시기는 알 수 없으나, 1402년(태종 2년) 1월 28일 〈태종실록〉에 부산(富山)이라는 명칭이 처음 등장했다.

03 다음은 부산시민헌장 내용의 일부이다. 괄호 안에 들어갈 말로 적절한 것은?

> 가야와 신라의 숨결 속에 낙동강의 얼과 금정산의 슬기가 담긴 부산은 민족의 자존을 지키고 민주의 새 역사를 일궈낸 (　　　)이다.

① 희망의 도시   ② 역사의 도시

③ 자유의 도시   ④ 혁신의 도시

해설

부산시민헌장 해설문에 따르면 근대사적으로 부산은 수많은 항쟁을 통해 민족해방을 실천했고 수많은 항일독립투사를 길러냈다. 이러한 역사적 의지는 현대사로 이어져 한국전쟁의 위기를 막아내고 4 · 19혁명, 부산민주항쟁을 통해 민주화의 기수인 '자유의 도시'로서의 정신을 가다듬어 왔다고 전한다.

04 부산의 주요 경승지 중 하나로 해송이 우거져 장관을 이루고, 신선이 죄를 짓고 귀양 왔던 곳이라는 이야기가 전해지는 곳은?

① 의상대   ② 강선대

③ 이기대   ④ 적선대

> **해설**
> 적선대는 기장군 기장읍 연화리 서암마을 동쪽에 있는 경승지로 예부터 해송이 우거지고 일출이 신비로워 장관을 이뤘다고 한다. 이곳은 신선이 죄를 짓고 귀양을 와 기거했던 곳이라 전한다. 적선대는 원앙대(사랑대), 삼성대, 황학대와 더불어 기장의 4대 경승지로 손꼽혀왔다.

05 다음 중 가장 많은 행정 읍·면·동을 소재한 부산의 구(區)는?(2024년 1월 1일 기준)

① 해운대구   ② 부산진구

③ 금정구   ④ 사하구

> **해설**
> 행정 읍·면·동을 기준으로 부산진구가 20개로 가장 많이 소재하고 있다. 해운대구는 18개, 금정구는 16개, 사하구에도 16개 행정 읍·면·동이 소재하고 있다.

06 다음 중 부산의 마스코트 명칭으로 올바른 것은?

① 피우미   ② 해누리

③ 꾸 미   ④ 부 비

> **해설**
> ① 창원시 마스코트
> ② 서산시 마스코트
> ③ 양주시 마스코트

07 부산의 기후에 대한 설명으로 틀린 것은?

① 4계절이 뚜렷한 온대기후다.
② 봄에는 인근지방인 울산과 통영보다 평균기온이 낮다.
③ 여름에는 밤에도 최저기온이 높은 열대야가 나타난다.
④ 우리나라에서는 제주도 다음으로 겨울철이 온화하다.

해설
부산의 봄철 평균기온은 14.9℃로 인근의 울산이나 통영지방보다 높은 편이다. 다만, 봄바람이 무척 강하기 때문에 체감온도는 상당히 낮은 것이 특징이다.

08 다음 중 기장오대에 해당하는 기장군의 명승지는?

① 황학대   ② 태종대
③ 오륜대   ④ 신선대

해설
기장군 기장읍의 죽성리 해안가에 위치한 황학대는 기장오대(機張五臺) 중 하나로 꼽힌다. 바위가 바다로 돌출된 모습이 황학이 날개를 펼치고 있는 형태를 닮아 이러한 이름이 붙었다고 전한다.

09 다음 중 사포지향에 해당하지 않는 것은?

① 호 수   ② 온 천
③ 바 다   ④ 산과 강

해설
예로부터 지리적으로 살기 좋은 곳을 삼포지향(三抱之鄉)이라 하여 산, 강, 바다를 꼽았는데, 여기에 온천을 더해 '사포지향'이라고 칭한다. 해운대는 사포지향을 갖춘 부산의 대표적인 명승지로 이름났다.

10 일제강점기 때 부산의 독립운동가이자 음악가로 '아리랑' 등 항일가곡과 군가를 작곡해 보급한 인물은?

① 장건상   ② 최천택
③ 한흥교   ④ 한형석

해설
한형석은 부산 출신의 독립운동가이자 음악가다. '아리랑' 등 항일가곡과 광복군가집(제1~2집) 등 군가를 작곡하여 보급했다. 광복 이후 부산에서 공연활동을 했다.

11 조선 세종 때의 인물로, 측우기·자격루·혼천의 등을 발명하여 조선 전기의 과학 발전을 꽃피운 인물은?

① 정인지　　　　　　　　　　② 정도전
③ 장영실　　　　　　　　　　④ 맹사성

해설
장영실은 조선 시대 최고의 과학자로, 세종 때 사람이다. 1441년 세계 최초의 우량계인 측우기와 수표를 발명하여, 하천의 범람을 미리 알 수 있게 하였다. 이를 비롯하여 자격루, 혼천의 등을 발명하여 조선 전기 과학의 발전을 이끌었다.

12 다음은 임진왜란 때에 동래성을 침략했을 당시 일화이다. 다음 ㉠에 들어갈 인물은?

> 왜적들이 "싸우고 싶거든 싸우고 그렇지 않으면 우리에게 길을 빌려 달라(戰則戰矣 不戰則假我道)"고 팻말을 써 동래성문 앞에 세우자 동래부사 ＿＿㉠＿＿은 "싸워서 죽는 것은 쉬워도 길을 빌리기는 어렵다(戰死易假道難)"고 글을 써서 적중에 던졌다.

① 조영규　　　　　　　　　　② 송상현
③ 윤흥신　　　　　　　　　　④ 노개방

해설
송상현은 임진왜란 바로 전년에 동래부사가 되었다. 임진왜란이 터지자 일본과 가까운 동래성의 피해가 컸는데, 왜적들이 길을 내놓으라고 겁박하자 송상현이 "싸워서 죽는 것은 쉬워도 길을 빌리기는 어렵다(戰死易假道難)"라고 답한 일화가 유명하다. 그는 군관민과 함께 동래성을 지키기 위해 끝까지 싸웠다.

13 부산에서 활동한 육종학자로 동래온천장의 원예시험장에서 농법개발에 힘썼던 인물은?

① 윤인구　　　　　　　　　　② 우장춘
③ 구인회　　　　　　　　　　④ 신덕균

해설
우장춘은 부산에서 활동한 육종학자로 1936년 종의 합성 이론으로 박사학위를 취득했다. 한국농업과학연구소를 운영하기 위해 귀국했고, 동래온천장의 원예시험장에서 한국적 토양에 맞는 농법개발에 힘썼다. 1957년 부산광역시 문화상 과학부문을 수상했다.

14 다음 중 김법린과 함께 3 · 1운동을 주도한 독립운동가는?

① 김상헌 ② 김선갑
③ 홍재문 ④ 곽상훈

> **해설**
>
> 1893년 경상남도 양산에서 출생한 김상헌은 어릴 때 불교에 귀의하여, 서울로 올라가 만해 한용훈의 지도 아래 불교를 연구했고 독립선언문을 배포하는 활동도 했다. 김법린과 함께 범어사에 파견되어 전국적으로 일어난 3 · 1운동을 주도하기도 했다. 이후 상하이로 망명해 임시정부에서 군자금을 모집하는 등 독립운동에 참여했다.

15 부산의 제39대 자랑스러운 시민상 대상 수상자는?

① 양재생 ② 김희로
③ 이희숙 ④ 유정록

> **해설**
>
> 제39대 자랑스러운 시민상 대상을 수상한 인물은 이희숙 원조콩나물비빔밥 대표다. 그는 1992년에 식당을 개업한 이후 부산진역 인근의 노숙인들에게 식사를 제공하기 시작해, 어려운 환경 속에서도 30여 년간 매주 무료급식봉사를 펼치고 있다.

16 다음 중 부산광역시의 도시목표에 해당하지 않는 것은?

① 시민행복도시 ② 신경제 국제중심도시
③ 저탄소그린도시 ④ 문화관광매력도시

> **해설**
>
> '신경제 국제중심도시'는 2023년 출범한 강원특별자치도의 도시비전이다.

17 부산광역시와 위도가 비슷한 외국 도시가 아닌 것은?

① 알제리 알제
② 미국 오클라호마시티
③ 일본 도쿄
④ 캐나다 벤쿠버

> **해설**
>
> 부산과 위도가 비슷한 외국의 도시로는 일본의 도쿄, 중국의 정저우(정센), 알제리의 알제, 미국의 오클라호마시티 등이 있다. 경도상으로는 시베리아의 르호얀스크, 일본의 나카사키, 호주의 다윈이 비슷하다.

18 부산광역시와 국제교류를 맺은 자매도시의 숫자로 맞는 것은?

① 26개국 29개도시   ② 29개국 34개도시

③ 34개국 39개도시   ④ 39개국 45개도시

> **해설**
> 2023년 6월 기준 부산광역시와 자매결연을 맺은 외국도시는 26개국 29개도시다. 1966년 대만 가오슝을 시작으로 2023년 5월에는 케냐 몸바사주, 앙골라 루안다주, 탄자니아 다르에스살람과 자매결연을 맺는 등 지속적으로 국제교류를 이어나가고 있다.

19 다음 중 부산광역시에 대한 설명으로 잘못된 것은?

① 기후대적 위치상 온대 계절풍 기후대와 대륙 동안 기후대에 속한다.
② 우리나라 제1의 국제공항과 국제항만을 보유하고 있다.
③ 부산 인구는 1995년 광역시 개칭 이후 약간 증가했다가 이후 꾸준히 감소하고 있다.
④ 일제강점기 당시에는 일제가 부산부제를 실시했다.

> **해설**
> 부산광역시는 우리나라 최초의 무역항이자 최대 국제항만인 부산항을 보유하고 있다. 우리나라 제1의 국제공항이자 중추공항은 인천국제공항이다.

20 부산광역시의 행정구역이 아닌 것은?

① 북 구   ② 강서구
③ 강동구   ④ 남 구

> **해설**
> 부산광역시는 1군 15구의 행정구역을 보유하고 있다. 중구, 서구, 동구, 영도구, 부산진구, 동래구, 남구, 북구, 해운대구, 사하구, 금정구, 강서구, 연제구, 수영구, 사상구, 기장군이 소속되어 있다.

21 1980년 제정된 부산시민의 날은 언제인가?

① 2월 27일   ② 1월 1일
③ 10월 5일   ④ 8월 1일

> **해설**
> 1980년 부산시에서는 충무공 이순신 장군이 부산포 해전에서 대승을 거두었던 1592년 9월 1일을 양력으로 환산한 10월 5일을 '부산시민의 날'로 제정했다. 이를 통해 시민들의 애향심과 자긍심을 고취하고, 선열들의 순국정신을 받들고자 했다.

부산광역시 공무직 통합채용 기출문제 + 최신상식 + 일반상식

개정4판1쇄 발행	2024년 03월 05일 (인쇄 2024년 02월 23일)
초 판 발 행	2020년 10월 05일 (인쇄 2020년 09월 25일)
발 행 인	박영일
책 임 편 집	이해욱
편 저	시사상식연구소
편 집 진 행	김은영 · 이보영 · 남민우
표지디자인	김도연
편집디자인	차성미 · 남수영
발 행 처	(주)시대고시기획
출 판 등 록	제10-1521호
주 소	서울시 마포구 큰우물로 75 [도화동 538 성지 B/D] 9F
전 화	1600-3600
팩 스	02-701-8823
홈 페 이 지	www.sdedu.co.kr

I S B N	979-11-383-6834-6 (13030)
정 가	21,000원